ANTIOCH-ON-THE-ORONTES

V

LES PORTIQUES D'ANTIOCHE

PUBLICATIONS OF
THE COMMITTEE FOR THE EXCAVATION
OF ANTIOCH AND ITS VICINITY

Representing

THE BALTIMORE MUSEUM OF ART

THE MUSEES NATIONAUX DE FRANCE

THE WORCESTER ART MUSEUM

PRINCETON UNIVERSITY

DURING THE YEARS 1935 AND 1936
THE COMMITTEE WAS AIDED BY A GRANT FROM
THE PENROSE FUND OF THE AMERICAN PHILOSOPHICAL SOCIETY

ANTIOCH ON-THE-ORONTES

V

LES PORTIQUES D'ANTIOCHE

By

JEAN LASSUS

With the editorial assistance of

RICHARD STILLWELL

MCMLXXII

PUBLISHED FOR THE COMMITTEE
BY THE DEPARTMENT OF ART AND ARCHAEOLOGY
OF PRINCETON UNIVERSITY

———

PRINCETON: PRINCETON UNIVERSITY PRESS

COMPOSED AT J. J. AUGUSTIN, GLÜCKSTADT

PRINTED BY THE PRINCETON UNIVERSITY PRESS

ILLUSTRATIONS PRINTED BY MERIDEN GRAVURE COMPANY, MERIDEN, CONNECTICUT

TO WILLIAM ALEXANDER CAMPBELL
IN MEMORIAM

FOREWORD

When, in 1938, the Expedition for the Excavation of Antioch-on-the-Orontes withdrew from what had by then become a part of Turkey, the advent of the Second World War made it impossible for some of the participants in the excavation to complete their studies and bring them into final form for publication. It was many years before the author of the present volume had an opportunity to return to a study of the areas in which he had been especially occupied, and only last year was he able to write on the excavations of the Main Street. Fortunately his carefully kept notebooks had been saved, and most of the other material—drawings, photographs, and records—had been sent to Princeton. It was with especial pleasure that I, as Editor of the Antioch Publications, learned that M. Lassus was to spend a term at the Institute for Advanced Study in 1968, and that he was eager to take up once more his study on Antioch.

The early death of the director of the Excavations, William Alexander Campbell, to whose energy and courage the seasons at Antioch owe their success, was a sad blow to the furtherance of later work there. He had long been planning a return to complete the investigation of the Martyrion at Seleucia Pieria, a task to which he had been looking forward for many years. Much remains to be done in the way of publishing a great body of Antioch material, and it is gratifying that in the present volume some of this has been accomplished.

RICHARD STILLWELL

CONTENTS

LES PORTIQUES D'ANTIOCHE

PLAN I. Antioche. La ville antique. En gris, la ville moderne. Sont indiquées: 1) les parties conservées de la muraille d'enceinte; 2) les rues antiques dont le tracé apparaît sur les plans du cadastre ou les photographies aériennes; 3) les fouilles le long de la grand-rue (Main Street Digs I to IX) (Hubert Paris)

INTRODUCTION

L'équipe envoyée en 1932 sur le terrain par le «Committee for the excavation of Antioch and its vicinity» s'est trouvée aux prises avec une tâche bien lourde. Antioche était non seulement une ville célèbre, c'était aussi une ville immense — ses murailles avaient dix-huit kilomètres de tour — et une ville disparue. L'enceinte, que Cassas avait encore pu dessiner, à la fin du XVIIIᵉ siècle, dans d'impressionnantes gravures,[1] était certes encore facile à suivre dans la montagne, imposante aux Portes de Fer; mais elle avait disparu partout dans la plaine, en particulier le long du fleuve. Il restait un aqueduc, franchissant la vallée du dernier torrent en venant de Daphné; on apercevait ensuite, sur le flanc de la montagne, des rangées d'ouvertures correspondant à la partie souterraine des canalisations.[2] Au pied de la montagne, on voyait la tête sculptée du Charonion et, de l'autre côté du fleuve, dans l'île antique, quelques piles du cirque; l'île elle-même, depuis mille ans, avait disparu. Le pont, par contre, était romain.

Partout ailleurs, la ville ancienne était ensevelie; elle était recouverte, au Sud, par la ville moderne, qui, malgré ses 35.000 habitants avait plutôt l'air d'un gros village. Pour le reste, c'étaient des oliveraies et des jardins, traversés par la ligne droite de la grand-route qui partait vers Alep.[3]

Il paraissait difficile, dans ces conditions, de savoir où fouiller, où trouver les données topographiques de base qui permettraient aux recherches de s'orienter. Pourtant, sur deux plans très différents, des enquêtes avaient précédé les fouilles, et pouvaient nous fournir des renseignements.

Il y avait d'abord les textes. Dans l'histoire hellénistique, dans l'histoire romaine, dans l'histoire chrétienne, Antioche a joué un tel rôle qu'elle a été bien souvent évoquée. Elle a même été souvent décrite. Parfois, certains de ses citoyens ou de ses hôtes, Saint Jean Chrysostome ou l'empereur Julien, ont mis en scène ses habitants, pour les édifier ou pour s'en moquer, dans le cadre qui était le leur. D'autres, plus directement, ont entrepris d'en parler, Libanios pour en faire l'éloge, Malalas, pour en écrire la chronique, Procope, pour exalter l'oeuvre qu'avait accompli l'empereur Justinien, dont il était l'historiographe.[4] Bien d'autres, ici ou là, ont évoqué tel épisode de la vie de la cité, et, du même coup, la cadre où il s'était produit. Il y a là une énorme bibliographie, qui a été heureusement étudiée, classée, interprétée, et précisément dans le sens qui nous intéresse, pour aboutir à une description topographique de la cité.

Dès 1839, dans deux dissertations latines, l'historien allemand Otfried Müller a procédé à un classement de la documentation.[5] A force de sens critique, il en a tiré une sorte d'histoire du site, des listes de monuments qu'il a essayé de dater, et aussi de mettre en place; à tel point que, sans être jamais allé à Antioche, il a présenté un plan restitué, que peuvent peut-être critiquer ceux qui n'ont pas eu à s'en servir (Fig. 2). C'est certes un schéma, mais qu'on peut adapter au terrain et utiliser comme une première approximation. En 1897, Richard Förster[6] après avoir passé à Antioche une dizaine de jours, a pu reprendre la discussion, et, ajoutant aux dessins de Cassas quelques photographies, apporter bien des précisions. Après 1937, en outre, Glanville Downey, notre camarade d'Antioche, devait réétudier tous les textes,

---

[1] Cassas, *Voyage pittoresque de la Syrie, de la Phénicie, et de la Basse Egypte*, Paris 1798–99. On trouvera certaines de ces gravures reproduites dans Richard Förster, «Antiochia-am-Orontes,» *Jahrbuch des k. deutschen archäologischen Instituts*, 12 (1897), pp. 126 sqq. et dans G. Downey, *A History of Antioch in Syria from Seleucus to the Arab Conquest*, Princeton 1961, figs. 19, 20, 21.

[2] Sur ces canalisations, voir: P. Bazantay, «Un petit pays Alaouite: Le plateau de Daphné,» Haut-Commissariat de la Rép. Française en Syrie, *Bulletin de l'enseignement*, II (1933–34), p. 355. D. N. Wilber, «The Plateau of Daphne, the Spring and the Water System Leading to Antioch,» *Antioch* II, p. 49. G. Downey, «The Water Supply of Antioch-on-the-Orontes in Antiquity,» *Annales archéologiques de Syrie*, 2 (1951), p. 171. J. Weulersse, «Antioche, essai de géographie urbaine,» *Bulletin d'Etudes Orientales* de l'Institut français de Damas, 4 (1934), p. 48 et note 1.

[3] On trouvera la bibliographie générale d'Antioche dans Downey, *History*, p. 697 (List of Abbreviations) et 713 (Bibliography). Je reprendrai ses abréviations.

[4] Sur ces sources, Downey, *History*, «The Sources,» p. 35.

[5] Otfried Müller, *Antiquitates Antiochenae*, Göttingen 1839.

[6] Förster, *Jb.* 12 (1897), p. 103.

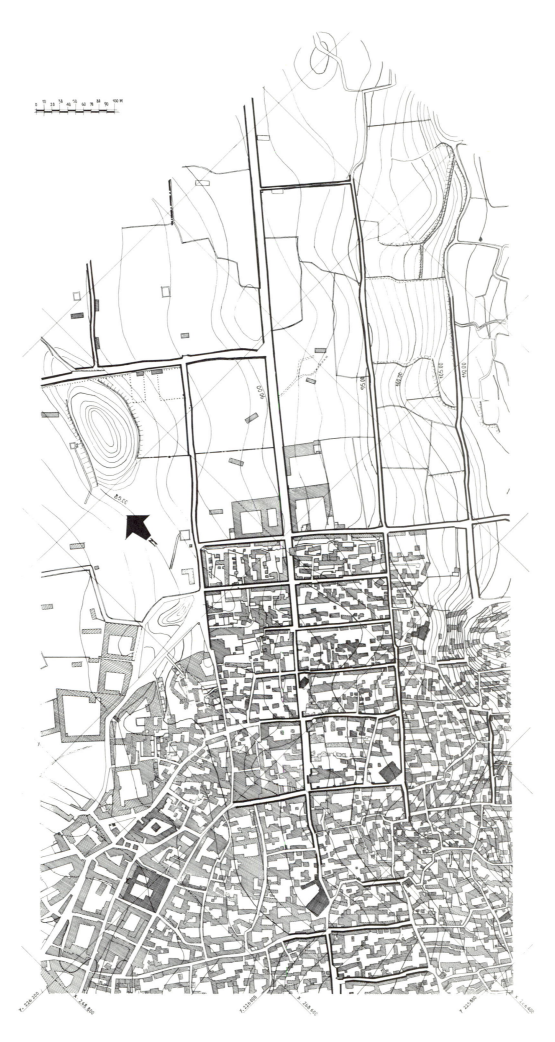

PLAN II. Antioche moderne, partie Nord, et départ de la route d'Alep. Les alignements antiques subsistants ont été soulignés sur le plan cadastral (Hubert Paris)

et, dans une série de livres et d'articles, poser avec plus de précision la plupart des problèmes.[7] Nous utiliserons son travail: il n'était bien entendu pas entrepris, au moment où nous nous promenions ensemble, en 1934, parmi les oliviers. Mais nous disposions déjà d'un fichier, établi par lui à Princeton avant le début des fouilles, et qui permettait de trouver immédiatement, sur le terrain même, bien des références utiles. En tous cas, dès le début, nous savions ce que nous pouvions trouver, ce que nous devions chercher.

Des indices importants venaient d'autre part d'être interprétés, à partir d'une tout autre méthode. Le même numéro du *Bulletin d'Etudes Orientales*, publié par l'Institut français de Damas (1934), contenait deux articles où il était question du plan antique d'Antioche. Le premier était l'oeuvre d'un géographe, Jacques Weulersse: «Antioche, essai de géographie urbaine.»[8] L'auteur, étudiant les photographies aériennes, montrait à l'évidence que le plan moderne de la cité, avec ses rues tortueuses pour le passant, reproduisait clairement, dans toute la partie Nord de la ville, Dort Ayak, le quadrillage hippodamien de sa fondation hellénistique. Il suffit de regarder la carte aérienne, recomposée par C. K. Agle (Fig. 1),[9] pour constater que Weulersse aurait pu étendre son croquis, avec à peine une plus forte marge d'approximation, à presque toute la ville moderne (PLANS I et II). Il était même en état de donner une dimension approximative des blocs: 126 m. × 56.

En même temps, Jean Sauvaget, qui préparait son grand ouvrage sur Alep, étudiait à titre de comparaison le plan antique de Laodicée-sur-mer;[10] passant à l'exemple d'Antioche, il montrait comment sur le plan cadastral, dans l'oliveraie, les chemins et les murs de pierre séparant les propriétés s'alignaient encore, très souvent, eux aussi, sur le plan orthogonal primitif: il en résultait un schéma, sommaire certes, mais qui aidait à lire les plans cadastraux, et nous permettait de nous conduire.

A partir des enseignements que nous apportaient ces différents travaux, il apparaissait très nettement que toute recherche sur la topographie d'Antioche — et aussi sur l'histoire de la ville — devait partir de la grande

rue à colonnades, qui d'après les auteurs anciens, représentait sa caractéristique principale. Pour O. Müller et Förster, comme pour Weulersse et Sauvaget, cette rue axiale était la base du quadrillage; elle servait à fixer la topographie des monuments. Et il semblait évident que le tracé de la route d'Alep, continuée par la rue principale de l'Antioche moderne, coïncidait avec le tracé de cet axe antique de la ville. C'est cette hypothèse que, dès l'abord, j'aurais voulu vérifier.

A vrai dire, Clarence S. Fisher, qui avait la charge de la direction technique de l'expédition, pendant les deux premières campagnes — 1932 et 1933 — avait marqué des réserves. Fort de son expérience et de sa perspicacité, si aiguë, il avait pour sa part choisi de fouiller dans l'île, où les niveaux archéologiques lui paraissaient plus directement accessibles. En fait, il y avait dégagé sans grande difficulté plusieurs importants monuments: des thermes, un cirque, des villas.[11] Il avait du même coup mis au jour les premières mosaïques. Certes, il avait eu de la chance: en 1932, le niveau de la nappe phréatique était particulièrement bas, et il avait pu atteindre, sans être dérangé par les eaux, des niveaux préromains; cette circonstance, à ma connaissance, ne devait plus se reproduire. En même temps d'ailleurs, il entreprenait de fouiller Daphné, où nous sûmes bientôt qu'on pouvait sans difficultés trouver autant de mosaïques qu'on en désirait.

Pour répondre à mes préoccupations, Clarence S. Fisher m'avait confié la direction d'un sondage en pleine ville, à la recherche de la grand-rue — Main Street Dig I (M.S.D. I). Il avait choisi un terrain momentanément libre, à côté de la mosquée Habib en-Najjar, au coeur de la ville moderne. Un forage de dimensions nécessairement restreintes m'avait conduit jusqu'à un magnifique dallage de lave noire, au bord duquel deux gradins calcaires dessinaient une partie du rebord d'une place circulaire. J'avais cru, à 6 m. 10, avoir atteint la rue monumentale romaine.[12]

Plus tard, lorsque W. A. Campbell eut pris la direction du chantier, nous décidâmes de poursuivre cette recherche. Un nouveau sondage, au printemps de 1934, en pleine ville également, n'obtint pas de résultat concluant.[13] C'est en automne 1934 que j'entrepris pour la première fois une grande tranchée. Depuis, année après

---

[7] Downey, *History*. On trouvera dans ce livre la liste des nombreux articles consacrés par l'auteur à Antioche, aux sources de son histoire et à sa topographie, pp. 701 et 718.

[8] Weulersse, *B.E.O.*, 4 (1934), p. 27.

[9] Cette carte a été publiée par Downey, *History*, fig. 6. Elle est reprise ici Fig. 1.

[10] J. Sauvaget, «Le plan antique de Laodicée-sur-Mer,» *Bulletin d'Etudes Orientales*, 4 (1934), p. 81.

[11] Ces résultats ont été présentés dans *Antioch* I.

[12] *Antioch* I, p. 93.

[13] Ce sondage a eu lieu en 22—K. Il en sera rendu compte ci-dessous, p. 15.

année, nous devions poursuivre les recherches qui vont faire l'objet de ce travail.[14]

Mais, dès le début, nous savions quelle allait être notre principale difficulté: la profondeur des niveaux archéologiques. En fait, on va le voir, tout le centre de la ville antique d'Antioche, et toute sa partie orientale, sont recouverts par une couche épaisse de débris superposés au cours des siècles. Si le niveau de l'eau est en général assez bas pour ne pas être gênant, on ne trouve jamais la terre vierge avant 11 m. ou 11 m. 50. Les niveaux hellénistiques sont entre 9 m. et 10 m. 50. le niveau romain monumental autour de 8 m., le niveau de Justinien à 7 m. Le niveau du Xe siècle lui-même, celui de la reconquête byzantine, est déjà à 4 m. de profondeur.

S'il arrive, dans des fouilles destinées à dégager des niveaux du IIIe millénaire avant notre ère, que les archéologues aient à affronter de telles profondeurs, ce n'est pas l'usage dans les fouilles classiques. Mais nous n'avions pas le choix. Evidemment dans de telles conditions, il n'était pas possible de prévoir des fouilles en extension, le dégagement d'une longueur appréciable de la rue à l'époque romaine, par exemple. Nous ne pouvions faire que des sondages, au mieux des tranchées transversales. On verra que l'emprise de la rue romaine monumentale — chaussée, portiques, boutiques, dépasse 40 mètres. Une tranchée de 40 mètres de longueur pour 10 mètres de largeur et 11 de profondeur représente quelque 4.000 mètres cubes de terre, en tenant compte des pentes de sécurité. Il est long, difficile et coûteux d'arracher à dix mètres sous le sol un mètre cube de terre pour le sortir de la tranchée, en assurant en même temps l'étude minutieuse des restes découverts. Même avec 60, même avec 100 ouvriers, un tel sondage demandait deux mois au moins de travail ininterrompu. C'est dire les limites que les conditions même de la fouille imposaient d'avance à nos résultats.

Lorsqu'on regarde les coupes[15] et les photographies d'ensemble de nos sondages, on peut avoir l'impression, après un examen un peu attentif, que de telles tranchées comportent une stratification claire. Il y a, complets ou non, d'énormes dallages. Il y a, plus efficaces peut-être, des sols de ciment, des mosaïques, des empierrements de rues. Il y a des superpositions de canalisations et de tuyaux. On pourrait croire que chacun de ces éléments va porter sa date avec lui, que les monnaies et les tessons trouvés avec chacun d'entre eux vont fournir les repères nécessaires pour établir une chronologie. Or il n'en est rien.

Dès le matin pourtant, le fouilleur allait sur son chantier et disposait dans chacune de ses parties un couffin numéroté destiné à recevoir les fragments qu'on découvrirait. Un bon ouvrier, de ceux à qui on confiait les pics, en était responsable, sous la supervision du Reis. Et chaque panier était dès le départ pourvu d'une étiquette détaillée, indiquant aussi clairement et brièvement que possible l'emplacement délimité, et la profondeur atteinte. On changeait de panier de part et d'autre d'un mur, de part et d'autre d'un pavement. En cours de journée, constamment, l'archéologue, à son défaut l'architecte et le reis intervenaient pour éviter les erreurs, décomposer la documentation. Des enveloppes, qui recevaient le même numéro que le panier, étaient destinées aux tout petits objets, en particulier aux monnaies, qui pouvaient par conséquent être replacées après étude dans leur contexte céramique.

Le soir, le fouilleur, après une dernière révision, veillait lui-même au chargement de ces paniers dans la voiture, puis les remettait au Service du Catalogue. Dire qu'il n'y avait pas d'erreur de la part des ouvriers, que, pendant ce transport, des tessons ne changeaient pas de panier, c'est bien entendu impossible. Il m'est arrivé de constater, à la maison, des confusions évidentes et inexplicables: un panier homogène de céramique arabe, étiqueté comme provenant d'un niveau hellénistique profond. Une erreur de ce genre eût passé sans doute inaperçue, si elle avait été moins extrême. Mais enfin, on peut dire que toutes les précautions étaient prises.

De même, au Khan de l'expédition, pris en charge par le Service du Catalogue, les tessons étaient lavés panier par panier, par des ouvriers que nous avions spécialisés et qu'on surveillait de près. Les tessons séchaient ensuite sur un sol cimenté, divisé en carrés numérotés. Ici encore, bien sûr, des glissements ont pu se produire. Ils ne pouvaient être qu'exceptionnels.

Pendant ce temps, les monnaies, au nettoyage, restaient accompagnées de leur enveloppe, où avaient été reportées les références de l'étiquette correspondante. Et ces renseignements aboutissaient sur les fiches individuelles établies pour chaque objet classé — et on en classait beaucoup — de même que sur les fiches par panier, qui revenaient au fouilleur avec une description

[14] On trouvera des comptes rendus rapides de ces recherches dans R. Stillwell, «Outline of the campaigns;» *Antioch* II, pp. 1–4, *Antioch* III, p. 12–17.

[15] Voir par exemple les Plans XXII et XLII, les Figs. 43, 54, 101, 108.

succincte. Les dates lui permettaient, dès l'abord, de remettre la fiche à sa place dans le carnet de fouilles.

La méthode, mise au point par W. A. Campbell, à partir des enseignements de C. S. Fisher, perfectionnée par F. O. Waagé, paraissait fonctionner très bien et fonctionnait très bien.

Mais, pour les fouilles de la grand-rue, les résultats ont été décevants, c'est à dire, sauf exceptions, pratiquement inutilisables.

Après la guerre, mes carnets de fouilles, partis pour Princeton pour être photocopiés, étaient revenus sans les fiches du catalogue. Je les ai cru disparues, et lorsque je me suis repris à travailler sur Antioche je m'en suis passé. J'ai eu la surprise de constater que Mrs. Dorothy Waagé, chargée de la publication des monnaies, les avait présentées dans Antioch IV:2 comme elle l'eût fait d'une collection numismatique, sans aucune référence au lieu de la découverte, sans rappel du numéro d'inventaire.[16] J'avais constaté que F. O. Waagé, dans sa publication de la céramique, ayant besoin, lui, pour le classement des formes et des matières, de références archéologiques, n'avait trouvé que très rarement des circonstances favorables, même dans les fouilles qu'il avait personnellement dirigées pour essayer de préciser ses séquences, et à plus forte raison dans mes sondages.[17] Il s'en est à plusieurs reprises expliqué, en soulignant sa déception.

J'avoue que je l'avais cru trop exigeant; j'avais pensé que, reprenant après lui l'examen de ses fiches — non pas bien sûr de la céramique elle-même, sa compétence étant affirmée — j'arriverais à les interpréter en fonction des détails de la fouille, que je connaissais forcément mieux que lui. Les fiches une fois retrouvées, à Princeton, dans les archives du Comité, je m'y suis essayé. Or la tâche est désespérée. On verra, par exemple, dans un de nos sondages, 16—O Nord, monnaies et tessons du Xe–XIIe siècles, byzantins et croisés, descendre jusqu'au-dessous du caniveau de la rue romaine monumentale, et monnaies et tessons hellénistiques du IIe siècle avant notre ère apparaître, sporadiquement, au niveau du dallage de Justinien.

Il y a, à ce surprenant désordre, plusieurs explications qui s'ajoutent.

D'abord les phénomènes naturels. Chaque fois qu'on a entrepris de reconstruire la rue, ou presque chaque fois, c'est, on le verra, parce que quelque catastrophe avait rendu nécessaire cette énorme entreprise. Repaver, ou même rempierrer une chaussée de quelque 9 m. de large, sur 3 km. 200 de longueur, cela représente un effort et des frais considérables.[18] On n'entreprend guère de tels travaux que lorsqu'on y est obligé.

Ici interviennent les tremblements de terre d'Antioche. Les auteurs pour l'antiquité en comptent dix de première gravité. On peut dire que ces catastrophes marquent, pour les historiens anciens, les étapes de l'histoire de la ville. Chacune d'entre elles rend nécessaire des travaux si étendus que l'intervention de l'empereur est indispensable, et que la liste des monuments qu'il a à cette occasion reconstruits ou construits figure parmi ses principaux titres de gloire. Certes, la tournure d'esprit de Malalas, qui suit pas à pas la chronologie, a son rôle dans cette tendance de notre documentation; mais elle apparaît comme une formule inévitable.[19]

G. Downey, dans son *History of Antioch*, dénombre vingt séismes, entre 147 avant Jésus Christ et 588 de notre ère. Six d'entre eux ont particulièrement frappé l'esprit des chroniqueurs; dans les fouilles, nous en avons reconnu plusieurs avec précision:[20] celui qui eut lieu sous l'empereur Claude à une date inconnue, et qui l'obligea à supprimer les taxes, pour permettre la reconstruction:

εἰς ἀνανέωσιν τῶν ὑπορόφων ἐμβόλων αὐτῆς τῶν κτισθέντων ὑπὸ Τιβερίου Καίσαρος.

Celui de 115, sous Trajan, au cours duquel l'empereur en visite dans la ville, put s'échapper, blessé, du palais qu'il habitait, et alla s'installer en plein air dans le cirque. Malalas nous dit qu'il répara les deux grands portiques: καί ἀνήγειρε τοὺς δύο ἐμβόλους τοὺς μεγάλους.

[16] Dorothy B. Waagé, «Greek, Roman, Byzantine and Crusaders' Coins,» *Antioch* IV: 2, Princeton 1952.

[17] F. O. Waagé, *Antioch* IV:1, Princeton 1948.

[18] C'était déjà l'avis de Libanius, 197: «Ce dallage se déploie sur une telle surface que, rien que pour le niveler, il faudrait une main d'oeuvre énorme.»

[19] Voir le compte rendu de E. Bickerman sur G. Downey, *History of Antioch*, dans: *Journal of the American Oriental Society*, 82:2 (1962), p. 219.

[20] Sur les tremblements de terre, on trouvera des renseignements et une bibliographie dans Downey, *op. cit.*, en particulier 148 B.C. (Alexandre Balas) p. 120; 130 B.C. (Antiochus VII) p. 126; avant 69 (Tigrane) p. 138; A.D. 37 (Caligula) p. 190; 41–54 (Claude) pp. 196, 632; 115 (Trajan) pp. 213 et 292; 341 (Constance) p. 359; 365 (Valens) p. 400; (Théodose I) p. 435, n. 137; 396 (Arcadius) p. 438; 458 (Leo I) p. 476, 597 et 604; 525 (Justin I) p. 521; 526 (Justin) p. 521; 528 (Justinien) p. 528; 531 à 534 (Justinien) p. 533; 551 (Justinien) p. 558; 557 (Justinien) p. 558; 577 (Justin II) p. 562; 588 (Maurice) p. 568. Voir aussi Leclercq, *D.A.C.L.* s.v. Antioche, col. 12359, no 4.

Le grand tremblement de terre de 458, sous Léon I, qui vit la destruction des monuments et des portiques de l'île, alors que les colonnades de la ville n'étaient pas atteintes, mais qu'un nymphée était détruit — selon Evagrius; on discute pour savoir si c'est celui qui se dressait au milieu de la rue principale. Le peuple s'était précipité en foule dans la montagne, autour de la colonne de saint Syméon le Stylite. A sa mort l'année suivante, Ardabur, *praefectus militum per Orientem*, fit enlever son corps par la garde, et l'amena à Antioche, pour assurer une protection à la ville dont les murailles avaient été renversées.[21]

Le plus terrible est celui du 29 mai 526, qui aurait coûté 250.000 vies humaines, selon Malalas et Procope, et détruit toute la ville. La Sainte Croix apparut sur la montagne voisine du Silpius, qui fut depuis appelée le mont Stauris.[22] Une série de chocs séismiques se produisit encore, jusqu'à une nouvelle catastrophe, le 29 novembre 528, où tout ce qui avait résisté et tout ce qu'on avait reconstruit fut abattu. La ville anéantie changea de nom, et prit celui de Theoupolis. Mais elle devait encore, en 540, subir une nouvelle destruction, des mains des Perses de Chosroës.[23] Procope raconte la reconstruction: nous en reconnaîtrons le caractère.

Je dois dire qu'avant les fouilles on pouvait être tenté de considérer les récits des chroniqueurs comme des exagérations méridionales. Les commentateurs ont souvent marqué des réserves. Les fouilles on le verra, ont confirmé les déclarations les plus extrêmes. Pouvait-on croire qu'après les tremblements de terre de 526 et de 528, complétés si je puis dire par la destruction de la ville par Chosroës, le pavement de la voie romaine monumentale aurait intégralement disparu dans tous nos sondages, sauf sept pavés, et que les ingénieurs de Justinien reconstruiraient la rue avec des blocs de lave sans même remployer sur place les matériaux anciens — à 1 mètre au-dessus du niveau antérieur; et que le rebord du trottoir de la rue romaine, conservé à cet effet, servirait de fond à l'égout qui longerait le trottoir byzantin?

La violence de ces catastrophes a certainement été extrême, et la ville détruite, dans des proportions que l'ensemble des fouilles ne nous permet guère d'apprécier, a dû être reconstruite chaque fois à un niveau supérieur. Les anciens, à l'époque qui nous occupe, pas plus que les sumériens ou les phéniciens, ne déblayaient complètement avant de reconstruire. On utilisait certes les monuments effondrés comme carrières, on implantait les bâtiments nouveaux sur les restes des murs anciens, qui servaient de fondations, mais on ne songeait pas, faute de moyens sans doute, à redescendre au niveau primitif.[24] Dès lors, tout le sol des quartiers montait; même si la rue principale, avec son large dallage, n'était ni complètement détruite, ni totalement recouverte par les débris des édifices voisins, elle ne pouvait être maintenue en contrebas du sol de ces constructions, et surtout des rues transversales plus étroites qui participaient d'office à leur surhaussement. Directement ou indirectement, la rue se trouvait submergée par les tremblements de terre.

Bien sûr, de telles catastrophes amenaient des soulèvements naturels du sol, des effondrements et surtout, au pied d'une montagne abrupte, des glissements de terrain. Cet apport de terre et de pierres entraînait avec lui des témoignages archéologiques désespérément mêlés, dont on peut dire seulement qu'ils étaient tous antérieurs à la date du séisme.

Il en était de même des catastrophes de moindre envergure. Le 4 mai 1938, nous avons été témoins d'une tempête brutale, qui a déjà été signalée dans *Antioch* III (p. 5).[25] De cinq heures du soir à cinq heures du matin, l'eau est tombée avec une violence que je n'ai jamais rencontrée ailleurs, même dans les typhons du Vietnam. Le lendemain, le paysage avait changé (Fig. 3). Les eaux dévalant de la montagne avaient utilisé d'anciens passages, et non pas seulement le lit du torrent Parmenios. Elles avaient rencontré et emporté des barrages, sommaires mais puissants, dont les blocs avaient à leur tour descendu les pentes, et recouvert les parties hautes de la ville, presque jusqu'aux linteaux des portes. Dans l'oliveraie, l'eau avait arraché des arbres et des murs, en particulier les maisons aux murs d'argile crue: celle du gardien de la fouille avait disparu; et, au matin, les paysans, réfugiés sur des points plus hauts du terrain, devenus des îles, attendaient désespérément des secours, en pleurant parfois un enfant disparu. Au pont du Parmenios, la route était presque complètement arrachée

[21] H. Delahaye. *Les saints Stylites*, Bruxelles 1913, p. XXXI. Cf. Pauly-Wissowa, IV, 1099.

[22] Sur le tremblement de terre de 526, voir surtout Procope, *Bell.* 2.14–67; *De aed.* 18–41; sur celui de 528, Theophanes, a. 6021, p. 177.22 et 178.7, éd. de Boor; Downey, *History*, p. 528.

[23] Sur la prise de la ville par Chosroës, Downey, *History of Antioch*, p. 533; E. Stein, *Geschichte des Spätrömischen Reiches*, I, Vienne 1928, p. 368.

[24] Voir p. 30.

[25] *Antioch* III, p. 5.

(Fig. 4); le torrent avait changé de cours, et retrouvé une ancienne canalisation de l'époque de Justinien, que W. Campbell venait justement de rencontrer dans sa fouille profonde de 13—R.[26] Bien entendu, sa tranchée avait été envahie par le torrent, et celle de 16—O, ouverte sur son parcours, était pleine d'eau, de terre, de pierres, sur plus de 70 cm. d'épaisseur. Souvent, dans les jardins ravagés, la couche de sédiments, une fois que l'eau se fut retirée, atteignait une épaisseur semblable. Il nous fallut un mois pour pouvoir, sur ce chantier, reprendre le travail, et ailleurs, sauf bien sûr pour la route, nul ne songea à déblayer les terrains: une couche nouvelle s'était formée, inégale, mais qui recouvrait au moins toute la partie orientale de la ville antique, de la montagne à la route.

Bien des épisodes de ce genre se sont produits au cours de l'histoire d'Antioche, plusieurs fois par siècle sans doute, sans même que les chroniqueurs en fassent mention. Cela explique l'amoncellement des terres sur les niveaux antiques, cela explique aussi les résurgences de monnaies ou de tessons anciens sous un sol déterminé, au-dessus de strates apparemment plus récentes.

Mais ce n'est pas tout. Après la catastrophe, il faut réparer. L'évidence archéologique nous a montré avec quel acharnement les entrepreneurs chargés de la reconstruction faisaient appel aux matériaux ensevelis.[27] C'est là une réaction normale, mais, du point de vue archéologique, l'intervention systématique des hommes ajoute ainsi ses dommages à ceux de la catastrophe naturelle, et, bien sûr, accroît encore la confusion des niveaux. On n'enlève pas le dallage de la voie romaine monumentale sans troubler de façon décisive la couche immédiatement inférieure. Il y a là, on le verra, un autre dallage, d'autres pavés, qu'on peut penser aussi à utiliser. La carrière descend, et avec elle les tessons et les monnaies stratifiés dans des couches supérieures, et que le fouilleur retrouvera, avec la déception qu'on imagine, dans un contexte aberrant.

Une entreprise comme l'établissement de la rue monumentale représente une opération d'urbanisme de caractère chirurgical, du type de celles auxquelles reste attaché le nom du préfet parisien Haussmann.[28] De part et d'autre de l'axe de la rue antérieure, les boutiques et les maisons ont été détruites et ensevelies, pour faire place aux portiques et aux boutiques nouvelles, sur une largeur qui, de chaque côté, dépasse neuf mètres. Bien entendu, ici encore, on a arraché du sol tout ce qui pouvait être remployé — les murs plus anciens ont en général perdu toutes leurs pierres, et les fondations seules sont conservées. Non seulement à cette date, mais chaque fois qu'une opération de ce genre, majeure ou mineure, a été effectuée, il en est résulté une dissociation des niveaux anciens, et un brassage des terres qui a accru la confusion.

On peut dire par conséquent que, du IIe siècle avant notre ère jusqu'au moyen âge, l'œuvre de destruction de la nature ou des hommes a été complétée par celle des reconstructions. Et nous ne retrouverons des niveaux où ont vécu successivement les habitants des Antioches successives que des *membra disjecta*. La stratification nous permettra peut-être de les classer, mais rarement de les dater.

Ce n'est pas tout. A toutes les époques, au moyen-âge et jusqu'à nos jours, les habitants d'Antakié, à la recherche de matériaux de construction, plutôt que d'ouvrir des carrières dans la montagne ont trouvé plus simple d'aller sous terre exploiter les monuments ensevelis. Nous avons rencontré plusieurs fois — en 16—P par exemple ou en 16—O — les tunnels des carriers, qui suivaient pour l'arracher tel mur de grand appareil, tel dallage de basalte qu'ils avaient rencontrés.[29] Ils chassaient en particulier les blocs de marbre pour en faire de la chaux. Nous n'avons trouvé de la rue principale que quelques morceaux de fûts de colonne. Mais je ne puis montrer ni une base, ni un chapiteau. Les quelques fragments qui ont pu apparaître, remployés dans des murs du VIIe ou du XIe siècle, étaient trop mutilés pour être utilisables.

Il est certain que le fouilleur, à mesure que son chantier lui révèle le raffinement, si je puis dire, de ces destructions combinées, traverse des moments de découragement. Sur le terrain, il espère sans cesse trouver, dans la suite du sondage ou dans le sondage suivant, le complément qui manque, l'explication qui fait défaut. Il arrive qu'il trouve: c'est dans un développement

[26] *Antioch* III, p. 6.

[27] Libanius a déjà noté le remploi des matériaux par les constructeurs (229): «Aujourd'hui, qu'arrive-t-il si tu fouilles la terre pour implanter des fondations? Partout surgit quelque trace des temps anciens, et bien des gens se servent d'abord des matériaux qu'ils trouvent avant ceux qu'ils avaient préparés—quitte à construire ensuite par dessus avec les matériaux neufs.»

[28] Sur Haussmann et la rue de Rivoli, voir Ch. VIII, p. 134 et note 29.

[29] On trouvera partout des traces de ces destructions, en particulier Fig. 73, où l'on aperçoit, au fond, un tunnel de carriers.

restreint de la tranchée de 16—P, entrepris pour des raisons toutes différentes, qu'ont enfin apparu en place quelques pavés de la rue monumentale. Souvent, il ne trouve pas. Il est obligé de comparer des sondages, de combiner, avec parfois le sentiment aigu de son imprudence, des renseignements recueillis dans deux trous séparés par un kilomètre.

Plus tard, en rassemblant sa documentation, il découvre d'autres lacunes, irrémédiables; il se rend compte qu'un dégagement supplémentaire d'un mètre aurait peut-être suffi à lui fournir le renseignement qui lui manque. Et, bien sûr, depuis trente ans, tous ses sondages sont rebouchés.

Il ne reste qu'à adapter à l'état du site comme aux conditions de la fouille la présentation, pourtant nécessaire, de ses résultats.

En reprenant, après trente ans, carnets de fouille, rapports, et même dessins et photographies, il apparaît que je dispose d'une documentation narrative, qui raconte les travaux au jour le jour, ou quinzaine par quinzaine, et en illustre les différents épisodes. Il est clair par exemple qu'une photographie prise à une date donnée présente un état du chantier, en particulier dans ces tranchées où la stratigraphie n'était pas évidente, qui n'a rien à voir avec un niveau archéologique défini. Je serai amené à décrire telle ou telle de ces images, pour aider le lecteur à distinguer le dallage de Justinien du rebord de la rue romaine monumentale, et les sols successifs auxquels, à une date déterminée, la fouille s'était arrêtée dans les différentes parties d'une même tranchée. On rencontrera des accumulations analogues dans certains plans; mais là il sera possible au moins certaines fois de présenter en même temps que le relevé exécuté sur place des plans ou des croquis, où seront seulement figurés les restes considérés comme contemporains — parfois avec un minimum de restitution destiné à les expliquer. Nous passerons ainsi du document à l'interprétation du document, soit par le commentaire, soit par une reprise graphique.

La présentation du texte, malgré l'apparence, rencontre des difficultés analogues. Il semble *a priori* possible d'oublier l'histoire de la fouille, et d'en présenter synthétiquement les résultats généraux, sans plus se soucier de la manière dont ils ont été acquis. Indiscutablement, et quoi que certains en aient parfois pensé, le fouilleur doit se compromettre, et présenter ses hypothèses. Aucun lecteur ne passera jamais sur ses comptes rendus le temps qu'il a lui-même passé sur sa fouille, à établir et vérifier les connexions entre les faits constatés. Il est vain de prétendre restituer dans son intégrité l'histoire des découvertes, de façon à permettre au lecteur de refaire l'itinéraire intellectuel du fouilleur. Ou, le cas échéant, d'en choisir un autre. Mais d'autre part il est tout aussi difficile au fouilleur — et me semble-t-il aussi peu souhaitable — de faire abstraction du cheminement chronologique des découvertes et des interprétations. L'aurais-je voulu que je n'y aurais pas réussi. Nous avons découvert la voûte Sud du Parmenios après la voûte Nord. Il m'a été impossible de les étudier autrement qu'en suivant l'ordre dans lequel elles étaient apparues. Notre interprétation finale est née d'hypothèses successives dont la plupart ont été abandonnées, mais qui ont chacune marqué un progrès. Même s'il n'est pas question de les reprendre toutes, ni même d'énumérer toutes celles qui apparaissent dans les notes de fouille, il n'est pas non plus possible de partir de l'affirmation dernière, et de l'étayer de preuves qui ne surgiraient pas dans l'ordre où elles se sont effectivement présentées.

Ce problème domine mon travail. Le caractère méticuleux de la recherche, les difficultés rencontrées à chaque instant du fait du mélange des niveaux, dû aux destructions naturelles et humaines, à l'action des eaux, des tremblements de terre, des vainqueurs et des carriers, tout cela oblige à de constantes simplifications, et chaque fois crée de nouveaux scrupules. J'ai été amené à évoquer ceux qu'a éprouvés F. O. Waagé, chargé de la direction du service du catalogue, puis de la publication de la céramique. Dans l'un et l'autre domaine, il a fait un travail énorme; mais il a dégagé mieux que personne les limites de leurs relations possibles. La confusion des niveaux l'a amené le plus souvent à renoncer à fournir aux fouilleurs des renseignements utilisables. Même la liaison entre les tessons et les monnaies d'un «dépôt scellé» bien caractérisé a pu lui paraître «irrelevant.»[30] Bien entendu, ces légitimes reculs l'ont gêné. Ils gênent bien davantage un fouilleur. Le passage d'une chronologie relative, déjà difficile à établir, à une chronologie absolue deviendra de ce fait toujours délicat et souvent impossible. Dans chacun de nos sondages nous y renoncerons, chaque fois qu'une évidence ne s'imposera pas. De proche en proche, la multiplication des exemples, l'apport d'indications nouvelles apportera, je l'espère, des précisions suffisantes pour qu'à la fin la séquence soit établie, et accrochée à la chronologie. Il faudra attendre la conclusion.

[30] F. O. Waagé, dans *Antioch* III, p. 60.

Ajoutons une dernière difficulté. La bibliographie antique d'Antioche est abondante, je l'ai dit, et fournit bien des indications topographiques précieuses, qui, en gros, paraissent utilisables. Mais des renseignements recueillis à travers les textes il est bien difficile, au moins en ce qui concerne la grand-rue, d'établir une chronologie. Les témoignages de Josèphe, de Libanius, de Julien, de Malalas, d'Evagrius, de Procope, ne sont que rarement concordants, ou même conciliables; et les désaccords sont flagrants entre les positions adoptées par les trois principaux critiques modernes, Otfried Müller, Richard Förster et Glanville Downey. On verra, dans les deux bibliographies que donne ce dernier, à la fin de son *History of Antioch*,[31] le détail des problèmes qu'il a dû affronter avant d'écrire son livre: ses trois articles les plus caractéristiques et les plus utiles s'intitulent:

— «The Architectural Significance of the Use of the Words *stoa* and *basilike* in Classical Literature,» *A.J.A.*, 41 (1937), p. 194.

– «Imperial Building Records in Malalas,» *B.Z.*, 38 (1938), pp. 1 et 299.

– «Procopius on Antioch: A Study of Method in the *De aedificiis*,» *Byzantion*, 14 (1939), p. 161.

Leurs titres suffisent à montrer que, pour pouvoir interpréter les textes de base, il lui faut descendre jusqu'à discuter l'emploi des mots, et la technique des écrivains. Une analyse scrupuleuse ne permet pas toujours de reconnaître avec précision la responsabilité de chaque empereur, la nature et l'importance des travaux qu'on lui attribue.

Dès lors une méthode s'impose: étudier sans parti pris les témoignages de l'archéologie; lorsqu'ils auront été rassemblés et comparés, il sera possible d'établir, en face de la chronologie arrêtée à partir des textes, une autre chronologie, dictée par la fouille. Il sera temps, à la fin de cet ouvrage, de reprendre tous les textes et de les confronter avec les résultats de notre recherche. Peut-être, de la comparaison, naîtra-t-il des interprétations nouvelles des références littéraires.

Lorsque le céramiste constate qu'il est impossible de dater les niveaux de la fouille par l'examen des tessons, il peut renoncer: la poterie lui reste, qu'il peut étudier pour elle-même. Lorsque le critique des textes arrive en fin de comparaison à une contradiction sans remède, il peut renoncer: les textes demeurent. Le fouilleur peut difficilement s'abstenir. La fouille rebouchée, les ruines qu'il a étudiées disparues, il n'en restera guère que ce qu'il en aura dit. Il faudrait toujours prendre parti, et, on le verra, ce n'est pas toujours possible. Néanmoins la description qui va être présentée, malgré ses lacunes, rendra compte d'un des efforts les plus soutenus qui aient été poursuivis, pendant des années, par toute l'équipe d'Antioche, et montrera que, même s'ils restent parfois incertains, les enseignements que la fouille apporte renouvellent pourtant les problèmes. Nous pourrons raconter l'histoire d'une rue (Fig. 5).

Cet ouvrage représente une partie de la tâche accomplie par le Committee for the Excavations of Antioch and its Vicinity, pendant les campagnes de 1934 à 1938, sous la présidence de Charles Rufus Morey, dont la bienveillance m'avait adjoint au Directeur des Fouilles, W. A. Campbell. Tous ceux qui pendant ces cinq campagnes ont fait partie de l'équipe qui travaillait sur le terrain ont eu leur part de ce programme. Je citerai surtout, pour l'architecture, Donald N. Wilber qui dirigeait le département, et Apostolos Athanassiou, chargé de dresser les plans de ces sondages; pour les catalogues Gladys Baker, Fred et Dorothy Waagé; pour la photographie, Fodeel Saba. Le secrétaire de l'expédition, Adib Ishak, les contremaîtres égyptiens, le reis Berberi, surtout, mais aussi le reis Mahmoud, ont assuré la marche administrative et la surveillance des chantiers.

René Dussaud, qui m'avait envoyé en Syrie, Paul Michon, André Merlin, Jean Charbonneaux, conservateurs en chef du Musée du Louvre, Henri Seyrig, directeur des Antiquités des Etats sous Mandat, Jean Sauvaget, secrétaire général de l'Institut de Damas, Claude Prost et Pierre Merlat, conservateurs du Musée d'Antioche, ont suivi et aidé nos recherches.

C'est grâce à l'Institute for advanced Study — en particulier aux professeurs Carl Kaysen et Homer Thompson, qu'il m'a été possible d'en achever la présentation. J'y ai été aidé de la façon la plus efficace par Richard Stillwell, qui depuis le début, secrétaire du Research Staff et éditeur des publications du Comité, avait suivi nos travaux.

Le Département d'Art et d'Archéologie de Princeton University et son directeur, David R. Coffin, ainsi que Princeton University Press ont accepté de reprendre, avec ce volume, la série des publications d'Antioche. Je tiens à leur dire combien j'en ai été touché.

Hubert Paris, dessinateur et urbaniste, a bien voulu mettre au point la documentation graphique, dans des conditions délicates. Ce livre lui doit beaucoup.

---

[31] Downey, *History*, pp. 701 et 718.

Et je ne saurais oublier Glanville Downey: l'effort qu'il a accompli pour préciser l'histoire d'Antioche apparaît comme indispensable à l'interprétation de la fouille.

Je veux dédier ce travail à la mémoire de William Alexander Campbell, qui sut être sur le terrain le plus délicat, le plus charmant, le plus efficace des chefs et des amis. Pendant des années, nous avons travaillé ensemble; quand nous nous sommes retrouvés à Beyrouth, après la guerre, il rêvait de nous voir reprendre ensemble la tâche interrompue. Je veux lui offrir du moins ce tableau de nos efforts d'autrefois et ce témoignage de fidélité.

I. SONDAGES PRELIMINAIRES

Avant d'aborder la présentation des grandes tranchées par lesquelles nous avons essayé de reconnaître l'implantation, le caractère et l'histoire de la rue d'Antioche et de ses portiques, il faut donner quelques indications sur deux sondages préliminaires, entrepris dans des conditions difficiles, à l'intérieur même de la ville moderne, à la faveur de démolitions qui laissaient libres des terrains trop étroits.

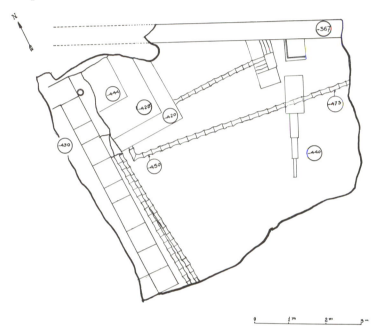

PLAN III. M.S.D. I. 21—J. Sondage près de la mosquée Habib en-Najjar. Niveaux VI (—440) et VII (—470): la fontaine byzantine, XIe siècle (= *Antioch* I p. 98, fig. 16)

J'ai publié le premier — qui date de mai 1932, la première année des fouilles — dans *Antioch* I,[1] mais il faut en corriger les conclusions. Pour le second, j'ai eu à ma disposition, grâce à Richard Stillwell, le carnet de fouilles de W. A. Campbell, qui l'avait entrepris en mai 1934. Je présenterai un résumé rapide de ses notes, prises au jour le jour, en toute objectivité, sans tentative d'interprétation. Les résultats obtenus coïncident mal, on le verra, avec le schéma général auquel nos recherches nous conduiront.

MAIN STREET DIG I. 22–J.

SONDAGE PRÈS DE LA MOSQUÉE HABIB EN-NAJJAR

Clarence S. Fisher, en mai 1932, m'avait confié la surveillance d'un sondage, entrepris dans un terrain

[1] Sondage près de la mosquée Habib en-Najjar. *Antioch* I, pp. 93–100.

momentanément libre, au coeur de la ville moderne, au bord de la rue axiale, au voisinage de la mosquée Habib en-Najjar (Fig. 6). J'en ai présenté des résultats dans *Antioch* I. J'ai repris mes notes: la description est fidèle; mais elle a été prématurément mêlée d'interprétations catégoriques, qui passent de la chronologie relative à la chronologie absolue avec une aisance déconcertante. Le sondage n'avait au départ que 6 m. sur 3. La fouille fut

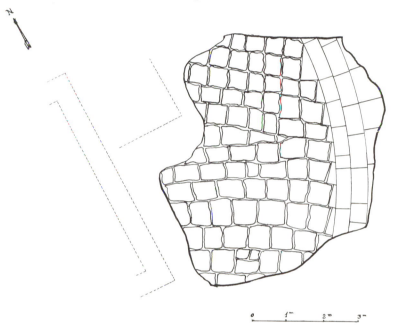

PLAN IV. M.S.D. I. 21—J. Niveau VIII (—610). Place circulaire, à un carrefour de la ville de Justinien (= *Antioch* I, p. 98, fig. 17)

ensuite agrandie sans dépasser 8 m. sur 8. Elle ne pouvait donc donner de résultats décisifs: il est vrai que nous ne pouvions alors prévoir la profondeur où se trouvaient ensevelis les niveaux antiques.

D'autre part, en pleine ville moderne, l'occupation urbaine s'est poursuivie, à travers les siècles, peut-être sans interruption; de ce fait, ici, dans les couches superficielles, les restes récents sont nombreux, confus, gênants: on verra que, dans les tranchées ouvertes plus au Nord, à travers l'oliveraie, la fouille rencontrera d'abord, le plus souvent, 4 m. de terre sans restes organisés, et descendra directement sur le niveau constitué après la reconquête byzantine, et qui a duré, avec bien des remaniements, jusqu'à la destruction de Baïbars, en 1268, après les croisades.[2] Ces quatre premiers mètres de fouille ont rencontré ici six niveaux successifs, dont j'avais rassemblé les éléments sur les plans III et IV.

[2] Voir par exemple en 16—P, p. 99.

13

Le trait le plus notable des niveaux superficiels est l'existence d'une canalisation construite — égout ou adduction d'eau — dont les dalles supérieures étaient à –225, le fond à –365. Elle courait sous des édifices postérieurs, selon une orientation Est-Ouest.[3]

Deux niveaux seulement conservaient des restes de caractère monumental. Le premier, autour de –430, est appelé Niveau VI dans ma description. Il comporte une fontaine, ou plutôt un élément de fontaine, l'angle d'un rectangle soigneusement construit en pierre de

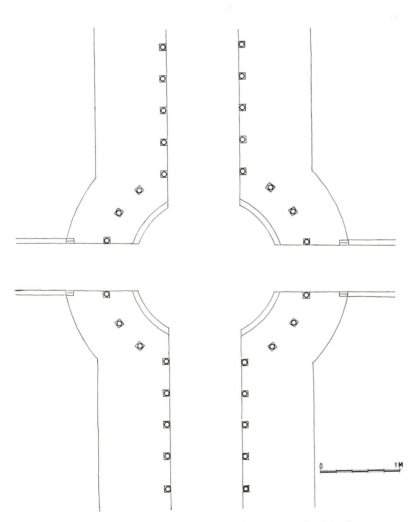

PLAN V. M.S.D. I. 22—J. Le carrefour, croquis théorique

taille, avec deux gradins successifs. Dans cette sorte de bassin, d'où partent plusieurs tuyaux de terre cuite, a été introduit après coup un grand mur conservé sur une hauteur de 2 m. 79 au-dessus du bassin, en tout 3 m. 22. Il a 55 d'épaisseur (PLAN III). Ce mur, de grand appareil, a été repris ensuite, au-dessus de sa troisième assise, avec des matériaux plus petits, puis des briques. Les blocs primitifs, à la base et dans l'angle, mesurent de 45 à 101 de longueur pour une hauteur de 53 à 60. Il a 6 m. 26 de long, et a été remployé à plusieurs niveaux. Primitive-

[3] *Antioch* I, pp. 94–95, figs. 5, 6, 7.

ment, il correspondait, à l'intérieur, au niveau –430, qui est aussi celui où la fontaine a été utilisée (Fig. 7).

Il est à remarquer que la direction de ce mur, comme celle des gradins du bassin, est presque exactement Sud-Nord — la différence est de 4º Ouest. C'est dire que le plan de cet édifice ne s'inscrit pas dans le système orthogonal de la ville. D'autre part, mes croquis n'ont pas été rattachés au plan cadastral, et, lors de ce sondage, la trame arrêtée par le service architectural de l'expédition n'était pas encore définie. La mosquée Habib en-Najjar, lieu de culte privilégié des musulmans d'Antioche, n'obéit pas aux axes, ni à celui de la rue, ni à celui de l'orientation normale. Il est dès lors difficile de situer ces restes sur le schéma général.

Depuis la fin des travaux dont je vais rendre compte, je considère les restes que je viens de décrire comme représentant non point l'Antioche de Justinien, mais celle de la reconstruction byzantine du Xe siècle. Mais, à cette époque comme précédemment, les architectes sont partout ailleurs, à notre connaissance, restés fidèles au quadrillage orthogonal.[4] Il y a donc ici une circonstance particulière, qu'il faudrait expliquer.

A 1 m. 35 au-dessous de la fontaine, à 1 m. 65 au-dessous du sol de l'édifice comme de la place extérieure, nous sommes arrivés sur un magnifique dallage en lave basaltique, fait de pavés de fortes dimensions, soigneusement joints (Fig. 8). Ils sont liés à un double gradin de pierre calcaire, d'aspect très monumental, qui dessine une courbe très accentuée (PLAN IV). Pour une corde de 5 m. 20, la flèche a 0 m. 396. Ces chiffres représentent un rayon de 8 m. 56 (Fig. 9).

J'ai montré qu'il s'agissait d'une place circulaire, située à un carrefour (PLAN V). La colonnade des portiques en suivait sans doute le pourtour — la largeur de la rue se trouvant doublée, selon le diamètre de la place. La comparaison avec Gerasa s'impose.[5]

Il faut ajouter à mon compte rendu, d'abord, qu'il s'agit ici, à coup sûr, de la réfection de Justinien. Clarence S. Fisher, en datant du IVe siècle au moins les canalisations de poterie découvertes sous le dallage, conduisait vers cette conclusion que nos tranchées postérieures imposent.[6]

[4] Cf. 19—M, p. 41; 16—P, p. 79.
[5] C. H. Kraeling, *Gerasa*, New Haven 1938, plans I et XII. A Gerasa, la colonnade ne tourne pas autour de la place, qui a 39 m. de diamètre, alors que la chaussée des rues qui se croisent ne mesure que 9 m. Les proportions paraissent ici toutes différentes.
[6] *Antioch* I, p. 99.

J'ajouterai que l'existence de la fontaine médiévale, au-dessus de cette place, pourrait permettre de supposer qu'il y avait là, dès auparavant, au centre même du carrefour, un monument des eaux.

D'autre part, la reconstruction de Justinien ayant calqué son schéma sur le dispositif romain monumental, on peut supposer que la place, au IIIe siècle, était déjà circulaire, et comportait déjà au centre un édifice — peut-être un tétrapyle — et une fontaine. La topographie interdit de situer ici le temple des nymphes et ses arcades, puisque c'est de là que partait, selon Libanius, la rue à portiques qui se dirigeait vers l'île : nous sommes beaucoup trop au Sud.[7] Mais on peut restituer une organisation du même type.

Il n'est pas étonnant qu'au-dessous de ce dallage nous n'ayons pas rencontré le pavement romain : on le verra, il a été partout arraché. Le sol grossier, dont nous avons rencontré quelques traces plus bas, doit correspondre à un « pavement romain antérieur, » que nous retrouverons plusieurs fois.[8] Les niveaux hellénistiques se trouvaient au-dessous du niveau où nous avons rencontré l'eau.

Dernière hypothèse : le sarcophage où repose Habib en-Najjar est placé de nos jours dans une crypte profonde. On peut voir sur la photographie aérienne que la mosquée oblige la « rue droite moderne à un double tournant. » Elle est donc, en partie au moins, au-dessus de la place circulaire antique. Il est peut-être possible de se demander si la crypte ne correspond pas à l'emplacement de l'édicule central, où le corps du saint aurait pu être déposé, lorsqu'on a descendu son corps du mausolée où il reposait sur le mont Silpius[9]. La montagne d'ailleurs a gardé son nom, et s'appelle, de nos jours, mont Habib en-Najjar.

MAIN STREET DIG II. 22–K

Le 1er mai 1934, W. A. Campbell a entrepris un sondage en 22—K, dans un terrain de dimensions très restreintes qui se trouvait momentanément libre à l'Est de la rue principale de la ville moderne, à l'angle de la rue Kuchuk Sueka.[10] Une fontaine marquait l'angle. Les dimensions de la fouille n'ont pas excédé 5 m. 50 sur 5 m. Le niveau du sol actuel est à 88.76.

PLAN VI. Après avoir arraché les fondations des murs modernes, le fouilleur est arrivé vers 86.50 à un réseau de murs réguliers, faits de moellons ; les salles sont très petites. On retrouve dans l'une d'entre elles une jarre en place et, à l'Ouest les restes d'un dallage en basalte, autour d'un puits carré (Fig. 10).

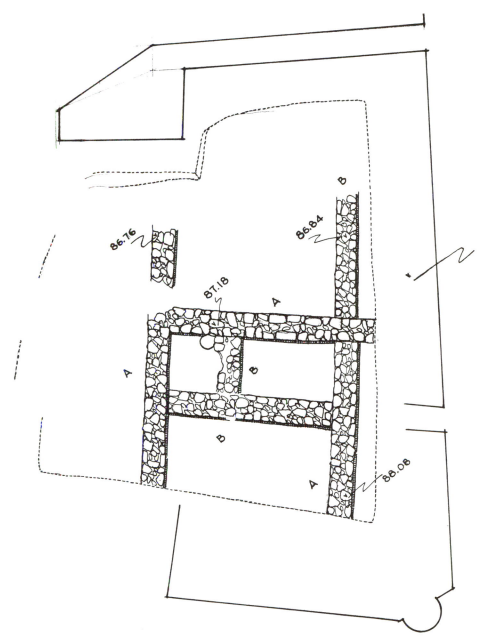

PLAN VI. M.S.D. II. 22—K. Niveau I (86.80). Murs modernes après enlèvement des fondations des immeubles contemporains
Le plan est axé comme la rue droite, qui passe immédiatement à gauche

[7] On trouvera le texte de Libanius et la discussion ci-dessous, p. 127.

[8] Par exemple en 16—P. Selon mes notes, il s'agit ici d'une épaisseur de galets noirs roulés de 30 cm., pris dans un ciment noirâtre, et posés sur une couche de ciment blanc. Ce sol est à 1 m. 30 sous la surface du dallage de basalte. A 1 m. 80 sous le dallage, M. Elderkin a trouvé des fragments de poterie Arétine, dont l'un avec la marque $\frac{KIN}{TEPS}$. Le niveau augustéen a donc été atteint immédiatement au-dessus du niveau de l'eau (— 8 m. 20).

[9] Sur Habib en-Najjar, peut-être l'Agabus des Actes des Apôtres, XI.28 et XXI.10, dont la légende, citée par Mahomet—Sourate XXXVI.2, s'est ensuite développée, voir Encyclopédie de l'Islam, s.v. ;

Le Strange, *Palestine under the Moslems*, Beyrouth 1956, p. 376 (Yaqût, III.387).

[10] On trouvera une allusion à ce sondage dans le Résumé de la campagne 1934, *Antioch* II, p. 1.

Sous ce niveau, les monnaies sont uniformément du IVᵉ siècle — à l'exception de quelques pièces plus tardives. Plus bas, au-dessous de 86 m., apparaît une série de dix-sept tuyaux de poterie, de direction générale Est-Ouest (longueur 30, diamètre 20 à 25), et un distributeur de pierre. Les murs sont en moellons; on traverse dans une salle un sol en ciment, à 85.57. On retrouve dans les murs de nombreux fragments d'architecture remployés, bases de colonnes, fûts cannelés ou non, en très mauvais état (Fig. 11).

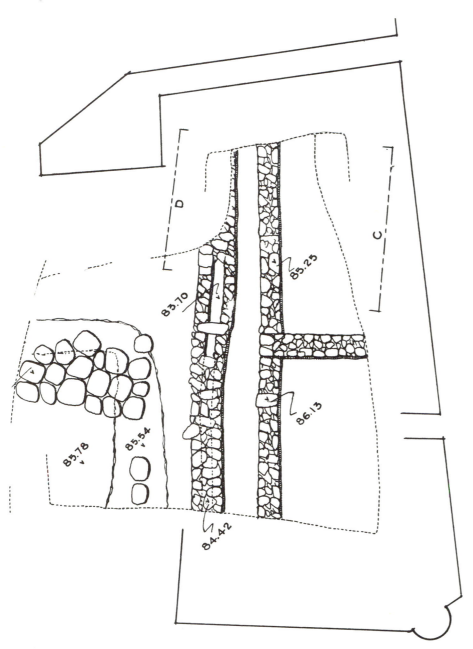

PLAN VII. M.S.D. II. 22—K. Niveau II (85). Entre C et D passent dix-sept canalisations de poterie. Le dallage de basalte les recouvrait. Les murs sont plus anciens.
Dans l'axe, canalisation construite

PLAN VII. La fouille arrive ensuite, dans sa partie Est, au-dessous de 85.30, à une série de sols superposés: il s'agit de graviers et d'éclats calcaires, réunis par un

peu de ciment. Les sols sont séparés par des couches de sable grossier très tassé. Il y en a un à 85.10, puis un autre à 84.90. A certains endroits ces sols sont nettement distincts, à d'autres, ils se rejoignent comme à la suite de fréquentes réparations. Les murs, dans l'angle Nord-Ouest, très irréguliers, sont faits de pierres rondes, prises dans du mortier blanc et calées avec des galets. Parfois, le mortier est mêlé de cendres. Ils semblent plantés dans les deux sols supérieurs et posés sur le troisième.

A la cote 84, autour d'un sol situé en 84.19, on retrouve des murs dans une disposition comparable à celle des niveaux supérieurs. Un de ces murs d'ailleurs, à l'Est, se poursuit sans interruption depuis la surface. Au-dessus de ce sol, un égout de 40 cm. de largeur intérieure, est construit de petites pierres non cimentées, couvert de pierres plates de remploi, dont une base de colonne de calcaire jaune (Fig. 12). Une inscription sur une dalle de marbre blanc de 27 × 20 a été retrouvée sur le sol même. C'est une épitaphe, qui a été publiée par G. Downey[11]:

Helicon/Januario con/ser(vo) benemerenti/ h(eres) c(uravit) f(aciendum).

Plusieurs sols apparaissent encore dans l'espace vide au-delà du mur. Ils se succèdent, tantôt séparés par des couches de sable, tantôt posés directement les uns sur les autres. Chacun semble correspondre à une reprise totale de la rue. Certains s'arrêtent régulièrement à 35 cm. à l'Ouest d'un égout grossièrement construit, qui longe le mur, et dont ils sont séparés par une surface de terre brune. Les sols descendent vers le mur, en s'amincissant parfois jusqu'à n'avoir plus que 2 cm. d'épaisseur. Il n'y a plus de monnaies et fort peu de tessons. Sur un des sols empierrés courent deux ornières, distantes de 1 m. 40 d'axe en axe.[12]

Les niveaux sont dégagés un par un. Entre le neuvième et le dixième apparaissent des tessons de «pergamene.» L'égout avait été relevé lors de la construction des murs, et courait auparavant au même endroit, cinquante centimètres plus bas. La photographie (Fig. 12) montre l'emplacement de l'égout parallèlement aux fondations des murs Ouest, et les témoins des différentes couches de rempierrement. La base des fondations est à 84.16; le mur proprement dit commence à 84.86. Une grande dalle, verticale à ce niveau, marque l'aboutissement du

11 *Antioch* II, p. 152, no 33.
12 On trouvera des ornières sur des sols empierrés hellénistiques, en 19—M, p. 72 et en 17—N, p. 87.

mur transversal Ouest-Est. W. Campbell pensait que le mur était contemporain de l'égout et des sols 2 et 3.

Les murs enlevés, on constate que la couche 11 — 84.16 — s'étend au-dessous. Les sols sont d'ailleurs en pente, et leurs cotes varient quelque peu d'un point à l'autre de la fouille. On retrouve sur cette couche 11 des traces d'ornières. Les couches 11, 12 et 13 ont encore été coupées lors de la construction de l'égout. C'est au niveau de la couche 12 qu'apparaît l'inscription funéraire de Primus et aussi le texte numéro 32, dont il ne reste que quelques lettres.[13]

La couche 14, séparée de 13 par l'habituelle épaisseur de sable d'environ 15 cm., est faite de noyaux (cobbles) de basalte, et réparée plus tard avec les galets habituels. La ligne du sol de basalte s'arrête à 60–70 cm. de l'égout, comme si elle marquait le bord de la rue; ce sont les fondations de gravier qui continuent jusqu'à l'égout. La date proposée pour les tessons découverts à ce niveau est: II–IIIe siècle A.D.

Après destruction du mur Nord-Sud et de l'égout, les couches de pierres tassées continuent au Nord-Est — 83.96, 83.70. Dans la rue, sous le niveau empierré en basalte (83.82) on en trouve un autre, en gravier, à 83.65; puis encore à 83.50. Le rebord de ces couches — 15 et 16 — reste Nord-Sud, avec de légers écarts, sous celui des couches postérieures à quelque distance de la face Ouest de l'égout. La couche 16, particulièrement soignée, est plus dure et plus lisse que les autres, et faite surtout de petits cailloux. La photographie (Fig. 13) montre la limite Est de cette couche, et, dans l'angle Nord-Est, l'arrivée de couches perpendiculaires qui, sous les canalisations, peuvent peut-être correspondre à une voie latérale. Dans l'angle Sud-Est, c'est une couche de terre argileuse, brune, avec beaucoup de tessons de poterie commune, des fragments d'un chapiteau corinthien et d'une colonne lisse. Le niveau de l'ensemble de la fouille est alors entre 83.40 et 82.70.

Les couches se succèdent partout, correspondant à l'emploi de matériaux différents. Parfois une ligne de galets plus forts marque le rebord de la rue, vers l'Est. A la cote 83, on atteint le bas du dernier élément de mur conservé. La fouille, dans la partie Est, est régularisée à ce niveau, après destruction du mur: tessons et lampes sont du 1er siècle A.D.

La première couche qui s'étend sur l'ensemble de la partie Est du sondage est à 81.95. C'est un bon sol de gravier, en liaison directe avec celui de la rue: il vient

[13] *Antioch* II, p. 151, no 30.

au contact de la rangée de pierres qui limite le sol de la rue (niveau 82.25 puis 82.10). Il est percé de quatre trous circulaires, alignés à 60 cm. du rebord de pierre de la chaussée (PLAN VIII). Les trous sont à 80 cm. les uns des autres, et ont un diamètre de 80 en haut pour 60 au fond. Leur profondeur varie entre 60 et 80 (Fig. 14). Ils semblent avoir été recouverts par une couche de sable rouge, et traversent plusieurs sols superposés. Aucun tesson n'a été retrouvé. W. A. Campbell ne propose aucune interprétation de ce détail.

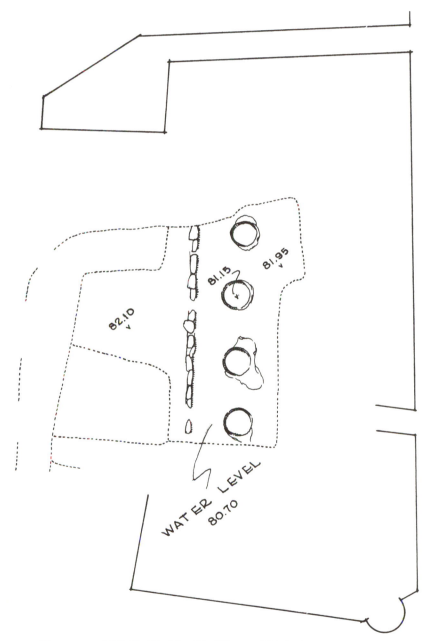

PLAN VIII. M.S.D. II. 22—K. Niveau III (82). Toute la fouille est recouverte de sols de cailloux tassés, séparés par des couches de sable ou de gravats

D'autres couches ont encore été repérées à 81.70, dans la partie Est de la fouille. Celle de 82.10 était faite de galets plus larges avec des pierres atteignant 0 m. 20.

Une couche de gravier a ensuite été dégagée, à 81.72 sous la rue, à 81.62 à l'Est. La séparation est maintenue: la couche de sable de la rue représente peut-être les fondations du sol de 82.10.

C'est à 81.50, dans la partie Est, qu'a disparu la couche de gravier qui portait le dernier sol. Au-dessous, on a retrouvé de la terre brune, mêlée de pierres et de rares tessons, sans trace de couche régulière, jusqu'à l'eau, atteinte à la cote 80.70 (Fig. 15).

Sous la rue, cette couche de terre se continue jusqu'à la rangée de pierres limitant le premier sol, puis s'enfonce rapidement vers l'Ouest et le Nord. Elle est alors couverte par une couche de sable jaune mêlé de petites pierres calcaires.

Dans les couches les plus profondes, au-dessus de l'eau, on trouve de la poterie «pergamene,» une anse d'amphore à marque illisible, de la poterie hellénistique rouge et noire.

J'ai résumé de mon mieux les notes prises au jour le jour par W. Campbell. Nous rencontrerons ailleurs dans nos sondages des superpositions de sols empierrés, tassés, séparés par des couches de sable et faits de matériaux différents; nous n'en trouverons nulle part une série si importante, et qui paraisse s'étendre sur une telle période.[14] Il apparaît probable que nous avons ici la rue qui se maintient en place, de l'époque hellénistique jusqu'au IIe siècle A.D., et sans avoir été dallée.

La chaussée a été longtemps bordée d'un égout, qu'on a au moins une fois rehaussé, à mesure que les empierrements se superposaient. A l'Ouest de ce passage, marqué parfois d'ornières, on trouve dans l'ensemble de la fouille, puis seulement dans la région Sud-Ouest, des sols analogues: c'est au-dessus de ces sols que passent, à un niveau élevé, une série de tuyaux — qui peuvent correspondre au départ d'une rue transversale: il y a à cette époque une construction dans l'angle Nord-Ouest, qui s'avance presque jusqu'à l'égout, et qui a duré très longtemps. Son mur le plus haut culmine à 86.13.

Nous verrons qu'il est difficile de comparer les cotes d'une fouille à l'autre. L'élément de dallage en basalte dégagé ici à 86.44 — à 4 m. 32 sous le sol actuel — se trouve à 2 m. plus haut que celui dégagé dans le sondage voisin de la mosquée Habib en-Najjar, qui est d'ailleurs d'une tout autre qualité. Il est à 1 m. au-dessus du dallage de Justinien, tel que nous le rencontrerons en 19 M.

Il est donc difficile d'intégrer ce sondage dans l'histoire de la rue, telle que nos autres tranchées, plus larges, permettront de la définir. C'est cette difficulté même qui rendait nécessaire une présentation même succincte, même confuse de ses résultats.

[14] Voir en 19—M, p. 73; l'exemple le plus caractéristique est en 16—O Sud, p. 98, où la céramique a été étudiée en détail par F. O. Waagé Il s'agit dans ces deux cas de niveaux hellénistiques—

hypothèse qui paraît ici exclue, aussi bien à cause du niveau que de la céramique.

II. MAIN STREET DIG III. 19–M

Les deux modestes sondages que nous avions entrepris en 1932 le long de la rue principale de l'Antioche moderne avaient seulement confirmé, pour une partie de son parcours, l'hypothèse de base, comme quoi le tracé de cette rue, et de la route d'Alep qui la continue en droite ligne vers le Nord, correspondait à celui de la fameuse rue à colonnades de l'ancienne Antioche.[1]

Pour préciser nos connaissances, quoique avertis de la profondeur à laquelle il nous faudrait chercher les niveaux archéologiques, nous avons pensé ouvrir une série de tranchées perpendiculaires à l'axe commun de la rue et de la route, pour essayer de retrouver le dispositif antique.

Bien entendu, il était souhaitable de couper la route. Une pareille entreprise paraissait irréalisable : il n'était pas question d'arrêter la circulation en ville, ni d'ailleurs de trouver entre les maisons un terrain suffisamment vaste pour qu'on puisse supposer qu'il contiendrait toute la largeur du dispositif romain monumental. L'expérience de W. A. Campbell, qui, on l'a vu, au Sud même du sondage d'Habib en-Najjar, en 22 — K, venait pendant la campagne du printemps de faire une tentative, avait montré la nécessité de prendre du champ.[2] Il était arrivé, à travers des constructions tardives, assez bien conservées, sur une surface empierrée, sous laquelle il avait retrouvé de nombreux lits analogues successifs, sans autre résultat. Il semble qu'il était à un carrefour, et avait retrouvé sous la même forme la trace d'une rue perpendiculaire. Mais aucune indication monumentale sur les niveaux importants n'avait été dégagée dans le sondage. De même, il était impensable qu'on nous laissât défoncer, sur une grande profondeur, la belle route goudronnée moderne qui assurait les relations d'Antioche avec Alep, la Syrie et la Mésopotamie.

Il restait un emplacement possible. Précisément à cause de l'étroitesse de la rue axiale de la ville, les Ponts et Chaussées avaient choisi de dévier la route d'Alep vers l'Ouest, avant son entrée dans la ville. A quelques 230

mètres des premières maisons, la route tournait donc à angle droit ; puis, tournant à nouveau, rejoignait l'Oronte et entrait dans la ville en longeant la rive gauche du fleuve.[3] Entre le premier virage et le débouché de la rue axiale, la ligne droite restait marquée par un simple chemin empierré, l'ancienne route, très dégradée depuis son abandon, et qui n'était pratiquement plus fréquentée que par des piétons, des cavaliers et des animaux de bât.

En 1934, justement, la municipalité avait prévu de mettre ce chemin en état et de le goudronner avant l'hiver. Dès le début de la campagne d'automne, dont le Comité m'avait confié la responsabilité, j'avais entrepris d'obtenir l'autorisation de couper ce chemin par une tranchée transversale, qui se poursuivrait de part et d'autre sur une longueur totale d'une quarantaine de mètres. Il y avait là de riches jardins dont les propriétaires écartèrent notre proposition. Par contre, des savonneries s'élevaient avant le carrefour d'entrée de la ville (PLAN IX) ; le propriétaire de l'une d'entre elles, Ali Effendi Mesri, nous autorisa à abattre le mur de sa cour et à travailler dans cette cour même. Le propriétaire du jardin, de l'autre côté de la rue, Rasem bey Adali, nous fit espérer qu'il nous donnerait de son côté la permission nécessaire — mais finalement nous la refusa. Nous n'avions pas attendu pour commencer notre tranchée là où nous y avions été autorisés ; elle ne put donc prendre toute la longueur prévue. Commencée à l'Ouest de la route, au pied même du mur du jardin, sur neuf mètres de largeur, elle avait 29 mètres de longueur, coupant la rue (largeur : 11.45 m.), s'enfonçant dans la cour de la savonnerie, à 3 mètres d'un mur qui la limitait vers le Sud. C'était celui d'un hangar, qui servait de dépôt de céréales et de savon. Après un violent orage, un éboulement devait se produire, en avant de ce mur, alors que la fouille avait déjà atteint cinq mètres de profondeur. Les mesures de protection prises d'urgence par le

---

[1] Voir l'introduction ; p. 6 et Plan I.

[2] 22—K. Ce sondage mentionné dans *Antioch* II, «Outline of the Campaigns,» p. 1, vient d'être résumé ; voir les plans III. et IV.

[3] Voir la photo aérienne. En partant du haut de l'image, on voit la route arriver au carrefour, et tourner à angle droit ; le chemin, continuant tout droit, à travers l'oliveraie, arrive aux savonneries, puis à l'entrée de la ville.

reis Berberi assurèrent la sauvegarde du hangar, dans l'immédiat et jusqu'à la fin du chantier (Fig. 16).

Les terres de déblai étaient entassées dans la cour; nous devions bien entendu combler le trou en fin de travail. Les pierres, que la municipalité désirait récupérer, étaient déposées dans la rue. Des ouvriers étaient installés sur deux séries de gradins, disposés en dehors de la rue était restée fixée sur son tracé actuel; elle était attestée par la superposition d'empierrements sommaires, et aussi par la présence de canalisations: c'est ainsi que, dans les deux premiers mètres, nous avons rencontré trois tuyaux métalliques modernes, puis bientôt des tuyaux de poterie, de plus en plus nombreux, au-dessous de la cote 88.

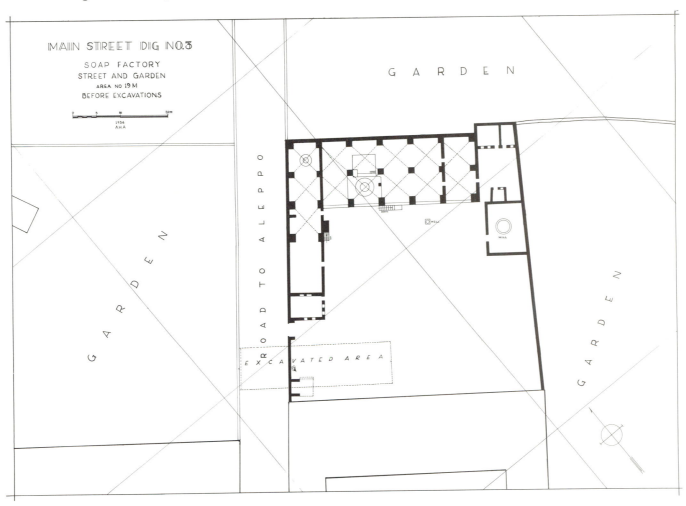

PLAN IX. M.S.D. III. 19—M. La savonnerie et la fouille

tranchée, dans la rue et dans la cour: ils se passaient les paniers de terre, de mains en mains, au lieu de circuler avec les couffins sur la hanche, comme c'était l'usage dans les autres chantiers (Fig. 5).

Les niveaux ont été, en cours de fouille, mesurés directement à partir d'un fil de fer tendu horizontalement dans la longueur de la tranchée, à la cote 91. au-dessus du niveau de la mer. Les étiquettes des paniers de tessons et les enveloppes des monnaies portaient donc, en même temps qu'une référence au plan, l'indication approximative du niveau des trouvailles quotidiennes.

Je passerai rapidement sur les pauvres restes que nous avons rencontrés dans les premiers mètres de la fouille. Nous avons vérifié, que pendant les derniers siècles, la

Le premier, pris dans une gangue de ciment et de petites pierres, est à la cote 88.50. PLAN X.

Si, sous la rue, on traverse des empierrements, dont certains ont paru assez consistants pour figurer sur la coupe, on rencontre seulement dans la cour de la savonnerie de la terre meuble, dans laquelle apparaissent des alignements de pierres dont certains ont pu appartenir à des murs ou à des dispositifs destinés à conserver ou utiliser l'eau — canalisations, réservoirs, auges.

L'élément de construction, indiqué sur la coupe à la cote 87.80 et qui est photographié (Fig. 17), comporte un mur de 1 m. 30 de hauteur pour 92 de largeur, qui forme un angle droit avec un mur de 79; ils portent une canalisation grossière, faite de pierres de remploi, dont un élément de colonne polygonale. D'autres restes voisins

m'ont paru être de simples alignements de pierres, comme
on peut en rencontrer dans une cour. Sous le rebord de
la tranchée sont alignées quatre jarres, brisées, dont le
diamètre maximum varie entre 63 et 82 cm. Elles sont
au même niveau que le tuyau visible sur la photographie.
Je suppose qu'elles étaient prises dans un sol en terre
battue. Un puits s'ouvre à proximité.

Je n'insisterai pas sur des restes analogues que signale
mon carnet de fouilles, à des cotes voisines de 88 m. et
87.70 dans la région centrale de la tranchée. Des tessons
de poterie arabe vernissée, à dessins bleus ou ocres,
apparaissent par endroits.

Au-dessous du niveau −330 (87.70) on trouve dans
la rue un niveau mieux attesté (Fig. 18). Il y a d'une
part une fosse, débouchant de la face Nord de la tranchée,
et continuée par une sorte de terre-plein de cailloux
maintenus avec de la terre. A l'Ouest, une rangée de
blocs de remploi, appareillés avec quelque soin, dessine
une courbe et maintient un sol cimenté assez bien défini;
quelques décimètres plus haut, apparaît plus à l'Est
encore un dallage fait de briques cassées, et de pierres
plates assez soigneusement ajustées. Il est possible que
ces constructions appartiennent à plusieurs niveaux
d'occupation différents. La fosse étant évidemment
souterraine, le terre-plein représentait peut-être un
trottoir antérieur au trottoir courbe, lui-même antérieur
au pavement de briques. La seule conclusion qu'on
puisse tirer de ces premiers restes est celle d'une occupation constante du bord Est de la route.

Le premier niveau clairement attesté a été retrouvé
autour de la cote 87.17 à l'Est de l'axe Nord-Sud de
notre tranchée. Il s'agit d'une cuisine et d'une cour,
pavées de briques, qui comportent des aménagements
suffisamment conservés.

Cet ensemble est limité vers l'Ouest par un mur, retrouvé au-dessus du sol de briques, sur 1 m. 85 de hauteur. Il est fait de moellons taillés, alignés avec soin, et
formant double face, avec de temps à autre un bloc
placé en boutisse. Il a 46 cm. d'épaisseur. Implanté
Nord-Sud, parallèlement à l'axe de la rue, il est conservé
plus ou moins bien sur presque toute la largeur de la

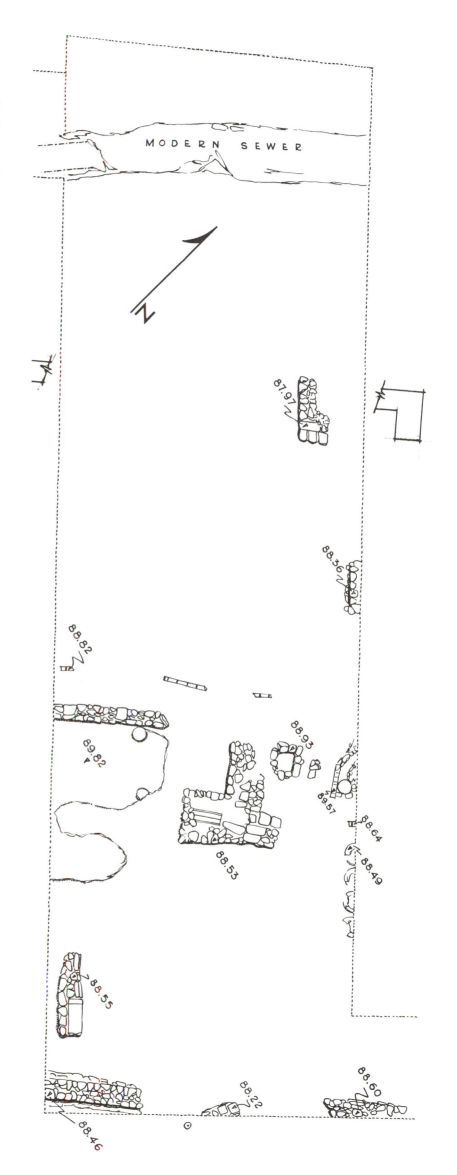

PLAN X. M.S.D. III. 19—M. Niveau I (88.50).
Restes récents: la ville turque ne s'étendait pas jusque là
Ce plan, comme tous ceux qui suivent, est orienté
perpendiculairement à la rue droite, avec le Nord-Ouest en haut.

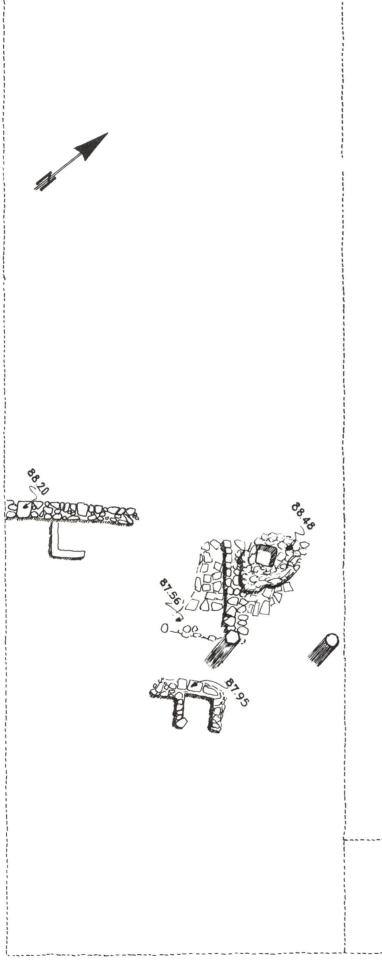

PLAN XI. M.S.D. III. 19—M. Niveau II a (88).
Cuisine médiévale, dernier état

tranchée, et se poursuivait au delà. La «cuisine», marquée par la présence de plusieurs puits, a connu plusieurs niveaux d'occupation. PLAN XI.

Le plus récent, (Fig. 20), montre au-dessus d'un sol discontinu fait de fragments de briques et de dalles, des éléments de murs et un fût de colonne polygonal, posé sur le sommet d'un fragment de colonne qui fait partie du dispositif antérieur. Au delà vers l'Est, un massif de maçonnerie enveloppe la margelle d'un puits.

PLAN XII. On trouve 70 cm. plus bas le niveau le mieux attesté (Fig. 19). La partie Sud de la fouille est occupée par un dallage de briques, presque régulier, dont les restes mesurent environ 5 m. 55 sur 3 m. 35. Les briques, cassées, proviennent de remplois, mais ont été retaillées avec quelque soin. Celles qui sont entières mesurent 35 cm. de côté pour 4 d'épaisseur. Il s'y mêle quelques pierres plates, et quelques fragments de plaques de marbre. Le pavement a été arraché: il se poursuivait peut-être sur tout l'espace de la cour. Il était rendu robuste par la solidité du ciment de pose; la partie qui manque a dû être systématiquement détruite.

On remarque dans ce dallage deux trous rectangulaires réguliers, disposés perpendiculairement au mur Ouest, le premier à 1 m. 90 du mur, l'autre à 2 m. 03 du premier. Ils mesurent 28 × 20 et 33 × 22, et sont placés de part et d'autre de la margelle d'un puits. Ils ont dû servir à planter des poteaux de bois, qui portaient sans doute un auvent au-dessus de la partie sud de l'ensemble. Deux colonnes, provenant de remplois, sont alignées parallèlement au mur, du Sud au Nord; la première est celle sur qui reposait l'élément polygonal. Elles ont pu porter un second auvent, perpendiculaire au premier. Deux puits se trouvent entre ces colonnes et le mur.

Le pavement porte les restes bien conservés d'un fourneau, d'un évier et de la margelle d'un puits.

Le fourneau est placé strictement contre le mur, mais s'ouvre vers le Nord. C'est un socle de briques, de 1 m. 06 sur 0 m. 86 et 29 cm. de hauteur. Sa surface est bordée, au Sud et à l'Est, par une murette de 26 cm. de hauteur pour 18 d'épaisseur. Dans ce socle s'ouvre une fente verticale, parallèle au mur, de 53 cm. de longueur pour 25 de largeur; elle est seulement à 19 cm. du mur, mais une niche s'ouvre dans celui-ci, sur 8 cm. de profondeur et 29 cm. de hauteur, ce qui accroît l'espace utile. Des fourneaux de ce genre sont encore utilisés en Syrie (Fig. 21).

Derrière le fourneau, dans l'angle du mur, que nous avons atteint à cet endroit en retrait sur la limite de la tranchée, le sol est en partie surélevé, avec au fond une surface cimentée de plan arrondi. Il s'agit sans doute d'une sorte d'évier. Un tuyau de poterie que je n'avais pas repéré à l'intérieur, traverse le mur à cet endroit. Il a dû assurer l'écoulement des eaux.[4] Lors de la destruction de ce mur, nous avons dégagé dans son épaisseur, tout à fait au Sud, c'est-à-dire derrière l'évier, un tuyau vertical qui descendait jusqu'au-dessous des fondations; un coude de poterie tournait vers l'Ouest, et joignait un distributeur de pierre, cubique, remployé: une ouverture circulaire à la partie supérieure avait été obturée. Un élément de tuyau sortait de ce distributeur vers le Nord (Fig. 22).

Le puits qui s'ouvrait dans le dallage avait conservé une partie de sa margelle. Elle était faite de briques courbes, conservées sur cinq épaisseurs, et fabriquées en fonction du diamètre du puits: 56 cm., (hauteur: 37 cm.). Cette margelle est contemporaine du dallage; immédiatement au-dessous, le parement du puits apparaît fait de moellons sommairement liés (Fig. 23). Il s'agit d'un raccord qui va jusqu'à un sol primitif. Plus bas, le puits, quoique assez grossier, est d'un meilleur appareil.

Les deux puits qui s'ouvrent entre le mur et les colonnes, au contraire de celui-ci, ont été plus longtemps utilisés. L'un d'entre eux a conservé une belle margelle rectangulaire monolithe, située un peu au-dessus du niveau de la cuisine. La margelle mesure 74 × 62, pour 8 d'épaisseur, sa hauteur est de 39. Au-dessous le puits est de section circulaire (Fig. 24).

L'autre puits, qui est pris dans la face Nord de la tranchée est lui aussi appareillé et de section circulaire.

Un quatrième puits apparaîtra, s'ouvrant dans un sol antérieur de la cuisine, plus à l'Est, dans l'axe de la tranchée.[5] Alors que les trois premiers, vidés avec soin, n'ont produit que quelques tessons de poterie commune, le dernier nous a livré une quantité considérable de vases, intacts en général, et de cruches. Cette différence n'est pas facile à interpréter; évidemment on comprend mal la nécessité d'ouvrir quatre puits dans une surface de 8 m. sur 8, d'un seul tenant, et qu'il paraît difficile de répartir entre des propriétaires différents. Faut-il supposer que l'eau, provenant de la même nappe, était

[4] On aperçoit ce tuyau sortant du mur sur la fig. 32. Il n'appartient pas au système de la fig. 22.

[5] On le voit sur la fig. 29.

PLAN XII. M.S.D. III. 19—M. Niveau II b(87.17). Cuisine médiévale, état intermédiaire. On remarque deux séries de tuyaux de poterie, correspondant à deux rues parallèles

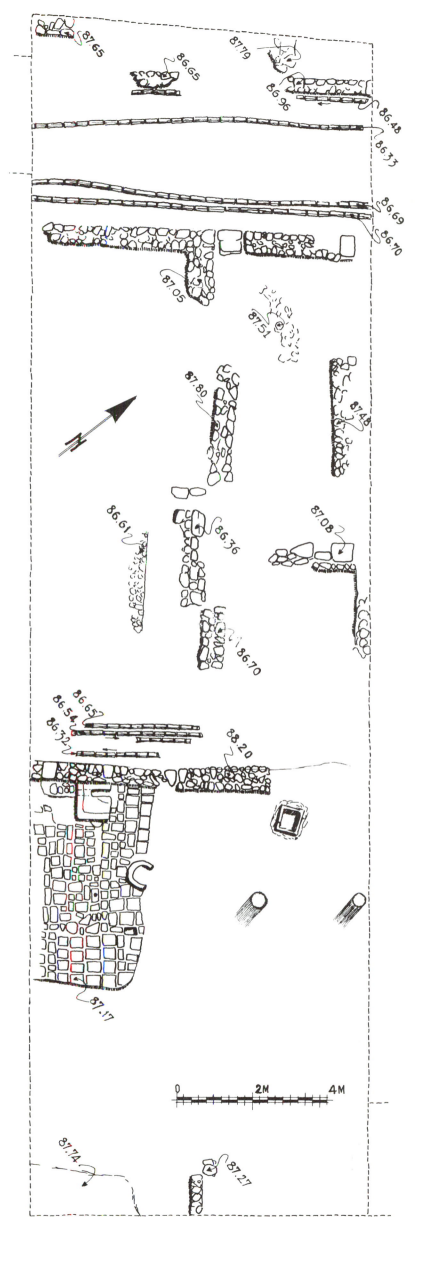

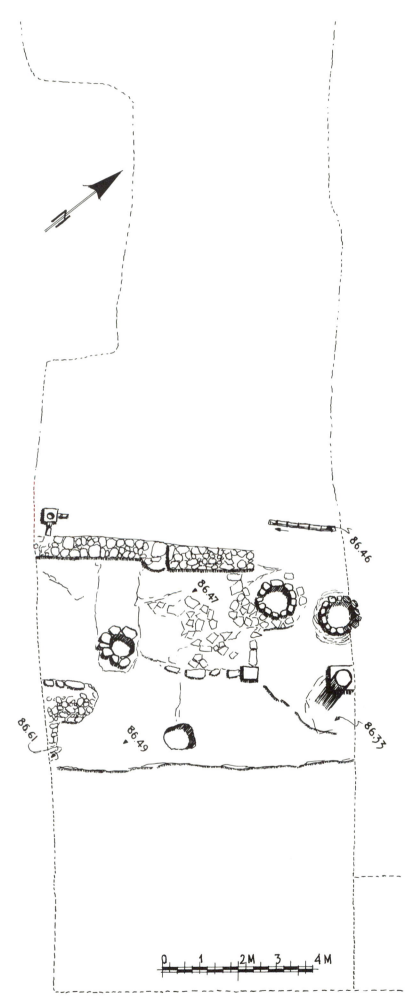

PLAN XIII. M.S.D. III. 19—M. Niveau II c (86.47).
Cuisine médiévale, premier état

pourtant utilisée dans chaque cas pour d'autres usages? Et comment, si on y puisait l'eau de la même façon, peut-on admettre que dans un seul cas un crochet mal réglé ait pu abandonner au fond tant de vases utiles?

Les vases trouvés dans ce puits sont évidemment de la poterie commune. Ils sont néanmoins de facture soignée et appartiennent à plusieurs séries différentes (Fig. 25). Il y a:

– une série de grands vases à deux hautes anses, en terre blanche, à panse ovoïde ou plus tassée, avec un col haut et large, terminé ou non par un rebord. Ils mesurent 30 à 35 cm. de hauteur.

– de nombreuses cruches à une seule anse (Fig. 26) dans la même pâte blanche, avec un col évasé sans rebord. Elles existent en plusieurs tailles, entre 15 et 30 de hauteur. Dans certains cas, la panse du vase est légèrement ondulée.

– des vases pansus, avec un col étroit, court, et très évasé, une anse.

– des vases plus ronds, à col bombé et bec trifolié, avec une anse.

– des cruches en terre rouge, de petites dimensions, beaucoup plus frustes, à paroi ondulée.

– quelques vases en terre rouge, lisses, avec à l'épaule des anses très petites.

– des amphores de terre brique grossière, pointues, à deux anses accrochées à un col rond, court, à bourrelet large (Fig. 27).

– des fragments d'un grand vase, très rond, bas, avec anses aux épaules, en terre blanche, avec une bande circulaire gravée de traits perpendiculaires.

– un seau de bronze dont le fond a des rebords arrondis.

– un grand fragment d'un plat creux glacé, très ouvert, avec un décor floral stylisé marron et beige (Fig. 28).

Ce plat a été daté par Jean Sauvaget du Xe—XIe siècle. Il nous fournit une précieuse indication chronologique pour l'ensemble de la collection, trop homogène pour pouvoir être dispersée dans le temps, et aussi pour le niveau d'utilisation du puits — la première époque de la cuisine.[6] PLAN XIII.

C'est la première vérification précise que nous ayons eue de l'importance reprise par Antioche après la reconquête byzantine.

La suite de la fouille a montré en effet que l'édifice que nous étudions avait connu auparavant plusieurs

[6] Ce plat a été publié par F. O. Waagé, *Antioch* IV:I, pp. 89 et 103, fig. 47.

niveaux successifs. La coupe, trop systématiquement verticale, n'en rend pas exactement compte. Par contre, la comparaison entre la photographie, Fig. 19, qui présente l'état que nous venons de décrire et la photographie, Fig. 29, où sont attestés plusieurs niveaux antérieurs, permet de contrôler ce que nous pouvons savoir de l'histoire du monument.

Les colonnes suffisent à montrer la superposition.

Celle du Sud (hauteur 82, diamètre 45) a sa base au niveau définitif: mais elle a pour socle une pierre carrée, elle-même posée sur un sol de ciment.

Celle du Nord, hauteur 1,15, diamètre 38) repose sur une base ionique de pierre, trop grande, (côté 63, diamètre cercle 50) qui est posée sur un sol de ciment inférieur (Fig. 31). Le «portique» a donc été remployé, sans que les colonnes aient été déplacées: le niveau du sol s'est élevé autour d'elles, d'environ 50 cm.

En fait, j'ai retrouvé trois sols d'utilisation, sous celui que j'ai d'abord décrit.

Le premier comporte, sur un lit de ciment, des fragments de briques et de plaques de marbre: il est à 35 cm. sous la cuisine. Il commence à 55 cm. au Nord de celle-ci; cet espace correspond à une lacune du mur Ouest, il y a peut-être là la trace d'un mur arraché.

Le second, de nature analogue, est à 14 cm. plus bas. Il se poursuit de part et d'autre de cette lacune, au même niveau. C'est sur lui que repose la pierre qui porte la colonne Sud. Un de ses éléments, mieux conservé, apparaît sur la photo, protégé par un muret.

Du troisième, à 11 cm. plus bas, n'est conservé qu'un sol de ciment; il s'étend sur l'ensemble de la fouille, c'est sur lui que repose la base de la colonne Nord.

Le mur qui limitait la cuisine vers l'Ouest est contemporain de tous ces dallages. C'est dire qu'il avait conservé une hauteur de près de 3 m. (Fig. 32). Il était longé, à l'extérieur, par une série de canalisations en poterie, descendant du Sud au Nord, entre 86.50 et 85.80. Nous en avons compté cinq, au moins — en supposant raccordés des tronçons conservés au Nord et au Sud de la tranchée. Ces tuyaux, en effet, sont composés d'éléments de diamètres, de longueurs, de matières, chaque fois différents; ils ne sont pas d'autre part strictement homogènes: l'un d'entre eux comporte des éléments dont la longueur varie de 22 à 27.

Selon toute vraisemblance, ces tuyaux marquent l'emplacement d'un passage, disons d'une ruelle, dont le sol avait été maintenu en terre battue, précisément pour qu'on puisse les introduire et les réparer. Remarquons tout de suite qu'un faisceau de tuyaux se trouve au même niveau, sous la rue moderne: nous aurions donc deux rues parallèles, au XIe siècle, à treize mètres environ de distance.

La partie de la tranchée qui sépare ces deux faisceaux de tuyaux restait occupée seulement, pour l'époque de la cuisine, par des restes de murs, les uns parallèles, les autres perpendiculaires à l'axe de la rue. Deux d'entre eux (distance: 2 m. 45), d'épaisseur 53, de construction comparable ont sans doute appartenu à une même salle. Un fragment de dallage grossier, à l'Est, coupait le prolongement de celui du Nord. A la même distance, à l'Est du mur Sud, se trouvait au contraire un autre débris de mur analogue — placé dans son prolongement. A ce mur était adossé une sorte de canal cimenté, dont le sol, très en pente, était limité, au Sud, par une paroi faite de petites pierres et de tuyaux. Il était couvert de dalles étroites, dont trois étaient conservées. Plus au Nord, un tuyau descendant verticalement dans la terre témoignait de l'existence d'installations disparues (Fig. 30).

Les murs que nous venons de signaler ont pu vers l'Ouest — à 2 m. 85 — rejoindre un mur continu qui bordait la rue — mur irrégulier, dont la largeur passait de 60 à 48; il était fait de petits moellons, avec un bloc de grand appareil remployé, et peut-être les traces d'une porte et d'un seuil. On remarque deux éléments de murs perpendiculaires, qui ne correspondent pas à l'axe des murs situés plus à l'Est.

De l'autre côté de la rue, à 3 m. 70 de ce mur, on en trouve un autre, très soigneusement construit avec des moellons dégrossis, posés à plat, et enveloppés d'un ciment blanc très dur. Ce mur n'est pas partout conservé. Il domine de peu les canalisations qui le bordent.

La largeur de la rue comporte en effet le long du mur deux faisceaux de tuyaux de poterie: on en compte cinq à l'Est, dans 50 cm. de largeur et 80 de hauteur, à 58 cm. du mur; il y en a deux à l'Ouest, le premier à 5 cm. seulement du mur (Fig. 34). Ils sont très bien conservés, fort homogènes, mais faits chacun d'éléments différents: j'indique ici la longueur plus celle de l'embout, et le diamètre extérieur maximum.

A: 24 + 3; 17   C: 24 + 4; 16
B: 26 + 3; 18   D: 22 + 4; 17
                  E: 23 + 3,5; 16,5
                  F: 23 + 5; 17
                  G: 24 + 4; 17

Ils sont de profil cylindrique avec seulement un léger rebord, du côté de l'embout, et un léger évasement en arrière, compensés par une double courbure de la panse — très peu accentuée.

Au niveau des tuyaux les plus bas, le mur situé à l'Est de la route a disparu. Il s'y substitue un alignement de grosses pierres (Figs. 33, 34), parmi lesquelles figure un demi chapiteau corinthien martelé et érodé. Le diamètre dépasse 70 cm. Il m'est impossible d'en dire davantage.

En arrière de ce mur, un beau vase intact a été trouvé en place: il mesurait plus de 89 cm. de hauteur (Fig. 35).

Nous pouvons présenter une conclusion sur ce niveau médiéval du Xe–XIIe siècles. A cette époque nous avions d'Ouest en Est:

– sous la rue moderne, à peu près dans le même axe, une voie importante prise entre deux murs distants de 3 m. 70, et dont le sous-sol était parcouru par deux faisceaux de tuyaux, le long des murs. On peut conclure que la circulation se faisait dans l'axe de la rue et que, placés ainsi, les tuyaux se trouvaient protégés. Il s'agit certainement de tuyaux d'adduction d'eau. Le sol correspondant n'est pas clairement attesté; il a dû monter avec le temps des environs de la cote 86.20 jusque vers 87.

– sur 11 m. de largeur, on trouvait ensuite un espace occupé seulement par quelques pans de mur et quelques aménagements destinés à recueillir ou évacuer l'eau. Les restes ne permettent aucune restitution.

On trouvait ensuite un second passage plus étroit, qui à un moment au moins n'avait pas mesuré plus de 2 m. 75, et sans doute moins. Il n'y avait cette fois qu'un seul groupe de tuyaux, à l'Est.

– enfin, derrière un mur bien conservé et qui avait longuement servi, nous avons trouvé plusieurs pavements bien attestés, correspondant à des niveaux d'habitation du Xe–XIIe siècles, avec plusieurs puits, des portiques grossiers et, dans la dernière période, un fourneau et un évier. Les niveaux allaient de 86.47 à 87.17, et même, en tenant compte d'une dernière réfection partielle, à 87.53.

– à l'Est de ces pavements, aucun reste n'est apparu, que nous ayons dessiné ou photographié.

Alors que nous étudiions la cuisine, un nouveau mur s'est montré, à la cote 85.95, dans l'axe de la tranchée. Il se présentait comme s'il avait primitivement limité de

ce côté la ruelle qui longeait le mur ouest de la cuisine; il était parallèle à celui-ci, à une distance de 3 m. 50 et mesurait 1 m. 15 d'épaisseur; un élément de mur le chevauchait toutefois, à la cote 86.70, semblable par son caractère au mur de la cuisine. Au moment de la construction de celle-ci, le gros mur était déjà recouvert et abandonné.

Cinquante centimètres plus bas, ce gros mur reposait sur un puissant dallage de basalte, qui s'étendait vers l'Ouest: une rue (Fig. 36). Insistons-y tout de suite. Contrairement à notre attente, ce dallage, celui de la rue de Justinien, qui recouvrait toutes les chaussées antérieures, depuis l'époque hellénistique, n'était pas placé sous la rue moderne, où pourtant la multiplicité des canalisations d'eau nous avait amené à maintenir, de la surface du sol jusqu'à ce niveau, la rue principale d'Antioche. La rue antique était plus à l'Est. C'est au-dessus de son portique Ouest que le passage s'est maintenu à travers le temps — et aussi, pendant une certaine période, sur son portique Est. Ainsi se trouvait confirmée d'une façon éclatante une analyse, présentée naguère par Jean Sauvaget, à partir seulement de données de caractère topographique. Dans son étude sur le plan de Laodicée sur mer, il avait publié un schéma «montrant le mode de transformation en souk d'une avenue antique à colonnades.»[7] Sur ce croquis, les rues médiévales empruntaient différents tracés, tantôt conservant à la chaussée, en tout ou en partie, son rôle de passage, alors que les portiques étaient occupés par des constructions; tantôt, au contraire, les constructions nouvelles s'installant sur la chaussée, les portiques devenaient deux rues parallèles, flanquées toutes deux de deux séries de boutiques, l'une continuant les boutiques antiques, l'autre posée sur le dallage. Ainsi se trouvait prévu, avec précision, le dispositif même que nous étions en train de dégager; et des murs posés sur le bord du dallage, ou même le coupant, montraient que cette transformation décisive avait eu lieu à Antioche dès l'abandon du système de Justinien. Plus tard, après le XIIe siècle la circulation s'était définitivement concentrée au-dessus du portique Ouest, le portique Est ayant été abandonné.

PLAN XIV. Ces murs, posés sur le dallage, sont puissants. Soutenus par leurs fondations, ils se sont conservés jusqu'à nous — sans que nous puissions dire si ceux qui les ont construits vivaient au VIIe siècle sur le dallage abandonné après une destruction postérieure à 638, ou

---

[7] J. Sauvaget, «Le plan antique de Laodicée-sur-mer,» *Bulletin d'Etudes Orientales*, 4 (1934), p. 100, fig. 8.

s'ils étaient installés déjà à un niveau plus élevé, et avaient été chercher dans le sous-sol, pour assurer leurs fondations, le niveau robuste, indestructible, qu'ils savaient y trouver.

J'ai déjà présenté le mur qui bordait le dallage à l'Est; en fait il descendait au-dessous; fondé sur des murs antérieurs, il semble avoir été posé après coup pour en maintenir le bord et en empêcher la désintégration. A l'Ouest, un mur plus léger, 70 cm. d'épaisseur, avait été posé sur le dallage même; il n'en restait que quelques éléments. Au Nord, dans la face même de la tranchée, apparaissait un mur de grand appareil, fait de matériaux de remploi disparates, assez soigneusement alignés. Au Sud, c'était un mur de béton — des moellons bruts pris dans du ciment. Un élément transversal, dont quelques pierres seulement étaient conservées, partait du mur d'appareil, un peu à l'Ouest de l'axe du pavement.

Le caractère puissant de ces constructions ne facilite pas leur interprétation. Dans un autre sondage, en 16—O, nous en trouverons de plus puissantes encore. Je crois qu'il s'agit là seulement d'une occasion qu'on utilise. On fait des gourbis avec les pierres qu'on a sous la main. Si ce sont des pierres taillées, de calibre considérable, les gourbis deviennent puissants; pris dans un système orthogonal, ils conservent mieux les lignes et les angles; mais ce sont quand même des constructions de hasard.

PLAN XV. Le dallage lui-même mérite l'attention (Fig. 36). Il est très robuste. Il est construit en basalte, avec des blocs de dimensions parfois considérables: le plus grand mesure 1 m. 45 sur 48. Les dimensions moyennes sont entre 60 et 70; quelques petits blocs ne dépassaient pas 35 sur 35 ou 45 sur 25. Mais tous, grands et petits, avaient une épaisseur de 40, 45 cm., ou même davantage. Alors que la face supérieure est très lisse, par polissage, et sans doute aussi du fait de l'usure, les autres faces sont brutes et légèrement convergentes, prenant la forme de troncs de pyramide, au profil plus ou moins accusé. Les blocs sont posés sans ciment; le dallage de ce fait avait un peu joué, dans la partie ouest où il n'était pas maintenu. Il ne portait pas de trace d'ornière.

L'absence de régularité dans la dimension des blocs n'implique pas une négligence de facture. Disons qu'il

PLAN XIV. M.S.D. III. 19—M. Niveau III (85.55). La rue de Justinien; posées sur le dallage, constructions arabes en matériaux de remploi. Au-dessus et au-dessous, les tuyaux marquent l'emplacement des portiques. En bas, boutiques de la rue romaine.

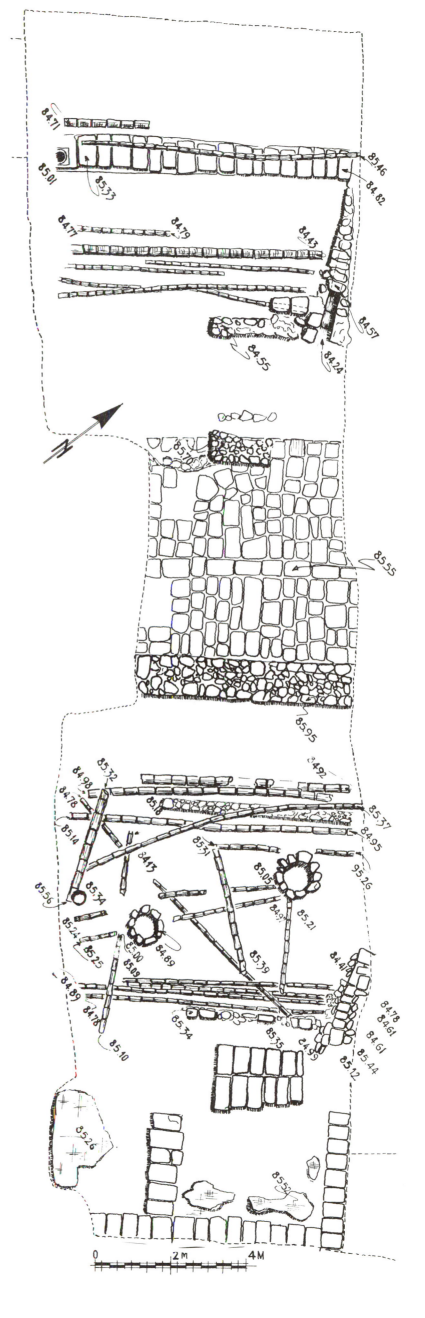

s'agit d'une économie. Les blocs sont disposés par assises parallèles, de part et d'autre d'une assise centrale, longitudinale, composée des blocs les plus longs et les plus robustes. Le niveau supérieur de cette assise est plus élevé que le reste du pavement, qui est bombé.

A cette assise viennent s'appuyer des bandes régulières de pavés, tantôt plus larges et tantôt plus étroites. D'une assise à l'autre, on ne s'est pas soucié de l'alternance des joints. Parfois, dans une assise dont les blocs ont la même largeur pour des longueurs différentes, deux blocs étroits sont substitués à un seul. L'intervention, vers le Sud-Ouest, de blocs de forme disparate m'a paru dûe à une réfection.

construit traverse toute la fouille du Nord au Sud (Fig. 39). Le fond est constitué par une rangée de briques; les parois comportent trois assises de pierres taillées avec soin et liées avec du ciment. La couverture est assurée par une rangée de dalles, bien taillées, très bien appareillées. Les dimensions intérieures sont 65 de hauteur pour 35 de largeur.[8] L'espace entre l'extérieur des parois et la tranchée dans laquelle cette canalisation avait été aménagée a été rempli de petites pierres noyées dans du ciment. Le conduit a sa cote supérieure à 84.82: il appartient au niveau que nous étudions. Nous verrons qu'en un point de son parcours, il repose sur un mur hellénistique, conservé sur 2 m. 50 de hauteur.

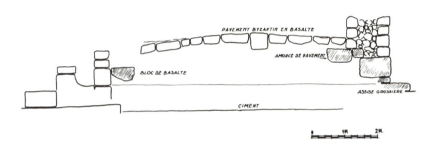

PLAN XV. Le dallage de Justinien, coupe

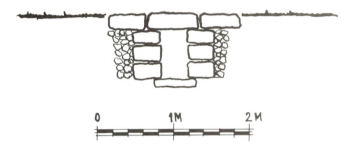

PLAN XVI. Croquis en coupe de l'égout de Justinien

La chaussée mesurait, au moment où elle a été découverte, 5 m. 45 de largeur entre les deux murs. J'ai tendance à croire qu'elle avait été plus large. Telle que nous l'avons trouvée, l'assise axiale paraissait décalée vers l'Est: c'est parce qu'une rangée de blocs était prise dans l'élévation du gros mur. Nous verrons que la chaussée romaine monumentale était d'une largeur plus considérable.

Le niveau le plus élevé du dallage est à 85 m. 55. Il est très difficile de rétablir les dispositifs qui l'entourent. En dehors des deux murs qui l'encadrent, à l'Est et à l'Ouest, il n'existe sur toute la longueur de la tranchée aucun élément de mur qui ait été apparent à ce niveau, dans son état actuel (Fig. 37). Des traces d'empierrements, plus ou moins cimentés, figurent sur la coupe à 85.54 et 85.44 à l'Ouest, à 85.63 et 85.39 à l'Est. A l'Est, ils recouvrent toute une série de tuyaux, qui se répartissent sur 6 m. de largeur, entre les cotes 85.20 et 84.60. Il s'agit évidemment du sol d'un trottoir sous lequel courent des canalisations.

A l'Ouest, les restes des sols empierrés sont encadrés par des tuyaux en terre cuite, évidemment plus récents, et en recouvrent d'autres, au-dessous de la cote 84.90, qui peuvent être contemporains (Fig. 38). Tout à fait à l'Ouest, un bel égout (PLAN XVI) très soigneusement

Dans cet égout si bien construit vient se jeter, à l'aplomb nord de la tranchée, une autre canalisation, celle-ci au contraire très grossièrement aménagée. Elle vient de l'Est et a 25 cm. de profondeur pour 26 de largeur. Elle est faite d'un alignement de pierres à peine taillées, et couverte de dalles frustes et inégales. Elle s'appuie à l'Est à un bloc antique de maçonnerie disparate, dont les côtés mesurent 125, 109, 114, et 98. Un élément de fondation en béton, de 40 cm. de large, s'en détache vers le Sud. Tout ce dispositif m'a paru postérieur au dallage: il correspond à son remploi comme sol d'un édifice postérieur à la conquête arabe.

Certains au moins des tuyaux, par contre, doivent être considérés comme appartenant, ainsi que l'égout appareillé, à l'époque Justinienne. Ceux du faisceau Est, strictement orienté Sud-Nord, sont pourtant de dimensions variées: les diamètres extérieurs vont de 15 à 18, les longueurs de 29,5 + 3,5 d'embout à 37 + 3. Ce dernier tuyau, parfaitement conservé, était d'une teinte bistre très foncée. Les autres sont de terre jaune ou rouge brique.

Dans la partie orientale de la fouille, au-delà du

[8] Sur la Fig. 38 l'égout, à gauche, encore recouvert de ses dalles, est peu visible. Elles avaient été retirées, avant que fût prise la Fig. 39. Voir le croquis, plan XVI.

pavement, les longueurs des éléments des tuyaux varient de 28 + 5,5 à 35 + 6. Ils sont rouge foncé ou jaune clair, ondulés, parfois très ondulés. Ils sont disposés moins régulièrement qu'à l'Ouest (Figs. 40, 41). L'un d'entre eux part du Sud-Est pour venir, selon une courbe bien dessinée, s'aligner à 2 m. 25 du mur qui limite le dallage sur plusieurs tuyaux droits sous-jacents. D'autres traversent la fouille, d'Est en Ouest ou en diagonale: ils ont parfois été brisés par l'introduction des puits médiévaux. La plupart vont, selon l'usage, du Sud au Nord; deux, toutefois, descendent vers le Sud. Tous ne sont pas contemporains; les tuyaux transversaux, qui sont ceux de fort diamètre, — jusqu'à 27 — ont été posés parfois sans tenir compte des plus anciens, qui ont été coupés. Je ne puis expliquer ce désordre, sinon peut-être par les nécessités d'approvisionnement en eau d'ateliers situés plus à l'Est, et qui auraient subi des remaniements successifs.

Un muret, mêlé à ces tuyaux, semble avoir été seulement destiné à protéger l'un d'entre eux. On retrouve aussi les traces d'une canalisation construite, grossière, semblable à celle de l'Ouest (Fig. 41).[9]

Entre 85.63 et 85.98, nous avons retrouvé contre la façade Sud de la fouille, les traces de trois sols. Le sol inférieur était constitué par une couche de ciment, qui était par ailleurs attestée au-dessus de la région des tuyaux, et peut par conséquent avoir représenté le niveau du trottoir à l'époque du dallage. Un peu plus haut, à 85.67, se trouvaient les restes d'une mosaïque à laquelle le sol inférieur avait sans doute, en partie du moins, servi de surface de pose (Fig. 42). La mosaïque comporte des dessins géométriques noirs sur fond blanc: nous avons reconnu un rectangle de 60 × 31, avec un losange inscrit, puis dans son axe un cercle (0.50 de diamètre) où s'inscrit un carré curviligne. Les cubes sont très gros: 23 pour un carré de 10 de côté. A cause même des dimensions de ces motifs, on peut penser que cette mosaïque était très étendue. Elle peut avoir recouvert pendant un temps le trottoir de la rue justinienne. Elle était en partie recouverte par une couche de ciment, située à la cote 85.98.

Il apparaît que, malgré l'état de destruction où nous l'avons trouvé, nous pouvons donner une description d'ensemble du niveau de Justinien. Il comportait une chaussée robuste, pavée en basalte, d'une largeur supérieure à 6 m. Ce dallage était bordé de part et d'autre par de très larges trottoirs, empierrés sans beaucoup de soin, et dont les sols avaient été rouverts pour y introduire des canalisations en terre cuite, qui circulent du Sud au Nord sous le trottoir de l'Ouest, mais correspondent à l'Est à des nécessités inconnues d'utilisation immédiate.

Ajoutons la présence à l'Ouest d'un bel égout appareillé, et, à l'Est comme à l'Ouest, de grossières canalisations en pierre, transversales. Le reste d'une mosaïque géométrique de pavement semble avoir appartenu à celui de l'Est.

Le long de ces trottoirs, que rien ne nous permet d'appeler des portiques,[10] devaient s'ouvrir des boutiques. La longueur de notre tranchée ne nous permet pas de les reconnaître à l'Ouest. A l'Est, nous le verrons, le niveau justinien remployait sans doute les boutiques du portique romain.

Alors même que nous étions occupés à étudier le niveau de Justinien, les dégagements nécessaires nous ont mis au contact du niveau de la rue romaine monumentale. La Fig. 38 le montre bien. Immédiatement sur la canalisation et sous les tuyaux du portique Ouest, nous avons rencontré un sol empierré, à la vérité mal conservé et discontinu, et surtout, en bordure de ce sol, un peu en deçà de la limite du pavement de basalte, une rangée de très beaux blocs de calcaire bleu, qui représentait évidemment un rebord de trottoir, et même un rebord de portique. Ces blocs, très longs, étaient entaillés du côté du dallage byzantin par une gorge courbe, destinée à recueillir l'eau des pluies tombées sur la chaussée, mais aussi sans doute celle qui descendait du toit d'un portique.

En même temps, tout à fait à l'Est, nous commencions à mettre au jour une construction puissante, en grand appareil, qui, au-delà des tuyaux du niveau byzantin, apparut rapidement comme représentant les boutiques qui bordaient la rue romaine monumentale.

Chose curieuse, si, en ces deux endroits, le niveau romain s'affirmait avec clarté, nous devions nous apercevoir rapidement qu'il avait été par ailleurs complètement détruit. Nous n'avons réussi qu'à grand peine à reconnaître les autres éléments du schéma, qui dès l'abord paraissait clair, puisque nous avions d'une part la limite entre le portique Ouest et la chaussée et,

---

[9] Il n'avait pas été possible de maintenir en place dans la fouille tous les tuyaux dégagés sous le portique Est: comparer les deux photographies, Figs. 40 et 41 avec le plan, où les cotes des tuyaux vont de 83.90 à 84.50.

[10] L'aménagement des portiques, pour la rue de Justinien, apparaîtra clairement dans la tranchée de 16—O.

d'autre part, au-delà du dallage byzantin, c'est-à-dire au-delà de l'espace où devaient se trouver la chaussée puis le portique, la rangée de boutiques à l'Est. Notre description devra être minutieuse.

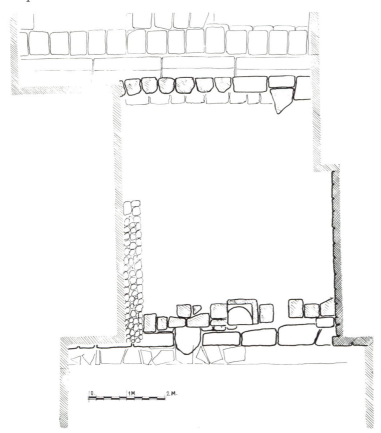

PLAN XVII. M.S.D. III. Niveau III b. Eléments de dallages successifs sous la chaussée de Justinien

PLAN XVII. Avant d'aborder l'étude de ce niveau, il nous faut d'abord étudier ce qui nous est resté d'états intermédiaires de la chaussée (Fig. 43). Le dallage byzantin terminé à l'Est par un gros mur dans lequel il se trouvait comme encastré, reposait à l'Ouest sur un mur parallèle, situé celui-ci sous les derniers blocs conservés. Entre la surface du dallage byzantin et le fond du caniveau romain, c'est-à-dire la chaussée romaine, il y avait une épaisseur de 90 cm. Confirmant les témoignages des chroniqueurs, une telle surélévation atteste la brutalité des destructions dues aux tremblements de terre de 526 et de 528, puis au sac de la ville par l'armée de Chosroës. Mais entre la première et la dernière de ces catastrophes, pendant quatorze ans, il avait fallu vivre dans la ville et par conséquent y circuler. L'évacuation nécessaire des déblais, avec les moyens connus dans l'Antiquité, l'apport aussi des matériaux nécessaires à la reconstruction faisaient du dégagement et de la remise en état de la rue principale une nécessité de première urgence; il était donc important d'y établir des sols de roulement, qu'on les sût provisoires ou qu'on les crût définitifs.

Il faut ici placer encore deux remarques. D'abord, les architectes byzantins ne paraissent pas avoir cherché à dégager complètement la rue romaine, et à la remettre en usage à son ancien niveau. Ils ont accepté cette surélévation brutale du niveau urbain en la corrigeant sans doute, mais sans chercher à l'annuler. L'amoncellement des décombres, de part et d'autre de la rue devait être tel qu'il n'était pas question d'assurer un déblaiement total. Même si donc il avait été réalisable dans le cas de la rue à colonnades, elle se fût trouvée ensuite en creux dans la ville ressuscitée, en contrebas non seulement du sol surélevé des maisons, mais aussi du niveau des voies transversales. Il fallait évidemment rétablir dans toute la ville une surface plane continue — avec bien entendu les exceptions indispensables. Nous touchons du doigt l'ampleur du désastre, disproportionnée avec les moyens techniques dont on pouvait disposer pour en atténuer les conséquences.

D'autre part, il apparaît que, cette décision prise, la chaussée monumentale étant destinée à être recouverte, on l'a néanmoins dégagée et arrachée. Il s'agissait de récupérer des matériaux de premier choix. Nous rencontrerons, en place, dans un autre sondage, en 16—P, (PLAN XXXVII, Fig. 101) quelques pavés seulement de ce dallage magnifique.[11] Malalas rapporte qu'il avait été exécuté sur l'ordre d'Antonin le Pieux dans une pierre venue d'Egypte: il appelle cette pierre μυλίτης λίθος, la pierre de meule. Otfried Müller et Glanville Downey ont proposé, puisque la pierre venait de Thébaïde, de traduire par granit. J'y reviendrai.[12] On a donc arraché ce pavement, et — nous l'avons vu — on ne l'a pas remployé sur place: le pavement définitif est en lave, et aucune trace des blocs romains n'est attestée dans les niveaux intermédiaires. Il a disparu — dans toutes nos tranchées. Et, ce qui rend l'interprétation de cette disparition plus compliquée encore, le rebord du trottoir, composé de blocs magnifiques, plus beaux que ceux-là même qui avaient servi pour le dallage, est resté en place, non pas toujours (ici même le rebord oriental de la chaussée a disparu) mais souvent. On verra que nous sommes en mesure d'apporter un élément de réponse à cette question particulière: le caniveau a été immédiatement remployé, comme fond d'un égout latéral, maintenu nécessairement le long de la chaussée.

[11] Ci-dessous, p. 66.
[12] Malalas, 280,20; 281,6. C. O. Müller, *Antiquitates Antiochenae*, Göttingen 1839, I.22; G. Downey *History of Antioch*, Princeton 1961, p. 224 et n. 111. Ci-dessous, p. 146.

J'ai dans mon carnet de fouilles deux dessins, un plan et une coupe, qui permettent de se rendre compte des restes découverts sous le pavement en basalte.

Il y a d'abord, à l'Est, immédiatement sous le dallage que nous avons décrit, l'amorce d'un autre pavement en basalte qui était pris en partie sous les gros murs. Un bloc de ce dallage, parfois deux, se trouvaient conservés. Il était à la cote 85.10. Les blocs étaient de dimensions différentes, mais taillés de façon à être rectangulaires.

Je n'en ai pas retrouvé trace à l'Ouest; par contre un bloc avait subsisté de ce côté d'un autre dallage, également en basalte, situé à la cote 84.75. Celui-ci avait gardé une forme polygonale — ce qui tendrait à montrer que ce dallage n'était pas composé de pavés alignés par assises. Nous avons donc là les restes de deux niveaux intermédiaires de la rue (Fig. 43).

Il convient d'ajouter que le pavement attesté à l'Est se trouve posé au-dessus du niveau d'une énorme rangée de blocs, qui formaient les fondations du gros mur sous lequel ils se trouvaient placés. Ils représentaient évidemment eux aussi, les restes d'un dispositif antérieur au dallage justinien définitif, et postérieur au niveau romain monumental (Fig. 44). Peut-être marquaient-ils l'arrêt du sol que nous venons de signaler et portaient-ils le rebord du trottoir. Rappelons que le caniveau romain de ce côté a complètement disparu.

A l'Ouest, le dispositif est différent: le fond du caniveau romain supporte en effet une rangée de blocs disparates, mais de coupe assez homogène; ils formaient la base d'un mur, en partie conservé, qui atteignait le niveau du dallage byzantin. C'était la limite de l'égout que les ingénieurs de Justinien avaient substitué au caniveau romain (Fig. 45). On peut restituer sur le rebord du caniveau un mur parallèle, qui sera attesté en 16—P, et rétablir, au-dessus du canal ainsi aménagé, une rangée de dalles de couverture. Il s'agit là d'une hypothèse que je tiens pour suffisamment établie.

PLAN XVIII. Le caniveau romain était composé de blocs de dimensions considérables. Ils mesurent entre 1 m. 25 et 1 m. 50 de longueur. Ils comportent à la partie supérieure un rebord plat, de 33 cm. de largeur. En arrière, du côté du portique, les blocs descendent verticalement. Vers la chaussée, ils ont été taillés selon une

PLAN XVIII. M.S.D. III. 19—M. Niveau IV (84.18).
La rue monumentale romaine. Le dallage a disparu

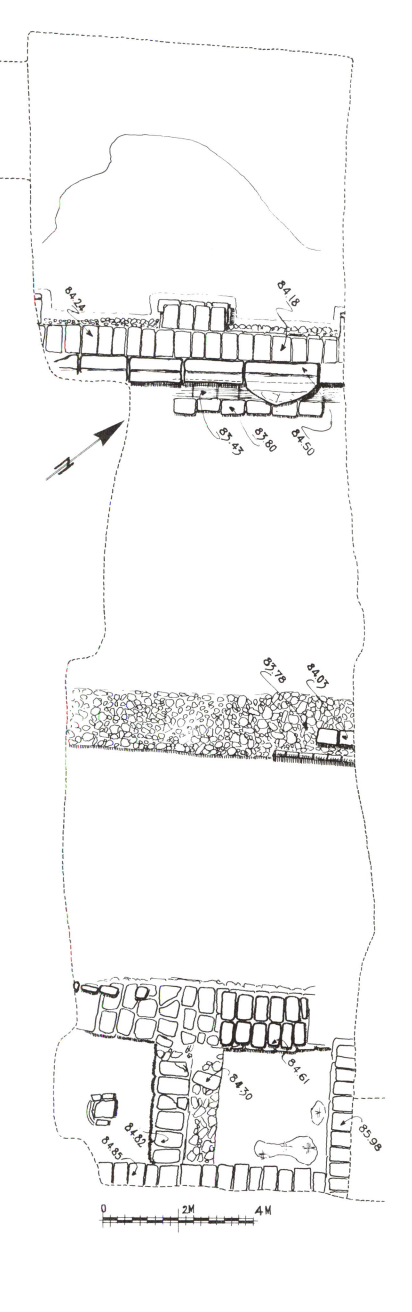

courbe concave très régulière, qui commence en arc de cercle puis s'aplatit, en esquissant parfois une contre-courbe, qui correspondrait au départ du pavement disparu, qui était donc légèrement bombé.

La limite Est de ces blocs n'est pas régulière (Fig. 46); en les taillant, on a conservé de ce côté tout ce qui a pu être maintenu en forme, en prolongeant autant qu'il le fallait le profil de la gorge. Cette remarque est impor-tante: il n'est évidemment pas question, à partir d'un rebord ainsi dentelé, d'aligner des assises régulières de pavés carrés ou restangulaires, bien rangés, comme ceux de la chaussée de basalte. Nous avons ici l'amorce d'un dallage fait d'éléments polygonaux, taillés l'un après l'autre en fonction de la place qu'ils devaient occuper. La découverte d'un élément de ce dallage, en 16—P, confirmera cette proposition.[13] La chose a son impor-tance: on aime souligner la beauté régulière des pave-ments romains, tantôt faits de blocs alignés perpendicu-lairement au trottoir, tantôt alignés à 45 degrés pour que les joints, se présentant en oblique, permettent moins facilement la création d'ornières. Le procédé employé ici pourrait apparaître comme plus primitif. Je suis prêt à croire qu'il était d'exécution plus difficile, et plus efficace à l'usage.[14]

Du côté opposé à la chaussée, les blocs du caniveau apparaissent comme reliés à un pavement, un cailloutis fragile et presque partout détruit. Il ne commence pas directement en arrière des blocs: ceux-ci sont en effet adossés tantôt à une, tantôt à deux rangées de pierres de taille, posées à 32 cm. au-dessous du rebord. Elles sont portées par d'autres; il y a tantôt deux, tantôt trois assises (Fig. 47).

La première rangée de pierres, qui court tout le long du caniveau, a 65 cm. de largeur. Les deux assises ont, ensemble, 86 cm. de hauteur. Celle du bas déborde un peu sur la première. Au centre de la fouille, sur une largeur de 2 mètres, il y a en épaisseur deux pierres, pour 1.38 en tout; et en hauteur trois assises, pour une hauteur totale de 1.26.

Ajoutons que les blocs du caniveau ne sont pas directe-ment posés sur l'assise supérieure des blocs de fondation: ils en sont séparés par une couche plus ou moins épaisse d'un ciment très dur — sur 20 cm. d'épaisseur moyenne. Ce ciment est destiné à amortir les irrégularités possibles de la face inférieure du caniveau comme de la face supérieure des blocs de fondation, et à assurer avec pré-cision la pente du caniveau, pour permettre l'écoulement des eaux. Sous le caniveau court d'ailleurs un égout, aménagé dans le prolongement des fondations, qui a 50 cm. de largeur pour 43 de hauteur. Le bloc qui le limite à l'Est a 36 de largeur (Fig. 46). Il était évidem-ment couvert par une dalle située dans le prolongement de la couche de ciment, dalle qui portait en partie le caniveau, en partie les premiers pavés de la chaussée. Ces dalles de couverture avaient disparu. On peut penser que des jours s'ouvraient de loin en loin dans le fond du caniveau, permettant à l'égout d'assurer l'évacuation des pluies qui eussent risqué, même en descendant rapidement le long du trottoir, d'inonder les portiques. Il faut penser aux brusques orages d'Antioche, et aussi à l'horizontalité voulue de la rue principale.

Il reste à expliquer la raison du renforcement des fondations, sur deux mètres de largeur, en un point de la longueur que nous avons d'abord dégagée. C'est en fonction d'une hypothèse que nous avons entrepris, en tunnel, de suivre les fondations vers le Nord comme vers le Sud. Les deux fois, à 2 m. 80 et 2 m. 85 de la saillie centrale, nous sommes arrivés à un élargissement analogue des fondations. Il y avait, derrière le caniveau, non seulement un stylobate continu, mais les fondations de supports isolés, distants d'axe en axe de 4 m. 85 — les fondations de la colonnade monumentale.

Ajoutons que ces fondations reposaient sur un lit de béton, en saillie de 20 cm., de 1 m. 10 de hauteur, qui accroissait encore l'extraordinaire robustesse de l'en-semble. Bien entendu, ce lit de béton s'avançait chaque fois sous les plateformes destinées à porter les bases des colonnes, tout en descendant jusque sous la troisième assise (Fig. 48).

La puissance de ces fondations est à vrai dire surpre-nante. A partir de notre hypothèse de base, nous pou-vons admettre que la colonnade d'Antioche avait un entrecolonnement de 4 m. 85 — même s'il est nette-ment supérieur à celui des colonnades urbaines qui, ailleurs, sont conservées ou bien ont pu être étudiées. Mais les fondations n'ont tout de même à porter qu'une base, une colonne, un chapiteau, une architrave et un toit — c'est à dire une charpente. On le verra, nous ne retrouverons nulle part des substructures aussi imposan-tes. Dans cette tranchée même, nous avons eu peine à reconnaître, de l'autre côté de la chaussée où le caniveau avait disparu, la place que pouvaient occuper les fonda-tions correspondantes qui, en aucun cas, ne pouvaient

---

[13] Ci-dessous p. 66.

[14] Sur les dallages romains, voir par exemple P. Salama, *Les voies romaines de l'Afrique du Nord*, Alger 1951, p. 91.

être aussi puissantes que celles que nous venons de décrire (Fig. 49).

En effet, l'enlèvement des fondations du gros mur, cette rangée de blocs que nous avons tout à l'heure rattachée à une des réfections postérieures de la chaussée — cote 84.65 — ne nous a révélé que quelques éléments d'un dallage polygonal de mauvaise qualité, cote 83.92, antérieur à coup sûr à la rue monumentale.

lors les comparer à des blocs étroits qui se trouvent constituer la dernière rangée des blocs de fondation, derrière le socle de la base de colonne Nord-Ouest. Evidemment, les mesures sont courtes, mais, sur le béton de fondation, on a néanmoins la place pour inscrire, dans toute la traversée de la tranchée, une rangée de blocs, analogues à ceux de l'Ouest. Si on aligne ces blocs sur le rebord Ouest du béton, on dispose même, jusqu'aux

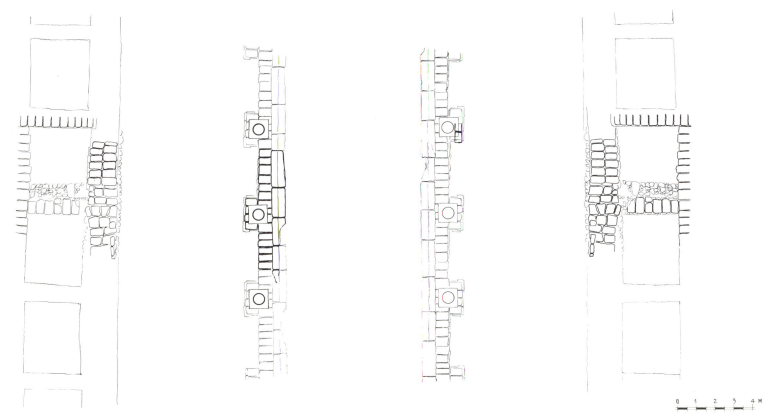

PLAN XIX. M.S.D. III. 19—M. Niveau IV a. La rue monumentale romaine, plan restitué par symétrie

Nous étions ainsi assurés que la chaussée était anciennement plus large que ce que nous croyions savoir de celle de Justinien. Au-delà de ces quelques pavés, vers l'Est, il y avait une lacune, d'environ 1 m. 60, puis un lit de béton, mince, peu robuste, mal conservé, qui ne supporte évidemment pas la comparaison avec ce que nous venons de décrire. Il mesure 1 m. 70 de large. Il est conservé sur moins d'un mètre d'épaisseur maximum, au-dessous de la cote 83.80. Il porte encore deux blocs d'appareil en place, vers le Nord, sur sa façade Est (Fig. 50) (section: 45 × 35).

Ces deux blocs ressemblent à coup sûr à ceux qui, à l'Ouest, forment le rebord de l'égout placé sous le caniveau. On le voit bien à la Fig. 49. Mais on ne peut leur donner ce rôle: ils sont trop en arrière sur la bande des fondations; de plus un tuyau se trouve placé immédiatement à l'Est de ces blocs, de telle sorte qu'ils sont nécessairement les derniers. D'après leur place, on peut dès

deux pierres en place, d'une largeur suffisante pour reproduire, à peu de chose près, la plate-forme symétrique (PLAN XIX). La restitution ainsi acquise peut se répéter, de distance en distance.

Cela correspond à dire: 1) que le rebord du caniveau romain, qui a été arraché, se trouvait au-dessus de l'intervalle qui sépare le pavement romain primitif de la bande de béton. On l'a arraché, avec ses fondations qui devaient être en pierre de taille, en même temps que le dallage de la chaussée. 2) que, dans sa conception, le système de fondations de la colonnade Est ressemblait à celui de la colonnade Ouest, mais avec un caractère moins robuste et sans doute moins grandiose.

Resterait à proposer une explication de cette dissymétrie. Je préfère laisser la question en l'état, jusqu'à ce que d'autres sondages nous aient apporté des éléments de comparaison. Néanmoins, je crois pouvoir dire qu'il n'est pas nécessaire de faire intervenir, en ce point précis de la colonnade, une interruption du dispositif habituel, due à la présence de quelque grand monument: pour des raisons qui nous échappent, on n'a pas pris à l'Est, les mêmes garanties de sécurité qu'à l'Ouest.[15]

A l'intérieur du schéma que je viens de restituer, la largeur de la chaussée de la rue romaine monumentale peut être estimée à 9 m. 25 environ, mesurés à partir de la limite extérieure du rebord du caniveau.

A l'Est de la fouille, les boutiques qui bordaient la rue romaine sont, au contraire, très suffisamment attestées (Fig. 51). Elles se présentent sous la forme de constructions massives, faites de murs très puissants, en grand appareil, dans le même calcaire tendre que les fondations du caniveau. Le hasard a voulu que la façade de la fouille coïncide, au Nord avec un mur de séparation entre deux boutiques successives, à l'Est avec le mur de fond des boutiques — la limite même de l'emprise de la rue monumentale. Ni dans un cas, ni dans l'autre, nous n'avons pu atteindre l'extérieur des murs; il semble bien qu'ils aient partout été composés de deux pierres par assise, juxtaposées selon leurs longs côtés, ce qui donne aux murs une épaisseur considérable. Ces murs reposent sur des fondations en béton, qui forment saillie de part et d'autre. Pour le mur Est et pour un mur transversal qui sépare la surface dégagée en deux boutiques mitoyennes, la largeur des fondations atteint ou dépasse 1 m. 70. Et le mur de façade avait plus d'un mètre.

Pour le mur Est, nous n'avons qu'une seule assise conservée au-dessus des fondations. Pour le mur transversal, nous n'avons guère qu'une demi-assise, sur des fondations beaucoup plus larges. Le mur Nord est, lui, conservé sur quatre assises, dont la première est au même niveau que les assises des murs voisins. A l'Ouest enfin, l'assise seule conservée repose sur ses fondations au même niveau, mais elle est d'une hauteur un peu moindre. Elle correspond au seuil des boutiques, ce qui explique sans doute cette différence.

Ce qui est étonnant, c'est le caractère fruste de tous ces blocs, et la largeur des joints qui les séparent. Un tel procédé de construction n'est pas surprenant pour des fondations, mais il semble bien que la première assise

était déjà apparente, au moins en partie: il y a dans la demi boutique conservée au Sud des restes d'un sol en ciment, situé à 35 cm. au-dessus de la base de cette première assise (Fig. 52). Sur ce sol se trouve un four, fait d'une brique horizontale complétée par quelques fragments, et, dans la face Sud de la fouille, des fragments de tuiles verticales, le tout recouvert de suie. L'ensemble mesure 58 × 52; le fond est à 22 au-dessus du sol; la paroi postérieure est conservée sur 21 cm. Nous avons donc un niveau d'utilisation des boutiques, ou, si l'on veut, des ateliers, et, étant donné sa place, le niveau primitif.

Or, tout autour des boutiques, et même en façade, les blocs ne sont pas strictement alignés. Il y a entre eux des différences de 10 cm. et plus. Il paraît difficile qu'on ait pu poser un enduit assez épais pour faire disparaître de telles inégalités; aucune trace de cet enduit n'a d'ailleurs été découverte. Il semble bien pourtant qu'il soit nécessaire de faire intervenir une solution de ce genre.

La cote de l'assise conservée à l'Ouest, celle qui a constitué le seuil ou porté le seuil des boutiques, est 84.61. Le rebord du caniveau Ouest est à 84.48. Cette différence représente la hauteur d'une marche — en admettant que le sol des portiques ait été au même niveau de part et d'autre de la chaussée, et dans toute leur largeur.

Ces boutiques sont petites: celle qui est conservée, au Nord, mesure d'Ouest en Est 3 m. 20, et du Nord au Sud moins de 3 m. Il y a disproportion entre ces dimensions et l'extraordinaire épaisseur des murs; on comprend mal que des constructions si massives aient été destinées à de simples ateliers. Nous verrons que nous sommes en présence d'un programme d'urbanisme, qui intéressait toute la traversée de la ville.[16] Le souverain qui l'avait mis en oeuvre construisait évidemment pour l'éternité. On peut se demander ce que pouvait être le décor, si des dépenses pareilles avaient été engagées pour le gros oeuvre de cette entreprise.

L'étude du niveau romain monumental, dans ce premier sondage, nous apporte dès à présent un schéma. En voici les données principales.

La rue axiale de l'Antioche moderne est située non pas au-dessus de la chaussée de la rue romaine monu-

[15] Il est néanmoins certain, par le témoignage précis de Libanius, que de nombreux monuments publics — temples et thermes en particulier — avaient leur entrée sous les portiques. Le texte précise (212): les portes d'entrée: je penserais volontiers qu'il y avait le plus souvent un accès, entre les boutiques, vers une cour située en arrière, dans laquelle se dressait le monument, sans que l'ordon-

nance de la colonnade se trouve nécessairement modifiée. Voir pourtant, par exemple, à Gerasa les rapports du temple d'Artémis avec la rue à colonnades — C. S. Fisher dans C. H. Kraeling, *Gerasa*, New Haven 1938, p. 128 et Plan I, et aussi le nymphée et les propylées de la Cathédrale, plans XXVIII et XIXX, Il en est de même à Apamée.

[16] Ci-dessous, p. 64.

mentale, mais au-dessus de son portique Ouest. Elle s'y maintient depuis la destruction de la rue de Justinien.

La série de catastrophes qui ont amené l'abandon de la rue romaine monumentale ont entraîné une surélévation de la chaussée d'environ un mètre. Il faudra en étudier les conséquences sur l'aspect de la rue à l'époque justinienne.

L'opération d'urbanisme nécessaire pour l'aménagement de la rue avait été considérable. Elle avait porté sur une largeur de 41 m., au moins à l'endroit où notre tranchée a été ouverte — chaussée, portiques, boutiques. Nous en mesurerons mieux le caractère après l'examen des niveaux inférieurs: dès à présent, il est évident qu'il a fallu procéder, à travers toute la ville, à d'énormes expropriations, et à des destructions très étendues.

Si ma restitution est exacte — et l'erreur ne peut être que très faible — la chaussée mesurait 9 m. 25 de largeur. Le portique Est avait 8 m. Si le portique Ouest n'avait eu que 8 m., nous aurions dû, dans la limite de la fouille, dégager au moins le rebord de ses boutiques. Il peut y avoir eu une certaine dissymétrie.

Nous n'avons retrouvé ni bases, ni colonnes. Le fragment de chapiteau remployé dans un niveau du haut moyen-âge, n'appartient pas nécessairement à la colonnade. Il avait plus de 70 cm. de diamètre (Fig. 30). C'est une donnée insuffisante. L'entrecolonnement d'axe en axe, était de l'ordre de 4 m. 80. C'est considérable.

Notons tout de suite que les portiques d'Antioche sont appelés par Otfried Müller *porticus tetrastichoi*. Il pensait qu'il y avait, en largeur, deux colonnes par portique, quatre en tout: la largeur du portique paraîtrait en faveur de cette interprétation.[17] Nous n'avons trouvé dans ce sondage aucune trace d'une colonnade intermédiaire.

Je reprendrai tous ces points dans ma conclusion.

Immédiatement sous la rue monumentale, les niveaux antérieurs apparaissent, aussi bien sous la chaussée que sous les portiques et les boutiques. Ils ont évidemment beaucoup souffert de la grande percée; il nous faut pour en retrouver les dispositions nous servir de témoignages plus mutilés encore que pour la rue romaine. Et bien des détails n'ont pu être compris qu'après la fouille de 16—P.[18] Mon exposé restera pour le moment dans les limites du premier sondage

Sous la rue, ou plutôt sous le «gros mur» qui bordait

[17] *Antiquitates Antiochenae*, I.22.
[18] Ci-dessous p. 78ss.

la chaussée byzantine, ont été trouvés conservés quelques pavés, ou plutôt quelques dalles, du sol de la rue romaine immédiatement antérieure à la grande transformation. Ce pavement est d'une qualité très médiocre (Fig. 53). Il est fait de dalles calcaires peu épaisses, tantôt grossièrement rectangulaires, tantôt polygonales, toujours irrégulières, de dimensions très inégales. Ces dalles sont en outre mises en place sans grand soin, avec des joints de terre très apparents. Certes, le fragment découvert est quelque peu disloqué; mais il suffit à montrer qu'une réfection pouvait paraître nécessaire. Il est à la cote 83.92, à 60 cm. environ sous le niveau moyen du nouveau pavement (PLAN XX).

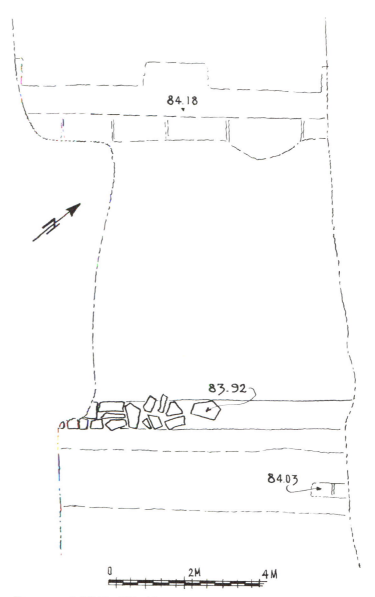

PLAN XX. M.S.D. III. 19—M. Niveau IV b. La rue romaine primitive: reste de dallage — croquis

A l'époque de ce dallage, certains au moins des murs que nous retrouverons ou dont nous retrouverons les fondations à des niveaux inférieurs pouvaient être encore en usage. Cela paraît certain d'une part, dans la partie Est de la fouille, pour un mur Est-Ouest, dont le sommet est pris dans les fondations des boutiques postérieures; il a 3.90 de longueur, 77 d'épaisseur; il est conservé sur 1 m. 30 de hauteur. Comme tous les murs que nous rencontrerons désormais, il est fait de moellons soigneusement disposés, en particulier sur les deux faces du mur et liés avec du ciment blanc, qui les laisse apparaître. De loin en loin, intervient dans le mur un bloc de pierre de taille, assez soigneusement dressé, qui est posé en boutisse, et mesure donc en largeur l'épaisseur du mur (Fig. 54).

Un premier mur de ce genre a été retrouvé par C. S. Fisher dans la «villa romaine» qu'il a dégagée dans l'île de l'Oronte, et où, dans une dernière période, a été posée la mosaïque du Triclinium, avec le jugement de Pâris.[19] Cette dernière période est postérieure au tremblement de terre de 115; la maison avait été construite après le tremblement de terre de 94, qui avait détruit un édifice antérieur. La plupart des murs de ces maisons, et en particulier tous les murs anciens, sont construits en *opus mixtum*, selon le principe des murs que nous rencontrons ici. Les remarques de C. S. Fisher montrent déjà qu'il est impossible de préciser la date de leur appareil, entre l'époque hellénistique et le premier siècle de notre ère.

A l'Est, ce mur va rejoindre un mur perpendiculaire (Fig. 55) que nous avons pu dégager après avoir enlevé le mur de façade et le mur transversal des boutiques. Il est construit selon le même principe: toutefois les blocs d'appareil étaient plus régulièrement répartis, à des distances régulières dans chaque assise, et en quinconce. Il était conservé sur une hauteur de 1 m. 33, et avait une épaisseur de 85 cm. Certains des blocs d'appareil étaient taillés en bossage. Peut-être proviennent-ils de remplois. On en trouve souvent dans ce type de mur.

Derrière ce mur, sous la boutique, deux autres murs analogues arrivent de l'Est, à des niveaux différents, ce qui ne les empêche pas d'avoir été en usage en même temps. Il y avait donc là une maison, assez régulièrement bâtie.

Vers l'Ouest, le mur Est-Ouest s'arrête immédiatement (Fig. 54) avant un mur perpendiculaire; il n'en reste qu'une assise, dont le sommet est au-dessous des fondations de notre mur. Je crois que cette assise continuait à porter le mur transversal plus tardif.

Il paraît évident que la limite du trottoir à l'époque du pavement romain primitif, ne pouvait être plus à l'Est.[20] De ce côté, la largeur de l'emprise de la rue principale proprement dite, chaussée et portique, se trouve donc inférieure d'au moins 4 m. 50 à ce qu'elle devint après la grande transformation.

Vers l'Ouest, la situation est comparable, mais plus claire. Nous trouvons là, en effet, un édifice hellénistique ancien — la base des murs est à 81.50 — dont les murs transversaux au moins ont survécu jusqu'à l'époque de l'aménagement monumental (Fig. 56). Ils ont été arasés pour permettre le nivellement du portique, et l'égout byzantin, dont le fond est posé sur le sol même du portique romain, s'est trouvé de ce fait posé sur ces murs. Celui qui est dans l'axe de la tranchée était conservé sur 2 m. 65 de hauteur pour 3 m. 50 de longueur apparente et 62 cm. d'épaisseur. Il venait s'appuyer à l'Est contre un mur contemporain, moins bien conservé (épaisseur = 58, hauteur conservée = 30 à 50) qui traversait la fouille du Nord au Sud; l'autre mur, parallèle au premier, moins soigneusement construit, était pris sous la face Nord de la fouille.

Cet édifice avait traversé les siècles, et représenté pendant longtemps la façade du quartier qui bordait la rue. En tous cas, au moment où la voie monumentale a été établie, il n'existait aucune construction entre cette façade et celle que nous avons restituée à l'Est, soit sur une largeur de 16 m. 25. C'était donc là l'espace qu'occupaient alors la chaussée et les trottoirs. Cette largeur a été portée à plus de 25 m. 25, après les travaux. Il faut remarquer que l'axe primitif ne coïncide pas avec l'axe de la chaussée romaine: cela peut être dû à la marge d'incertitude de mes restitutions plutôt qu'à une irrégularité antique.

On voit sur la photographie, Fig. 56, à gauche, les restes d'un sol cimenté correspondant à une époque intermédiaire de la vie de l'édifice: il est attesté, dans les deux salles, par une couche de débris. Il est à la cote 83.05, à 87 cm. donc au-dessous du reste du dallage romain primitif. D'autres sols, de terre battue, ont pu être traversés par la fouille, et l'un d'entre eux correspondre au niveau du dallage. On en distingue un clairement, sur la photographie, à une différence de couleur de la tranchée, qui paraît être à la cote requise: et la coupe signale un sol, un peu plus à l'Est, à la cote 83.63. Nous avons là une image de ce que la ville était, depuis longtemps, lorsqu'on l'a remodelée.

PLAN XXI. C'est seulement à la cote 82.46 que nous

---

[19] *Antioch* I, p. 15 et fig. 13.

[20] Comparer le dispositif correspondant, en 16—P, p. 69, Plan XXXIX.

nous sommes trouvés à nouveau en présence d'un niveau clairement attesté, pour l'ensemble de l'emprise de la rue primitive. Si, dans la partie Ouest de la fouille, toute trace en avait été oblitérée, sans doute du fait de la profondeur des fondations de la colonnade, nous avons vers l'Est des indications de détail très précieuses.

Sous les boutiques, en dehors du mur que nous avons décrit, il en existait d'autres, plus profonds, et qui n'avaient pas survécu à la construction des premiers. L'un d'entre eux, lui aussi un mur Nord-Sud, était décalé par rapport à son successeur, de 90 cm. vers l'Est (Fig. 57). Il était plus ancien que tous les murs décrits jusqu'ici, puisque ses fondations descendaient jusqu'aux alentours de la cote 82, c'est à dire à la terre vierge. Il n'était pas tout à fait parallèle à la direction d'ensemble: il mesurait 1 m. 20 d'épaisseur et n'était conservé que sur 50 de hauteur, soit une assise. Les murs en *opus mixtum* les plus anciens paraissent en effet avoir été construits par assises successives, à partir de la hauteur des blocs intercalaires, le remplissage en moellons se faisant à chaque fois.

Le seul mur contemporain est celui que nous avons déjà signalé, parcequ'il se trouvait en relations apparentes avec un mur postérieur. Il est parallèle, à 4 m. 70 à l'Ouest, et ne garde lui aussi qu'une assise, de 50 de hauteur pour 80 d'épaisseur. Elle comporte une alternance de blocs, irrégulièrement placés — entre 98 et 104 — avec dans l'intervalle des moellons soigneusement agencés. Un bloc est à bossage. La partie Nord du mur a été prise dans la construction d'un des puits médiévaux.

Ce mur m'a paru marquer l'emplacement où devait se trouver, à l'époque romaine primitive, la façade des maisons sur la rue. On peut penser qu'il en était de même précédemment.

Toutefois nous nous heurtons ici à l'existence d'un troisième mur, parallèle aux deux précédents, et qui se trouve à 3 m. 50 plus à l'Ouest. Il a 47 cm. de largeur; ses fondations sont à peu de chose près au même niveau; il est conservé sur un peu plus d'un mètre de hauteur.

Ce mur est construit lui aussi par alternance de blocs et de béton — 4 blocs étant cette fois disposés dans la longueur. Et il est pris dans des pavements superposés, analogues à ceux que nous rencontrerons sous la rue moderne. Le plus robuste d'entre eux, fait de cailloux

PLAN XXI. M.S.D. III. 19—M. Niveau V.
La rue hellénistique (82.46). Les murs, construits à des dates
différentes, ont pourtant pu coexister

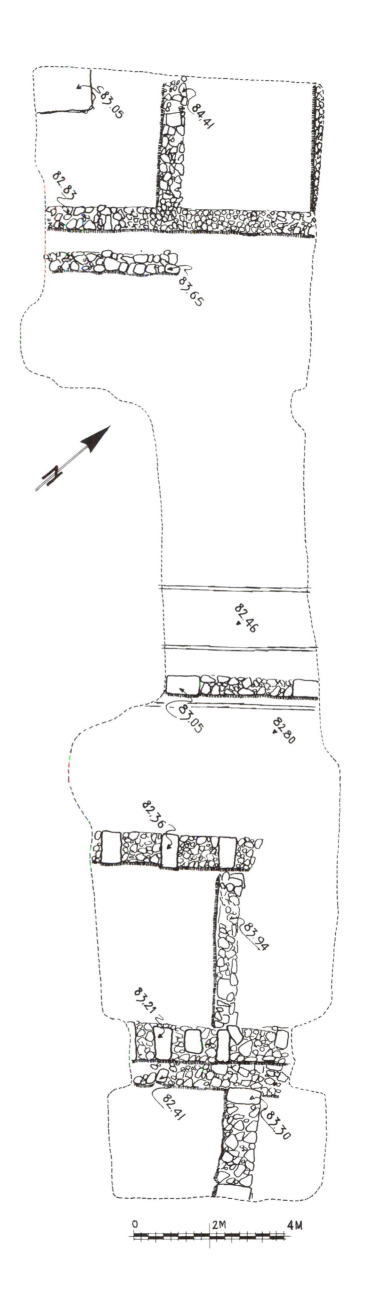

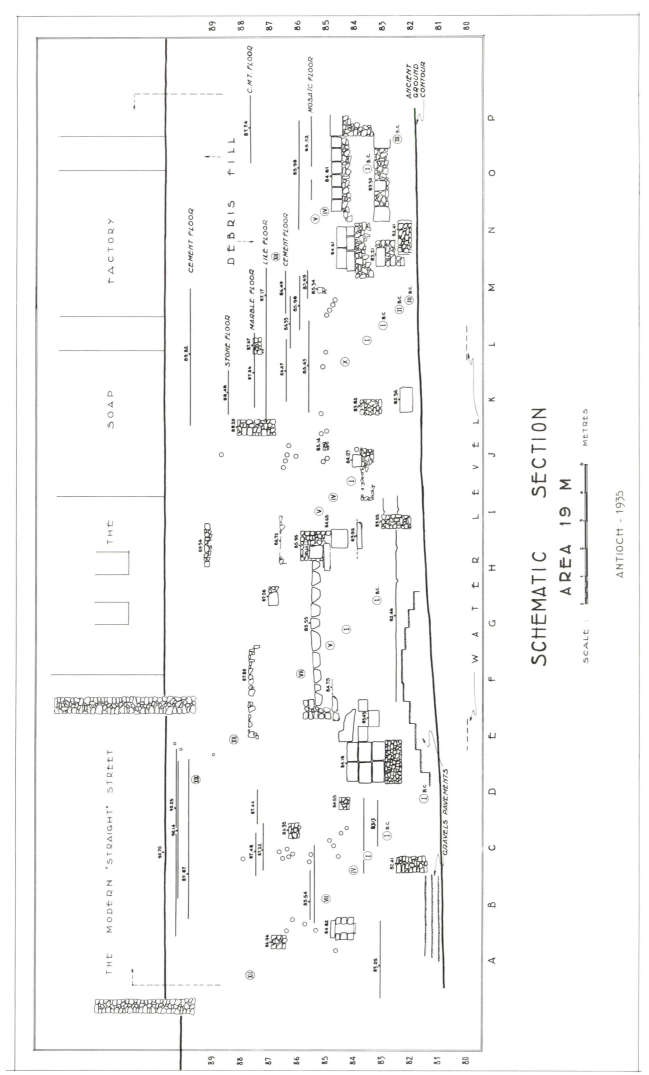

PLAN XXII. M.S.D. III. 19—M. Coupe longitudinale sur l'ensemble de la fouille

Cette coupe a été établie strictement selon l'axe de la tranchée.

très serrés, pris dans de la terre mêlée de ciment, est à la cote 82.46. Il vient s'appuyer à mi-hauteur de notre mur, et se trouve, immédiatement à l'Ouest, marqué de deux ornières très accusées, pas tout à fait parallèles au mur: la distance de la première au mur varie de 55 cm. au Nord à 70 cm. La distance entre les roues des voitures reste de 1 m. 60.[21] Nous constatons donc que la chaussée est immédiatement à côté de notre mur (Fig. 58).

Vers l'Est, il forme la limite de trois sols superposés, de consistance analogue, conservés tous trois sur une largeur de 2 m. 15. Le premier, le plus récent de ces trois sols, arrive au niveau supérieur du mur. Il est marqué, immédiatement contre le mur, par une ornière longitudinale unique, assez comparable à celles de la rue pour que je n'aie pas su l'en distinguer. Deux autres sols sont placés sous celui-ci, l'un à 15 cm., l'autre 35 cm. plus bas, soit au niveau du sol de la rue. Ces deux sols inférieurs étaient eux aussi marqués l'un et l'autre par une ornière longitudinale. Celle d'en bas s'inscrivait à 12 cm. du mur et avait 20 cm. de largeur.

Deux problèmes se posent, qui concernent la nature du mur et celle de cette «ornière» (Fig. 58).

Je croirais volontiers, pour ma part, que le mur n'a jamais été plus haut. C'est en fait le rebord du trottoir de la rue hellénistique; ce trottoir a plusieurs fois changé de niveau, peut-être en même temps que la rue, peut-être indépendamment. La rainure, en apparence comparable aux ornières de la chaussée, peut avoir servi à encastrer une balustrade, sans doute en bois. On aurait pu penser aussi à un tuyau de plomb, mais on ne voit pas pourquoi on aurait jugé nécessaire de le remonter chaque fois avec le nouveau sol. Nous trouverons en 16—P un dispositif comparable,[22] qui permettra de reprendre cette étude.

Bien entendu, si cette restitution est exacte, il faudrait supposer à l'Ouest un trottoir plus ou moins symétrique, bordé par un muret analogue. Il eût été pris dans les substructions de la colonnade monumentale: il n'est donc pas étonnant que nous n'en ayons pas trouvé trace.

Nous avons poursuivi nos recherches au moyen d'une série de sondages sous le sol hellénistique de la rue, et aussi sous celui du trottoir Ouest. Nous avons abouti moins à la découverte de niveaux successifs qu'à la constatation d'une série d'empierrements sans réfection totale de la rue, sur 1 m. 50 d'épaisseur. La coupe, et aussi les photographies montrent les endroits où nous avons essayé de distinguer des niveaux plus marqués (Fig. 60) — sous la rue monumentale romaine, sous la rue moderne, le long de la paroi Sud de la tranchée, dans le coin Nord-Ouest de la fouille. Ils attestent la durée, sur ce parcours, d'une circulation organisée (Fig. 59).

Il faut remarquer que les plus anciens de ces niveaux, entre 80 m. 80 et 81 m. 30, passent non seulement sous le niveau d'utilisation de tous les murs dégagés dans la fouille, mais même au-dessous du niveau de leurs fondations. Il y a eu un moment, peut-être très long, où la rue existait seule, sans que des maisons se dressent de part et d'autre. C'était alors une surface empierrée, qui s'est semble-t-il progressivement élargie, jusqu'au moment où a été aménagée une véritable rue entourée de maisons. Disons autour de la cote 82.20.

Nous avons atteint la terre vierge, à des niveaux qui varient entre 80 m. 80 à l'Ouest et 81 m. 90 à l'Est. Nous avons trouvé l'eau, sous la rue moderne, à 79 m. 75 (Plan xxii).

Pour passer de la chronologie relative à une chronologie absolue, il est sage d'attendre d'être en mesure de comparer plusieurs sondages. Voici, comme élément de discussion, une liste de monnaies découvertes dans le sondage, et qui ont pu être lues sur place. Je copie les indications portées sur les «Progress cards» qui m'ont été remises par le service du catalogue, qui n'était pas encore, à l'époque, confié à F. O. Waagé. Je transpose les profondeurs relatives selon l'échelle des hauteurs au-dessus du niveau de la mer. Sous le dallage de Justinien:

entre 85.55 et 85.07

Antonin le Pieux, Elagabale, Alexandre Sévère, Licinius (Antioche 307–323). Période constantinienne — une monnaie arabe

entre 85.07 et 84.77

Antioche, début du IIIe siècle a.d. – Période constantinienne (2). Héraclius et Constantin III (641?)

entre 84.77 et 84.40

Maximien

entre 84.40 et 84

Séleucide, arabe

entre 84 et 83.68

début du Ier siècle a.d., fin du Ier siècle, Néron, Période constantinienne, arabe

entre 83.99 et 83.68

---

[21] La largeur entre les ornières, en Afrique du Nord, ne dépasse pas 1 m. 45, ce qui fixe l'écartement des roues des chariots. Salama, *Les voies romaines*, p. 77 et n. 167. C'était leur distance en 22—K.

[22] Ci-dessous, p. 69,

Antioche, Tetrapolis, 153 b.c. – Antioche, a.d. 12–13;
début du Ier siècle a.d., Ier au IIe siècle a.d., IIe siècle
a.d. – Constantinienne

entre 83.39 et 83

Période constantinienne (2)

83   IIe siècle b.c. (2); deuxième moitié Ier siècle
    b.c.; a.d. 12–13

82.90 Antioche, début du Ier siècle a.d.

82.60 monnaie romaine impériale

82.20 byzantine anonyme

81.64 Antioche, ca. 49–20 b.c.

Au-dessous de 81.64: Démétrius I dates 151/150 (3)

Ier siècle b.c. — Ier siècle a.d.

Cette liste, qui justifie et au-delà la prudence de F. O. Waagé, montre comment les incessants remaniements du sol, par les catastrophes naturelles et les réparations qu'elles ont exigées, comment l'exploitation des rues successives comme carrière, ont abouti à des infiltrations qui rendent les monnáies, peu nombreuses d'ailleurs, à peu près inutilisables. Il en est de même de la céramique, en plus grave peut-être car les dates sont tout de même moins précises. Il suffit de quelques tessons tardifs infiltrés — à condition qu'ils ne soient pas trop récents — pour compromettre toute datation.

Nous verrons, après la présentation du sondage de 16—P, comment nous pouvons essayer tout de même quelques propositions.[23]

Précisons pour le moment, sous une forme schématique, nos conclusions provisoires pour la période antérieure à la construction de la rue monumentale.

[23] Ci-dessous, p. 78.

1. Tout d'abord, une voie de communication a existé seule, sur le tracé futur de la rue monumentale et de son portique Ouest.

2. On a aménagé à haute époque une rue, de 16 m. d'ouverture, avec sans doute une chaussée de 8 m. et deux trottoirs de 4. Des maisons privées ont été construites de part et d'autre. A l'Est elles ont subi des remaniements successifs. A l'Ouest elles ont vécu du IIe siècle avant notre ère jusqu'à leur expropriation, lors de l'opération d'urbanisme qui a été rendue nécessaire en vue de l'aménagement monumental. Bien entendu leur niveau d'utilisation a monté, au cours des siècles, d'une cote voisine de 82 jusqu'aux environs de 83.80.

3. Les expropriations ont été symétriques: la chaussée romaine s'est superposée à la chaussée hellénistique, ou plutôt à une voie postérieure, dallée, dont nous avons reconnu la présence et distingué les abords. Il a fallu de part et d'autre abattre les édifices sur une largeur de plus de 10 m. 50, pour permettre:
– le passage de l'emprise de la rue, chaussée et trottoirs de 15 m. 50 à 25 m. 50,
– la construction des boutiques.

Cette transformation s'est faite sans changement d'axe, ou avec un changement d'axe insignifiant.

Le sondage de 16—P nous apportera, en un autre point de la ville antique, immédiatement au-delà du cours du torrent Parmenios, des résultats beaucoup plus complexes; le témoignage de ce premier grand sondage devra être intégré à ces résultats, en vue de la présentation d'une histoire de la rue, des origines jusqu'à nos jours, de la cote 80.90 à la cote 90.70.

III. MAIN STREET DIG V., 16–P
SONDAGES EST

Parmi les sondages entrepris par W. A. Campbell, en mars 1936, à la recherche du forum de Valens, figurait d'une part un puits de dimensions limitées, ouvert à 50 m. au Sud du pont de Parmenios (16—O). Je l'ai, par la suite, considérablement agrandi: il sera décrit dans un prochain chapitre.[1] En même temps, il avait

l'enceinte qui descendait rapidement la pente du mont Silpius pour gravir ensuite, aussi brutalement, au Nord, la pente du mont Stauris.[3] La piste, après avoir quitté la route, traverse un lit ancien du torrent qui reprend vie aux jours d'orage, puis se dirige en montant assez rapidement vers l'Est vrai, en formant avec la route —

PLAN XXIII. M.S.D. V. 16—P. Plan d'ensemble des quatre sondages:
à droite, 16—P Est; à gauche, tranchée de la rue antique

entrepris un second sondage, à quelque distance à l'Est de la route, au bord de la piste empierrée qui, s'écartant de la route à une centaine de mètres au Nord du pont, se dirige vers la grotte de Saint-Pierre, le Chaironion, et surtout Bab el-Hadid, la porte de fer, c'est-à-dire le grand barrage établi dans la gorge par les architectes de Justinien pour essayer d'arrêter les crues si redoutables du torrent.[2] Ce barrage faisait d'ailleurs partie de

et avec la rue antique — un angle d'une quarantaine de degrés (Fig. 61).

Le premier sondage (PLAN XXIII), entrepris à l'Est de la piste, se développera d'abord vers le Sud. Plus tard, lorsque je fus chargé de poursuivre cette recherche, il tournera vers l'Ouest pour gagner la route, perpendiculairement. Nous aurons ainsi ouvert une nouvelle tranchée, analogue par son implantation à celle de 19—M.[4]

Du fait même de sa situation, la fouille va se heurter

---

[1] *Antioch* II, p. 4. Ci-dessus p. 101.

[2] G. Downey, *A History of Antioch*, Princeton 1961, p. 653, résume les problèmes posés par le torrent. Voir aussi p. 350 sqq.

[3] Voir le plan I, p. 2.

[4] Ci-dessus, p. 19.

x

41

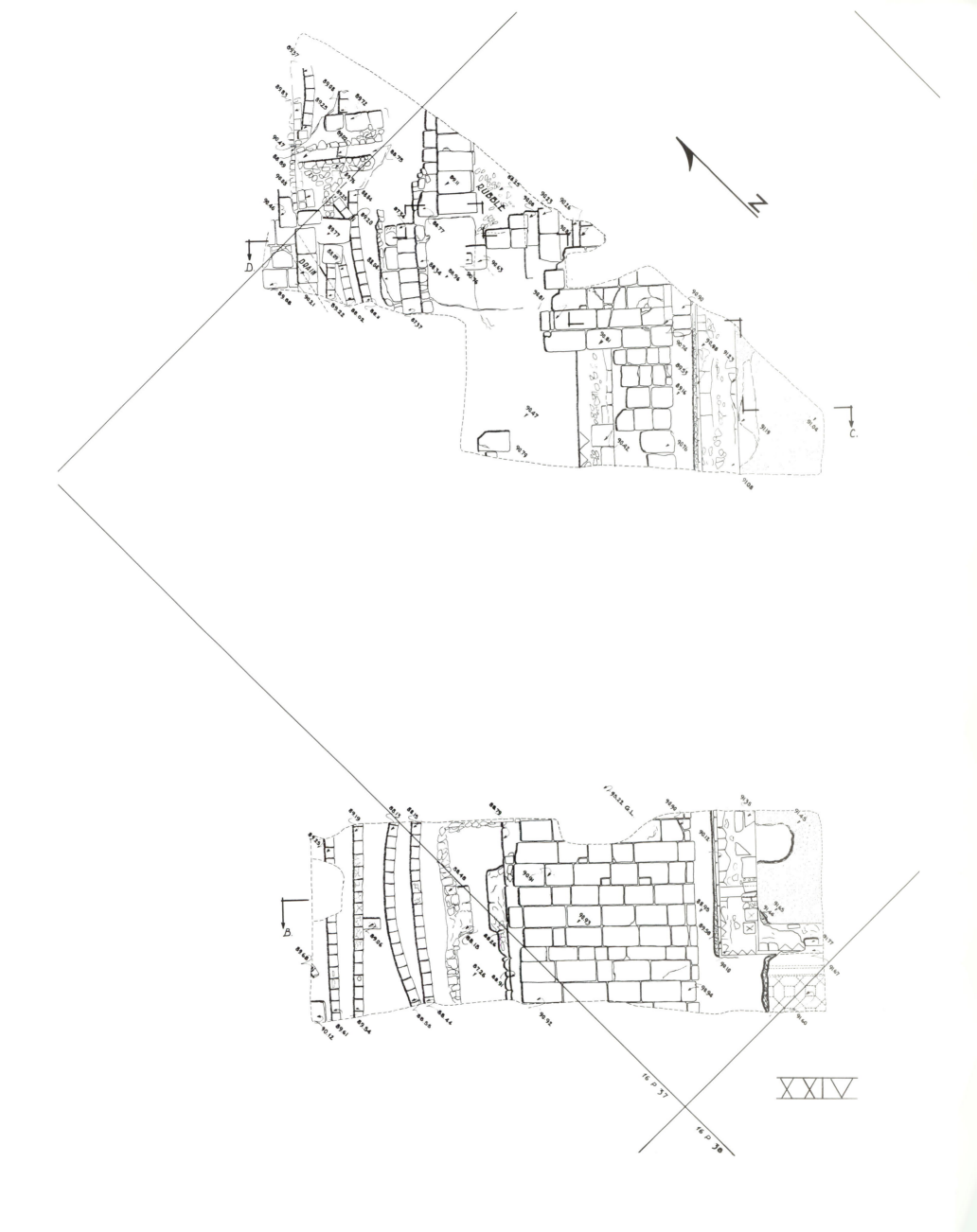

XXIV

à deux difficultés majeures. D'une part, il ne sera pas possible de couper la route. D'autre part, nous ne pourrons pas davantage interrompre la circulation sur la piste. Nous aurons donc un sondage limité vers l'Ouest, interrompu d'autre part, justement à un endroit critique.

Une autre difficulté tient à la planimétrie. Depuis la route, de nos jours, le terrain est plat: la cote actuelle, à l'Ouest du sondage, est 95.40. Au bord de la piste, au point le plus lointain que nous ayons atteint, elle est de 95.36. La piste, partie d'un point plus bas, au pont, puis descendue plus bas encore dans le lit secondaire du torrent, a, à cet endroit, rejoint la cote normale du terrain. Mais à d'autres époques, il n'en était pas de même: la fouille a commencé à partir d'une mosaïque, découverte dans le fossé de la piste, à la cote 94.96. J'ai été amené à l'attribuer à l'époque de Justinien. Mais, près de la route, le niveau de Justinien est à 86.76 — plus de 8 mètres plus bas. La distance entre les deux points ne

dépasse pas 80 m. Dans l'intervalle, le sol d'un nymphée du VIe siècle est à 91.51. Il y a un décalage analogue pour le niveau romain du IIIe siècle. A l'époque la plus ancienne par contre, au IIIe siècle avant notre ère, on est sous la route à 83.50 au niveau de la terre vierge; derrière le nymphée, à 85.60, on arrive à une mosaïque de galets, antérieure à notre ère, qui est le point le plus bas que nous ayons pu atteindre: la différence est donc bien moindre.

Cet état de choses va compliquer nos recherches de stratigraphie. En fait, on le verra, il a fallu se résigner à étudier séparément d'une part l'ensemble des sondages ouverts à l'Est de la piste, d'autre part la tranchée qui va de la piste à la route. Et la présence de la piste nous a empêchés de trouver les raccords qui pourtant ont dû exister aux différentes périodes (Plan xxiv).

La mosaïque était déjà repérée. En fait, des fragments en avaient été arrachés, à une date inconnue, pour être insérés dans le sol de ciment de la «grotte de Saint-Pierre», qui s'ouvre dans la montagne au-dessus de la piste, une centaine de mètres plus à l'Est. Le guide s'en servait même pour attester l'antiquité du lieu de culte.[5]

Presque au même niveau qu'elle, à 95.05, W. A. Campbell a tout de suite découvert une rue — à quelques mètres plus à l'Ouest (Fig. 62). Il s'agit d'une surface empierrée, très abîmée d'ailleurs, limitée à droite comme à gauche par une rangée de blocs de grand appareil, qui ont sans doute porté des murs (Plan xxv). Un élément de mur perpendiculaire est d'ailleurs posé sur le sol empierré lui-même, ou plutôt dans ce sol qu'on a entaillé pour le recevoir. Le chemin ainsi défini est orienté Sud-Est Nord-Ouest; il est exactement perpendiculaire à l'axe de la route. Il appartient donc encore, par son tracé, au système orthogonal de l'Antioche antique. Il n'a par contre aucune relation avec la piste moderne, qui, elle, a été dessinée empiriquement, sans doute à partir du sentier suivi par les paysans et leurs animaux — bergers et passants.

Au Nord-Est de cette route, dans le même système d'orientation, on a dégagé une citerne, en bon état de conservation (Plan xxvi): la partie supérieure de la voûte était seule écroulée (Fig. 63). Le fond est formé par une mosaïque grossière. Sur un mur de briques

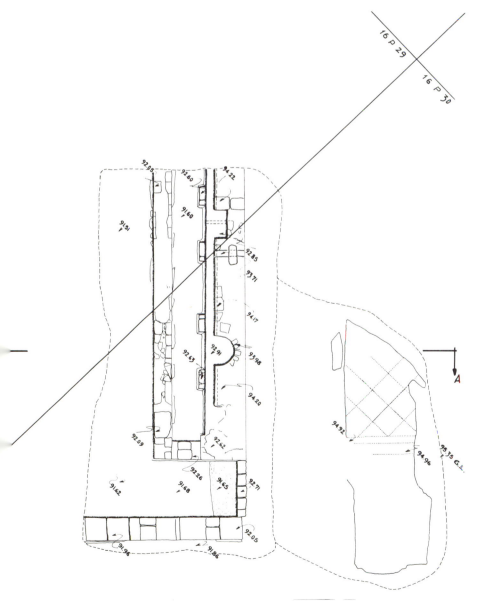

Plan xxiv. M.S.D. V. 16—P Est. Plan d'ensemble des trois sondages (1936). Ce plan est arrêté en principe au niveau du sol du nymphée

[5] *La grotte de Saint-Pierre à Antioche*, Étude par un missionnaire Capucin (Mission des Capucins en Syrie et en Mésopotamie) Beyrouth 1934, compte rendu par M. Van Custum, *Anal. Boll.*, 54 (1936), p. 184. Downey, *History*, p. 284, n. 47.

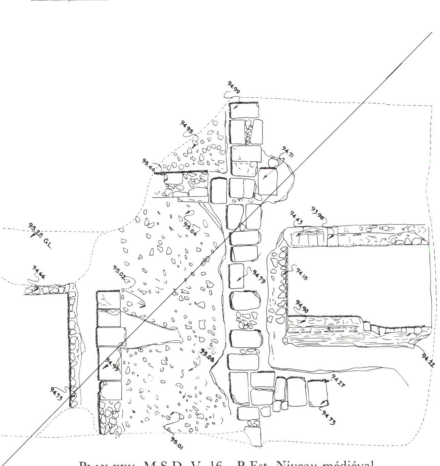

PLAN XXV. M.S.D. V. 16—P Est. Niveau médiéval.
Rue empierrée, bordée de murs de remploi: citerne

cimenté est posée une série d'assises faites de petits blocs carrés appareillés avec soin, mais avec des joints énormes, aujourd'hui vides du mauvais ciment qui les unissait. Cette voûte mesurait 3 m. 80 de long, pour 1 m. 80 de largeur et 2 m. 80 de hauteur. Une petite fenêtre s'ouvre dans la voûte même. Cette citerne est sans doute en relation avec le mur qui borde la rue, au Sud-Ouest.

Il existe aussi quelques traces de murs de l'autre côté de la rue. Nous avons là les restes d'un niveau médiéval. Son caractère orthogonal, l'aspect des constructions, permettent de le rattacher à ce niveau du Xe–XIIe siècle qui marque dans nos fouilles la résurrection de la ville lors de la reconquête byzantine. Nous verrons que ce même niveau est représenté, dans la tranchée de la rue principale, par une église et un cimetière — à une cote inférieur de 4 m. à celle du pavement de la rue et du sommet de la voûte de la citerne.[6]

Ces quelques restes se trouvaient comme posés audessus d'un vaste ensemble monumental antérieur (PLANS XXVII et XXVIII), sans rapport avec eux, et qui a apparu dans le sondage en même temps (Fig. 64). Il s'agit d'un bassin adossé à un mur orné de niches, d'un nymphée situé au fond d'une cour, au Sud de laquelle passe une rue dallée. Le sol de cette cour est à 91.51.

Ce nymphée, à qui la rue médiévale est superposée, comme si ses constructeurs en avaient totalement ignoré l'existence, est d'autre part traversé, en sens inverse, par la piste moderne. Nous l'avons étudié, à deux reprises, au commencement du sondage (mars 1936) et à la fin (mai 1937). Je rassemble ici les renseignements recueillis au cours de ces deux périodes de travail.

La cour, au fond de laquelle se trouvait le nymphée, mesurait d'Est en Ouest 21.75, sur 11 m. 50. Le nymphée occupe presque tout le long côté Nord sauf deux passages de 1 m. 50 aux extrémités. Il se présente sous la forme d'un mur de briques, devant lequel se trouve un bassin

[6] Ci-dessous, p. 55.

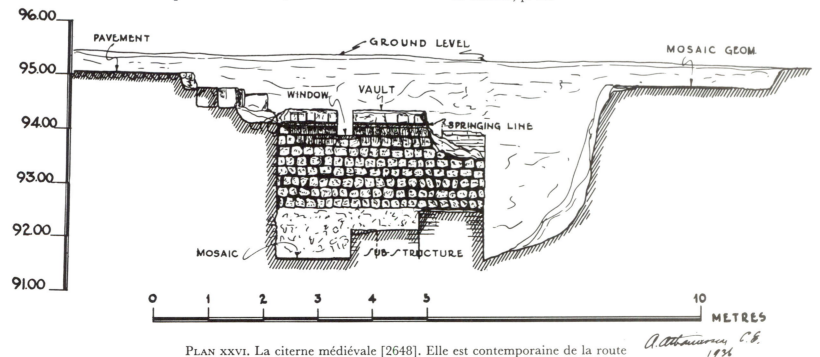

PLAN XXVI. La citerne médiévale [2648]. Elle est contemporaine de la route

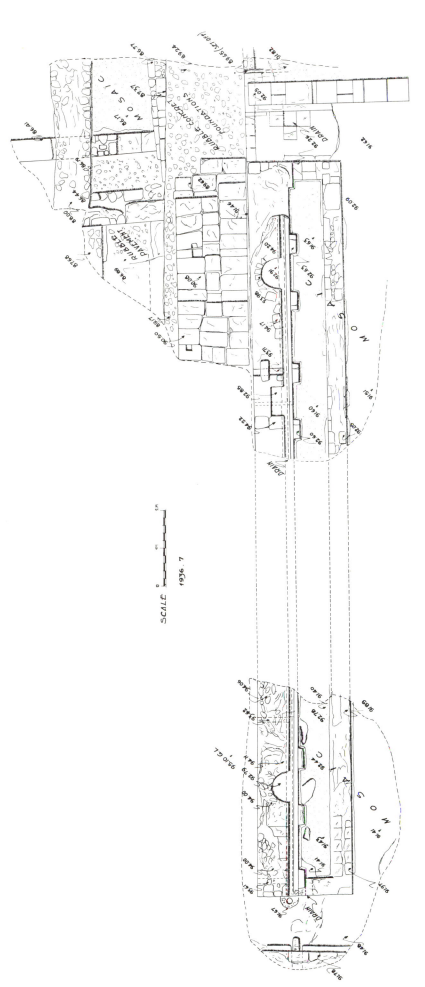

PLAN XXVII. M.S.D. V. 16—P Est. Plan du Nymphée (1937) après ouverture à l'Ouest d'un sondage complémentaire
(Face au Nord-Est).

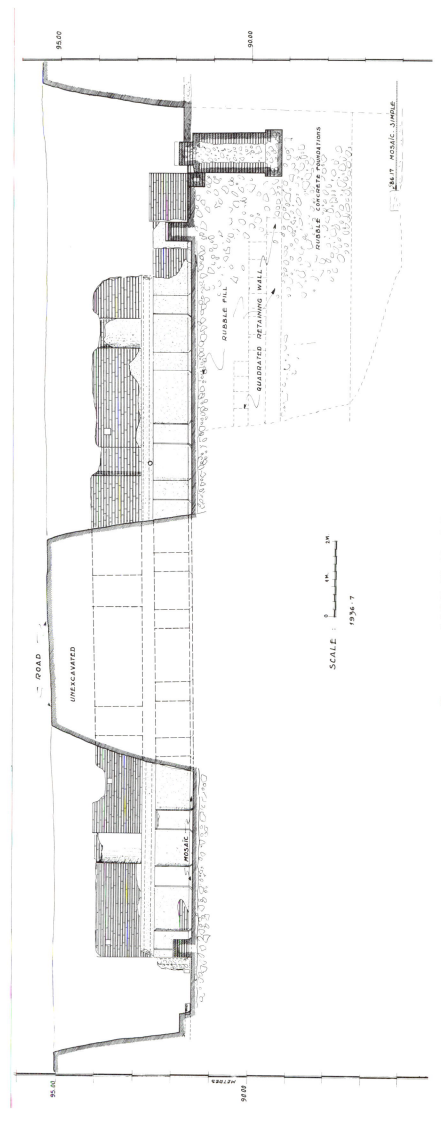

PLAN XXVIII. M.S.D. V. 16—P Est. Façade du Nymphée

de 1 m. de largeur pour 70 cm. de hauteur. Le rebord du bassin a 55 cm. d'épaisseur. Il est également construit en briques.

Le mur, en arrière, présente successivement deux aspects différents (Fig. 65). Il y a d'abord un socle, de 1 m. 25 de hauteur et de 1 m. 20 d'épaisseur, avec, en saillie, une série de pilastres bas. Nous en avons retrouvé 8: il y en avait 12, mais la partie centrale n'a pu être dégagée: ils étaient plats, de 47 à 49 de largeur pour 16 de saillie. Ils étaient espacés, alternativement, de 1 m. 50 et de 1 m.: ils étaient placés en fonction du dispositif de l'étage supérieur.

Le socle, en effet, porte un mur moins épais, 80 cm. au lieu de 1 m. Sur le retrait, en arrière du sommet des pilastres, a été posée après coup une canalisation de terre cuite enrobée de pierrailles et de ciment. Plus haut, le mur est percé de niches, alternativement de plan semi-circulaire et de plan rectangulaire. Il y en avait cinq. Nous en avons retrouvé trois — deux à l'Est, une à l'Ouest (Fig. 67). Il apparaît que la niche centrale, comme celles des extrémités, était arrondie, les niches intermédiaires carrées. C'est un dispositif banal.[7] Les niches ont 75 d'ouverture et sont séparées par un espace de 2.60. Ce même espace se retrouve de part et d'autre des niches extrêmes. La hauteur de ces niches n'est pas connue: la hauteur conservée atteint 1 m. 34, sur 2 m. 70 pour l'ensemble du dispositif. Chaque niche se trouvait encadrée à la base par deux des pilastres du socle — qui ont peut-être primitivement porté des colonnettes.

Le système d'adduction d'eau que nous avons retrouvé ne m'a pas paru primitif. Il comporte essentiellement le tuyau horizontal (Fig. 66), placé au-dessus du socle et en avant du mur percé de niches. Il est entouré d'une gaîne de pierres et de ciment, qu'enveloppe une couche de revêtement qui descend jusqu'au fond du bassin. Une seule ouverture a été reconnue, sous la niche rectangulaire de l'Est.

L'eau arrivait dans ce tuyau par le côté Ouest. Une canalisation de terre cuite traversait le mur de la cour,

[7] Un nymphée de dispositif analogue, quoique moins grand, a été retrouvé à Daphné dans un édifice du V⁰ siècle. Il occupait le fond d'une salle cruciforme. *Antioch* II, p. 118, fig. 39 et plan IX. Il ne comporte que trois niches. Ce type de décor, dérivé peut-être du *scaenae frons* et du *pulpitum* des théâtres, est devenu courant pour les façades, en particulier dans les thermes, derrière les piscines. D. Krencker, *Die Kaiserthermen in Trier*, Augsburg 1929; Barbara-thermen de Trèves, fig. 359, renvoie à Rome aux thermes de Cara-calla, fig. 400, et de Dioclétien, fig. 412. Le thème se retrouve à Ostie, fig. 390, comme en Afrique, fig. 248 (Cherchel), par exemple.

très mal conservé, mais où subsistait pourtant une brique horizontale, destinée à protéger le tuyau. Il faisait un coude, au pied du bassin, sous le sol, puis montait le long de la paroi à travers une gaîne de pierres cimentées. Un second coude permettait le passage de l'eau dans le tuyau horizontal. Au flanc de la tuyauterie, au milieu de la montée, on avait ménagé un orifice de nettoyage (Fig. 68.)

L'évacuation de l'eau du bassin se faisait du même côté: il y avait un orifice percé dans le rebord latéral; un tuyau vertical gagnait un égout placé sous la mosaï-que, qui descendait vers l'Ouest.

Le peu de soin avec lequel tout ce système avait été aménagé fait contraste avec la belle construction du mur et du bassin. C'est pourquoi je le considère comme une réfection. Le système primitif est attesté par une profonde encoche dans le mur, en arrière de la base des niches, qui a pu être destinée à recevoir un tuyau de poterie ou plutôt de plomb, et par une canalisation de descente, de section carrée, qui s'ouvre à l'Est du bassin, dans un socle de briques inclus dans le pavement (Fig. 69).

Nous avions été étonnés, au cours de la première campagne, de la fragilité de la partie supérieure du mur, qui, malgré ses 80 cm. d'épaisseur d'ensemble, n'attei-gnait pas, au fond des niches circulaires, 25 cm. d'épais-seur. De plus, son parement extérieur était bien moins soigné que le parement extérieur du socle. Et j'avais pensé à une sorte de décor, adossé directement à une terrasse verticale. Il en était bien ainsi — mais la terrasse était tout autrement défendue. Au cours de la seconde campagne, descendant derrière le nymphée, nous avons en effet trouvé à 1 m. 30 au-dessous du niveau de la mosaïque, les restes imposants d'un énorme mur de soutènement (Fig. 69). Construit sur des fondations de béton de 80 de profondeur, il conservait encore trois assises de pierres de taille, en calcaire du pays, avec trois blocs en largeur par assise: ceux des faces étaient soi-gneusement appareillés, ceux du milieu formaient rem-plissage. L'épaisseur totale du mur était de 1 m. 90, sur des fondations de 2 m. 15. Les trois assises représentaient 1 m. 20 de hauteur. Les fondations étaient implantées à 3 m. 13 sous le sol du nymphée, à 7 m. du sommet actuel du mur (Fig. 71).

Nous sommes ici en présence des conséquences d'une catastrophe naturelle — et sans doute de deux catastro-phes successives. Les restes d'édifices dégagés au fond de la fouille, derrière le nymphée et le mur d'appareil, sont anciens (Fig. 70). La céramique les monnaies, examinées avec soin par F. O. Waagé, permettent, comme leur appareil, de les dater entre le premier siècle avant et le premier siècle après notre ère.[8] Au moment où le gros mur a été construit, ce gros mur dont les fondations descendent à plus de 3 m. au-dessous du sol du nymphée, ces fondations se trouvaient au-dessus des restes les plus élevés des édifices antérieurs; le sol de ces édifices est fixé par un élément de mosaïque, à la cote 86.17 — à 2 m. au-dessous des fondations — à 2 m. 80 au-dessous du sol primitif auquel elles correspondent. Nous assistons, après deux siècles peut-être, à un remploi du terrain, qui ne tient aucun compte de ce qui s'y trouvait auparavant. Le gros mur est évidemment destiné à éviter le retour de la catastrophe qui a amené la destruction et l'abandon des édifices anciens, dont les restes sont comblés par des remblais datés. Au-dessus, derrière le mur, entre la cote 87.37 et la cote 89.17, le caractère de la poterie change. Nous sommes, selon F. O. Waagé, dans la première moitié du IIIe siècle. Nous verrons que le niveau de base du grand mur correspond au niveau d'utilisation d'un édifice du IIIe siècle, dont nous avons retrouvé sous le nymphée des traces certaines.

C'est dans cet édifice que sera construit, 1 m. 50 plus haut, le nymphée que nous venons de décrire, qui remploiera pour s'y adosser le puissant mur de protection élevé par les architectes — ou plutôt les ingénieurs ou les urbanistes — du IIIe siècle.[9] Une différence analogue

se retrouvera, plus à l'Ouest, dans les niveaux, assurés ou probables, des rues correspondantes.

On peut tenir le nymphée comme contemporain de la reconstruction de Justinien. La catastrophe qui a enseveli les édifices qui datent des alentours des débuts de notre ère est-elle le tremblement de terre de 115 dont les fouilles de Clarence Fisher ont révélé la puissance destructice, dans l'île de l'Oronte?[10] Est-ce simplement un éboulement de terres descendues de la montagne après quelque terrible orage, à une date sensiblement plus ancienne, je ne puis en décider.

Faut-il faire intervenir dans l'histoire du site une catastrophe intermédiaire, et considérer qu'en arrière du grand mur un apport de terre, au début du IIIe siècle, explique sa construction, par un aménagement en terrasse d'un terrain à nouveau urbanisé? Rappelons qu'il n'existe pas trace d'un niveau d'occupation, derrière le mur, du Ier siècle au VIe.

Nous savons désormais que, pour maintenir les terres éboulées, on pouvait ainsi utiliser de gros murs de soutènement; il nous faudra faire intervenir par hypothèse des techniques du même ordre pour essayer de comprendre comment, aux différentes époques, les constructeurs ont compensé les différences que nous constaterons, de part et d'autre de la piste moderne, entre des niveaux contemporains.

La cour au fond de laquelle se trouvait le nymphée était bordée par des murs de briques, le mur Est construit par alternance de briques de 57 × 57, et de briques de 37 × 37 auxquelles se trouve, dans la largeur, ajoutée une demi-brique. Les joints, épais de 4 cm. 5, sont très durs, et le ciment est mêlé de cendres. Dans le mur se trouvent insérés deux beaux blocs de calcaire, de 30 × 60 × 58. Il n'est conservé que sur 30 de hauteur. Il semble avoir été recouvert d'un placage en marbre, attesté par les restes de bandes verticales de 57 de largeur, situées à 2 m. 47 l'une de l'autre. On pourrait penser à un décor limité à ces bandes; je crois plutôt qu'il y a eu là d'abord une série de supports isolés, de 57 × 57, dont les intervalles ont été ensuite comblés par le mur de briques. Le marbre est arasé au niveau de la mosaïque du sol.

Le mur Sud est comparable au mur Est. Il est construit des mêmes briques, mais mesure cette fois 1 m. 07 d'épaisseur: une brique de 57, plus une de 37, et un remplissage au centre. Il est conservé, au-dessous du sol

[8] F. O. Waagé, *Antioch* IV:I, pp. 36 et 41; cf. p. 30. Il décrit chaque fois les types de poterie rencontrés et conclut, pour la couche de 3 m. 60 à 5 m. 50 «an unusually homogeneous group, belonging to a late phase of the Middle Roman Period» — c'est-à-dire à une époque antérieure au milieu du IIIe siècle de notre ère. Il lui faut écarter le témoignage des rares monnaies découvertes, qui sont d'une date plus ancienne (Antonin le Pieux, Marc-Aurèle) Pour la couche profonde 5 m. 50 à 9 m. 60, la poterie date «du premier au second quart du Ier siècle après J. C.» Les monnaies de ces couches, d'après les fiches établies par D. Waagé et conservées au Département d'Art et d'Archéologie de Princeton University, sont assez homogènes et concordent cette fois avec les conclusions présentées: si l'on exclut deux bronzes de Lucius Verus et une monnaie d'Antiochus I ou III, elles appartiennent à la série des monnaies d'Antioche autonome, du Ier siècle avant notre ère ou du Ier siècle après. Les plus anciennes peuvent représenter la date de construction des monuments, qui peuvent être plus anciens que les couches qui les recouvrent.

[9] Derrière un temple, en partie dégagé à Sétif (Maurétanie), un changement de niveau du terrain était amorti par un mur de grand appareil, orné de niches de plan alternativement semi-circulaire et rectangulaire. Une rue dallée passait derrière ce mur, à 3 m. 50 au-dessus du dallage de la cour du temple. Ce mur se terminait à gauche

et à droite par des pilastres, qui servaient de départ aux colonnades des portiques latéraux de la cour: *Libyca*, VIII (1960), p. 74.

[10] *Antioch* I, p. 18.

de la cour, sur 1 m. 55 de hauteur, pour 25 assises de briques. Même si le sol actuel n'est pas le sol original du nymphée, ce mur a donc appartenu à un édifice antérieur; il est ici remployé, comme le mur d'appareil du Nord.

PLAN XXIX. Détail de la mosaïque du VIe siècle, au bord de la piste moderne

Le mur Ouest a à peu près disparu.

Cette cour était, dans une dernière période, pavée d'une mosaïque faite de cubes de marbre, jaunes et roses, mesurant en moyenne 2 cm. de côté. A dix centimètres plus bas, nous avons trouvé les traces d'une mosaïque blanche, semblable à celle qui formait le fond du bassin. C'est pourtant la mosaïque postérieure qui est au niveau du fond du bassin: il y avait primitivement un décalage.

A l'Est du nymphée se trouvait une autre salle que nous n'avons pas dégagée. Elle était pavée d'une mosaïque géométrique très simple: des octogones imbriqués, composés d'hexagones et de carrés blancs, noirs et gris, selon le schéma habituel (côté du carré: 29).

Nous avons reconnu en plusieurs endroits, on l'a vu, les traces de deux états successifs du nymphée, ou du

moins les témoignages d'importantes réparations. Dans son état primitif, il était sans doute assez semblable à ce qu'il est resté, mais son décor était plus luxueux: mosaïque blanche du sol, revêtements de marbre ou supports isolés, colonnettes de part et d'autre des niches, et par conséquent frontons au-dessus, donnaient une valeur de luxe à un monument qui n'a gardé que son ossature.

Mais ses murs ont des origines plus lointaines encore: le mur Sud, je l'ai dit, a sûrement appartenu à un édifice antérieur; un sondage nous a permis de retrouver, à 80 cm. sous la mosaïque blanche, un nouveau sol cimenté, d'exécution très soignée, qui a pu porter un revêtement disparu. Sous le bassin du nymphée, ce sol se relevait grâce à une marche de 42 de hauteur et de 1.69 de largeur, qui allait jusqu'au mur de fond. Dans cette marche s'ouvrait une canalisation verticale, faite de la superposition de briques posées à plat. Peut-être s'agit-il d'un premier état du nymphée, mais ce n'est sans doute pas encore le sol du bâtiment primitif, sol que nous n'avons pas pu atteindre.

Il reste à fixer un dernier point (PLAN XXIX). Le sondage a commencé par la découverte d'une mosaïque, en bordure de la piste. Elle était conservée sur 6 m. 50 de longueur pour 2 m. 50 de largeur, et cassée dans toutes les directions. Elle est divisée en deux parties par deux bandes continues juxtaposées, dont l'une est ornée d'une torsade (largeur: 20), l'autre unie (25). De part et d'autre, le champ est occupé par un large quadrillage diagonal, dont les carrés mesurent 60 cm. de côté; au centre de chacun se trouve un petit carré de 11 de côté. Les lignes du quadrillage sont formées de boutons de roses, sous la forme la plus stylisée. Dans les angles, le départ des quatre lignes de boutons forme un fleuron quadripétale. Les cubes de la mosaïque sont très gros: on en compte 5,5 pour 10 cm.; 10 cubes mesurent 17 cm.

Cette mosaïque, de facture robuste, est d'un bel effet décoratif. Le motif en est très connu à Antioche, par exemple dans la mosaïque du Lion, dans la bordure de la mosaïque d'Ananeôsis, dans l'église de Machouka. Toutes ces mosaïques, de qualités différentes d'ailleurs, paraissent postérieures au tremblement de terre de 526. Aucune toutefois n'est faite de cubes aussi gros que ceux que nous trouvons ici.[11]

[11] Doro Levi, *Antioch Mosaic Pavements*, Princeton 1947; mosaic of the biblical inscription, of Ananeosis, of the striding lion, (VIe s.) p. 320, pls. LXXI b, LXXIII, LXXIV a, CXXX d, CXXXI. Toutes ont été trouvées au-delà de la porte Saint-Paul. L'Eglise de Machouka, p. 368, pls. CXL, CXLI, est dans la partie Nord-Ouest de la ville antique.

La mosaïque est posée sur une couche de ciment très dure, dont l'épaisseur varie entre 10 et 15 cm. Des fragments de marbre bleu apparaissent, 25 cm. plus bas, puis, 30 cm. plus bas encore, des smaltes pris dans du ciment blanc, au-dessus de fondations robustes: il y a donc la trace de deux pavements antérieurs.

Certes, cette mosaïque est au niveau de la rue médiévale, et son prolongement pourrait recouvrir la citerne contemporaine. Son rebord actuel s'arrête à 2 m. 25 en arrière des niches du nymphée, qui montaient sûrement sensiblement plus haut. Je crois qu'elle venait s'appuyer contre l'énorme mur de soutènement qui se trouvait placé derrière ces niches, et que, si elle a été remployée à l'époque de la rue médiévale, sa construction appartient à la même campagne que celle du nymphée: le réaménagement du quartier après les catastrophes de la première moitié du VIe siècle. Elle atteste le changement de niveau, la limite atteinte par les terres descendues de la montagne, après régularisation. Il n'est que plus étonnant que, depuis cette époque jusqu'à nos jours, le niveau du sol, sur ce point, soit resté inchangé.

Une dernière catastrophe, plus ou moins analogue, a ensuite enfoui le nymphée, lui-même, sous une terre qui s'est stabilisée, avec ou sans intervention humaine, au niveau même qui avait été précédemment atteint plus au Nord. C'est sur ce nouvel apport de remblai que s'est établie la route médiévale, c'est dans cette couche profonde qu'a été creusée la citerne. Le gros mur n'avait donc assuré que pour un temps la sécurité des monuments qu'il devait protéger (PLANS XXX et XXXI).

Immédiatement au Sud du nymphée (Fig. 72), à 50 cm. des murs, se trouve le dallage d'une rue, orientée parallèlement. Elle est à 70 cm. au-dessous du niveau de la mosaïque du nymphée — à un niveau d'emploi qui peut correspondre à celui de n'importe lequel des sols relevés au-delà du mur. Ce mur n'est d'ailleurs percé d'aucune porte.

Cette rue est parallèle à la «rue médiévale». Elle en est à 9 m. de distance, d'axe en axe. Elle est à 4 m. plus bas. Elle a, bien entendu, été ensevelie en même temps que le nymphée.

Nous avons reconnu cette rue sur 22 m. de longueur, dans deux sondages successifs — le second à l'Ouest du premier. Elle était pavée avec beaucoup de soin, mais sans régularité absolue.[12] Les blocs sont d'un calcaire

dur jaunâtre, bien dressés. Ils ont de 12 à 15 cm. d'épaisseur seulement, et se présentent comme des dalles plutôt que comme des pavés. Ils sont posés par assises parallèles, bien alignées, mais de largeur variable. Ces assises sont définies à partir de blocs posés au bord du pavement, au Sud; on constate au Nord des remplissages. Les joints sont généralement alternés, pas toujours. Il y a ici ou là quelques bouchons rectangulaires; plutôt qu'à des réparations, ils correspondent à des économies, obtenues par l'emploi de blocs ébréchés, peut-être à la pose. Le pavement est plat — malgré l'existence d'un mur sur lequel il a été posé, et qui se trouve sous son axe. Les fondations étaient par ailleurs assez robustes pour que les côtés n'aient pas fléchi. Par contre la rue descend légèrement vers l'Ouest, de 90.92 à 90.74.

L'espace compris entre le mur du nymphée et le rebord du pavement était recouvert par un trottoir — une rangée de dalles, qui allaient du mur se poser sur la première ligne des pavés, formant une marche de 16 cm. (Fig. 73). Quelques-unes seulement de ces dalles ont été conservées. L'appartenance du nymphée et de la rue à une même période est donc assurée.

De l'autre côté de la rue, dans la limite de nos sondages, le plan montre un dispositif plus compliqué, et tout d'abord plus large. Mais il faut regarder la coupe: les tuyaux et les murs qui apparaissent sur le plan se trouvent entre 2 m. et 2 m. 50 au-dessous du niveau du dallage. Ils ont peu de chances d'appartenir au même système (Fig. 74).

Par contre, à ce niveau, on se trouve en relation avec les fondations du mur enseveli sous le pavement (Fig. 73). Nous sommes dans un autre temps et un autre schéma.

Ce nouveau mur est très analogue au mur Sud du nymphée. Il a à peu près la même épaisseur — 95 au lieu de 104. Mais ses fondations commencent plus bas — 89,10 au lieu de 89,50. Dans les deux cas, une brique en saillie recouvre le rebord du béton. A 2.40 du bord du mur on trouve d'abord les traces non douteuses d'un égout construit, puis quatre tuyaux de poterie, à deux niveaux différents. Ils sont faits des mêmes éléments, assez bien fabriqués et soigneusement soudés: longueur 34, plus l'embout; diamètre maximum 28, terre beige, parfois brique — profil ondulé, légèrement concave. Si les deux qui sont à la cote 89.20 peuvent à la rigueur

---

[12] Le contraste est total avec le dallage en basalte de Justinien, dans la Grand-rue, en 19—M. La ressemblance avec le dallage de

l'église médiévale qui sera décrite plus loin, p. 57, est limitée: les faces des dalles de l'église étaient taillées en biseau. On verra ci-dessous les preuves de l'appartenance de cette rue au VIe siècle.

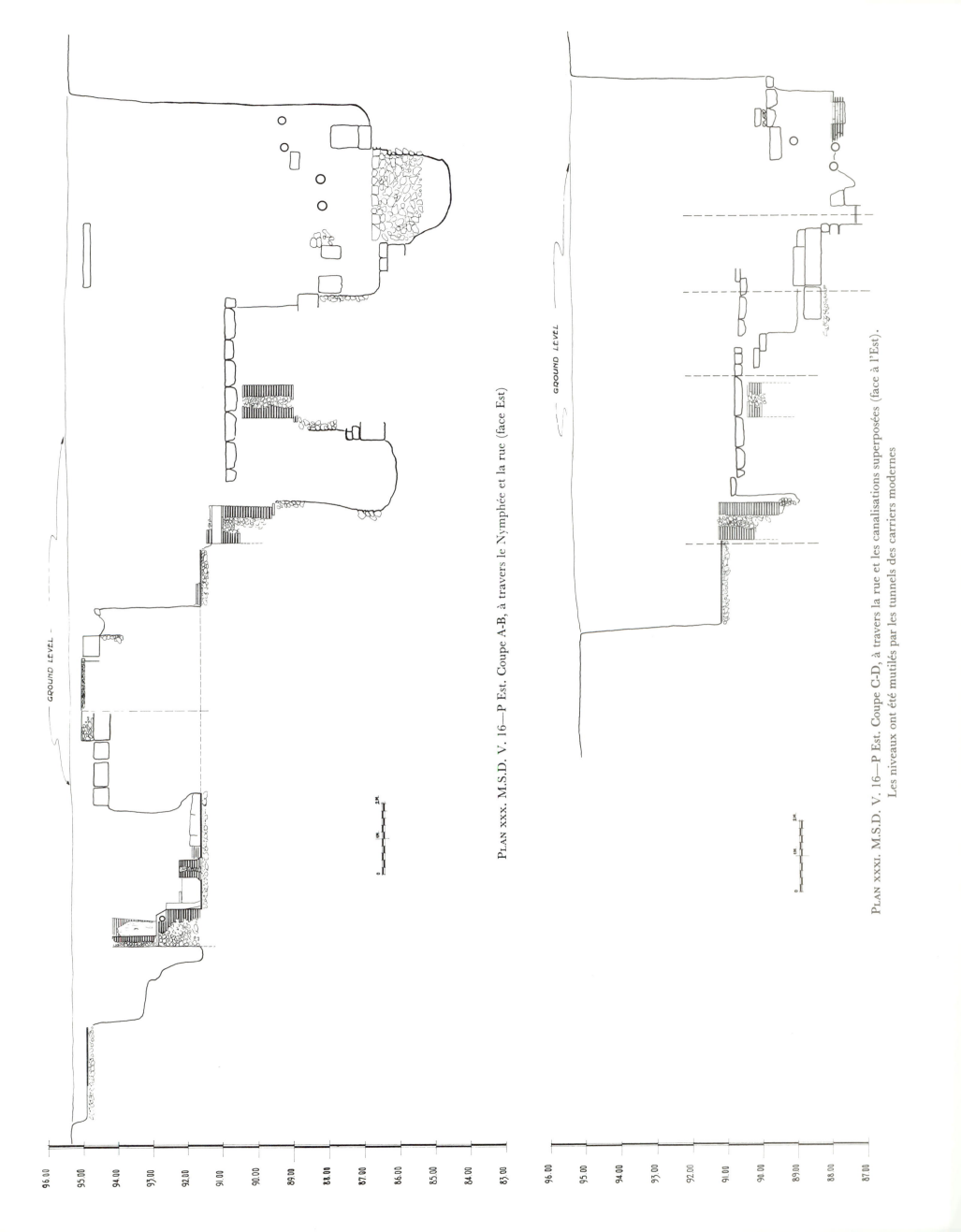

PLAN xxx. M.S.D. V. 16—P Est. Coupe A-B, à travers le Nymphée et la rue (face Est)

PLAN xxxi. M.S.D. V. 16—P Est. Coupe C-D, à travers la rue et les canalisations superposées (face à l'Est).
Les niveaux ont été mutilés par les tunnels des carriers modernes

s'être trouvés sous un large trottoir, correspondant à la rue du nymphée, les deux autres, comme l'égout, dépendent d'un autre sol. Il est difficile de se faire une idée de l'aspect des lieux à cette époque, d'après le premier sondage: la distance entre les deux murs est trop faible pour une rue — 2.50 m. Par contre, une piste disparue peut avoir existé au Sud, au-dessus des tuyaux.

Dans le deuxième sondage, nous avons retrouvé l'égout, mieux conservé, adossé à des éléments d'un mur d'appareil; au-delà des tuyaux et plus bas, on trouve des restes confus, murs, éléments de dallage, canalisations, citerne en ciment, qui ont été insuffisamment dégagés pour qu'on puisse restituer l'ensemble (Fig. 77).

Ajoutons que nous avons rencontré dans ce sondage le débouché d'une galerie ouverte par des carriers à une époque inconnue, pour récupérer des matériaux. Ils ont laissé derrière eux quelques beaux fragments de décor architectural en marbre blanc (Figs. 75 et 76), un élément de corniche, avec denticules et oves, des fragments de placage, dont l'un de 74 cm. de hauteur, des fragments d'encadrement de fenêtre, une demi-colonnette de 17,6 de diamètre moyen.[13] Ainsi se trouve attestée l'existence, dans les environs immédiats, d'un somptueux édifice, probablement du IIe ou du IIIe siècle de notre ère. C'est la date qu'on peut attribuer ici aux restes des constructions antérieures aux pavements byzantins.

Exceptionnellement, mon carnet de fouilles donne pour ces sondages quelques renseignements sur les tessons et les monnaies découverts:

1. Sous le trottoir de la rue byzantine, c'est-à-dire entre le mur du nymphée et celui qui recouvre la rue, les poteries les plus récentes appartiennent au IIIe siècle.

2. Sous la rue elle-même, un panier de tessons contenait plusieurs fragments de «Late C,» la poterie usuelle au VIe siècle. J'ai décollé moi-même un de ces tessons sous une des dalles de la rue.

3. Le même jour, 25 avril 1936, et au même endroit, ont été trouvés cinq petits bronzes semblables de Justinien I.

La date proposée pour le nymphée et la rue se trouve ainsi confirmée.

Sous les niveaux précédemment décrits, ou plutôt dans les parties laissées libres dans les sondages par les

murs et dallages byzantins ou romains, nous avons constaté partout l'existence d'un niveau hellénistique (PLAN XXXII). Les murs, comme en 19—M, sont faits d'éclats de pierres, joints avec peu de ciment, et caractérisés par l'introduction dans cet appareil de blocs calcaires taillés. Certains de ces blocs portaient des traces de bossages. Dans la région proche de la rue byzantine, les murs reposaient sur des fondations, sensiblement plus larges, de 75 de hauteur. Ces murs, dont la base se trouvait autour de la cote 85.50, avaient en général 1 m. de hauteur. L'un mesurait encore 2 m. 30. Leur épaisseur était de 60.

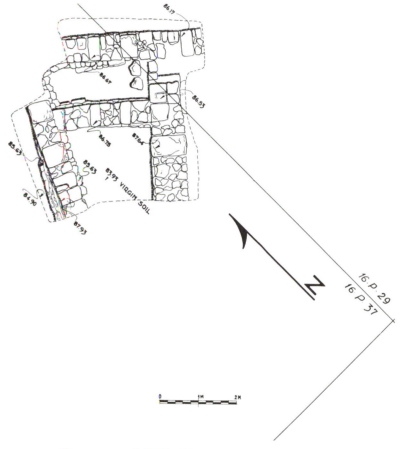

PLAN XXXII. M.S.D. V. 16—P Est. A l'Est de la rue dallée, niveaux hellénistiques. Traces d'occupation précoce, au Nord du Parmenios

Au milieu de murs analogues, en contre-bas du gros mur auquel était adossé le nymphée (Fig. 70), nous avons trouvé deux éléments de mosaïque, au niveau 86.17. Je recopie mon carnet de fouilles (p. 289):

«Aux alentours de ces fondations, nous trouvons les restes d'une mosaïque géométrique d'une très belle qualité, quoique d'une très grande simplicité.

«Elle est faite de larges cubes, de dimensions variables, les plus petits ayant plus de 1 cm², les plus grands atteignant 20 mm sur 15, et 19 sur 18.

«Par une insigne exception, ces cubes ne sont jamais en contact: ils sont insérés dans du ciment de couleur

[13] Certains de ces fragments ont été décrits par R. Stillwell, *Antioch* III, p. 165, fig. 100, pl. 41, n° 172 (corniche, datée du IIe siècle), 173, 174.

mastic, avec quelques points brique, qui apparaît toujours, au moins sur 0 mm 5 entre les cubes, en s'étalant
parfois sur 3 mm. Il fait ressortir, étant plus clair et
tigré, la teinte légèrement beige et d'ailleurs nuancée
des tessères. Des cubes d'un beige plus foncé, tirant vers
le noir, dessinaient un vaste quadrillage, dont je mesure
une fois la demi-diagonale: 30 cm. Le motif central
était un carré de 9 cm de côté, dessiné en cubes de biais
avec angles renforcés. Ciment de base robuste, blanc
avec béton bien attaché.»

Cette mosaïque se trouvait au-dessous des fondations
des murs de type hellénistique.

En un autre point du même sondage, on a retrouvé
au même niveau un fragment en place d'une autre
mosaïque, faite de petits éléments polygonaux joints
avec soin. Elle était analogue à celle que nous rencontrerons dans le sondage principal, au niveau 85.90 —
début du 1er siècle de notre ère — qui sera composée
toutefois d'éléments de plus forte dimension. Si modeste
qu'il soit, le premier de ces pavements apparaît comme
la plus ancienne mosaïque géométrique découverte à
Antioche. On ne pouvait malheureusement pas le pho-
tographier.

D'une façon plus générale, il est important de constater l'existence ici de plusieurs niveaux, contemporains
des débuts de notre ère ou antérieurs. Les niveaux les
plus anciens qui ont été atteints sont au-dessous de 86 m.
A cette époque par conséquent, la pente du terrain d'Est
en Ouest était très faible. Les différences considérables
que nous avons relevées sont donc dues à des catastrophes
postérieures, qui se sont succédées au cours du premier
millénaire de notre ère. La plus importante est liée aux
tremblements de terre du début du VIe siècle. Mais il
y en a sûrement eu d'autres, avant et après. La proximité
de la montagne, d'une part, du lit du Parmenios d'autre
part, expliquent l'ampleur plus grande des phénomènes
dans cette région. Ils ont curieusement cessé depuis le
XIe siècle — alors qu'au contraire la route, dans les
huit siècles qui ont suivi, connaissait un exhaussement de
quatre mètres.

TRANCHÉE AU-DESSUS DE LA GRAND – RUE

Si les circonstances m'avaient permis de présenter
cette fouille immédiatement après son achèvement, il
est vraisemblable que je me serais contenté, dans une

première partie, de résumer mon journal de fouilles,
quitte à essayer ensuite de faire la synthèse des remarques accumulées. Après trente ans, une telle méthode
me paraît présenter de graves inconvénients: elle exige
de l'auteur une constante acrobatie, pour mettre au
point un système de références qui, à travers plusieurs
analyses parallèles prépare néanmoins la synthèse; elle
exige du lecteur un effort de mémoire qu'on ne peut
guère lui demander. Cet énorme sondage, réparti sur
deux campagnes de fouilles, à un an d'intervalle, a exigé
du responsable l'essai d'hypothèses de travail successives,
qui n'ont plus guère d'intérêt: la plupart d'entre elles,
selon l'usage, n'ont pas résisté à l'élargissement de la
tranchée. D'autres fois, la reprise de la fouille n'a fait
que confirmer des constatations déjà bien établies: il n'y
a aucune utilité à reprendre trois ou quatre fois la description des tombes du cimetière du Xe siècle, parce
qu'il a été exploré, suivant les endroits, à des moments
différents. Dans un sondage de 30 m. sur 10, il n'est pas
possible de prétendre, sur toute sa longueur, descendre
à la même vitesse, et s'arrêter en cours de route à chaque
niveau historique. Le bouleversement des couches archéologiques, dans le sous-sol d'Antioche, est si complet
que c'est seulement après coup qu'on peut raccorder
telle constatation à telle autre — alors que la fouille
peut avoir avancé plus vite dans le secteur de la seconde
que dans celui de la première.

Il résulte de ces remarques que la description de la
fouille, telle qu'elle va être présentée, est déjà en quelque
mesure une interprétation — disons une relation élaborée
après coup entre des analyses qui n'ont pas été nécessairement simultanées. La rencontre de détails complexes
ralentit ici le chantier qui, ailleurs, descend sans obstacle. C'est souvent avec bien du retard que les éléments
d'un ensemble se regroupent et s'organisent, parfois
d'une façon aléatoire, mais parfois aussi avec évidence.
Je ne crois pas nécessaire d'essayer de retrouver, pour
les imposer au lecteur, nos approximations successives.

Une fouille comme celle-ci est un dialogue, à tout le
moins, entre l'archéologue et l'architecte. Apostolos
Athanassiou, le topographe de l'expédition, qui a travaillé avec moi presque quotidiennement, avait sa propre
formation, sa propre expérience, ses propres constatations, ses propres hypothèses. J'ai souvent noté dans mes
carnets ses interprétations. Pas toujours; certaines fois,
je m'y suis rallié; d'autres fois, je les ai écartées. Il m'ar-
rivera, sur des points importants, de constater notre

désaccord. Mon silence n'implique pas qu'il eût approuvé mes affirmations.

Le problème consiste à définir des niveaux, à établir entre eux une chronologie relative, puis, si possible, à passer à une chronologie absolue. Ici, le premier point lui-même n'est pas partout aisément réalisé. Dans l'enchevêtrement des murs que nous avons dégagés, à tous les niveaux anciens, construits selon toutes les techniques, il n'est pas aisé de décider de ce qui se raccorde. Le profil du terrain a sûrement été modifié lors des aménagements monumentaux de la rue. La fouille poursuivie en même temps, au-delà de la piste de Bab-el-Hadid, a révélé l'ampleur de ces décalages — mais l'existence même de la piste nous a empêché de savoir comment les urbanistes antiques les avaient résolus. Il y a donc, au départ, une inconnue, à l'Est de la fouille.

Il n'y a en fait que deux niveaux de clairs: celui des Xe–XIe siècles, où une basilique s'élevait au milieu d'un cimetière, dont on a trouvé les tombes tout au long de la tranchée — et un niveau monumental primitif que nous appellerons provisoirement «augustéen ou hellénistique,» inconnu en 19—M, qui se développe avec évidence cinq mètres plus bas. Dans l'intervalle, non seulement les niveaux médiévaux, mais le niveau de l'époque justinienne et le niveau romain monumental — sans parler des intermédiaires — n'auraient pas pu être reconnus sans les indications acquises précédemment dans la fouille de 19—M.[14] Par elle, nous connaissions en gros l'aménagement de la rue romaine à colonnades, celle qui a été célèbre à travers le monde antique, et nous avions une idée de ce qu'avaient pu être, après les catastrophes séismiques ou guerrières du début du VIe siècle, les méthodes de reconstruction des architectes de Justinien.

On le verra, je pense, l'unité de conception et même d'exécution de la rue et de ses abords par les urbanistes romains et les architectes byzantins a été telle, d'un point à un autre, ici à un kilomètre de distance, qu'il n'est nullement abusif, avec les précautions nécessaires, d'interpréter les résultats de la seconde fouille en se servant de ceux de la première. La ressemblance des photographies des boutiques qui formaient le fond du portique romain, prises sur les deux chantiers, suffit je crois à justifier mon affirmation (Figs. 51 et 96). Mais une telle méthode ne saurait être utilisée qu'avec prudence, et, chaque fois, en expliquant les raisons et les limites de son emploi.

Il restera, dans les conclusions que j'oserai présenter, une part d'hypothèse. Je m'efforcerai de la délimiter. Elle est évidemment accrue par le peu de références que je suis en mesure de fournir au matériel découvert dans les différentes couches. Ce chantier a fonctionné sous le régime de la division du travail. On le sait, j'avais la responsabilité de remettre chaque soir au service du catalogue des paniers de poterie et des enveloppes de monnaies aussi nombreux qu'il y avait dans le chantier de lieux différents définis, de niveaux caractérisés. Sauf dans un certain nombre de cas précis, Mr. Frédéric Waagé n'a pas pu tirer parti d'indications trop nombreuses et trop confuses.[15] J'ai dit ailleurs pourquoi. Et Mrs. Dorothy Waagé a publié les monnaies d'Antioche sans indiquer leur lieu de provenance.[16]

Faute de ces renseignements chronologiques, il me faut évidemment essayer chaque fois d'établir la succession et surtout la coordination des murs et des sols, dans la longueur de la tranchée, à partir des seules constatations faites sur le terrain. Elles sont souvent suffisamment claires, d'autres fois plus délicates. Parfois l'incertitude demeure. Il me sera permis de dire que nous avons travaillé avec une constante et minutieuse attention, et que les carnets de fouille comme les dessins donnent de l'histoire de la fouille une image vraiment précise. Enfin, au cours des années, pour les étudiants de mon séminaire, j'ai parfois choisi ce sondage, à Strasbourg puis à Paris, comme un exemple des difficultés que peut rencontrer le fouilleur, lorsque les conditions de travail lui sont défavorables. Ainsi ai-je entretenu ma mémoire; je suis resté familier avec le site. Je ne crois donc pas téméraire, après trente ans, de le présenter aux spécialistes.

Parmi les résultats des sondages entrepris d'abord à l'Est de la piste de Bab-el-Hadid, le nymphée, attribué à l'époque de Justinien, est certes le plus spectaculaire. Il a toutefois moins d'importance, sur le plan topographique que les deux éléments de rues qui ont été dégagés — deux rues Est-Ouest, parallèles, voisines, mais de niveaux différents.

La première, simplement empierrée, était, on l'a vu, très proche du niveau moderne. Son tracé n'avait toutefois aucune relation avec la piste actuelle de Bab-el-Hadid, qui décrit des courbes accessibles aux automobiles. Elle était par contre strictement perpendiculaire à l'axe de la route moderne, c'est-à-dire à l'axe de la grand-

[14] Ci-dessus, pp. 27–35.

[15] Voir son exposé, *Antioch* IV, p. 2.
[16] Antioch IV: 2.

rue antique: elle s'intégrait encore au système orthogonal primitif.

Elle se trouvait exactement au niveau de la mosaïque au quadrillage fleuri, qui recouvrait la terrasse à laquelle le nymphée était adossé (94.90). On peut à la rigueur discuter de la date d'origine de ce pavement, que je crois contemporain du nymphée; mais la route, elle, placée à trois mètres au-dessus du sol de la cour qu'ornait le nymphée, est à coup sûr médiévale.

L'autre rue, dallée, est au delà du mur qui marquait les limites de cette cour; son niveau est à peine inférieur: elle appartient au même système.[17]

Les niveaux élevés de ces deux rues, 94.90 pour la première, 91.40 pour la deuxième, bien plus proches de la surface que les niveaux correspondants du sondage de 19—M, permettaient d'espérer que les états successifs de la grand-rue seraient plus aisés à atteindre, et pourraient être dégagés à moindres frais.

Bien avant d'avoir touché le fond des sondages qui viennent d'être rapidement décrits, j'avais entrepris, au-delà de la piste, dans la direction de la route — c'est-à-dire vers l'Ouest — de reconnaître la liaison entre ces rues perpendiculaires et l'axe principal.

Dès la première tentative, de dimensions très limitées, un sondage creusé immédiatement à l'Ouest de la piste, il apparut que ces rues ne se poursuivaient pas, et que les niveaux anciens seraient ici beaucoup plus profonds (Fig. 78). J'ai été obligé de conclure que, sous la piste même — qu'il m'était interdit de couper — avaient dû se trouver, au cours des temps, des dispositifs successifs destinés à amortir chaque fois une différence de niveau considérable. Je pense à une rue parallèle à l'axe de la grand-rue, mais située chaque fois au niveau de ces deux voies perpendiculaires; cette rue secondaire devait quelque part au Sud rejoindre le niveau normal contemporain.

A vrai dire, la raison de ce décalage est évidente. La montagne est ici toute proche; et ses terres éboulées devaient tendre à s'amonceler jusqu'à l'emplacement de la route. L'aménagement de la grand-rue et de ses abords a nécessité à toutes les époques des déblais et des soutènements. Le mur puissant qui formait le fond des boutiques romaines a d'ailleurs pu jouer ce rôle. Mais, dès l'époque de leur construction, la plate-forme horizontale établie pour l'implantation du schéma monumental s'arrêtait là et, en arrière, le niveau correspondant était

plus élevé de deux mètres au moins.[18] Les apports successifs de remblais, à la suite par exemple des tremblements de terre de 526 et 528, ont créé des conditions telles qu'on a renoncé chaque fois à rejoindre à l'Est le niveau primitif, qui, à l'Ouest, s'est maintenu plus longtemps. Il est regrettable que nous n'ayons pu trouver de traces assurées des procédés employés, aux diverses époques, pour pallier cette situation.

Cette rupture dans l'étude du site m'oblige en quelque sorte à traiter le sondage de l'Ouest d'une façon indépendante, à renoncer à l'intégrer aux restes précédemment dégagés: nous nous contenterons de décrire les quelques indices révélés dans les derniers mètres de la tranchée, vers l'Est, et dans la face même de la fouille.

A peu près à l'aplomb de la limite Est de la tranchée, à 4 m. 05 de profondeur, nous trouvons d'abord un mur très robuste, quoique fait de matériaux de remploi (Fig. 79). Il repose à ce niveau sur des fondations de 60 à 80 cm. de hauteur, formant saillie, faites simplement semble-t-il en vidant des pierres dans une tranchée. Ces fondations portent, dans toute leur longueur, une rangée de blocs de largeur inégale, qui constitue une sorte d'assise de régulation sur laquelle s'élève le mur.

Il est fait de matériaux variés: on y trouve deux pavés de basalte, comparables à ceux de la rue justinienne, des blocs calcaires provenant les uns de dallages, d'autres de murs. Certains sont de facture très soignée. Leurs dimensions sont très variées. On remarque aussi des pierres cassées avant leur remploi, des fragments de marbre ou de briques. L'ensemble, si disparate, laisse pourtant une impression de robustesse.

A l'Ouest, au pied de ce mur, on trouve, près de l'angle Nord-Est de la fouille, quelques éléments d'un dallage grossier, fait de briques, de fragments remployés de mosaïques, pris dans un ciment rose. Il n'est pas impossible qu'il y ait eu, immédiatement au Nord de la tranchée, une porte s'ouvrant dans ce mur: un sol de briques, un peu au-dessus du grossier dallage, s'enfonce dans une lacune du mur et peut avoir servi de seuil. Le mur peut au contraire représenter la base d'un de ces dispositifs de soutènement que nous attendons. La base en est à 90.50, contre 94.90 pour le niveau de la rue médiévale, dégagée 25 m. plus à l'Est, et s'avançant alors horizontalement.

---

[17] Ci-dessus, p. 49.

[18] Voici les niveaux: rebord du caniveau de la rue monumentale: 86.62. Seuil des boutiques: 87.11. Passage derrière le mur Est des boutiques: 87.39. Base du mur romain sous la rue byzantine secondaire: 88.80.

Par contre le mur se trouve placé immédiatement au-dessus du niveau où nous allons, à son pied même, dégager les premières tombes d'un cimetière médiéval (PLAN XXXIII). C'est en liaison avec ce cimetière, et non pas avec les dispositifs repérés plus à l'Est, que nous pouvons l'étudier.

La nécropole s'étend dans toute la longueur de la tranchée (Fig. 80). Elle commence à la cote 90.16, par une dalle horizontale qui, nous le verrons, placée à 0 m. 25 au-dessus d'une tombe, marque sans doute le niveau même du sol. Au dessus, quatre mètres de terre ont été déblayés, sans livrer aucun reste constitué. Après l'abandon de ce cimetière et de l'église autour de laquelle les tombes étaient groupées — au-delà du XIIIe siècle dans doute — le site avait été définitivement abandonné.

Une cinquantaine de tombes ont été mises au jour, et soigneusement explorées. Toutes sont à peu près semblables. Le corps était déposé à même la terre, au fond d'une fosse, entouré d'un parement de pierres qui suit plus ou moins sa forme. Ces pierres verticales étaient recouvertes d'une série de dalles plates, de cinq à huit, soigneusement juxtaposées. La longueur intérieure des tombes varie en général entre 1 m. 80 et 1 m. 60: certaines sont plus courtes — jusqu'à 1 m. 30. Dans la partie Ouest de la fouille, elles sont toutes orientées Sud-Nord; au contraire dans la partie Est, il en est quelques-unes qui sont orientées Est-Ouest. L'une d'entre elles s'enfonce sous le mur qui, nous l'avons vu, limite à ce niveau notre fouille vers l'Est. D'autres ont été retrouvées sous le dallage de l'église que nous décrirons plus loin. Elles sont parfois disposées sur deux et trois couches. Le fond des plus profondes descend presque vers 88 m. (Fig. 81).

La cote des dalles qui les recouvrent varie entre 89.86 et 88.66. Une tombe, située vers 89.57 (no. 7) repose en partie sur une autre, qui est au niveau 89.16 (no. 9). Deux seulement, les nos. 1 (90.15) et 2 (90.16) restent marquées par des dalles horizontales monolithes — 147 × 48 × 18; 140 × 62 × 16 — posées à 25 cm. au-dessus des pierres recouvrant les corps. Les dalles paraissent avoir été laissées apparentes, et le niveau du sol dans la nécropole se trouve de ce fait fixé aux environs de 90.10. Le dallage du monument central s'établit à une cote à peine inférieure — 89.90. C'est dire que monument et nécropole sont contemporains. Parmi les tombes découvertes sous le dallage du monument, certaines paraissent antérieures, d'autres au contraire ont

été introduites après coup, ce qu'atteste une réfection maladroite du pavement.

Les squelettes ont été généralement trouvés en bon état (Fig. 82). Les tombes n'avaient pas été dérangées. Les corps étaient le plus souvent couchés sur le dos, les jambes allongées parallèlement, les mains croisées sur le ventre: les phalanges étaient tombées dans le bassin. Dans un seul cas (no. 16) le corps était placé en biais, avec pourtant les épaules et le bassin à plat, les jambes repliées vers la droite, avec les talons sous les cuisses (Fig. 83).

Certaines tombes contiennent des squelettes d'enfant, soit (no. 8) que la fosse ait été aménagée à leurs mesures (longueur: 1 m. 32) soit qu'ils aient été déposés dans des tombes trop vastes (tombe 10: longueur 2 m. 05, hauteur du squelette: 1 m. 55).

Plusieurs fosses renferment des ossements en désordre: le crâne, en particulier, s'est trouvé souvent déplacé. J'ai cru que certaines tombes, bien closes, avaient pu rester un temps vides de terre, et qu'un tremblement de terre pouvait avoir fait rouler les crânes. Mais, dans une dizaine de cas, plusieurs corps, deux, parfois trois, ont été enterrés ensemble. Une fois, on peut croire qu'il s'agit de deux inhumations proches dans le temps: dans la tombe la mieux conservée de toutes et la mieux construite (no. 9) on a trouvé deux squelettes, tête au Nord, soigneusement superposés. Dans la tombe 46, un petit enfant a été déposé avec soin sur le corps d'un adulte. Le plus souvent pourtant, il semble qu'on ait recueilli les ossements dans une tombe qu'on désirait remployer, pour les déposer en tas dans une autre, par exemple sur les jambes du premier occupant. Le cas est particulièrement clair pour la tombe 8, où le squelette regroupé d'un enfant est enterré aux pieds d'un autre; pour la tombe 45 où trois corps entourent un premier squelette. Ailleurs, on trouve deux squelettes regroupés aux extrémités de la fosse (tombe 23) ou même trois squelettes tassés vers le Sud (tombe 47). Toutes ces modifications impliquent que les tombes, enfoncées peu profondément, restaient identifiables et accessibles. On peut supposer que beaucoup d'entre elles étaient comme les tombes 1 et 2, signalées par des dalles monolithes horizontales, ou encore par des stèles aujourd'hui disparues — et sans doute pourvues d'inscriptions.

Dans plusieurs de ces tombes, nous avons trouvé une petite bouteille de verre, placée près des genoux ou des pieds du mort. Il s'agit de petits vases de verre, au corps rond, avec un long col. La panse a 5,2 de diamètre à la

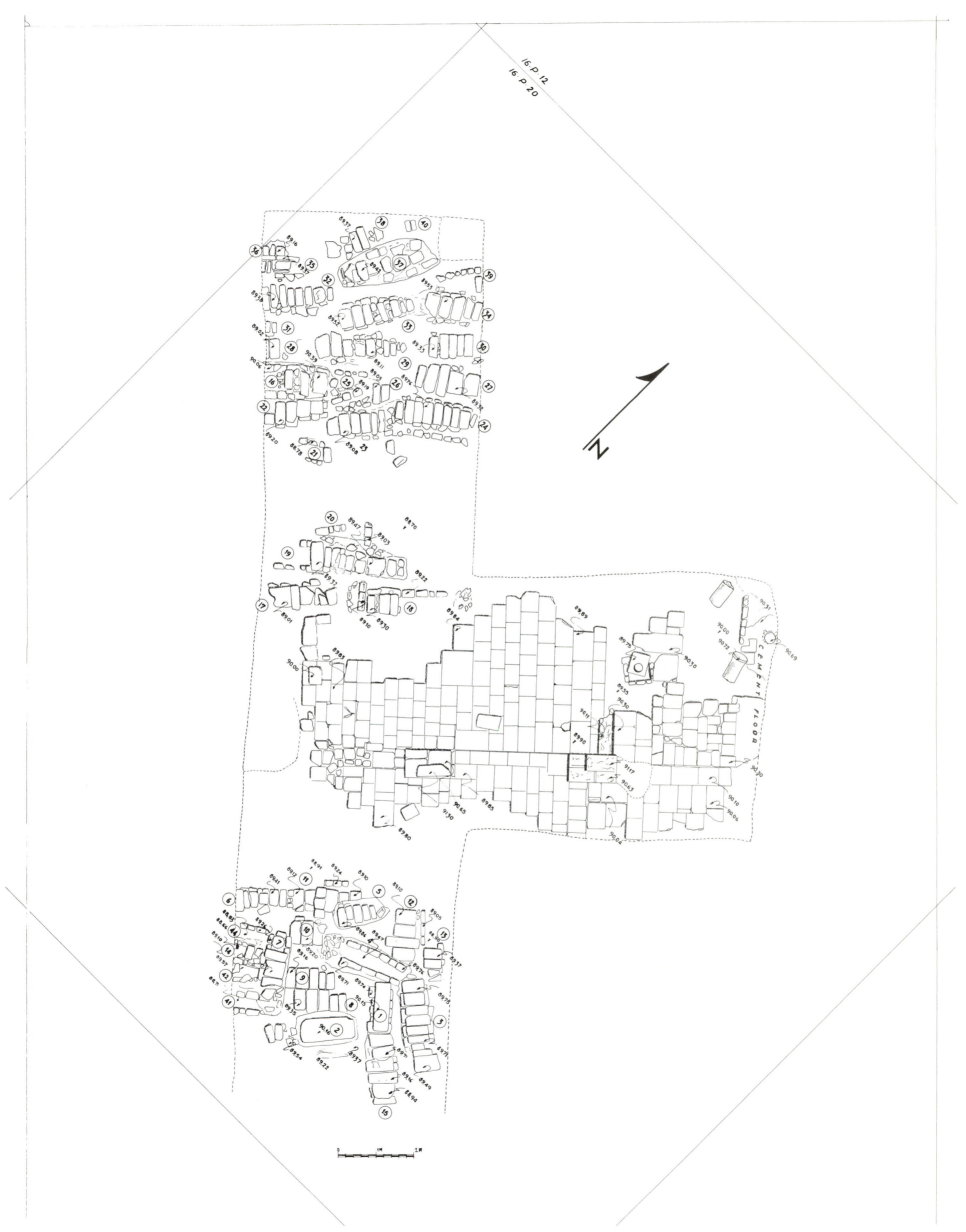

PLAN XXXIII. M.S.D. V. 16—P Rue. Vue d'ensemble du niveau médiéval: église et nécropole (XIᵉ siècle)

base, pour 5,5 de hauteur. Elle comportait un cul très accusé; une autre (tombe 2) a un fond plat, et un col qui s'évase pour se terminer par un rebord, une autre avait un fond pointu et un profil en forme de coeur; le col manquait. Mes notes signalent quatre autres cas.

On a trouvé également dans ces tombes:

– quatre monnaies, dont je n'ai pas la description (tombes 2, 3, 9, 16)

  – des lampes de type médiéval (tombes 23 et 34)

  – un bracelet de bronze (tombe 15)

  – une perle de verre (tombe d'enfant 8)

Le squelette de la tombe 2 portait des bagues: une était encore à l'annulaire gauche, l'autre a été retrouvée dans les déblais. C'étaient de simples anneaux d'argent.

Les deux seules inscriptions qui ont été retrouvées n'étaient pas en place. La première, disent mes notes, était remployée dans la paroi de la tombe 47, sous le dallage du bâtiment central (Fig. 84). Elle a été publiée par Glanville Downey (*Antioch* II, no. 86, p. 160). Je reproduis sa copie, qui est semblable à la mienne:

Ἐκοιμή/θει ὁ δοῦ/λος τοῦ Θ(εο)ῦ/ Εὐστράτι/ος μοναχός /μηνὶ Ἰ/ουλίῳ β΄ἰνδ(ικτίωνος)ε΄

Hauteur: 38; Largeur: 16,5; Epaisseur: 13; H.L.: 1,2 à 2,5.

«A été enseveli le serviteur de Dieu Eustratios, moine, le 2 du mois de juillet, 5ème indiction.»

La stèle, remployée, était de marbre blanc, arrondie par en haut, et comportait une moulure sur chacune de ses faces latérales; elle était cassée en arrière. La pierre avait pu appartenir primitivement au rebord d'une dalle de chancel.

La seconde a été trouvée également remployée: elle était posée sur l'orifice d'un puits qui s'ouvrait dans le dallage du monument. Elle est gravée au dos d'un fragment remployé d'inscription coufique (Fig. 85.)

texte arabe: Nabib A. Faris, *Antioch* II, «Kufic Inscriptions,» no. 9, p. 166.

texte grec: G. Downey, *ibidem*, «Greek and Latin Inscriptions,» no. 85, p. 158.

Mr. N. A. Faris propose pour le texte coufique une date dans la première moitié du IVe siècle de l'hégire — donc postérieure à l'an 1.000 — et non pas antérieure à 969, date de l'occupation d'Antioche par les byzantins de Michael Bourtzès, comme le propose G. Downey.

L'inscription grecque, de toutes façons, est datée de 1041–42. (Fig. 86).

Voici la lecture de G. Downey:

Ἐκοιμήθει ὁ δοῦλος τοῦ Θ(εο)ῦ Ἰάκωβο(ς) μοναχός, ὅπου κε ἀν(α)πηδύσει με- τὰ ἀγίων. Μηνὶ Ἀπριλλίῳ κγ΄, ἰνδ (ικτίωνος) ι΄ ἔτους ϛφν΄.

«A été enseveli le serviteur de Dieu, Jacob, moine; et c'est de là qu'il se relèvera avec les saints. Le 23 du mois d'Avril, 10ème indiction, l'an 6.550 (1042).»

Ces deux inscriptions fournissent la date du cimetière, et lui confèrent, au moins pour une partie, un caractère monastique. Elles nous invitent par ailleurs à reconnaître une église dans le monument basilical, partiellement fouillé seulement, qui recouvre dans la tranchée une partie de la nécropole.

En effet, dans la partie centrale de la tranchée, au même niveau que le cimetière (autour de la cote 90) la fouille a mis au jour des éléments importants d'un dallage très soigné, et les restes d'un pilier. Afin d'essayer de connaître le caractère de ce monument, nous avons ouvert une courte tranchée perpendiculaire à la première, en direction du Nord. Le dallage s'étendant sur une plus grande surface que je ne l'avais supposé, la profondeur de la fouille — 4 mètres — ne m'a pas permis de poursuivre jusqu'au bout une recherche qui m'écartait du programme défini. Il est néanmoins assuré que les restes découverts appartiennent à un édifice basilical, une église, peut-être la chapelle du couvent dont le cimetière paraissait nous indiquer la présence (Fig. 87).

Je décris l'ensemble des restes que nous avons dégagés.

La pavement est fait de dalles minces — 16 à 20 cm. d'épaisseur — d'un calcaire de bonne qualité, soigneusement dressé. Leur arrangement, primitivement très régulier, a subi en cours d'utilisation des remaniements plus grossiers, dus pour la plupart à l'introduction après coup d'un certain nombre de tombes. Nous avons dégagé environ 60 mètres carrés de dallage, sur une longueur maximum de 12 mètres, du Nord au Sud, pour une largeur maximum de 6 m. 50. Il est possible que d'autres dalles auraient pu être découvertes au Nord et à l'Est. De toutes façons, le monument était beaucoup plus vaste (Fig. 88).

La partie conservée du pavement comporte les restes de deux robustes piliers, construits en pierre de taille, qui mesurent, en plan, celui du Sud 114 × 74, celui du Nord 113 × 74. Ils sont donc égaux, constitués pour l'assise inférieure par trois blocs seulement. Cette assise mesure dans un cas 77 cm. de hauteur, dans l'autre 57, au-dessus d'une base de 10 cm. Nous verrons que ces piliers, antérieurs au dallage, ont été établis en relation avec un sol plus profond — un niveau primitif du même édifice. Conservés au-dessus du dallage pour deux assises seulement, ils gardent, à cause de la qualité de leur construction, un caractère monumental.

Le dallage a été posé à partir d'une bande longitudinale qui joint les deux piliers, et à laquelle s'appuient de part et d'autre des bandes transversales, de largeur inégale, mais régulièrement maintenue. La plus large mesure 45 cm., la plus étroite moins de 30. Deux dalles occupent la largeur de deux bandes. Les joints sont minces, sans ciment apparent, et assez soigneusement alternés. Le niveau du dallage est bien assuré: on ne relève pas un écart de 6 cm., du Nord au Sud.

Au niveau du pilier Nord, au-delà d'une bande étroite, on constate une différence de niveau de 38 cm., compensée par deux marches, ou plus exactement, au moment de la découverte, marquée par deux élévations successives du pavement, la première de 11 cm., la seconde de 19. A l'Est du pilier, dans ce que nous pouvons appeler la nef latérale Est, le décalage n'est que de 10 cm.

Au Nord de ces marches — dont l'aspect primitif reste mal assuré — le pavement a été refait en dalles irrégulières, parmi lesquelles figurent quelques blocs de basalte retaillés. Il y a aussi quelques blocs de marbre, au niveau de la marche et au-dessus. Ce changement de niveau permet de supposer que le sanctuaire de l'église, quelle qu'en ait été la forme, se trouvait au Nord; la distinction entre nef centrale et nef latérale, soulignée cette fois encore par l'existence d'une bande continue dans l'axe des piliers, est accentuée par une différence de niveau de 24 cm.

A moins d'un mètre au Nord de la marche s'ouvre un puits (Fig. 89) — un orifice rond, légèrement ovalisé, de 25 cm. de diamètre maximum. C'est cette ouverture qui était fermée par le bloc, précédemment décrit, qui portait deux inscriptions, l'une coranique, l'autre chrétienne (Fig. 90). L'ouverture s'évasait rapidement en descendant, jusqu'à un cylindre soigneusement construit en blocs non équarris. Nous avons trouvé l'eau à 6 m. 70 au-dessous du pavement, soit à 10 m. 40 du sol moderne. Parmi les tessons extraits du puits figurent quelques fragments de céramique arabe glacée, parmi une quantité de poterie commune.

La dalle qui recouvrait le puits est à la cote 89.75,

contre 90.30, niveau du sol après la marche. Il y a donc eu des remaniements. Je ne puis décider si le puits était resté utilisable dans la dernière période; c'est peu vraisemblable. La dalle qui le fermait devait être recouverte par le dernier pavement.

Tout à fait au Nord de la tranchée, deux fragments de colonnes ont été retrouvés. Ils peuvent avoir fait partie du décor ou du mobilier de l'abside: on peut penser à un ciborium.

Au Sud du pilier Sud, le pavement a subi d'autres réfections sommaires, qui m'ont paru correspondre à l'aménagement, sous le dallage, des tombes 45, 46 et 47, qui seraient dès lors postérieures au monument.

La suite de la fouille a permis, au Sud du dallage, dans la partie centrale de la tranchée principale, le dégagement de fondations d'un troisième pilier, situé dans l'alignement E—O. du pilier Sud (Fig. 91). Nous l'appellerons le pilier Sud-Ouest. Il s'agit de blocs simplement dégrossis, reliés avec un ciment robuste, à forte proportion de cendres. La longueur du massif est de 1.81, la largeur de 1.24. Ces fondations comportaient trois assises, pour 1 m. de hauteur environ. La distance de l'axe de ces fondations à l'axe du pilier Sud-Est est de 5 m. 60. La nef centrale aurait donc eu une largeur intérieure de 4 m. 85.

A 2 m. 75 au Sud de ce massif, nous en avons dégagé un autre, plus abîmé encore, mais de même caractère: il peut représenter la base d'un autre pilier. Il y a cette fois quatre blocs superposés, pour une hauteur totale de 1 m. 85. Les fondations descendent jusqu'au niveau approximatif du portique de la rue romaine monumentale (Fig. 92).

La distance entre les deux piliers Est est de 3 m. 11. Les piliers étant moins larges que leurs fondations, nous pouvons considérer que cette cote se retrouve ici. Nous sommes donc en mesure de restituer trois piles de chaque côté — soit au moins cinq travées de 3 m. 11 de portée. La longueur minimum de l'édifice est donc: 3 m. 11 × 5 plus la largeur des piliers, 1 m. 14 × 3, soit en tout 18 m. 97. Nous ignorons et la profondeur possible du sanctuaire, et le nombre total des piliers vers le Sud.

Pour la largeur, nous connaissons l'ouverture de la nef centrale — 4 m. 85 — et l'épaisseur des piliers 74 × 2. Le dallage du bas-côté Est n'est conservé que sur 1 m. 50; si on donne la même largeur au bas-côté Ouest, on aboutit pour la largeur d'ensemble de l'édifice à 9 m. 33. En fait, on peut croire qu'elle atteignait 11 m.

Nous sommes donc en présence d'une basilique médiévale, à trois nefs, avec arcades longitudinales portées par des piliers. Cette basilique était sans doute couverte d'une toiture, et non pas voûtée. Les piliers, malgré leur robustesse et la profondeur de leurs fondations n'auraient pas eu la force de porter des voûtes, qui d'ailleurs n'auraient pas disparu sans laisser de traces. Nous n'avons pas non plus, à vrai dire, retrouvé de tuiles, mais elles ont pu être récupérées dès l'abandon de l'édifice. On pourrait comparer le monument à certaines églises de l'arrière-pays, du Ve et du VIe siècle, où les piliers sont substitués aux colonnes. Mais à Qalb-Lozeh, à Roueiha, à Brâd, les architectes avaient profité de la robustesse de leurs piliers pour lancer de larges arcades — 9 m. à Qalb-Lozeh. L'architecte médiéval n'a pas eu cette audace.[19]

Ajoutons que l'église est orientée du Nord au Sud — ce qui eût été aberrant au VIe siècle. Son axe est parallèle à l'axe traditionnel de la route — et donc intégré encore au système orthogonal hellénistique.

La suite de la fouille nous a permis d'en préciser l'histoire, en nous apportant les moyens d'en étudier la coupe.

Les dalles de pavement sont, à leur partie inférieure, biseautées sur les quatre côtés, et fixées par une couche de mortier gris foncé, qui pénètre ainsi sous les joints sans apparaître en surface. Ce mortier repose sur une couche régulière de petites pierres liées avec un ciment blanc. On trouve ensuite une couche de terre, puis un sol de ciment très dur, gris clair, avec des taches de cendres. Ce sol est situé à 41 cm. sous le dallage. A cette profondeur, le pilier Sud-Est avait déjà la même structure qu'au-dessus du pavement. On peut donc supposer que le sol de ciment correspond à un état primitif de l'édifice. Les tombes sont situées au-dessous du niveau de ce sol, qui avait disparu à l'endroit où elles ont été introduites.

Immédiatement à l'Est de l'Eglise, à 1 m. 50 des dernières dalles conservées du pavement et à peu près au même niveau, apparaissent en coupe dans la tranchée deux éléments d'un autre dallage de caractère différent (Fig. 93) : l'un qui semble en place, mesure 1 m. 30 de longueur, l'autre, renversé, 1 m. 25. Au lieu d'avoir

comme dans l'église, de 15 à 20 cm. d'épaisseur, les dalles sont cette fois réduites à des plaques très minces, de 3 cm. d'épaisseur, pour une longueur de 35 cm. Comme celles de l'église, elles ont leurs côtés taillés en biseau ; le ciment de pose les relie à une couche de ciment plus dur, elle-même liée à un lit de cailloux. Ce sol soigné a appartenu à une dépendance de l'église, sans doute immédiatement reliée au mur Est arraché — un portique ou peut-être simplement un porche.

Entre le dallage de pierre et le sol de ciment, on a trouvé une monnaie de Michel IV (1034–1041) ce qui rejoint la date fournie par l'épitaphe du moine Jacobos (1042) et confirme la simultanéité, d'ailleurs bien établie archéologiquement, entre l'église et la nécropole.[20]

Dans la fouille ont été retrouvés de nombreux fragments de décor architectural, le plus souvent en marbre blanc. Ils paraissent pour la plupart provenir de monuments antérieurs, et avoir été remployés, peut-être déjà brisés et comme simples matériaux de construction. Nous en avions rencontré quelques-uns dans la réfection du dallage, au-dessus des tombes.

D'autres fragments au contraire peuvent avoir appartenu au décor — original ou non — de l'église. Ainsi des éléments de piliers ou de dalles de chancel, des morceaux de balustrades, des moulures de portes et de fenêtres. Signalons un élément de chapiteau de pilier, qui mesure à la base 71 × 71 et s'élargit par une jolie courbe jusqu'à l'abaque — 79,5 × 79,5. Le fragment a un côté droit : il a sans doute appartenu à un de nos piliers, qui mesurent 74 d'épaisseur. On peut aussi noter un bloc dans lequel est entaillé un arc : il ne s'agit pas d'un voussoir, mais plutôt d'un couronnement de fenêtre — ou encore du ciborium auquel deux fragments de colonne nous avaient déjà fait penser.

Deux fragments de dalles de chancel, sculptés en relief plats, mais avec des feuillages simples, très symétriquement composés, font plutôt penser à l'art omayade qu'à l'art byzantin.

Enfin, sous le mince pavement reconnu à l'Est de l'église nous avons retrouvé un fragment de colonne en granit rouge, de 57 cm. de diamètre, qui provient sans doute de la colonnade romaine monumentale (Fig. 93).

[19] Pour ces églises à piliers, voir H. C. Butler and E. Baldwin Smith, *Early Churches in Syria*, Princeton 1929, p. 195 ; J. Lassus, *Sanctuaires chrétiens de Syrie*, Paris 1947, p. 75 ; G. Tchalenko, *Villages antiques de la Syrie du Nord*, I, Paris 1953, p. 297 et n. 1.

[20] Michel IV ne figure pas dans le catalogue des monnaies byzantines publié par D. A. Waagé ; l'indication de mon carnet de fouilles est formelle, et provient sans doute d'une de ses fiches. Elle connaît par contre quatre monnaies de Michel VII, 1071–1078, *Antioch* IV : 2, p. 167, n° 2275 et 2276.

D'autres fragments analogues ont été retrouvés dans d'autres sondages.

PLAN XXXIV. Nous avons enlevé la partie du dallage de l'église qui se trouvait comprise dans les limites de la tranchée Est-Ouest, telle que nous l'avions d'abord définie (Fig. 92). Nous avons rencontré là des fondations confuses, qui ont dû porter des murs disparus, et qui sont restées difficiles à interpréter. Elles sont faites de moellons disparates noyés dans du ciment, et placées immédiatement au-dessous du sol de ciment primitif de la basilique: c'est sans doute pour l'établissement de ce sol que les murs ont été détruits.

On reconnaît le tracé d'un mur, de 88 cm. d'épaisseur, conservé sur 83 cm. de hauteur, parallèle à l'axe de

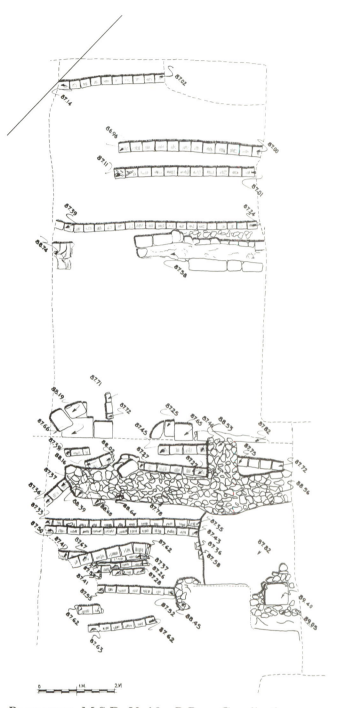

PLAN XXXV. M.S.D. V. 16—P Rue. Canalisations sous les tombes de l'église, et plus à l'Ouest (88.56–87). Sous l'église, les témoignages des plans XXIV et XXXV se combinent

l'église. Il s'en détache un autre mur perpendiculaire, qui se dirige vers les fondations du pilier Ouest. Entre ce mur et le pilier Sud-Est se trouvait intercalée une cuve cimentée, de 1.97 sur 1.20, dont la profondeur maximum conservée était de 48 cm. (Fig. 94).

Sous ces fondations courent des tuyaux de terre cuite (PLAN XXXV): la plupart vont du Sud au Nord mais l'un d'entre eux traverse les constructions, puis descend rapidement d'Est en Ouest. Il doit donc appartenir à ce même édifice intermédiaire dont ces pauvres restes attestent l'existence. De ce fait, on peut être tenté d'attribuer à la même époque une partie des tuyaux, nombreux, qui se

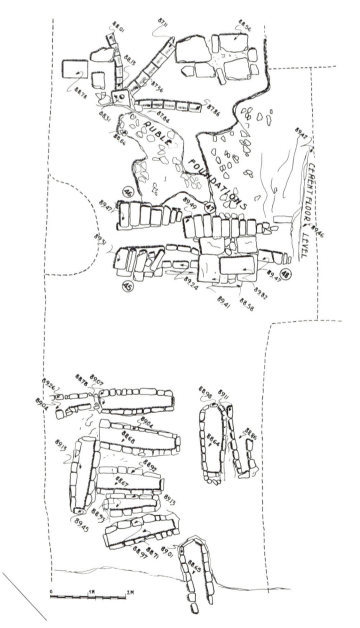

PLAN XXXIV M.S.D. V. 16—P Rue. Nécropole, partie Est, couche inférieure. Tombes et tuyaux sous le niveau primitif de l'église (89.30–87.30)

rencontrent plus bas. Comme en 19—M, il apparaît en effet que, même après la destruction de l'Antioche justinienne, on a continué de poser à l'emplacement des portiques romains et byzantins des canalisations analogues à celles des époques antérieures (Fig. 95). Le système d'approvisionnement en eau, à partir des aqueducs venus de Daphné, n'était donc pas complètement détruit.[21] Nous trouverons au-dessus du pavement byzantin de la rue principale une série de tuyaux analogues, dont plusieurs étaient commandés par un distributeur de pierre.

Néanmoins, au moment où nous rencontrons ces si nombreux tuyaux, nous entrons dans une couche de la fouille qui va nous mener sans coupure totale assurée jusqu'à l'origine même de la ville (PLAN XXXVI). La coupe ne donne qu'une image simplifiée de la complexité des éléments que nous avons dû chercher à interpréter et à regrouper. Des plans qui auraient été établis en plus grand nombre, par exemple mètre par mètre, auraient figuré nécessairement des éléments appartenant à des périodes très différentes. Un plan comme celui qu'a dressé A. Athanassiou, où l'on voit simultanément les restes apparus aux différentes profondeurs est difficile à lire. Il existe heureusement des plans partiels pour les niveaux plus profonds. Il faut se reporter d'un document à l'autre pour suivre notre exposé: j'essaie en outre de

[21] Sur ces aqueducs, voir D. N. Wilber, dans *Antioch* II, p. 49.

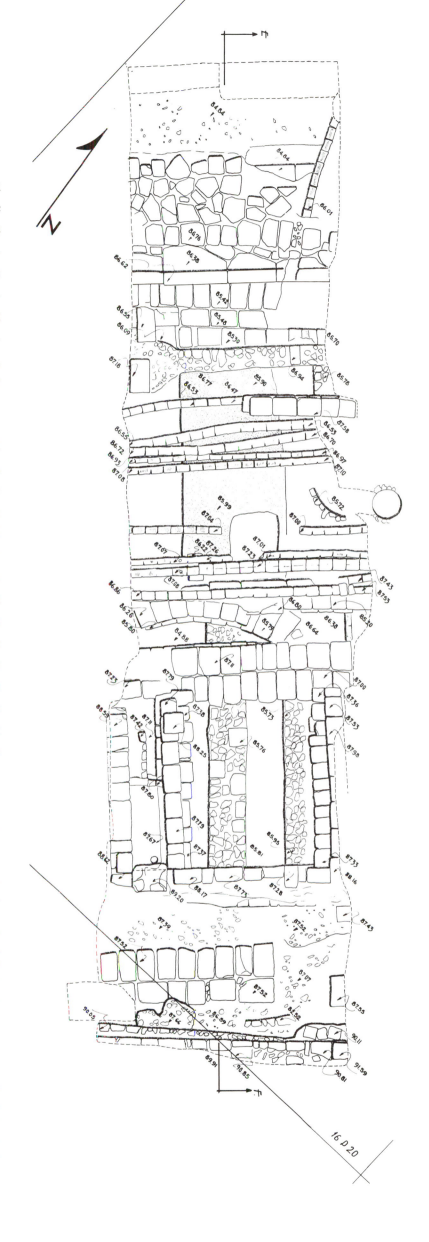

PLAN XXXVI. M.S.D. V. 16—P Rue. La tranchée, au-dessous de l'église, des tombes, et des canalisations tardives. Vue synthétique.
– En bas, mur limitant la nécropole vers l'Est, avec sol à 90.11. Puis, ruelle derrière les boutiques; niveau justinien: 87.52. Niveau romain: 87.11
– Au-dessus, boutiques romaines, avec à gauche les réemplois justiniens, 87.67, et le mur médiéval introduit dans la mosaïque, 88.59
– Sous la boutique romaine (seuil à 87.11), murs antérieurs, Ier siècle B.C.–Ier siècle A.D., 85.76
– Mur courbe hellénistique; sommet conservé à 86.26, rectifié au Ier siècle A.D., 86.86
– Tuyaux de l'époque justinienne, 86.50–87.25
– Au-dessous, mosaïque du Ier siècle A.D. 85.99; à droite, puits du XIe siècle
– Plus haut, à gauche, fondations d'une colonne et stylobate romain, 87.18–86.94
– Façades des boutiques Ier siècle B.C.–Ier siècle A.D. 85.30 et rebord du dallage romain primitif, 85.48
– Caniveau de la rue romaine monumentale, 86.62–86.38
– Dallage de Justinien, 86.76
– Empierrement de la rue hellénistique, 84.84

présenter quelques schémas, pour fixer mon interprétation.

Il est d'autre part difficile de prétendre présenter d'emblée l'ensemble de la fouille. J'ai cru plus simple de diviser la tranchée en quatre parties, qui seront étudiées séparément, les constatations faites au cours de chaque analyse étant ensuite regroupées. Le procédé présente des difficultés, en particulier pour la description des limites choisies pour ce découpage, même s'il n'est pas absolument arbitraire.

Je distinguerai donc, d'Est en Ouest:

A. La région qui n'est pas comprise dans la planimétrie régulière c'est-à-dire l'étroite bande située en arrière du mur des boutiques romaines, jusqu'à la limite Est de la tranchée: on y cherche les indices de ce qui se trouvait au-delà de l'emprise de la rue principale, les traces de raccords possibles entre les niveaux de la tranchée et ceux des sondages de l'Est.

B. L'emplacement occupé par les boutiques de la rue romaine monumentale. Elles sont aussi massivement construites qu'en 19—M; elles ont été longtemps conservées; elles ont protégé les restes des monuments antérieurs qu'elles ont recouverts. Il n'y a que peu de traces dans cette région d'un niveau intermédiaire entre le cimetière du XIe siècle et les réaménagements des boutiques au VIe.

C. La zone des tuyaux, que nous avons rencontrée sous le dallage de l'église, mais qui s'étend à l'Est jusqu'à l'aplomb de la façade des boutiques romaines et à l'Ouest jusqu'au-dessus du rebord de la chaussée. Même si ce rebord a, nous le verrons, varié suivant les époques, c'est seulement sur une largeur de moins de 2 m. La zone correspond, comme en 19—M, à la largeur du portique de la rue romaine monumentale. Les tuyaux sont difficiles à répartir chronologiquement, le niveau justinien et le niveau romain monumental n'étant attestés par aucun élément de sol dans cette partie de la fouille. Au-dessous au contraire nous trouverons des niveaux antérieurs bien constitués et clairement définis. Notons tout de suite l'existence d'une mosaïque blanche presque intacte, antérieure à la grande opération romaine d'urbanisme, autour de laquelle se trouve un ensemble bien conservé (niveau: 86).

D. La région correspondant à la largeur de la chaussée de la rue romaine monumentale, dont la limite Est est claire (niveau ± 86.50) avec des traces suffisantes des transformations postérieures, et, au-dessous, une superposition très complexe de niveaux préromains,

jusqu'à l'origine de la ville. Nous y reconnaîtrons la trace de grandes opérations d'urbanisme antérieures à l'établissement de la célèbre colonnade, bien mieux attestées ici qu'en 19—M. La terre vierge est à la cote 83.30. De 86.50 à 83.30 nous pourrons reconnaître dix niveaux successifs de la rue.

Nous allons reprendre ces différents chapitres. Je serai amené toutefois, pour la clarté de l'exposé, à décrire la zone D avant la zone C — la région de la chaussée avant la région du portique. C'est en effet aux niveaux de la rue qu'il faudra essayer de rattacher les constructions latérales.

A. Dans la région Est, à l'extérieur des boutiques, trois niveaux seulement sont attestés:

90.20. C'est le pied du mur que nous avons déjà décrit, avec quelques éléments d'un sol de briques (Fig. 79). Il est contemporain du cimetière et de l'église, et au même niveau. A cette époque, le décalage des niveaux entre la région Est et la région Ouest se place en arrière de ce mur. La rue contemporaine, à l'Est, est à la cote 95. Je le répète, je n'ai aucun indice sur le dispositif de raccord.

Ce niveau 90.20 correspond donc à la reconquête byzantine des Xe–XIe siècles. Il n'y a aucune trace postérieure — pas trace en particulier de l'occupation franque.

89.80. Au-dessous des fondations de ce mur se trouve un sol de cailloutis, clairement attesté. Il est au niveau du premier sol de l'église médiévale. Il correspond donc, ici aussi, à un premier état du niveau supérieur.

87.52. A ce niveau se trouve un nouveau sol de cailloux, situé à 0.75 au-dessous du niveau supérieur conservé des boutiques de la rue romaine monumentale (Fig. 81). Ce cailloutis est disposé de part et d'autre de deux rangées de pierres de taille, au niveau supérieur desquelles il affleure, et qui sont alignées parallèlement au mur des boutiques.

Je ne sais pas comment expliquer ces deux rangées de blocs, qui ressemblent assurément à l'appareil des boutiques voisines, plus encore peut-être aux fondations de la colonnade en 19—M (Fig. 47). Remarquons en effet que les blocs de chaque rangée sont de dimensions différentes: dans la rangée Est, neuf blocs ont une largeur uniforme de 90, pour une longueur qui est sept fois de

50, pour une fois 55 et une fois 48. Dans l'autre rangée, les blocs ont une largeur presque uniforme de 59, pour des longueurs qui varient de 55 à 90. Les joints sont très ouverts. Il y a quelques cailloux de remplissage. Ce système s'arrête à 1 m. 80 du bord Nord de la tranchée. J'ai cru cette interruption due à un arrachement de blocs. Au contraire le dispositif semble se poursuivre au Sud. Il est à 113 à l'Est du mur — remanié — des boutiques romaines, et, par son niveau, à 41 cm. au-dessus de leur seuil probable.

L'aspect de la coupe montre combien il peut paraître naturel d'associer cet alignement de blocs à la construction des boutiques romaines. Je n'ai pas trouvé d'interprétation valable.

La coupe montre également le caractère du mur qui limite vers l'Ouest l'étroit espace dont nous nous occupons. Il correspond aux deux assises supérieures du mur de fond des boutiques romaines. Mais les blocs d'appareil qui constituent ces murs — et que nous étudierons plus bas — sont ici revêtus vers l'Est d'un parement de briques, séparé d'ailleurs des blocs par une certaine épaisseur de béton (total briques + béton: 60 cm.). A cet égard, le plan est moins net. Il résulte de mes notes que ce revêtement, conservé sur 79 cm. de hauteur se poursuivait sur plusieurs mètres de longueur; qu'ensuite, vers le Sud, les briques étaient arrachées, le béton mal conservé; qu'on trouvait enfin un jambage de porte en pierre de taille, fait de trois blocs superposés (hauteur totale: 1 m. 18) au-delà duquel on atteignait la limite de la tranchée. Contre la façade Nord de la tranchée, une brique, posée sur le sol de cailloutis qui enveloppait l'assise d'appareil m'a paru être le reste d'un pavement continu, qui aurait recouvert l'ensemble que je viens de décrire. Les cotes du plan infirment cette hypothèse, la brique étant à 10 cm. plus bas que le sommet des pierres de taille.

Il serait vain de poursuivre cette recherche. Il apparaît toutefois que nous sommes ici en présence d'une réfection de la façade postérieure des boutiques romaines, à mettre sans doute en relation avec les restaurations de l'époque de Justinien.

Pour conclure, il convient de revenir un moment sur le décalage des niveaux antiques, d'Ouest en Est.[22]

A l'époque moderne, je l'ai dit, la pente est insensible: la route est à un niveau voisin de 94.50, le sol, au-dessus

de la route, à 95.40. Au-dessus du nymphée, dans la partie la plus orientale du chantier, on cote 95.35. Si la piste qui traverse le terrain monte alors assez rapidement, c'est qu'elle part, au Sud, du niveau du pont qui franchit le torrent Parmenios.

Pour le niveau des Xe–XIe siècles, le sol, dans la tranchée Ouest, est horizontal: dans l'église comme dans le cimetière, il est passé de 89.50 à 90.10. C'est aussi, à l'Est de la tranchée, le niveau du sol, au pied du mur qui limitait la nécropole. Au-delà de la piste, la route perpendiculaire à la route moderne, qui paraît correspondre à cette période, est à 94.90 — cinq mètres plus haut.

Pour le niveau de Justinien, les cotes sont les suivantes: Dans la tranchée:

  – dallage de la rue 86.60
  – pied du mur de briques de réfection
  des boutiques 87.50
Pour le nymphée:
  – niveau de la cour 91.70
  – niveau supérieur du mur conservé 94.20
  – niveau de la mosaïque de la terrasse Nord. 94.90

La différence est donc comparable — cinq mètres entre la rue et la cour du nymphée. Elle s'accroît encore derrière le nymphée des trois mètres de hauteur de la terrasse.

Moins assurée, la différence reste très accusée pour l'époque romaine: à l'Est, la base du mur de briques romain le plus profond est à 89. La rue monumentale romaine est à 86.38.

A l'époque hellénistique, le décalage a disparu.
  – Base des murs hellénistiques:
      sous le portique romain 84.20
      sous les boutiques 85.50
      près du nymphée 85.50
Il y a donc eu, au cours du temps, des remblais successifs dans la partie orientale de nos sondages. Il s'agit non seulement du résultat des tremblements de terre, mais aussi des conséquences des terribles orages qui s'abattent sur Antioche, et emportent des masses énormes de terre, de la montagne vers la plaine — comme celui auquel nous avons assisté le 4 mai 1938.

Depuis le XIe siècle, chose curieuse, le phénomène semble s'être inversé: quatre mètres de terre ont recouvert à l'Ouest l'église et la nécropole, alors qu'à l'Est le niveau restait inchangé. C'est ainsi qu'au moment des fouilles, le niveau du sol se trouvait sur tout le chantier établi à la même cote: 95 m.

B. Les Boutiques

Une des constatations les plus frappantes qu'on ait pu faire au cours de cette fouille est l'étonnante ressemblance entre les boutiques de la rue monumentale romaine, en 19—M et en 16—P. La distance entre les deux points est d'environ un kilomètre. Entre ces deux points s'est produite l'inflexion vers l'Est de l'axe de la rue antique comme de la route moderne. Mais l'implantation des boutiques, leurs dimensions, l'appareil de leurs murs sont identiques. Nous aurons l'occasion d'observer d'autres ressemblances capitales, en particulier dans les cotes du dispositif — quelques différences graves au contraire, par exemple dans les fondations de la colonnade. Ici nous sommes à même de constater l'unité non seulement du projet, mais de l'exécution. Il suffit de comparer, je l'ai dit, les photographies Fig. 51 et Fig. 96.

Nous avons dégagé ici les restes de toute une boutique, et, au Sud, d'une partie de la boutique mitoyenne. Les dimensions intérieures de la boutique entièrement conservée sont 3.95 du Nord au Sud, soit en largeur, pour une profondeur de 4.70. Les cotes sont approximatives. La nature de l'appareil, l'incertitude sur l'emplacement et le niveau du seuil ne permettent pas une précision totale.

Les murs sont en grand appareil: les blocs de calcaire tendre sont assez sommairement taillés et assemblés. Il reste quatre assises à l'Est et au Nord, trois au Sud, deux seulement à l'Ouest.

L'appareil de ces murs est assez différent. Celui de l'Est, posé directement sur la terre, compte encore quatre assises, posées sans décalage. Les blocs sont assez soigneusement taillés et posés — mieux que dans les autres murs. Près de l'angle Nord-Est, un bloc a été échancré pour racheter une irrégularité de l'assise de base. Je rappelle que, derrière les assises supérieures de ce mur on a posé après coup un remplissage de béton et un parement de briques.

Le mur Nord compte quatre assises sur toute sa longueur. Deux d'entre elles, très robustes, font office de fondations, et sont constituées de blocs posés transversalement. Elles mesurent chacune 45 de hauteur, mais sont assez irrégulières, plusieurs blocs étant posés en saillie ou en retrait. La troisième assise — la première du mur proprement dit — est posée en retrait sur la deuxième, de 40 en moyenne. Les deux assises du mur sont étrangement irrégulières. En fait le joint qui les sépare dessine une ligne courbe, et s'abaisse d'Est en Ouest. L'assise de base mesure: 41 de hauteur à l'Est, 21 seulement à

l'Ouest. La deuxième mesure 41 à l'Est, 43 à l'Ouest. Elle est donc loin de compenser la pente de la précédente. Je n'ai trouvé aucune explication dans ce curieux détail d'appareil. Il ne s'agit pas d'un mouvement de terrain: le mur repose sur des fondations horizontales (87.38–87.34).

Le mur Sud, moins bien conservé, est assez semblable au mur Nord. Les assises ont de 38 à 41 de hauteur. Les blocs de l'assise supérieure des fondations sont particulièrement longs: quatre mesurent entre 57 et 70, contre 40 pour les autres, et 26 à 44 pour l'assise correspondante du mur Nord. Les blocs avancent de 22 à 35 au-delà de la face du mur proprement dit, dont la première assise est régulière. De la seconde il ne reste que deux blocs, aux extrémités.

Le mur Ouest ne comporte que deux assises de fondations, plus enfoncées que celles des autres murs. Elles présentent à la partie supérieure une surface irrégulière, au-dessous de la base des murs latéraux (87.11 contre 87.37). Cette mutilation ne facilite guère une restitution. Comme en 19—M, il restera un doute sur le niveau d'utilisation primitif de cette boutique. Toutefois, comme il existe un sol sous la boutique Sud, à la cote 87.11, il n'est pas indispensable de restituer ici un seuil.

La salle située au Nord n'a pu être entièrement dégagée. C'est regrettable, car elle garde les traces d'une histoire compliquée. Dans une dernière période, elle était limitée au Sud, à un mètre seulement derrière le mur de la boutique Nord, par un autre mur de grand appareil, aussi robuste, mais construit avec moins de soin: il y a des joints de ciment, voire des remplissages de ciment entre les blocs, avec même deux fragments de briques. Les trois assises mesurent, de bas en haut, 55, 55 et 43. La longueur des blocs atteint 85.

La construction de ce mur a entraîné la destruction partielle d'une mosaïque de pavement, située au niveau 87.67 — cinquante centimètres au-dessus de celui que nous avons adopté pour la boutique voisine. C'est un assemblage de cailloux, taillés seulement sur une face et pris dans un lit de ciment, sans grand souci de leur forme: le ciment compense les irrégularités. Les cailloux — pour la plupart du calcaire dur blanc, parfois de la lave, mesurent de 2 à 5 cm. de diamètre. Cette mosaïque s'appuie au mur mitoyen, vers le Nord: elle lui est reliée par un bourrelet de ciment convexe. Il en était de même à l'Est. A l'Ouest, la mosaïque s'arrête contre une tuyauterie, dont les éléments remplis de ciment forment limite. Au Sud, je l'ai dit, le mur tardif la traverse.

Tranchée au-dessus de la Grand Rue

Dans l'angle Nord-Est de la mosaïque, une ouverture circulaire était percée, de 15 de diamètre, que nous avons trouvée fermée par un col d'amphore retourné. Cette ouverture donnait dans une canalisation construite, qui a été dégagée, à l'Ouest, dans la seconde partie de la pièce. Elle était pavée de briques, longeant le mur Nord, avec un remplissage de briques compensant les irrégularités. Au Sud, il y avait un mur en moellons cimentés. Cette canalisation mesure 48 de hauteur pour 28 de largeur. Dans la partie Sud de la pièce, il ne restait aucune trace de couverture. J'ai pensé à une latrine, dont la banquette aurait occupé la partie Ouest de la salle, la partie Est étant conçue, avec sa mosaïque, le bourrelet et le trou d'évacuation, pour être lavée à grande eau. On a d'ailleurs retrouvé dans la fouille les restes d'un bassin en marbre blanc, avec bec, qui ressemble à ceux qu'on voit de nos jours dans les lieux d'aisance arabes.

On accédait sans doute à cette salle par la porte dont nous avons reconnu un montant, en étudiant la face arrière du mur Sud. Le niveau est très proche de celui que nous avons repéré: 87.52, pour la surface des blocs de calcaire, contre ici 87.67.

Il semble que cette salle ait connu trois époques:
– le niveau romain, conservé au fond de la canalisation 87-11, cote qui correspond à celle du sol d'utilisation de la boutique nord.
– le niveau justinien, marqué par la mosaïque de la latrine, qui appartient à cette période.
– un niveau postérieur, attesté par l'implantation d'un mur dans cette mosaïque, niveau qui n'a pu être repéré.

Pour insuffisantes qu'elles soient, ces indications suffisent à montrer que les boutiques de la rue romaine ont connu avec le temps des adaptations successives, qui doivent correspondre aux reconstructions de la rue proprement dite.

Je laisse provisoirement de côté l'étude de deux murs préromains qui, à des niveaux différents, passent sous la boutique du Nord, parallèlement, en direction Nord-Sud: ils doivent être rattachés à l'examen d'ensemble des niveaux antérieurs, à l'Est de la route.

D. La Chaussée.

Pour aboutir à un exposé clair de la chronologie relative de la fouille, il m'a semblé utile de renoncer à suivre l'ordre topographique, et de laisser de côté pour le moment la région des tuyaux — celle qui, au centre de la tranchée, correspond au portique de la rue romaine monumentale. Je voudrais au préalable essayer de fixer la stratigraphie de la rue elle-même — de marquer à tout le moins les phases principales de son histoire. Il sera ensuite plus aisé, j'espère, de rattacher à tel ou tel niveau — à tel ou tel dallage — les édifices qui correspondent à chacun d'entre eux, du rebord de la chaussée jusqu'au seuil des boutiques.

Première remarque: ici encore, après quatre mètres de remblai, nous rencontrons les tombes de la nécropole. La conclusion est immédiate. Au XIᵉ siècle comme aujourd'hui, et comme en 19—M depuis le VIIᵉ siècle, la route devait se trouver non pas sur la chaussée romaine, mais au-dessus du portique Ouest. Ce décalage a été expliqué déjà, je n'y reviens pas, mais il est intéressant de remarquer ici aussi le parallélisme entre nos deux fouilles (Fig. 97).

Nous sommes arrivés immédiatement au caniveau romain — à la cote 86. Nous avons retrouvé l'alignement de longs blocs, en calcaire dur, avec un rebord Est vertical, et, vers la chaussée, une courbe destinée à recueillir aussi bien les eaux de la rue que celles qui descendaient des toits du portique. Mais ici, la route moderne ne pouvant être coupée, ce n'est pas le trottoir Ouest que nous avons trouvé, comme en 19—M, mais, plus naturellement, le trottoir Est, qui en 19—M avait malencontreusement disparu. Le rebord est à 6 m. 50 de la face Ouest de notre tranchée: cette largeur est insuffisante; nous n'avons pas pu ici dégager la chaussée antique, pour aucune époque, dans toute sa largeur.

Cette fois, par contre, la largeur du portique se trouvait à peu près exactement définie: le rebord du caniveau est à 9 m. 60 de l'assise supérieure du mur Ouest des boutiques.

L'approximation tient à la disparition du seuil qui, peut-être, reposait sur ces fondations. Elle ne saurait guère excéder 20 cm. Nous sommes néanmoins en possession d'une donnée importante, en vue d'un essai de restitution.

Si nous avons tout de suite reconnu ainsi le caniveau de la rue romaine monumentale (PLAN XXXVII), nous n'en avons pas d'abord retrouvé les pavés. En effet, immédiatement à l'Ouest du caniveau, placé comme s'il avait été posé sur le pavement disparu, se trouvait un dallage assez grossier, fait de pavés de basalte, moins gros, moins bien taillés, moins bien appareillés que ceux du dallage de Justinien, en 19—M. On peut penser

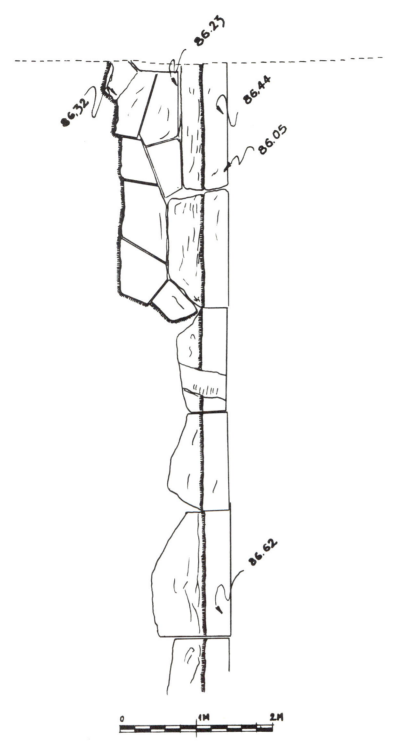

delà que des pavés sans forme définie, faits les uns de lave, les autres d'autres roches dures, avec dans les interstices de petits noyaux basaltiques.

Sur le rebord du caniveau romain, nous avons trouvé dans la partie Nord de la fouille une rangée de petits blocs, qui rehaussaient ce rebord jusqu'au niveau du pavement de basalte (Fig. 105). Les précédents montrent qu'il faut restituer une série de dalles de couverture, qui transformaient le caniveau à ciel ouvert, et en faisaient, à l'époque de Justinien, le fond d'une canalisation. Cet égout est ici moins profond qu'en 19—M. Nous le retrouverons en bon état de conservation en 16—O,[24] recouvert cette fois par les dalles d'un trottoir.

Dans la partie Sud de la fouille, sur les deux premières rangées de blocs, un mur a été construit après coup. On trouve trace de ses fondations dans toute la largeur de la tranchée; un élément du mur lui-même est conservé, sur 2 m. 15 de hauteur, et apparaît sur 40 cm. de longueur, à partir de la façade Sud de la fouille. Il comporte d'abord des fondations de moellons équarris, liés au ciment, de petit module, sur 65 cm. de hauteur pour 43 de largeur. Au-dessus, le mur lui-même, conservé sur 1 m. 72 de hauteur, est curieusement construit par alternance de briques et de moellons, un parement de calcaire, sur une face, correspondant sur l'autre face à un parement de briques. Ce mur était donc bicolore. Un mur analogue apparaissait avant les fouilles, au bord de la grand-rue, dans la ville moderne (Fig. 98).[25] Nous n'avons pas retrouvé le sol correspondant, qui devait exister au-dessus des fondations, c'est-à-dire à 65 cm. au-dessus du dallage sans doute abandonné à cette époque, et comme en 19—M recouvert de constructions. Toutefois, entre le niveau du dallage et celui où je restitue le sol d'utilisation du mur, on trouve quatre canalisations en terre cuite, dont trois au moins ont été posées après la destruction du pavement (entre 86.80 et 87.30). Ces tuyaux sont donc situés plus profondément que les plus récents de ceux qui se trouvent au centre de la tranchée, et moins profondément que les plus anciens. Ils ne sauraient être datés avant le VIIe ou le VIIIe siècle — c'est aussi sans doute la date qu'il faut proposer pour le mur bicolore — qui représente sans doute une transformation des traditions romaines et byzantines. La position qu'occupent ces tuyaux dans la partie Est de la fouille peut aider à proposer une chronologie pour ceux de la partie centrale — et aussi

PLAN XXXVII. M.S.D. V. 16—P. Le caniveau et le dallage de la rue romaine monumentale, fragment découvert lors d'un prolongement de la tranchée vers le Nord-Est

qu'il s'agit de ce dallage, inférieur au grand dallage byzantin, dont quelques blocs se trouvaient conservés dans notre précédent sondage: première réparation, après les tremblements de terre, qui serait restée ici en usage alors qu'il avait fallu, plus au Sud de la ville, refaire le dallage après les destructions de Chosroës (Fig. 97).[23]

Ce dallage est très irrégulier: si la première rangée des pavés est relativement robuste, on ne trouve plus au-

[23] Ci-dessus, p. 30.

[24] Voir p. 91 et Plan L.
[25] Voir rapport de W. A. Campbell, *Antioch* III, p. 5.

pour certains au moins de ceux de 19—M. Nous constatons la permanence des adductions d'eau antiques jusque dans le moyen-âge islamique. Signalons qu'un tuyau venu de l'Est, sous le dallage de l'église, arrivé jusqu'au caniveau, est alors continué par un mince tuyau de plomb — 28 de long pour 8 de diamètre — qui traverse le caniveau grâce à une entaille (Fig. 99). Le tuyau de terre cuite reprend ensuite, puis disparaît.

Ces tuyaux sont de deux modèles différents — les deux extrêmes sont de petit diamètre, faits de terre rouge, avec un renflement central; les deux du milieu, plus larges, sont de couleur jaunâtre, avec un profil concave accentué.

Le caniveau romain est ici aussi de belle tenue. Les blocs dégagés mesurent en longueur 94, 49, 1.26, 1.57, et 80. Leur hauteur est irrégulière, mais la partie utile est remarquablement homogène: le rebord, soigneusement nivelé, a 36 cm., la gorge 26 de hauteur pour 24 de largeur. Elle dessine une très légère *cyma reversa* (Fig. 100).

Au contraire de ce que nous avons constaté en 19—M, le caniveau ne repose sur aucune fondation. Il n'a pourtant pas subi de déplacement. Nous pouvons ajouter tout de suite qu'il n'y a pas trace non plus d'un stylobate de la colonnade. Les imposantes substructions qui marquaient la limite Ouest de la chaussée romaine, en 19—M, et dont l'absence quasi totale, à l'Est, nous avait surpris, ne se retrouvent pas ici davantage.

Le seul élément qui paraisse avoir subsisté des fondations de la colonnade se trouve contre le rebord Sud de la fouille, en arrière du caniveau (Fig. 102). Il y a là un empilement assez confus de blocs, enrobés de béton, qui affleure à la cote 86.55. A cet endroit, le caniveau est à 86.62. Il n'est pas impossible que des fondations puissantes aient été arrachées: il y a, en arrière du caniveau, et sauf sur ce point, une lacune de 1 m. 20 de large et de 1 m. 20 de profondeur. Au-dessous se trouvent de puissantes assises, mais qui correspondent aux niveaux antérieurs.

C'est après avoir enlevé le pavement en basalte que nous avons rencontré pour la première fois un élément, malheureusement de dimensions très restreintes, du pavement de la rue monumentale (Fig. 101). Il avait complètement disparu en 19—M, nous n'en avons pas retrouvé trace dans nos autre sondages. Ce pavement, déconcertant dans sa technique, est d'une étonnante perfection d'exécution. Il est fait du même calcaire

bleuté dur que le rebord, et ses blocs, de formes capricieuses, sont taillés et joints avec une grande exactitude. Nous avons déjà remarqué, en 19—M, qu'au-delà de la gorge les blocs du caniveau avaient été conservés dans toute leur surface utilisable, sans que les tailleurs de pierre aient pris souci de les aligner. Ces sortes d'indentations fortuites servent ici de départ à un dispositif polygonal, systématiquement irrégulier, qui semble avoir eu pour but d'utiliser au maximum un matériau coûteux, avec peut-être la pensée qu'une telle liberté de taille ferait obstacle à la formation d'ornières. Les quelques huit blocs dégagés apparaissent comme neufs. La chaussée était légèrement bombée et la gorge du caniveau se poursuit par une courbe inverse, très précise. Les blocs reposaient sur des fondations faites d'éclats de pierres, provenant en partie de leur taille, sans doute destinés seulement à les caler en cours de pose.

Ailleurs, toujours sous le dallage de basalte, nous avons retrouvé quelques blocs analogues, mais qui étaient cette fois très grossièrement assemblés (Fig. 98). On les avait posés sur des fondations — des petites pierres noyées dans un mélange de ciment et de terre: il s'agit apparemment d'une première réfection, postérieure à la destruction du dallage monumental, antérieure à la mise en place du pavement de basalte.

Nous avons dès à présent constaté d'une façon précise l'existence de trois niveaux de pavement:

1 – dallage de basalte avec caniveau ouvert, au-dessus du caniveau romain.
2 – dallage de calcaire refait à partir du caniveau romain.
3 – dallage romain monumental avec caniveau taillé.
4 – La rue monumentale romaine avait été posée à 1 m. au-dessus d'un autre dallage, auquel nous donnerons le no. 4 (PLAN XXXVIII).

Il s'agit d'un nouveau pavement, d'appareil polygonal, fait de blocs de calcaire dur, mais cette fois de facture beaucoup moins soignée (Fig. 103). Il vient s'appuyer à l'Est contre une double rangée de blocs de calcaire tendre, bien taillés et très soigneusement alignés. Pour la rangée Est, ils sont placés dans la longueur, pour l'autre rangée, dans la largeur. Les blocs de la rangée Est mesurent environ 75 de long pour 50 de large. Pour l'autre, la longueur des blocs est fixe: 65. Leur épaisseur varie de 35 à 57. Ce système s'appuie à un mur d'appareil, que nous étudierons plus loin.

Ces deux rangées de blocs ressemblent certainement au stylobate de la grande colonnade, tel qu'il se présen-

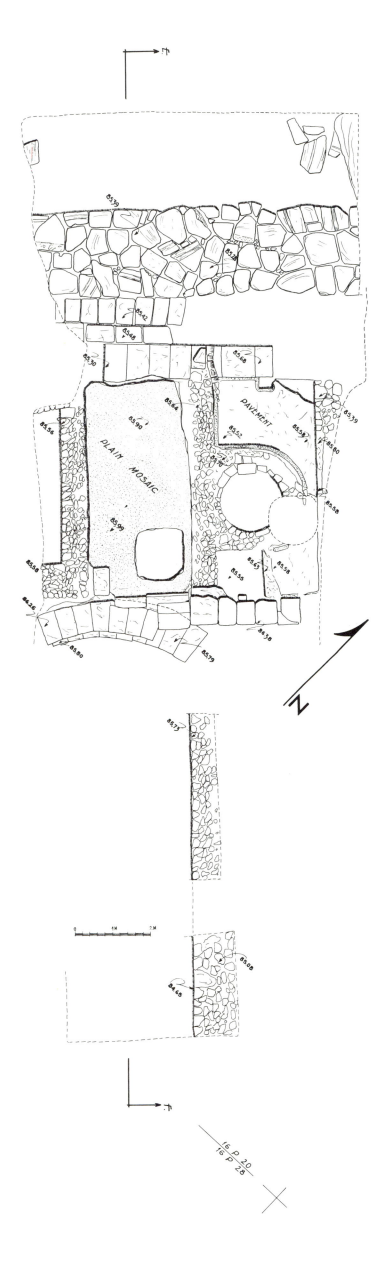

tait en 19—M, immédiatement sous le caniveau. Mais la relation entre ce dispositif et le dallage que nous étudions empêche de les croire postérieurs. Il n'est pas exclu qu'ils aient été surmontés d'autres blocs, et aient aussi servi de fondations à la grande colonnade. Les blocs que j'ai identifiés, au Sud, avec les substructures d'une base partent de ce niveau.

Le dallage lui-même apparaît comme un remaniement. Plusieurs blocs en effet gardent l'empreinte de ce qui paraît être de profondes ornières, qui ne sont plus alignées. Ils sont donc remployés: le pavement peut réutiliser les matériaux provenant d'un dallage antérieur; il peut avoir été refait sur place avec ses propres matériaux, en évitant précisément de remettre à leur place les blocs marqués d'ornières. Il apparaît toutefois que, parmi ces blocs de remploi, certains proviennent d'un caniveau que nous trouverons plus bas, en bordure d'un trottoir plus ancien: ils ont été retaillés, mais pas assez pour être méconnaissables.

L'interprétation des photographies, Figs. 102 et 104, est rendue difficile par l'existence, à un niveau inférieur à celui que nous étudions, d'une nouvelle rangée de blocs longitudinaux, placés sous ceux que nous venons de décrire, mais qui, infiniment mieux taillés, appartiennent à un dispositif antérieur (Fig. 105).

Un mur en pierre de taille, peu soigné, était aligné derrière la double rangée de blocs qui commande le dallage polygonal inférieur. Il repose sur un ensemble antérieur, comprenant une rangée de blocs de grand appareil placée devant un mur de moellons. Cet ensemble correspond, lui, à l'époque de la rangée des blocs de haute qualité. Ce sont bien entendu ces relations entre murs et pavements qui serviront à proposer une chronologie pour les édifices retrouvés à l'Est de la chaussée.

5–Nous pouvons maintenant étudier le niveau inférieur, 84.84 (PLAN XXXIX). La photographie, Fig. 106, permet d'en reconnaître la disposition. Le mieux est de la décrire. Elle est prise du Sud; par conséquent l'Ouest est à notre gauche.

PLAN XXXVIII. M.S.D. V. 16—P. Niveau romain antérieur à la rue monumentale. Le dallage de la rue, 85.28, son rebord, 85.42, la façade, 85.68, la mosaïque, 85.90, et les murs voisins sont contemporains. Le four antérieur, 85.52, était resté en usage. Le mur courbe hellénistique, 85.79, avait été redressé après destruction de la tour. Le mur à l'Est est sans doute contemporain des boutiques. Voir plan XLI

On voit de gauche à droite:

A – quelques restes confus d'un mur écroulé, ou plutôt les restes d'un tas de blocs de dallage préparés pour être enlevés.

B – Un caniveau taillé, en pierre de taille, analogue dans son principe et dans sa forme générale à celui de la rue monumentale, mais placé 2 m. 75 plus à l'Ouest et 1 m. 60 plus bas. Il est moins soigneusement exécuté, et de dimensions très inférieures. Il mesure 38 de hauteur, le rebord plat a 13 cm.; les blocs retrouvés mesurent en longueur 1.24 et 76. Ils sont d'un calcaire dur, mais de moins belle qualité que celui du niveau romain monumental.

C – Le caniveau était adossé à un mur étroit, 45 cm., construit selon la méthode hellénistique, avec alternance de blocs taillés et moellons. Ce mur n'est conservé qu'au-dessous du niveau du caniveau; je crois qu'il affleurait. Un mur comparable, resté inexpliqué, limitait en 19—M, je le rappelle, le trottoir de la rue hellénistique.[26]

D – Au niveau supérieur du caniveau, au-delà de la lacune correspondant à ce mur, on trouve une surface plane et dure, faite de galets et d'éclats de pierre, de calcaire, de basalte, de silex, simplement tassés dans de la terre. Cette surface est conservée sur presque toute la largeur de la tranchée. C'est le trottoir de la rue.

E – Ce sol vient s'amortir contre une rangée de blocs soigneusement taillés, formant un dallage très régulier et très bien joint. Elle n'est pas partout conservée. Les blocs en place ont 1.04 de longueur, pour une largeur qui varie de 43 à 54. Toutefois, au Nord, les deux derniers blocs ne mesurent que 89; ils sont complétés vers l'Ouest par deux blocs longitudinaux de 36 de large, dont le premier, qui a 97 de longueur, est entaillé comme pour recevoir une dalle verticale. Je ne puis proposer d'interprétation pour ce détail.[27]

F – Sur l'extrémité Est de cette rangée de blocs repose une assise supérieure, extrêmement soignée elle-aussi, composée cette fois d'éléments placés en longueur. Ils forment comme une marche de 21 de hauteur pour 58 de largeur. La longueur des blocs est de 1 m. 14. Cette marche s'arrête au milieu de la fouille, avec un bloc transversal brisé.

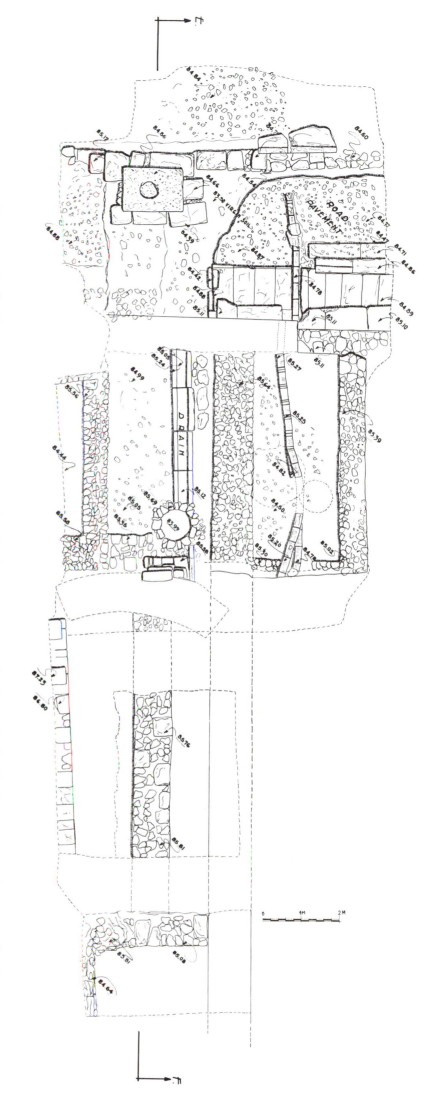

PLAN XXXIX. M.S.D. V. 16—P. Niveau romain primitif et niveaux hellénistiques. Plan global. Par erreur, le mur courbe n'est pas figuré. La mosaïque et le four ont été enlevés. On voit, au-delà de la façade des boutiques, le trottoir hellénistique, en pierre, repris dans le sol du «portique» d'Hérode. A gauche, base probable de colonne, et caniveau. Sols hellénistiques sous-jacents

[26] Ci-dessus, p. 36.

[27] A. Mansel a retrouvé à Sidé une barrière formée de dalles qui figure sur la coupe qu'il a donnée de la rue à colonnades. Mais elle est plantée sur la chaussée et non comme ici sur le trottoir. A. Mansel, *Senesi Side Kazilarina dair önzapor*, 1951, pl. IX; cf. R. Martin, *L'Urbanisme dans la Grèce antique*, Paris 1956, p. 137.

Derrière cette marche se trouve un mur de moellons de 60 d'épaisseur, arasé lors de la construction du mur de pierre de taille que nous avons précédemment décrit comme appartenant au niveau supérieur et correspondant au dallage polygonal grossier.

G – Un tuyau de poterie, venant de l'Est, a été posé après coup: il traverse le mur de moellons, passe sous la rangée de blocs longitudinaux qui a été cassée pour lui faire place, puis dans une gorge taillée dans l'autre assise et dans le sol de cailloux tassés. Il a été brisé par un bloc introduit après coup dans le sol, mais continue au-delà. Ce tuyau, postérieur à l'aménagement de cet ensemble, m'a paru avoir été posé alors qu'il était encore en usage, et avoir été rendu inutilisable avant lui.

H – D'autre part, en liaison avec le muret auquel le caniveau est adossé, on trouve dans la partie Sud de la fouille trois beaux blocs grossièrement parallèles, qui paraissent avoir été pris dans le sol de cailloux malencontreusement mutilé à cet endroit. Le bloc de l'Ouest fait partie intégrante du muret (Fig. 107).

Sur ces blocs repose une belle dalle de ciment, de 1.60 × 1.27 pour 27 de hauteur, parallèle par son grand côté à l'axe de la rue; son niveau est comparable à celui du rebord de pierre qui limite le sol de cailloux — 84.54. Elle est faite de galets très petits pris dans un ciment rose, parce que mêlé de brique pilée. On retrouve plus au Sud le trottoir conservé dans toute sa largeur, 4.50, jusqu'au mur auquel s'adossait le caniveau, ici disparu.

Par sa position en bordure de trottoir, par la robustesse de sa matière, par le soin de sa pose, cette dalle qui affleurait le niveau du trottoir paraît avoir été destinée à porter un lourd élément décoratif. On pense naturellement à une colonne ce qui permettrait de conclure à l'existence d'une première rue à colonnades, antérieure au dispositif monumental que nous avons retrouvé, ici comme en 19—M, au niveau supérieur (Fig. 108).

Mon carnet de fouilles apporte deux objections:

I – La base est rectangulaire et non carrée. Elle est marquée en son centre, ou presque, par une dépression circulaire, creusée après coup, qui reste inexplicable.

II – La fouille a dégagé le trottoir, au Nord de cette base, sur une longueur de 5 m. 80 — calculée à partir du centre de la base. Sur cette longueur, on ne retrouve aucune trace d'une autre base analogue. La largeur de l'entre-colonnement, en 19—M, est de 4 m. 80. Il faudrait supposer ici une portée supérieure à 5 m. 80, plus la moitié de la longueur de la dalle, soit 0 m. 80 — en tout 6.60. Et ajouter encore la distance à laquelle la

dalle suivante pouvait se trouver, au Nord de la fouille. Une telle portée est fort peu vraisemblable.

Cette objection pourrait n'être pas déterminante: nous n'avons retrouvé ici, on l'a vu, que les substructures d'une seule base de la colonnade monumentale — et toute trace de ses fondations de pierre avait disparu, à l'Est de la chaussée, en 19—M. Mais ici le sol de cailloux tassés est bien conservé, suffisamment pour que j'aie pu pouvoir conclure qu'une telle seconde base n'a pas pu exister dans les limites de la fouille. Les blocs des fondations au moins auraient dû être conservés, puisque pris dans le sol.

J'ai donc été amené à croire à un monument isolé, une statue peut-être — qui serait à vrai dire curieusement placée.[28] Je crois maintenant qu'il est peut-être possible d'envisager une autre hypothèse.

Si la portée des architraves, en 19—M, était pour la colonnade de 4.80, nous sommes par contre obligés de restituer, de cette architrave jusqu'au mur des boutiques, une poutre de 9.80.[29]

On se souvient qu'après avoir cru à la possibilité de restituer une colonnade intermédiaire, j'ai cru devoir renoncer à cette hypothèse. Cela signifie évidemment que la charpente du portique était en bois. Et il n'est pas difficile de trouver dans l'Amanus, encore aujourd'hui, les arbres nécessaires à l'établissement de poutres

[28] Statues, dans la rue de Tibère: Downey, *History*, p. 174. Ici, p. 131.

[29] La profondeur des portiques semble avoir été à Antioche supérieure à ce qu'elle était dans les autres villes: Perge, 8 m. Palmyre, 7 m. 15; Apamée, 7 m.; Sidé, 6 m. 28 et 5 m. 30; Damas, 6 m. 12; Corinthe, 4 m. 50 et 4 m. R. Martin, *L'urbanisme*, p. 217 et sqq. donne la plupart de ces cotes. Voir aussi: R. Stillwell, *Corinth*, Cambridge, Mass. 1932, p. 139.

L'examen des monnaies trouvées au contact de ce pavement a donné les résultats suivants (je recopie les fiches établies à Antioche par D. A. Waagé):

«Immédiatement au-dessus du pavement de cailloux de la rue hellénistique (partie Sud, scellé):

    2585 — Démétrius I (162–150)
    2600 — Antiochus VII (138–129)
    2601 — oblitérée, pas plus tard qu'Antiochus III

«Sous le trottoir hellénistique:

    2682 — Antiochus I ou III
    2682 —2686 — pas plus tard qu'Antiochus III (223–187).»

Cet indice tendrait à fixer la date du pavement au règne d'Antiochus IV (175–163), selon l'affirmation d'O. Müller, *Antiquitates Antiochenae*, Göttingen 1839, 56 sqq.) qui écartait le témoignage précis de Malalas, p. 232, attribuant la construction de la colonnade à Tibère, en interprétant un passage de Strabon, XVI, p. 750, cf. Downey, *History*, p. 107, et «Imperial building records in Malalas,» *Byz. Zeitschr.*, 38 (1938), p. 300, qui reprend à son compte l'affirmation de Malalas.

de cette longueur. Il a bien fallu les trouver pour la nef centrale des églises basilicales, et même pour bien des salles dans les maisons d'Antioche — pour ne pas parler des constructions impériales.

Dès lors, on peut se demander si les architraves de la colonnade n'étaient pas elles-mêmes en bois. Dans ces conditions, leur portée peut atteindre et dépasser 7 mètres sans inconvénient.

A ma connaissance, une telle hypothèse n'a jamais été envisagée: les entrecolonnements des portiques retrouvés n'y obligeaient nullement: ils descendent à Sidè jusqu'à 2.30; on cote 2.50 au portique Lechaion à Corinthe, 2.80 à Damas, 2.50 et 2.90 à Gerasa, 3.20 à Palmyre, 3.30 à Laodicée, 3.85 à Pompéiopolis, 4 m. à Palmyre, au «camp de Dioclétien.» Et, sur bien des sites, les architraves de pierre ont été retrouvées. Il est possible que toutes ces rues soient postérieures à celle que nous étudions en ce moment.

Nous avons ouvert ce trottoir monumental (Fig. 109).

6. Un sol nouveau, de même caractère se trouve à 32 plus bas. Au Nord de la fouille, il reste lié à une nouvelle rangée de blocs, placée en avant des blocs transversaux que nous avons déjà signalés. Il enveloppe par ailleurs les fondations de la base de ciment.

Tout se passe comme si la rangée de blocs alignés le long du mur Est, et sur lequel est venu s'appuyer le trottoir au caniveau, avait formé une marche audessus de ce sol primitif, qui s'étendait sur la chaussée (84.54). Il y aurait eu dans ce premier temps un trottoir étroit, et une rue dont nous ne pouvons apprécier les mesures: à l'époque de l'aménagement du large trottoir, il est possible que des modifications soient intervenues, à l'Ouest de la chaussée, dans la largeur de la rue et le dispositif des édifices situés au-delà.

7. Un nouveau sol est attesté aux alentours et sous la base de ciment, dont il porte les fondations. Il comporte des pierres brutes prises dans du ciment et s'étend sous la rue (83.86).

8. Un quatrième sol, de terre battue, passe sous l'ensemble des restes dégagés (83.77).

9. Plus bas nous avons atteint la terre vierge (83.30).

PLANS XL, XLI, XLII. L'étude des niveaux antiques, à l'Est de la chaussée, peut commencer par le mur qui a le caractère le plus monumental. Il s'agit d'un mur en arc de cercle, construit en grand appareil, qui a été dégagé, pris dans des constructions plus récentes, immé-

diatement à l'Ouest du seuil des boutiques romaines (Fig. 110). Ce seuil, (ou plutôt peut-être, on l'a vu, les fondations de ce seuil), se trouve à la cote 87.11. Le sommet du mur courbe est à 86.26 — moins d'un mètre plus bas. Il est à peu près de niveau avec les fondations du mur de façade de la boutique.

Ce mur comporte encore trois assises (Fig. 111). Mes notes le précisent. Par contre, la coupe dressée par A. Athanassiou laisse en pointillé le bas d'une assise inférieure comme s'il ne l'avait pas vue. Un problème de niveaux va en effet rendre difficile l'établissement d'une chronologie assurée.

Sur les trois assises conservées du mur, à vrai dire, deux paraissent représenter des fondations. Leur étude est rendue difficile, parce que le mur, redressé tant bien que mal par des entailles et des additions, a été repris dans des constructions postérieures. Il est impossible d'affirmer que nous possédons les blocs sur toute leur longueur. La façade intérieure de l'arc, face à l'Est, est en assez bon état, celle de l'Ouest est défigurée. Il y a sept blocs conservés pour la première assise, 10 pour la seconde et la troisième, pour une longueur maximum de 6 m.

Les assises mesurent en hauteur de haut en bas, 47 cm., 51 et 60. La profondeur des blocs varie, pour les premières assises, de 70 à 85. La cote d'origine était sans doute plus élevée. Elle atteint 101 pour l'assise inférieure. En largeur, les blocs, sur la face Est, mesurent de 35 à 42. A l'Ouest, ceux qu'on peut mesurer ont de 47 à 57.

Les blocs, en calcaire tendre, sont extrêmement bien ajustés, avec tant de soin que nous avons eu quelque peine à retrouver les joints. C'est à Antioche une caractéristique de l'appareil des murs hellénistiques.

Il est difficile de connaître le rayon de l'arc. A partir des dimensions de certains des blocs de l'assise supérieure, et par construction, on arrive à des résultats qui varient entre 3.50 et 4 m.

Je ne puis décider si ce mur courbe a fait partie d'une abside, de 7 à 8 m. d'ouverture, ou d'un édifice rond de 7 à 8 m. de diamètre intérieur. J'ai employé dans mes notes le mot «abside.» Je n'avais pas alors pensé à l'hypothèse qui me paraît maintenant la plus probable: ce mur peut avoir fait partie de la base d'une tour.

Ici se pose le problème chronologique. J'ai toujours cru — et je crois encore — que ce mur, et donc que cette tour, est le premier édifice qui se soit dressé sur le site, dans les limites de la tranchée. Rien, à l'Est, ne

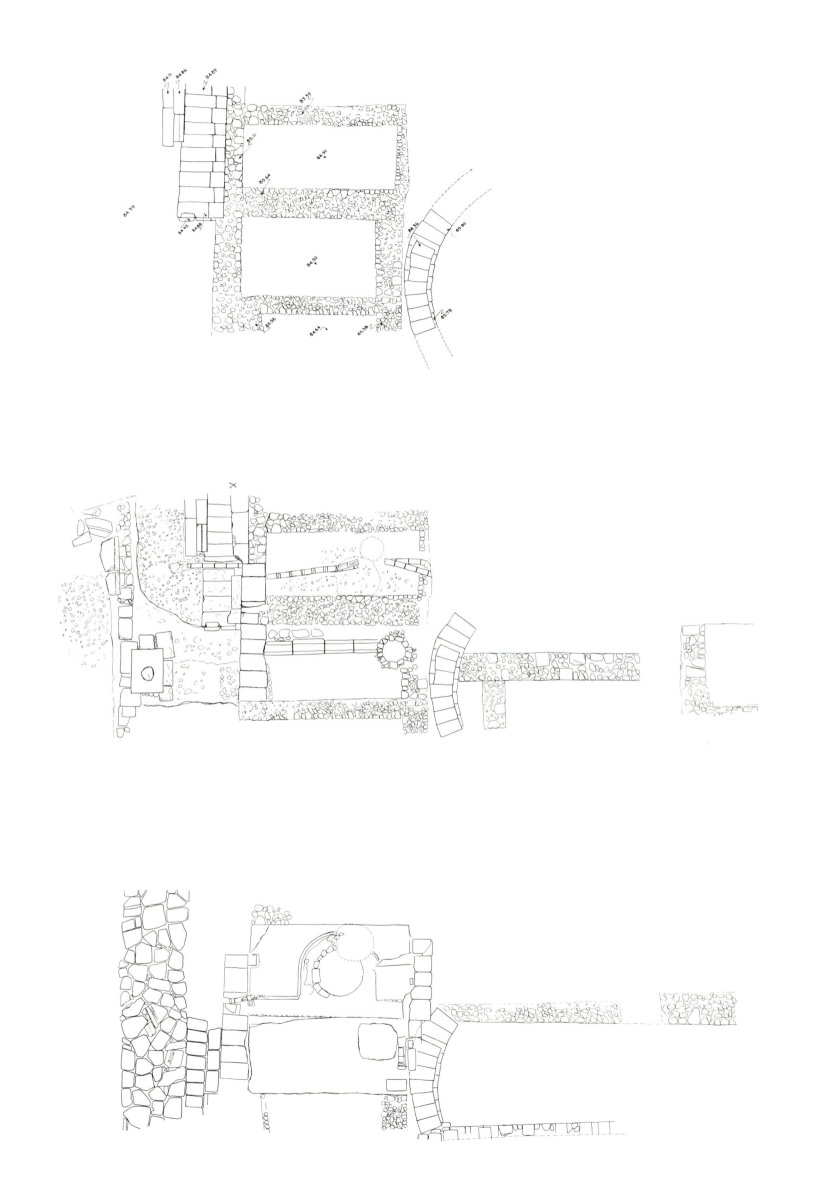

PLAN XL. M.S.D. V. 16—P. Essai d'analyse des niveaux successifs. Croquis du niveau du 1er siècle A.D., détruit par le tremblement de terre de 115. A gauche, mur contemporain du redressement du mur courbe (Le Nord-Est est en haut)

PLAN XLI. M.S.D. V. 16—P. Niveau augustéen. Remarquer sous la mosaïque le mur placé en avant du mur courbe. Boutiques et portique d'Hérode

PLAN XLII. M.S.D. V. 16—P. Niveau préromain. Etroit trottoir dallé, boutiques. La tour est encore antérieure et sa présence explique le décalage dans l'alignement du mur Est

s'oppose à cette théorie. Les murs anciens, de type hellénistique, qui se trouvent sous les boutiques romaines, viennent s'appuyer contre ce mur; leurs fondations, seules conservées, partent à un niveau supérieur à celui des fondations du mur courbe. La coupe suffit à l'établir (Fig. 112, Plan XLIII).

L'antériorité du mur courbe est établie plus clairement encore pour le mur d'appareil qui le prolonge vers le Nord, et le mur d'appareil perpendiculaire qui en part vers le Sud. Ces murs, on le verra, appartiennent à l'époque où le mur a été retaillé pour entrer dans la construction de l'édifice auquel eux-mêmes appartiennent (Fig. 113).

Les difficultés se trouvent à l'Ouest. De ce côté, en liaison avec les dallages successifs de la rue, on rencontre des murs de différentes époques, perpendiculaires à la rue comme à l'axe de l'élément conservé du mur courbe, repris dans le système orthogonal. Ces murs sont généralement superposés. Ils aboutissent à l'Est tantôt contre le mur courbe et son prolongement — ceci pour les plus récents — tantôt contre un mur de moellons, construit dans le même appareil que les murs les plus anciens, et qui s'adosse au mur courbe, tangentiellement. Mais le niveau de ces murs paraît s'établir, pour la base de leurs fondations, à un niveau inférieur à celui sur lequel repose la base du mur courbe (Figs. 114 et 121).

Cette base est à 86.25 moins (47 + 50 + 51) 1.48, soit 84.77. Le niveau des sols les plus anciens s'établit du Nord au Sud, dans les trois salles dégagées, à 84.50, 84.99, 84.44. Bien entendu, les fondations de leurs murs sont au-dessous de ces cotes. C'est pour cette raison, je suppose, qu'A. Athanassiou avait renoncé à faire figurer le mur courbe sur son plan des niveaux les plus anciens.[30]

Cette différence me paraît toutefois s'expliquer. Les niveaux anciens, d'une façon générale, montent d'Ouest en Est. On constate sur la coupe qu'il a toujours fallu monter du trottoir de la rue dans les boutiques ou ateliers voisins par une ou plusieurs marches. Le sol relativement plat de ces boutiques me paraît avoir été obtenu par une régularisation du sol, lors du premier aménagement systématique de la rue et de ses abords. Ces aménagements ont été arrêtés à l'alignement de la tour pré-existante, qu'on n'a pas détruite: on a préféré renoncer à une partie de la longueur prévue au Nord

[30] Il s'agit là d'une erreur: un des murs perpendiculaires est indiqué, dont les cotes sont supérieures à celle de la base du mur courbe. Voir ci-dessous p. 74.

pour les ateliers, en avançant de 60 cm. le mur de fond vers l'Ouest. Plus tard, on le verra, pour assurer l'alignement, on a préféré abattre la tour, en arracher les matériaux, sauf une partie du mur qu'on a remployée: on a dès lors aligné le mur Ouest sur toute sa longueur sur le mur courbe entaillé, et recouvert le mur antérieur par une mosaïque, qui vient s'accrocher au mur courbe. Dans l'intervalle, le décalage des niveaux primitifs s'était trouvé compensé: la mosaïque est à 85.99.

Il est de toutes façons assuré que le mur courbe est plus ancien que les autres murs situés plus à l'Est. L'introduction dans un édifice constitué d'un élément nouveau, tellement plus robuste, aurait causé bien d'autres dégâts. Et c'est ce monument plus tardif qui serait le mieux conservé et non pas le plus mutilé.

Nous allons maintenant reprendre l'étude des murs qui viennent s'adosser au mur courbe. Dans la dernière période, on l'a retaillé, et c'est en liaison avec le mur réaménagé qu'ont été implantés les murs contemporains de cette opération.

Lorsqu'on regarde le mur de l'Ouest, la retouche apparaît comme réalisée de trois façons.

A – Au Nord, la troisième assise du mur courbe a été arrachée; un mur droit dont deux assises sont conservées a été construit sur la deuxième assise. Au-delà de la partie conservée du mur courbe, ce mur droit se poursuit vers le Nord jusqu'au-delà de la limite de la fouille (Fig. 114). Il se présente comme un mur d'appareil, puissant mais irrégulier, qui ne comporte plus que deux assises. Il est fait en partie de matériaux de remploi. Je crois y avoir reconnu des blocs à faces rayonnantes, provenant des parties détruites du mur courbe.

B – Au milieu, la troisième assise, maintenue, a été entaillée pour permettre l'encastrement de blocs supplémentaires, destinés à rectifier la face du mur. C'est contre le mur ainsi redressé que viendra s'appliquer la mosaïque (Fig. 111).

C – Au Sud, le mur courbe s'arrête. Il est continué, après un intervalle, par un mur fort mal construit, fait de matériaux disparates — liés avec de la terre: on remarque un fragment de colonne en marbre blanc.

En face de la lacune qui sépare le mur courbe de l'addition que nous venons de décrire part vers l'Est un autre mur pris dans la façade Ouest de la tranchée, c'est-à-dire recouvert par la boutique Sud. Il s'appuie aux deux assises inférieures de l'abside et semble être perpendiculaire au mur qui la continuait, et qu'on distingue en coupe (Fig. 113). Il comporte cinq assises faites de blocs de dimensions irrégulières mais assez bien taillés, qu'on retrouve au-delà de remplissages, faits de groupes de moellons substitués aux blocs. L'ensemble de ces cinq assises mesure 1 m. 82 de hauteur. Il s'étend, sous la mosaïque qui formait le sol de la boutique romaine Sud, jusqu'à la limite Est de la fouille, en passant sous le mur de fond des boutiques. Son orientation m'a paru faire un léger écart — quelques degrés vers le Sud — par rapport à la direction des murs postérieurs.

On trouve au Nord deux murs parallèles à celui-ci, à des niveaux différents (Fig. 111).

Le premier passe à peu près dans l'axe de la boutique romaine: nous n'en avons que des fondations, de 50 de hauteur, de part et d'autre du joint qui sépare les deux premières assises de l'abside (85.76). Il est du type des murs des maisons que nous avons retrouvées en 19—M, sous les portiques de la rue monumentale, et est fait de moellons, auxquels sont mêlés quelques blocs d'appareil, le tout joint avec du ciment. Il a 97 de largeur.

Il est relié au mur d'appareil précédemment décrit par un élément analogue, de même construction. Ces deux murs sont postérieurs au premier, lui-même postérieur à l'abside.

A 1 m. au Nord du mur Est-Ouest, nous en trouvons un second, parallèle, et qui vient lui aussi s'appuyer à l'abside. Il est d'un tout autre aspect: fait de moellons de calcaire dur brutalement cassés, il est analogue à ceux que nous trouverons à l'Ouest du mur courbe, encadrant la mosaïque. Il a 80 d'épaisseur, et reste conservé sur 90 de hauteur. Il est aligné avec le rebord Ouest de cette mosaïque, et fait partie du même édifice. Actuellement, son niveau supérieur est à peu près le même que celui du mur parallèle: ils ont été rasés le premier lors de la construction de l'édifice à mosaïque, le second lors de la construction de la rue monumentale.

J'ai déjà expliqué qu'il fallait considérer comme antérieur à la transformation du mur courbe en mur droit les murs de moellons qui lui sont adossés à l'Ouest.

La chronologie de ces différents murs m'a donc paru se présenter ainsi:
1 – le plus ancien est le mur courbe.
2 – murs adossés au mur courbe, à l'Ouest, formant le fond des plus anciennes boutiques de la rue.
3 – mur robuste remployant le mur courbe, et mur perpendiculaire, en pierre de taille, dans la façade Sud de la fouille.
4 – murs hellénistiques en moellons et blocs, construits entre les deux murs.
5 – murs appartenant à l'édifice qui comporte à l'Ouest une mosaïque.
6 – boutiques de la rue monumentale romaine.

Cette classification, qui est claire, aidera à définir la chronologie des édifices situés à l'Ouest.

A l'Ouest de l'ensemble que nous venons de décrire, nous arrivons dans la zone des tuyaux (Fig. 95). Nous en avons compté 37. La plus grande partie d'entre eux sont au-dessus du niveau du rebord de la rue romaine comme du seuil de ses boutiques, et même au-dessus du pavement de basalte qui représente la réfection de Justinien. Comme ceux que nous avons vus au-dessus même de ce dallage, ils appartiennent donc au moyen-âge — au niveau difficile à reconnaître qui a précédé, peut-être de deux siècles, la création de la nécropole.

Directement sous ces tuyaux, dans l'axe Est-Ouest de la fouille, se trouve une mosaïque (Fig. 98). Elle est faite de tout petits galets blancs, pris dans du ciment, sauf une bande centrale où se juxtaposent sans dessin de petits fragments irréguliers de marbre de différentes couleurs, noir, rouge, rose, blanc (Fig. 115). Elle occupe tout le sol d'une salle, qui s'adosse d'une part au mur qui a été obtenu en régularisant la courbe de l'abside, et qui va d'autre part rejoindre le dispositif qui bordait la rue. Vers le Sud aussi elle est intégralement conservée. Le mur n'a gardé que ses fondations: il s'agit de gros éclats de calcaire dur, placés transversalement. Ils forment un alignement régulier et robuste (Fig. 111). Ces fondations vont rejoindre à l'Est, sous la mosaïque, un mur analogue posé contre le mur de l'abside, qui correspond à un état antérieur de la salle.

Ces fondations ont 60 cm. de largeur, 70 de hauteur maximum, et s'arrêtent à 42 sous la mosaïque. Elles ont dû porter un mur, construit en matériaux assez nobles pour qu'on ait éprouvé le besoin de les arracher soigneusement, au moment où l'édifice à la mosaïque a été abandonné, c'est-à-dire lors de l'aménagement de la rue monumentale. A l'angle Sud-Est, un bloc d'appareil calcaire est inséré dans la mosaïque: il a appartenu primitivement au mur courbe tout proche. L'abside — ou la tour — était donc détruite quand la mosaïque fut posée. Une lacune dans le pavement, au Nord-Est, grossièrement carrée, correspond au passage d'un puits, beaucoup plus tardif mais dont nous n'avions pas rencontré de trace auparavant : nous le retrouverons dans les niveaux inférieurs.

Vers l'Ouest, la mosaïque s'arrête, selon une ligne à peu près droite, située à 60 cm. au-dessus du bord extérieur de la rangée de blocs qui bordent la rue à la cote 85.30. (La mosaïque est à 85.90). Ils ont dû porter le mur qui séparait de la rue la salle à mosaïque.

Au Nord, enfin, on trouve un dispositif complexe, situé au-dessous du niveau de la mosaïque (85.52). Les restes de ces constructions, encombrées de débris provenant de leurs parties hautes, ont été difficiles à démêler. Ajoutons qu'un second puits, attesté celui-ci dans la face de la tranchée depuis le sol primitif de l'église, ajoute à la confusion. Pour y voir plus clair, j'ai ouvert sous l'église une tranchée supplémentaire, grâce à laquelle il a été possible de dresser un plan complet de cet ensemble.

Il comprend d'abord les fondations d'un mur longitudinal, parallèle et analogue à celui du Sud, qui a dû séparer la salle à mosaïque de sa voisine (Fig. 114).

Celle-ci comporte des aménagements, composés autour d'un four circulaire, de 1 m. 60 de diamètre intérieur, 3 m. de diamètre extérieur. Sa paroi a été construite en même temps que le mur. Un puits médiéval vient, au Nord-Est, mordre sur ce cercle ; il est lui-même revêtu d'un parement soigné, en moellons équarris.

Le cercle du four est inscrit dans une construction en fer à cheval, adossée au mur de la salle à la mosaïque. L'épaisseur à la base est de 70 cm. Autour s'étend un sol mosaïqué, comparable par sa technique à celui de la salle voisine. Ici aussi, le pavement s'étendait sur l'ensemble de la salle, qui avait la même largeur que sa voisine — 2.75 environ. Le sol du four, toutefois, et celui d'un espace carré, à l'Est de la salle, étaient en terre battue. Un raccord de ciment assurait la liaison de la mosaïque avec les murs, la base du four, la limite du carré non mosaïqué. Ce rebord convexe, semblable à celui qu'on trouve au fond des bassins, était recouvert d'un enduit de ciment qui semble s'être étendu sur la mosaïque elle-même. Je suppose qu'on travaillait avec de l'eau, à même le sol.

L'entrée du four était à l'Ouest. Elle était marquée, au-dessus et au-delà de ce rebord, par un seuil fait de deux briques et d'une pierre plate, d'une largeur approximative de 50 cm. (Fig. 116).

Le mur Nord de la salle, qui est resté à l'aplomb de la limite de la tranchée agrandie, paraît avoir été analogue au mur Sud. Le mur Est, dans le prolongement du mur

courbe, est, je l'ai dit, en grand appareil, assez analogue à celui de la façade Ouest, dont quelques restes étaient conservés.

Le sol du four est en argile. Le four et ses dépendances étaient d'ailleurs lors du dégagement, recouverts d'un monticule d'argile, provenant sans doute de l'écroulement de ses parties hautes. L'ensemble était enveloppé d'une couche de terre cendreuse. Les plus anciens tuyaux passaient au-dessus de ce monticule, dont la destruction paraît donc antérieure à la construction de la rue monumentale.

Dans l'angle Sud-Ouest, un tuyau de poterie traverse le mur de façade, venant de la rue : il est en terre ocre, lisse, de forme cylindrique, de diamètre 19, et dirigé d'Ouest en Est. Il a dû alimenter l'atelier en eau (Fig. 105).

Je ne saurais être affirmatif sur la destination de ce four. On aurait pu penser à un four de potier, en particulier à cause de la présence de l'eau et d'une surface de travail ; il était possible d'imaginer un atelier de tournage et une salle de vente, dans la pièce voisine, et le four, en plein air peut-être, dans cette salle. Ce qui est certain c'est qu'il s'agit d'un appareillage artisanal, et non pas d'une de ces constructions qu'on trouve lorsqu'il s'agit d'utiliser les ruines. Nous avons pourtant pensé aussi à un four à chaux : cette hypothèse était rendue vraisemblable par la découverte, dans le monticule d'argile et la couche de cendres qui le recouvrait, de nombreux fragments de marbre, aussi bien à l'Est qu'à l'Ouest du four : éléments d'*opus sectile*, débris de motifs décoratifs, fragments de statuettes, tous très petits d'ailleurs. Tout ce qui présentait un intérêt a été publié dans *Antioch* III par Richard Stillwell, no. 254 à 274 du catalogue des sculptures (Figs. 117–120).[31] Il y a là dix petites têtes, dont les visages n'ont que de 5 à 8 cm. de hauteur, très finement travaillées, mais dont certaines paraissent usées, d'autres inachevées. On trouve parmi les objets catalogués, vingt-huit mains et bras, très mutilés, des genoux, des pieds. Bien d'autres étaient en trop mauvais état pour avoir été même dénombrés. Il est à remarquer que nous n'avons pas trouvé de morceaux jointifs d'une même pièce. R. Stillwell date ces fragments du premier quart du premier siècle de notre ère, ou des dernières années du premier siècle avant le Christ.[32]

---

[31] *Antioch* III, p. 117 sqq. ; pls. 5, 7, 8, 9, 10, 11.

[32] Comparer la date que propose F.O. Waagé pour un dépôt de lampes et de poterie, trouvé cette fois sous la mosaïque de pavement de cette même pièce. Cf. p. 77.

Signalons encore un fragment d'inscription

	marbre blanc
Σ...	longueur 7 cm.
ΟΙΣΙ....	hauteur 7
ΑΣΘΕ....	épaisseur 1,1
ΕΝΟΙΣ....	hauteur des lettres 1
ΤΕΜ....	complet à gauche seulement

Les caractères sont irréguliers, quelques lettres incomplètes.

La présence de ces fragments de marbre, s'ils n'étaient pas tous de si petite taille, pourrait évidemment faire penser à un four à chaux. Il n'est pas question, je crois, des rebuts d'un atelier de sculpteur, ou d'une boutique de statuettes. Les morceaux, si brisés, ne se recollent pas; des traces de crampons ou d'autres attaches montrant qu'ils ont été exposés; il reste que ce sont des pièces de rebut, récupérées puis abandonnées.

On pense au beau dépôt de sculptures, d'une toute autre échelle, mais de dimensions pourtant limitées, qui a été découvert par hasard dans la cour de la caserne, au Sud de la ville. La maison romaine où ces sculptures se trouvaient, toutes réunies dans une petite pièce, était vaste certes, mais modeste, et ornée des mosaïques les plus maladroites qu'on ait trouvées à Antioche. Il semble qu'elles ont pu être rassemblées après une secousse séismique, dans une maison que la secousse suivante devait détruire définitivement: certaines avaient été placées sur des étagères et ont défoncé la mosaïque dans leur chute.[33]

Pouvons-nous croire qu'ici aussi les ateliers auraient été détruits, alors qu'un amateur venait de rassembler cette série de pièces? Cela pourrait être valable pour les têtes, à la rigueur pour les torses, sûrement pas pour les pieds et les mains, si mutilés pour la plupart.

R. Stillwell a noté que plusieurs pièces lui paraissaient n'avoir pas été terminées;[34] il a aussi remarqué des différences dans la qualité du travail: certaines pièces sont d'une facture grossière, comme sculptées par un apprenti.[35] Il en est d'autres, par contre, dont il apprécie la qualité.[36]

Il est remarquable, lorsqu'on regarde la Planche 9 d'*Antioch* III, où les têtes ont été groupées, qu'il existe entre elles une ressemblance certaine. Certes, il y a là

un mélange de têtes masculines et féminines, de visages barbus et de visages imberbes. On remarque aisément des différences dans le traitement de la chevelure, qui peuvent être dues à l'imitation de modèles traditionnels: la présence de ceux-ci n'est pas douteuse, par exemple pour une tête d'Alexandre — no. 256 — ou une tête de Dionysos du type d'Alcamène — no. 257 — Mais, malgré cela, il y a entre elles une sorte de parenté, qui s'affirme dans le tracé de la bouche, qui est presque toujours le même, avec une triple courbe et une ombre fortement marquée sous la lèvre inférieure, et surtout dans la facture des yeux, peu fendus, et bordés de lourdes paupières.

On penserait volontiers à des travaux d'élèves, plus ou moins achevés, plus ou moins bien exécutés par des jeunes sculpteurs plus ou moins doués, qu'on aurait gardés dans l'atelier, et ensuite jetés au rebut. Cette hypothèse est fragile; elle ne me paraît pas sans valeur.

La phase suivante des travaux a consisté à enlever la mosaïque, puis le four et ses dépendances. Les deux opérations n'eurent pas lieu simultanément, ce qui explique le disparate des photographies, qui ne montrent pas la mosaïque avec le four, mais seulement le niveau inférieur et le four.

Nous avons d'abord trouvé sous la mosaïque un élément bien conservé du puits médiéval qui la traversait. Sa date s'est trouvée précisée; d'abord parce qu'il est, comme l'autre, soigneusement construit, avec un parement de moellons taillés vers l'intérieur.[37] Le seul tuyau plus ancien qui traverse la fouille à cet endroit, est brisé juste au-dessus du puits (Fig. 114). Il s'ouvrait sans doute dans une partie du sol de l'église qui n'a pas été conservée. Il mesure 81 de diamètre. Il n'en reste guère que 1,50 de hauteur, le niveau supérieur du parement n'affleurant pas la mosaïque. Il renfermait peu de tessons — uniquement de la poterie commune. On peut se demander à quel moment il a été démonté.

Sous la mosaïque nous trouvons dans ces deux salles, comme déjà au Sud, un mur appuyé contre le mur courbe et placé devant et sous le mur d'appareil qui le prolonge vers le Nord. Il ressemble à ceux que nous avons décrits, et qui se trouvaient au Nord et au Sud de la mosaïque. Il est antérieur à la transformation du mur courbe et à la construction du mur qui le continue.[38]

[33] Sur cet épisode, voir *Antioch* II, p. 3, et dans le catalogue des sculptures, Nᵒ 121–142. Note au Nᵒ 131, p. 172.

[34] Nᵒ 254, 259, 261, 265; *Antioch* III, planche L. 118 et pl. 9.

[35] Nᵒ 266, 271; Nᵒ 265.

[36] Nᵒ 256, 257.

[37] Voir ci-dessus, p. 75.

[38] Il faut comparer le Plan XLI, et la photographie fig. 121 (3073). Sur le plan, les blocs superposés destinés à redresser le mur courbe sont en place. Ils reposent sur la canalisation détruite, et aussi en

C'est à 84.99, soit à 1 m. sous la mosaïque que nous rencontrions un nouveau sol: une couche de ciment très robuste, qui vient s'arrêter à l'Ouest à quelques centimètres au-dessous de la rangée des blocs usés à laquelle s'appuie d'autre part le pavement polygonal grossier de la rue. Ce sol robuste porte une sorte de canalisation de pierre, qui parcourt toute la longueur de la salle, à 40 cm. de son mur Nord. Quatre blocs sont en place, qui mesurent 104, 111, 104 et 85 cm. de longueur, pour une largeur qui varie entre 49 et 54 et une épaisseur qui va de 24 à 30. Ces blocs sont entaillés, dans l'axe de leur surface supérieure par une gorge de 26 de largeur pour 12 de profondeur (30 × 11 pour le quatrième bloc).

Ce quatrième bloc a été mutilé lors du percement du puits. Un cinquième, plus mutilé encore, vient buter contre l'assise inférieure des fondations du mur courbe. Il est posé sur les restes du mur de moellons qui s'y trouve adossé (Fig. 121).

La canalisation n'a pas été retrouvée au-delà du mur courbe. Son état de destruction, en son extrémité Est, peut être expliquée par l'introduction du puits d'une part, mais aussi par la rectification du mur courbe. Pour pouvoir assurer ici une chronologie relative, dont l'importance est considérable, il conviendrait de savoir quelle a pu être l'utilité de la canalisation. Etait-elle à ciel ouvert, c'est à dire contemporaine du sol qui la porte? Etait-elle couverte, c'est à dire contemporaine de la mosaïque située au-dessus? Aucun élément de couverture n'a été retrouvé, ni aucune empreinte. Le canal est trop bas au-dessous de la mosaïque pour que le ciment qui porte celle-ci ait pu directement le fermer. Il ne traverse pas plus le mur Est que le mur Ouest (Fig. 122). Il semble d'autre part qu'entre la canalisation et le mur Nord de la salle se trouvent, vers l'Ouest et vers l'Est, les restes d'un remplissage. Je croirais volontiers qu'il y avait là un dispositif artisanal, une sorte de long bassin dont l'utilisation m'échappe. Dès lors, la canalisation aurait pu être posée entre la date de la construction du mur courbe et celle du moment où il a été remanié, opération contemporaine de la pose de la mosaïque.

On ne saurait admettre l'hypothèse qui ferait de cette canalisation un dispositif antérieur au mur courbe; elle est en effet posée sur le mur de moellons qui est appuyé sur le mur courbe — donc postérieure à celui-ci (Fig. 121).

partie sur le mur inférieur Est lui-même. Sur la photographie, ces éléments plus tardifs étant enlevés, on voit la place qu'occupait primitivement la canalisation, sur le mur Est, jusqu'au mur courbe.

Il est à noter que tous les murs jusqu'ici découverts descendent au-dessous du sol cimenté qui porte la canalisation. Ce sol est à l'Ouest à 27 cm. au-dessous des blocs qui forment le seuil — à la cote 84.99. La mosaïque représente donc un état secondaire d'un édifice préexistant. Le four, par contre, peut avoir été installé dès avant la transformation de la salle voisine.

Une fois le four enlevé, ainsi que la mosaïque qui l'entourait, nous avons rencontré un sol cimenté, à 1 m. plus bas, analogue cette fois à celui de la chaussée hellénistique.

Dans l'intervalle entre les deux pavements courent, dans toute la longueur de la salle, deux tuyaux de poterie, interrompus seulement par le passage du puits Nord (Fig. 122). Ils passent sous le mur d'appareil qui continue le mur courbe, puis à travers le mur de moellons placé en avant, et qui semble avoir été échancré pour leur faire place. Ils paraissent n'avoir joué aucun rôle, au moment où fonctionnait le four au-dessous duquel ils passaient: ils sont sans doute nettement antérieurs.

Comme dans la salle voisine, les murs de moellons, qui bordent le four comme la mosaïque, sont antérieurs à l'établissement du nouveau système. Ils sont également antérieurs aux aménagements du niveau inférieur — canalisation de pierre ou tuyaux de terre cuite. Ils me paraissent par contre postérieurs au mur courbe; le remplissage entre la canalisation et le mur Nord de la pièce semble bien avoir été placé, dans l'angle Nord-Est, alors que le mur courbe était déjà là.

Les deux tuyaux sont de qualité extrêmement soignée, très lisses, cylindriques, avec deux rainures près de chaque extrémité, précédant un léger évasement. Ils sont assurément très anciens.

Le seul élément qui permette dans cette région de passer d'une chronologie relative à une chronologie absolue, est un dépôt de lampes en terre cuite qui a été trouvé sous le ciment de support de la mosaïque entourant le bassin, dans le coin Nord-Est de la fouille complémentaire (Figs. 124–125). Ce dépôt a été étudié avec soin par F. O. Waagé, *Antioch* III, p. 69. Voici comment il présente son impression d'ensemble: «. . . it appears to date from that period in which the typical shapes of the Hellenistic 'Pergamene' ware were giving way before the early Roman shapes which are characteristic of the Arretine and contemporaneous wares.»

Après avoir discuté du style des poteries et des lampes, qui procèdent de formes nettement antérieures à notre ère, mais subissent l'influence des formes romaines des débuts de l'empire, il ajoute:

«The pivotal nature of this deposit, as marking the end of the Hellenistic and the beginning of the Roman periods for both pottery and lamps forms at Antioch, makes it extremely regrettable that no coins were found to furnish an absolute date. Nevertheless, the considerations sketched above point strongly to the last quarter of the first century before and the early years of the first century after our era as the period within which those objects were buried.» Il pense toutefois qu'à Antioche la résistance des traditions hellénistiques peut expliquer un certain retard dans l'évolution des formes: «Accordingly, until more exact dating of the lamp and pottery types is possible, the deposit may be assigned to the first quarter of the first century of the Christian era.»[39]

Ainsi se trouve fixée la date à partir de laquelle la mosaïque entourant le four a été construite. Le niveau inférieur est plus ancien — plus ancien encore les niveaux de la rue qui sont plus profonds que tout ce dispositif.[40]

D'autre part, Tibère a règné de 15 à 37. Selon F. O. Waagé, c'est sous Tibère que ce dépôt a été constitué — Tibère à qui Malalas attribue la construction de la grande colonnade. Sous Tibère, on a vécu dans un niveau antérieur au niveau du four, qui a été détruit lors de l'établissement de la rue monumentale. Il faut partir de cette donnée.

Cette description a été bien longue. Pour que la tranchée prenne un sens, elle devait être minutieuse. Elle l'eût été sans doute bien davantage encore si ce rapport avait été rédigé immédiatement après la fouille. J'ai consenti, au cours de mon exposé, des sacrifices sur des points qui m'ont paru secondaires. Il suffit de regarder les photographies pour distinguer des détails qui n'ont pas été indiqués, ou pas discutés.

Néanmoins, je crois être désormais en mesure de reprendre rapidement mon exposé en sens inverse, et d'esquisser une histoire de la grand-rue d'Antioche, en ce point de son long parcours. Cela permettra de

rassembler les éléments d'informations qui ont été dégagés dans l'ensemble de la tranchée, d'Ouest en Est, de les relier entre eux, niveau par niveau, et d'esquisser une chronologie (PLAN XLIII).

83.30

I. La terre vierge a été atteinte sous la rue, à la cote 83.30 — c'est-à-dire à 11 m. sous le sol moderne. Elle était recouverte d'un sol en terre battue, dont la présence a été reconnue dans toute la partie Ouest de la fouille, sous la rue et ses abords. Ce sol peut marquer l'existence d'un passage, d'une piste antérieure à toute construction, antérieure peut-être à la fondation de la ville.

83.77

II. Un second sol de terre battue, plus robuste, a été retrouvé 37 cm. plus haut. Lui aussi passe sous l'ensemble des restes découverts.

84.40

III. On trouve à ce niveau un nouveau sol, très ferme, fait de cailloux et de terre battue. Il a été atteint et traversé, sous la rue, par les fondations des dispositifs aménagés dans les niveaux postérieurs.

Il a été identifié sous les ateliers hellénistiques situés à l'Est de la rue, à 84.50 vers le Nord, à 84.44 vers le Sud. Ici encore, il est traversé par les fondations des murs postérieurs (Fig. 123).

Nous ne l'avons pas retrouvé plus à l'Est. Je considère comme contemporain de ce niveau le mur courbe — la tour — dont la base n'est pourtant qu'à 84.80: il faut tenir compte de la pente du terrain.

84.64

IV. Un nouveau sol analogue — cailloux tassés — est clairement défini. Il est limité à l'Est par un double alignement de blocs de grand appareil extrêmement soignés, dont le niveau supérieur est à 84.84: cela paraît correspondre à une marche haute, et à un trottoir de 1.40 de largeur. C'est la première organisation de la rue.

Derrière ce trottoir se dressait un mur de moellons, qui servait de façade à une série de salles régulières, dont la longueur commune était entre les murs, de 5 m. 50. Deux de ces salles ont été complètement reconnues qui mesurent en largeur, du Nord au Sud, 2.30 et 2.80. La troisième n'a pu être entièrement dégagée. Les murs de séparation mesurent 80, 100, et 60. de largeur.

---

[39] F. Waagé, *Antioch* III, p. 69, avait déclaré qu'aucune monnaie n'avait été trouvée avec ce dépôt. Il a corrigé cette affirmation, qui ne concordait pas avec mes notes, dans *Antioch* IV:I, p. 26 n. 2. «The description of the deposit should have read to the effect that no *significant* coins were found in it: there were four Hellenistic coins, the latest dated 36/5 B.C. These simply bear out the evidence of some of the lamps and pottery sherds that the upper limit of the deposit goes back at least well into the first century before Christ.»

[40] Sur tout ceci, voir ci-dessus p. 69.

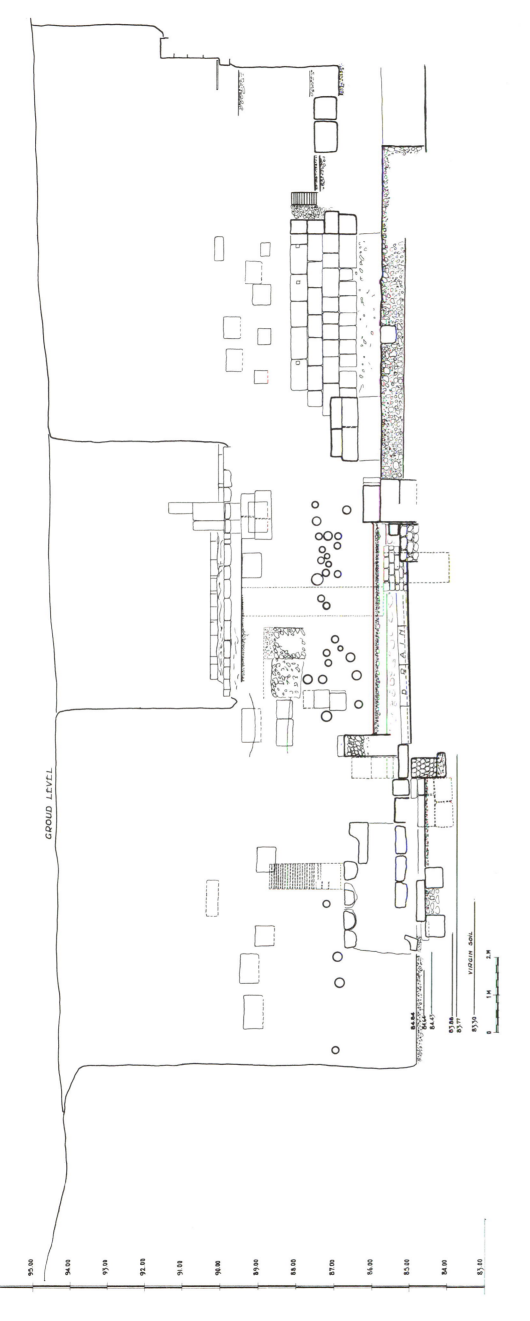

PLAN XLIII. M.S.D. V. 16—P. Coupe d'ensemble de la tranchée. Voici quelques repères :

90 : l'église et la nécropole

87 : le dallage de Justinien. En arrière, le rebord de la chaussée romaine. (85.90) Au centre, sous les tuyaux, mosaïque blanche du Iᵉʳ siècle A.D., adossée au mur courbe hellé-nistique. Derrière, boutiques de la rue romaine monumentale

85.39 : dallage romain »antérieur« (Claude)

85 : rue de Tibère et d'Hérode

84.64 : rue d'Antiochus-Epiphane

84.43 à 83.77 : empierrements hellénistiques

83.30 : terre vierge

84.84

V. Ce dispositif va se maintenir, à peu de chose près; mais la rue va connaître des remaniements considérables. Certes, la limite Est reste inchangée: un sol surélevé s'établit au niveau du trottoir antérieur, en partie recouvert par un rebord de grand appareil, adossé au mur. Le nouveau trottoir, à la cote 84.84, s'étend cette fois sur 4.60 de large aux dépens de la chaussée antérieure. Il est recouvert d'un sol de galets qui vient s'appuyer à un muret, mal conservé, mais qui semble n'avoir pas dépassé la cote du trottoir. Contre ce muret s'adosse un caniveau, ouvert vers l'Ouest, d'où part le sol de la chaussée, empierré de la même façon, mais qui était peut-être recouvert de dalles.

La présence d'une base au bord du trottoir fait penser à un portique. L'objection concernant la portée nécessaire pour joindre une autre base, au Nord de la tranchée, n'est pas dirimante si on admet la possibilité d'une poutre en bois, et non d'une architrave en pierre. J'ajouterai que l'existence même d'un caniveau semble impliquer l'existence d'un portique, qui déverse l'eau de pluie qu'il reçoit.

Nous avons donc ici attestée l'existence d'une conception monumentale de la rue, nettement antérieure à la grande colonnade qu'ont célébrée Malalas et Libanius, qui hésitaient sur sa date. L'existence à Antioche de deux rues à colonnades superposées — ou, si l'on préfère, successives — suffit à expliquer ces hésitations. Les différentes sources de nos écrivains ne parlaient pas de la même rue.

Il faut considérer comme contemporains de ce dispositif les aménagements apportés aux ateliers qui bordent la rue — le caniveau, en particulier, repose sur un sol dont le niveau varie entre 84.99 et 85.05.

85.62

VI. Un dallage de blocs irréguliers recouvre aussi bien la chaussée que le trottoir du système que nous venons de décrire. Il remploie des matériaux empruntés à ce dispositif. Il s'appuie à l'Est contre une double rangée de blocs, plus frustes que ceux du niveau inférieur, disposés l'un dans le sens longitudinal, l'autre dans le sens transversal. Derrière, le mur est percé d'un seuil qui donne accès à l'atelier central, recouvert cette fois d'une mosaïque blanche, placée au-dessus de la canalisation de pierre, à la cote 85.90. Cette mosaïque s'étend jusqu'au mur courbe, soigneusement rectifié, et prolongé vers le Nord par un mur rectiligne de grand appareil.

Dans la salle Nord, on trouve au-dessus d'un sol mosaïqué, avec bourrelet de protection, un four, à sol d'argile, et une surface de travail.

C'est sous le sol de ce four que se trouve un dépôt de lampes, pour lequel F. O. Waagé propose une date: le premier quart du premier siècle de notre ère. Cette date peut être considérée comme celle de l'aménagement du four.

Toutefois le niveau de son sol s'établissant à 84.52, il n'est pas impossible qu'il soit antérieur à la mosaïque et au système dont elle dépend: cette date pourrait donc être celle du premier aménagement monumental de la rue — la réfection que nous étudions présentement étant plus récente.

Les édifices situés derrière le mur courbe rectifié paraissent en rapport avec ces constructions.

86.62

VII. Le niveau suivant est celui de la grande colonnade. Il n'est pas ici très bien attesté, mais avec l'aide des résultats concordants du sondage 19—M, nous sommes assurés de son dispositif.

Nous avons en effet le caniveau Est de la chaussée et quelques-uns de ses blocs — un dispositif polygonal de pierre grise très dure de haute qualité.

Les fondations d'une base de colonne ont été reconnues dans la face Sud de la tranchée (87.18); le reste a été arraché, entre le caniveau et l'aplomb du mur des boutiques antérieures.

Le portique avait 9 m. 50 de largeur. Nous n'avons aucune trace de son pavement. Il peut avoir été assez somptueux puisqu'on l'a arraché avec le même soin que le dallage de la chaussée; il peut avoir été en terre battue, ne serait-ce que pour permettre l'introduction de tuyaux d'adduction d'eau. Dans l'état actuel, il n'y a que quatre tuyaux clairement au-dessous du niveau romain du portique. Naturellement ils peuvent être postérieurs. D'autres peuvent avoir disparu. La disparité des éléments entre les tuyaux retrouvés à une même profondeur m'a paru impliquer non pas seulement des différences de fabrication mais bien des remplois.

Les boutiques sont aussi puissamment construites qu'en 19—M. Elles représentent une profondeur — tous murs compris — de 6 m. 25. Nous avons retrouvé une boutique entière, et, au Sud, un élément d'une autre.

Le mur courbe est enseveli, comme tous les murs hellénistiques ou romains antérieurs.

Un sol se trouve en arrière des boutiques, au niveau 87.07, un autre à 87.39, un autre à 87.52, qui correspond à la partie supérieure de deux rangées de blocs encastrés. On peut considérer qu'il y avait là un passage dont le niveau était un peu plus élevé, mais comparable à celui de l'ensemble de la rue monumentale.

86.76

VIII. Le pavement correspondant à la reconstruction d'Antioche sous Justinien est certes moins imposant ici qu'en 19—M, ou que dans le sondage près de la Mosquée Habib en-Najjar. Il est bien fait de blocs de lave mais d'assez petit module, relativement mal taillés et mal mis en place. Ce dallage est posé très exactement sur le rebord extérieur du caniveau romain, c'est à dire comme s'il était posé sur le dallage disparu. Il en était bien ainsi à l'endroit où quelques blocs en ont été conservés. Le décalage de niveau correspond donc, de dallage à dallage, à l'épaisseur d'un bloc, soit 35 cm. Par rapport au rebord du caniveau, il apparaît comme négligeable.

Toutefois, ce rebord lui-même était recouvert d'une rangée de blocs étroits. Le précédent de 19—M nous a permis de restituer là un égout, fermé, remployant comme fond le caniveau romain.

On doit supposer que le niveau du portique avait lui aussi peu changé. Par contre, on peut déduire du dispositif découvert dans la boutique Sud que le niveau de cette salle avait été relevé de cinquante centimètres environ (87.67). On en avait fait une latrine.

En arrière du mur Est des boutiques, une réfection en briques, et un sol en briques (87.43) m'ont paru correspondre à ces restaurations.

Il apparaît qu'ici la reconstruction nécessaire a eu beaucoup moins d'ampleur qu'en 19—M. La colonnade a pu aisément être rétablie au même endroit, si elle avait été abattue. Le reste n'a pas changé. La seule chose étonnante est qu'on ait été amené à arracher le beau pavement de calcaire pour le remplacer par ce mauvais dallage de lave. Il faut supposer que la ruine avait été utilisée comme carrière avant que la restauration fût entreprise.

87.50

IX. Un et probablement deux niveaux médiévaux sont attestés par un mur posé sur le rebord du pavement justinien, d'une part, par des fondations peu claires dans le reste de la fouille, d'autre part.

On ne peut distinguer à quelle époque appartiennent les tuyaux qui sont dans l'axe de la tranchée; ceux qui sont au-dessus du dallage de Justinien, d'autres aussi, plus à l'Est, appartiennent à la phase arabe du moyen-âge.

90.

X. Nécropole et chapelle du XIᵉ siècle. Au-dessus, le site reste inoccupé.

94.

XI. Sol moderne.

On peut résumer ainsi l'apport de cette fouille:

- Bien avant notre ère, probablement dès le IIᵉ siècle, la région au Nord-Est du Parmenios était occupée d'une façon dense, par des constructions de bonne qualité.
- Une tour de grand appareil — en tous cas une construction monumentale avait précédé ces bâtiments.
- La rue principale d'Antioche a eu le caractère d'une rue bien avant l'époque romaine. Elle était pavée de petits cailloux, avec des trottoirs appareillés, et, en arrière, des constructions régulières témoignant de l'existence d'un plan.
- Cette organisation s'est développée en un ensemble monumental, avec large trottoir, peut-être colonnade et ateliers, au premier siècle de notre ère.
- Elle a été remplacée par un dallage plus robuste, mais moins élégant, tandis que les ateliers s'embellissaient.
- La rue monumentale, d'une ampleur bien supérieure à tout ce qui l'avait précédée, a le même schéma d'ensemble qu'en 19—M. Son pavage était en calcaire dur, d'appareil polygonal.
- La restauration justinienne a été limitée au remplacement du dallage.
- Un niveau arabe médiéval a comporté encore des canalisations d'adduction d'eau.
- Au XIᵉ siècle, le site était occupé par une église byzantine et un cimetière, probablement hors des limites de l'agglomération. La rue s'était définitivement déplacée vers l'Ouest, pour se superposer au portique Ouest de la rue romaine monumentale.
- Le site est ensuite resté inoccupé jusqu'à nos jours, sans que la rue, remplacée par la route, change de place.
- D'importantes constructions hellénistiques, romaines et byzantines se suivaient plus à l'Est, à un niveau qui s'est élevé beaucoup plus rapidement. D'où un décalage, compensé semble-t-il par des terrasses et des murs de soutènement.

IV. MAIN STREET DIG VI. 17–N

Le sondage de 17—N a été entrepris avec un programme précis et limité. Nous avions repéré le tracé de la rue, à l'époque romaine, en un premier point de son parcours, dans la partie Sud de la ville antique. La tranchée de 19—M. nous avait livré en effet le rebord du caniveau Ouest, sur une longueur de près de 8 m. Le soin avec lequel ce caniveau était posé, la précision et l'alignement des blocs, dus à la puissance des fondations et à la qualité du ciment de pose, nous avaient invités à croire que nous pouvions reporter sur le plan cadastral, même à partir d'une base si courte, la ligne d'implantation. Cette ligne ne coïncidait pas tout à fait avec une parallèle à l'axe de la route d'Alep moderne. Les mesures d'A. Athanassiou constataient une différence minime, un léger décalage vers le Nord-Ouest (PLAN XLIV).

L'importance de cet écart, quelques degrés seulement, n'enlevait certainement rien à nos conclusions d'ensemble. Mais, à cause de la distance, il compromettait notre projet de rencontrer, à 1.000 m. de notre base, le point précis où se produisait la légère rupture de direction de la route antique. Pour la partie Nord de la rue, la tranchée 16—P nous avait donné de son côté une base analogue — à partir cette fois du caniveau Est de la rue monumentale — moins fermement assurée peut-être; mais cette fois nous étions près du point où les deux lignes devaient se croiser — moins de 200 m. On comprendra qu'avant d'entreprendre un troisième sondage, que nous espérions décisif, nous ayons voulu vérifier l'orientation de la rue, dans sa partie Sud.

Il fallait choisir le long de la route un terrain où nous puissions nous approcher d'elle au plus près, et qui fût situé à une distance relativement courte du pont du Parmenios.

Clarence S. Fisher m'avait confié, en 1932, un sondage très restreint, dont les résultats, forcément fragmentaires, ont été présentés dans *Antioch* I.[1] Le propriétaire, Hafni Saleh Bouhan, n'avait pas rebouché la fouille: nous avions là un point de départ; la poursuite de ce sondage pouvait par ailleurs lever une hypothèque: le

[1] *Antioch* I, p. 101: «Sondage, route d'Alep.»

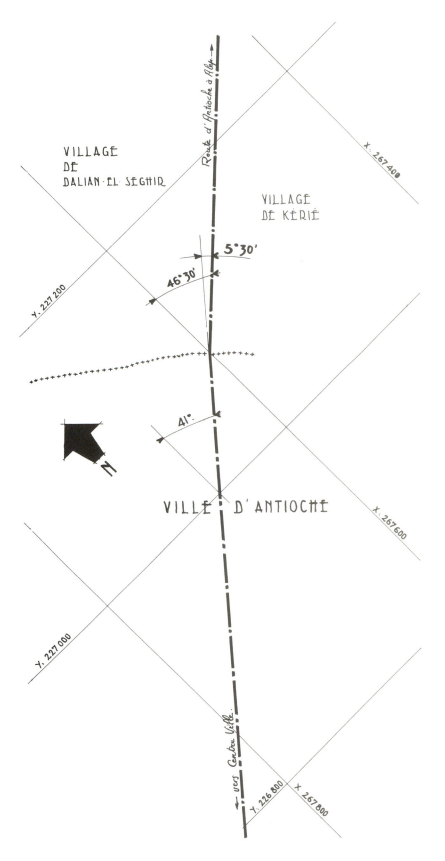

PLAN XLIV. L'angle de la route moderne, au passage du torrent Parmenios. Il correspond à un angle de la rue antique. Croquis

82

grand mur que nous y avions découvert ne paraissait pas pouvoir entrer dans la reconstruction de l'histoire de la grand-rue, telle que nous étions désormais en mesure de la formuler.

Nous n'avions pas l'intention de faire sur ce point une large tranchée d'exploration, mais seulement d'essayer de trouver des éléments qui nous permettent de définir l'orientation antique de la rue : il était entendu dès le début que nous arrêterions la fouille lorsque ce résultat serait atteint, pour reporter notre effort au point où la direction de 19—M ainsi précisée croiserait celle que nous donnait la tranchée de 16—P.

PLAN XLV. A la profondeur de 3 m. 50 au-dessous du sol du jardin, à 2 m. 20 au-dessous de niveau de la rue moderne, nous avons été arrêtés par des restes importants, appartenant d'ailleurs à plusieurs époques distinctes (Fig. 126).

Pour les décrire, il est plus simple de partir d'un sol cimenté robuste, qui occupait toute la surface du sondage ; il s'agit d'un ciment de bonne qualité, mêlé d'une forte proportion de brique pilée, qui lui donne une couleur rose. Ce sol a porté un pavement de dalles fines, peut-être de marbre, dont aucune n'est conservée, mais qui ont laissé des empreintes : il s'agit d'un dallage par rangées simples, et non pas d'*opus sectile*.

Ce sol est extrêmement solide. Le ciment rose, de 6 cm. d'épaisseur, repose sur un lit de 15 cm. de petites pierres tassées. On trouve ensuite 25 cm. de ciment noir, puis un lit continu de noyaux de basalte. Il s'agit là d'une construction exceptionnellement robuste et que je regrette de ne pouvoir dater.

Sur le sol de ciment, on trouve d'abord, le long du mur Sud de la tranchée, les restes d'un pavement qui l'a utilisé comme fondation. Il est posé sur les empreintes du placage que je viens de signaler. Ce n'est pas pour lui que le sol a été établi. Il s'agit de blocs de remploi, de dimensions et de matières différentes, mais qui ont été rangés avec quelque soin.

Ces restes de pavement sont interrompus par deux murs d'appareil, faits de beaux blocs taillés remployés. Ces murs, comme le pavement, ne s'avancent dans la tranchée que de 1 m. 80 maximum. Ils ne sont conservés que pour la hauteur d'un gros bloc — 60 cm. Dans l'un des murs, on trouve des blocs plus petits. Les deux murs ne sont pas tout à fait parallèles.

Plus au Nord, au milieu du sol cimenté, se trouve placée une sorte de pile qui est séparée du ciment par

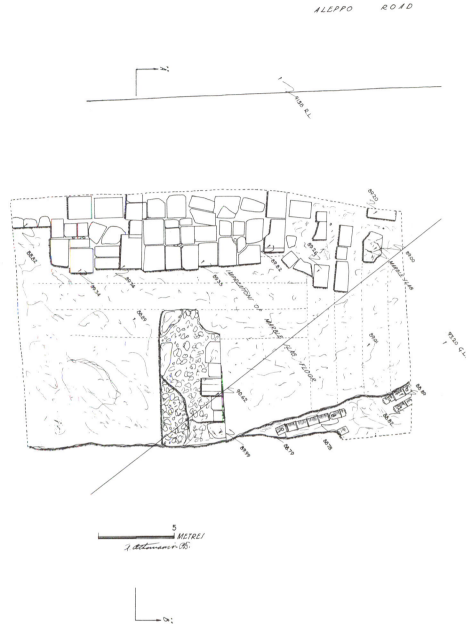

PLAN XLV. M.S.D. VI. 17—N. Niveau I (99.82–88.82)
Dallages, murs et tuyaux médiévaux

70 cm. de terre. Il s'agit d'un élément de mur, d'une épaisseur de 1 m. 50, composé de deux parements de blocs d'appareil remployés avec un remplissage en moellons et ciment. Ce mur paraît totalement indépendant des édifices antérieurs.

Le sol en ciment présente des lacunes, d'abord le long de la face Nord du sondage : on distingue deux tuyaux qui m'ont paru avoir été insérés dans le pavement après coup ; ils pouvaient remonter pourtant à la même période d'utilisation.

Dans un autre trou, on aperçoit des murettes qui font partie d'un édifice antérieur.

Nous reconnaissons là des restes appartenant à quatre époques distinctes. La région a donc été occupée avec continuité.

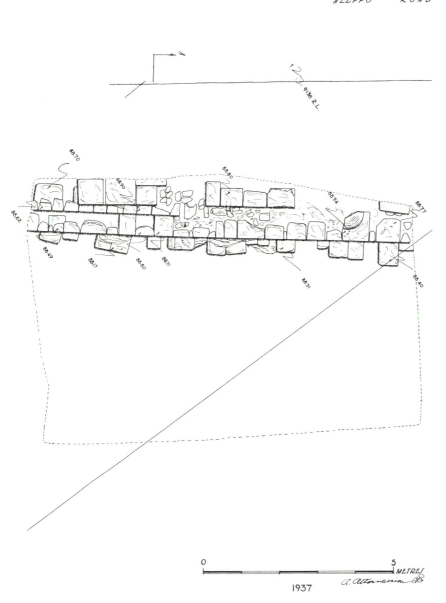

PLAN XLVI. M.S.D. VI. 17—N. Niveau II (88.94–88.31)
Gradin et sol cimenté

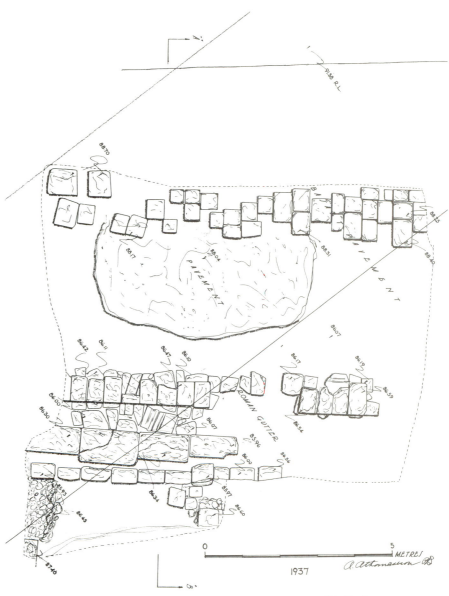

PLAN XLVII. M.S.D. VI. 17—P. Niveau III (88.40–86.07) En haut, restes du dallage de Justinien; en bas, le pavement romain monumental ayant disparu, on trouve un égout de cette période, posé sur le dallage romain antérieur, lui-même bordé d'un égout plus profond. Au premier plan, fondations de colonnes de la rue monumentale (86.60)

A 1 m. sous le sol de ciment, nous en trouvons un nouveau (PLAN XLVI). Il est moins robuste, mais comporte, sur 8 cm. d'épaisseur, toute une série de couches superposées, de couleurs variées, parmi lesquelles il s'en trouve une rouge et une très noire. Il repose sur des fondations grossières, faites de petits blocs pris dans un ciment tendre.

Ce sol, conservé sur 5 m. 75 de long (du Nord au Sud), et 3 m. 40 de large, est limité à l'Ouest par un mur complexe, ou plutôt par une combinaison d'éléments de dates différentes (Fig. 127). Il se présente sous la forme de quatre gradins successifs, si on ne tient pas compte d'une belle pierre de taille, placée au-dessus du gradin supérieur, mais séparée de lui par de la terre.

1. L'assise supérieure est composée de blocs taillés, les uns en calcaire, d'autres en pierre plus dure; les uns

sont solidement assis sur des éléments de fondation bétonnés, les autres posés sur de la terre libre, qui a cédé sous leur poids. La hauteur moyenne de l'assise est de 37 cm. La plus grosse pierre mesure: $72 \times 50 \times 39$.

2. Dans la partie Sud seulement, on trouve en avant de cette assise une rangée de blocs plus petits, soigneusement joints, qui forment un gradin. Ils sont conservés sur 3 m. 50 de long, pour douze blocs. Ils sont taillés à la manière des blocs de parement d'un mur double face, c'est à dire en forme plus ou moins pyramidale, en arrière d'une face lisse. Ils sont liés avec un ciment assez dur à base de cendres. En arrière, il n'y avait que de la terre. Hauteur: 19 cm.

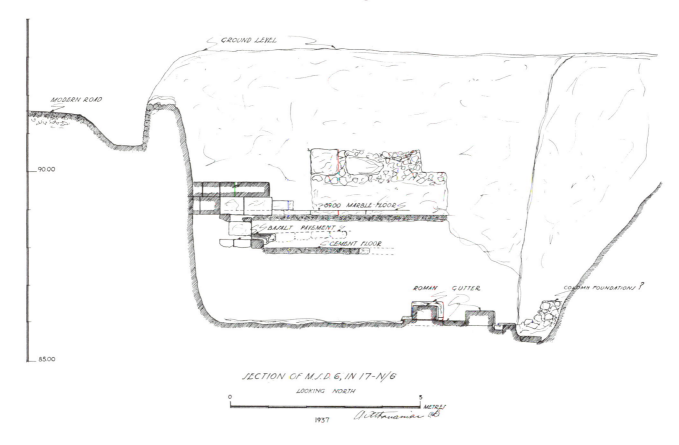

PLAN XLVIII. M.S.D. VI. 17—N. Coupe Ouest-Est. Elle est indispensable à la lecture des plans

Dans la partie Nord, on trouve à la même place des éléments plus irréguliers, avec des lacunes: j'ai cru y reconnaître simplement la façade des fondations des gros blocs.

3. En contre-bas de cette assise incomplète, formant un nouveau gradin, à la fois plus large et plus haut, on trouve une série de blocs très disparates, mais bien alignés selon leur face Est, qu'ils rejoignent ou non en arrière l'aplomb de l'assise supérieure (hauteur: 54).

Il y a là:
– des blocs calcaires, de remploi, bien taillés;
– des blocs de pierre dure qui font saillie au-dessus du niveau moyen de l'assise;
– des blocs de basalte, anciens pavés d'une rue antique;
– des fragments de calcaire grossièrement taillés sur une face seulement;
– une brique, et de petits blocs placés sur du béton.

Derrière ce parement composite, un entassement de cailloux sans ciment remplit l'intervalle jusqu'à l'aplomb de l'assise supérieure.

Un des blocs, qui mesure 70 × 70 × 60, a été creusé, comme s'il s'agissait de la moitié de la conque d'une niche. La demi-conque est précédée d'une rainure verticale, de 8 de hauteur et de 6 de largeur.

4. La face extérieure des blocs de cette assise est encore en partie recouverte par une couche de ciment, qui descend et enveloppe une série de blocs épais, difficiles à étudier, avant de rejoindre le sol cimenté sur lequel ils reposent. Certains de ces blocs, pris sous l'assise, peuvent appartenir à un dallage en basalte: cela apparaît clairement sur la photographie (Fig. 127).

Remarquons que les blocs de l'assise supérieure font eux aussi penser à un pavement.

En fait, après avoir enlevé les assises supérieures, nous avons retrouvé les restes certains d'un dallage de basalte (Fig. 128). Une trentaine de blocs étaient conservés, dans la longueur de la tranchée. Ils présentaient une face rectangulaire, et étaient alignés par bandes inégales.

On peut considérer qu'ils représentent le dallage de la rue de Justinien — malheureusement très partiellement conservé — et réutilisé par la suite, ainsi qu'en 19—M, comme fondation de constructions médiévales.

PLANS XLVII, XLVIII. Les restes que nous avons retrouvés sous ce pavement, deux mètres plus bas, sont antérieurs à la rue romaine monumentale. Elle semble avoir disparu sans laisser de traces: en tous cas nous ne rencontrons ni son dallage, ni le caniveau qui d'ordinaire nous en indique la présence. Dans ces deux mètres de remblais la poterie retrouvée est uniformément le *Late C* (V^e et VIe siècles). C'est l'arrachement de la rue monumentale romaine, après la catastrophe de la première moitié du VIᵉ siècle, qui a été ici plus radical qu'ailleurs.

Nous arrivons par contre (Fig. 130) sur une couche de terre rouille, rencontrée naguère dans la tranchée de 19—M, et qui recouvre un sol fait d'un mélange de ciment et de cailloux, qui s'étend largement dans le sondage.

Ce sol porte, dans sa partie Est, les restes d'un pavement très irrégulier, sur lequel sont posées deux rangées de blocs de calcaire déterminant un caniveau (Fig. 129).

Comme au début de cette description, il paraît ici préférable de partir du pavement. Il est fait de blocs de remploi, éléments de calcaire dur, qui paraissent arrachés à des monuments, pavés empruntés à une rue antérieure. Certains d'entre eux sont creusés d'ornières, qui ont été cette fois posées transversalement, par rapport à l'axe de la rue.

Ce pavement ressemble nettement à celui que nous avons retrouvé en 16—P sous la rue monumentale, et que j'ai appelé: niveau romain antérieur.[2]

Le pavement est bordé à l'Est par une rangée continue de blocs de calcaire, contre lesquels il vient s'appuyer. Ils mesurent 67 cm. de longueur, et forment un rebord très net. A 50 en arrière, au-delà d'un intervalle, se trouve une seconde rangée de blocs, plus étroits et plus irréguliers, qui forment évidemment l'autre paroi d'un caniveau longeant le pavement. Ce caniveau a dû être fermé par une rangée de dalles, qui formaient marche au-dessus du dallage, et constituaient à l'époque le rebord Est du trottoir.

Pourtant, les deux blocs qui ont été trouvés posés sur le rebord intérieur du caniveau n'en faisaient pas partie. Ils appartiennent à un système postérieur. En effet, sur le pavement même est alignée, à 70 à l'Ouest de son extrémité, une nouvelle rangée de blocs, assez soigneusement taillés et posés — leur largeur commune est de 75 — qui délimitent un second caniveau. Cette rangée de blocs est conservée une première fois, au Sud, sur 4 m. de longueur, une seconde fois sur 1 m. 75. Ici encore, il faut rétablir des dalles de couverture, disparues. Il s'agit d'un remaniement de la rue, qui correspondait sans doute lui aussi à un dallage, qui n'est pas attesté par ailleurs. La largeur de la chaussée s'était trouvée réduite de 1 m. 35, son niveau élevé de 30 cm.

Si nous assimilons le pavement retrouvé au pavement romain «antérieur,» de 16—P, nous avons ici attesté un pavement romain «intermédiaire,» qui n'a peut-être

[2] Ci-dessus, p. 67.

existé que localement. Il est en effet évident que nous ne pouvons conclure à l'existence généralisée d'un pavage de la rue, sur toute la traversée de la ville, parce-qu'un dallage se trouve une fois attesté dans un sondage particulier.

Ici la rue monumentale a disparu, mais il reste possible que ce caniveau ait fait partie de son dispositif; dans ce cas le rebord à gorge de la chaussée romaine aurait été posé — compte tenu peut-être d'une autre assise et certainement du ciment de nivellement — sur le rebord Est de ce caniveau, de telle sorte que la chaussée aurait conservé la même largeur. Le profil ressemblerait à celui de 19—M.

Cette hypothèse, quelque peu hasardeuse, serait renforcée si nous pouvions considérer comme les fondations d'une base de colonne deux blocs de béton, situés d'axe en axe à une distance de 3 m. 85, et placés immédiatement en arrière de la paroi Est du caniveau primitif.[3] La longueur Est-Ouest de la mieux conservée, celle qui est prise au Sud dans la paroi de la tranchée, est de 1 m. 70, pour une épaisseur que nous n'avons pas mesurée.

Leur sommet est à 70 cm. au-dessus du dallage primitif de la rue, à 35 au-dessus du rebord actuel du caniveau tardif.

Si l'on veut essayer de restituer, à partir de cette hypothèse, les fondations de la rue monumentale, il faut tenir compte d'un élément de mur en briques, qui part au-dessus de ces blocs de béton et repose sur leur extrémité, puis sur de modestes fondations. J'ai cru, mon carnet de notes l'atteste, que l'existence de ce mur empêchait de restituer un portique continu. Je crois maintenant qu'il n'en est rien. Les fondations de béton portaient sans doute, comme en 19—M, une ou deux assises de blocs, et c'est contre ces assises arrachées que le mur de briques venait s'appuyer. Il a pu faire partie des substructions du portique: il faudrait supposer que sa hauteur est entièrement conservée. Il est composé de dix assises de briques, qui portent une dalle plate; celle-ci marquerait le niveau du portique monumental.

En dégageant ce niveau, nous avons rencontré deux fragments de colonnes, l'un pris dans un alignement de

[3] L'entrecolonnement, en 19—M pour le portique Ouest, était de 4 m. 80. (ci-dessus, p. 32) Il serait ici de 3 m. 85. Cette différence impliquerait une rupture dans l'organisation du portique. Dès lors il conviendrait de reprendre l'hypothèse de la présence en 19—M de la façade monumentale d'une édifice aligné sur la colonnade. Mais les bases de la restitution que j'envisage ici restent bien fragiles.

pierres, dans la face Ouest de la tranchée, à 52 sous le pavement de basalte, l'autre posé directement sur le caniveau primitif, à un endroit où le dallage est arraché (Fig. 130). Il s'agit de colonnes en granit gris.

Le premier élément mesure, si l'on ne tient pas compte d'une fêlure, 2 m. 36 de hauteur pour un diamètre de 60,5.

Le second mesure 1 m. 29. C'est le haut de la colonne: le diamètre en bas est de 54,5; au-dessus de l'astragale irrégulière, dont la hauteur varie de 5,5 à 8 cm., on retrouve un diamètre de 60,5.

On peut supposer que ces deux éléments appartiennent au même fût. En tous cas, ils font partie de la même colonnade. Il est vraisemblable qu'il s'agit de celle de la rue monumentale: dès lors les colonnes auraient eu environ 6 m. de hauteur totale — dix diamètres — base et chapiteau compris. Il suffira pour le moment de rappeler que les colonnes de Palmyre ont 9 m. 50 de hauteur, pour 95 cm. de diamètre.

Sous le dallage romain antérieur, nous trouvons, à 65 — épaisseur des pavés compris — le niveau en cailloux tassés de la rue hellénistique. Il comporte deux belles ornières, séparées par 1 m. 47 d'axe en axe.

C'est tout ce que renferment mes notes sur ce sondage, dont le but a été rempli: nous avons en effet disposé de lignes Sud-Nord suffisamment claires pour poursuivre nos recherches sur le point de rencontre des deux axes successifs de la rue.

V. MAIN STREET DIG VII. 16–O SUD

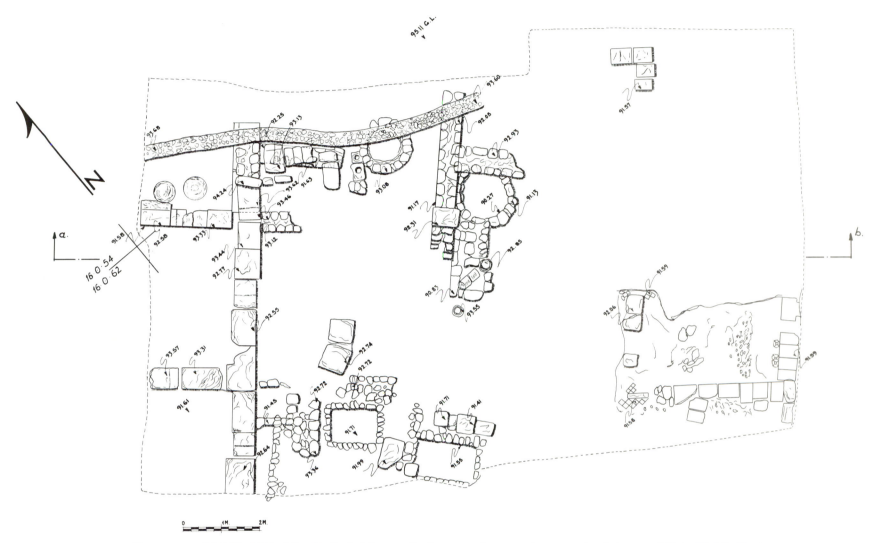

PLAN XLIX. M.S.D. VII. 16–O Sud. Niveau I. Constructions arabes post-justiniennes (93 à 91.50) En bas,
le pavement en *opus sectile* est posé au-dessus de la mosaïque du portique du VIe siècle (91.59)
Pour des raisons de mise en page, l'orientation des plans dans ce chapitre, est modifiée. La route est à gauche

Après avoir reporté sur le plan cadastral les directions obtenues pour l'axe de la rue de l'antiquité, en 19—M. et 17—N d'une part, 16—P d'autre part, il a été possible de définir, avec une chance restreinte d'erreur, la région où les deux directions successives, celle du Sud et celle du Nord, se coupaient — le point où, à ces différentes époques, la rue s'infléchissait. De nos jours, la route forme un angle léger après le pont du Parmenios. Les tracés précis d'A. Athanassiou ont montré que, dans l'antiquité, l'angle se trouvait plus au Sud, de l'autre côté du passage moderne du torrent. Nous avons été amenés à entreprendre au bord de la route, trois sondages successifs, qui s'appellent dans les dossiers de l'expédition 16—O/1, 16—O/2 et 16—O/3. En fait, 16—

O/1 et 16—O/3 sont deux phases successives d'un même chantier, où nous avons travaillé d'abord en 1936 puis en 1938. En 1937, nos mesures de l'époque nous avaient amenés à faire une tentative un peu plus au Sud, entre 16—O et 17—N. Les résultats de ce sondage le font entrer dans la série de ceux que nous venons d'étudier: c'est pourquoi je le présenterai d'abord.[1] Je l'appellerai 16—O Sud, et l'autre 16—O Nord.

PLAN XLIX. Contrairement à ce qui s'était passé en 16—P, où nous avions d'abord, le long de la route, rencontré quatre mètres de remblais avant d'atteindre le

[1] Sur ce sondage voir dans *Antioch* III, R. Stillwell, «Outline of the Campaigns»: 16—O Dig 2, p. 12.

niveau, solidement constitué, de l'église médiévale entourée de son cimetière, des murs ont apparu en 16—O dès le départ, au moment même où la fouille arrivait au niveau de la rue moderne, qui passe dans cette région légèrement en contre-bas des oliveraies qu'elle traverse. Nous avons rencontré là des restes extrêmement confus, étroitement superposés, qui devaient en moins de quatre mètres — de 95.11 à 91.28 — nous amener sur le dallage de Justinien, et, 40 cm. plus bas, sur le rebord de la chaussée romaine monumentale — 90.87.[2]

Le dernier témoin d'une occupation humaine est une canalisation de poterie, retrouvée sur une longueur de 9 m. Elle descend légèrement de l'Est vers l'angle Nord-Ouest de la tranchée. La poterie a été protégée au moyen d'une gangue de cailloux pris dans un ciment très dur. Ce procédé, dont nous avons retrouvé l'emploi dans une autre fouille, en 17—O, et là aussi dans un niveau superficiel, ne peut être daté: nous sommes ici à 1 m. 50 sous le sol du jardin, à peine au-dessous du niveau de la route. Ce tuyau est très récent, et peut correspondre à l'irrigation d'un jardin au siècle dernier (Fig. 131).

Il repose en partie sur un mur, qui par ailleurs le domine de 60 cm. Ce mur est plus ancien, et a peut-être été détruit davantage pour permettre le passage de la canalisation. Il est en effet associé à un mur extrêmement puissant, qui traverse toute la tranchée du Sud au Nord. Ce mur est constitué par d'énormes blocs taillés aux arêtes quelque peu éraflées, donc évidemment remployés. Le sol sur lequel il repose est à la cote 91.22 — trois mètres plus bas. De ce mur partent vers l'Ouest, au même niveau, deux murs perpendiculaires de même nature, qui s'enfoncent sous la route. Ces murs, dont certains blocs mesurent 1 m. de long pour 1 m. 50 de hauteur et 70 cm. d'épaisseur, comportent au-dessus de cette assise gigantesque les restes d'assises supérieures, faites de blocs plus petits posés les uns sur les autres. Comme certains sont écornés, il y a des décrochements et des raccords, voire des remplissages, qui marquent de la part des constructeurs une absence totale de souci architectural. Il n'est pas impossible par conséquent que le complément en petites pierres, qui repose sur les blocs de base et s'appuie sur un bloc analogue appartenant à

une seconde assise, ait appartenu à l'édifice primitif: on se servait évidemment alors des matériaux qu'on avait sous la main, quel que soit leur format.

Nous reconnaissons ce procédé, même s'il est employé ici avec une ampleur plus accusée qu'ailleurs: il s'agit des constructions mises en place par les arabes après la destruction de la ville reconstruite sous Justinien; et c'est sur le pavé de 540 que ces murs devaient reposer. La vérification de l'hypothèse a d'ailleurs été immédiate (Fig. 132). Une partie d'un pavement de basalte, flanqué vers l'Est d'un caniveau, a en effet apparu.

Cet édifice a connu deux époques d'utilisation: à 1 m. 20 au-dessus de son sol primitif on trouve à l'intérieur de la première salle, vers le Nord, deux grandes jarres de poterie, brisées, dont le diamètre dépassait pour l'une 60, pour l'autre 70 cm. (Fig. 133). A l'Est de cet ensemble apparaissent d'autres constructions récentes, contemporaines semble-t-il du remploi du monument. On reconnaît, sous le tuyau renforcé, les traces d'un dallage en pierre, très grossier: il existe dans l'étendue du sondage des éléments de dallages comparables, entre les cotes 92.25 et 91.72.

Dans ce dallage, au Nord de la fouille, s'ouvre un puits, de section circulaire, avec un parement appareillé. Un peu plus loin, vers l'Est, il reste une seule assise d'un mur double face avec ciment intérieur, auquel vient s'appuyer, plus bas, un second puits (Fig. 134).

Dans cette partie de la fouille, on rencontre trois tuyaux posés verticalement; la salle ou le dispositif, quel qu'il fût, d'où ils descendaient, le pavement à travers lequel ils passaient sans doute, ont également disparu. Ils sont faits d'éléments disparates, et se rejoignent dans une masse de maçonnerie, qui repose, on le verra, sur un égout — l'égout de la rue monumentale romaine, qui restait paradoxalement en usage plusieurs siècles plus tard.[3]

Au Sud de la tranchée, on trouve à un niveau comparable des murs de mauvaise construction, qui entourent sur deux côtés une sorte de fosse, autrefois sans doute souterraine et voûtée, une latrine d'époque très tardive. Près de cette fosse a été trouvée une cuvette en marbre, pourvue de quatre oreilles, comme les cuvettes en marbre des latrines arabes de notre temps. Le fond de cette fosse est à 91.71 (Fig. 135).

---

[2] Ce resserrement des niveaux, on le verra, est causé par le souci des ingénieurs chargés de réaménager la rue, aux époques successives, d'amortir la pente nécessaire, à l'époque hellénistique, au franchissement des voûtes qui laissaient passer les eaux du Parmenios en crue, et qui seront dégagées en 16—O Nord, ci-dessous p. 106.

[3] Je m'explique mal l'existence de trois tuyaux: peut-être partaient-ils de salles différentes, et correspondaient-ils à des fonctions variées — gouttières, éviers. Comparer les puits de la cuisine du XIe siècle en 19—M, ci-dessus p. 23.

Après enlèvement des restes les plus tardifs, nous avons distingué plus clairement les débris appartenant à un niveau inférieur, celui semble-t-il du grand monument posé sur le pavement en basalte après son abandon. Je me contenterai d'une énumération.

A l'Est de la première fosse, on en a dégagé une seconde, analogue, mesurant en plan 135 × 100. Elle est moins mal construite, en moellons, et a été recouverte d'une voûte. La face Ouest s'est écroulée, et se trouve surmontée de quelques pavés. Cette fosse descendait au-dessous du niveau du pavement byzantin, disparu en très grande partie dans la région Sud de la fouille (Fig. 136).

Immédiatement au Nord de cette fosse passe une puissante canalisation en pierre, qui descend transversalement du Sud-Est au Nord-Ouest, où elle s'enfonce sous le dallage byzantin, avec lequel par conséquent elle doit être étudiée (Fig. 139).

Des murs enfin, en dehors des énormes murs déjà décrits, reposent sur le dallage et appartiennent au même système. L'un de 51 de largeur, est à peu près perpendiculaire au grand mur Sud-Nord, et part vers l'Est. Il est composé d'abord d'un seul grand bloc d'appareil, qui garde les traces d'une moulure, puis de deux assises d'un mur double-face en moellons taillés (Fig. 143). Un peu plus au Sud, un mur double-face analogue était aussi conservé sur 1 m. de long (Fig. 137). Il était dans le prolongement du mur transversal Nord du grand édifice.

Parallèlement au grand mur Nord-Sud, on trouve plus à l'Est les restes d'un mur assez puissant, fait à la base de matériaux de remploi et couronné d'un mur de moellons taillés (Fig. 137). Le mur que nous venons de décrire le rejoignait et le traversait peut-être. Mais immédiatement à l'Est de leur rencontre, la fouille était encombrée par un large puits relié en apparence par un petit élément de mur en moellons à un second puits beaucoup plus étroit. Nous verrons que ces puits descendaient non pas jusqu'à la nappe phréatique, mais, comme les tuyaux du niveau postérieur, jusqu'à une canalisation placée sous le caniveau de la chaussée romaine monumentale.

Dans la partie Est de la tranchée se trouvent superposés une série de sols, dont le plus récent est à la cote 91.59, le plus ancien à la cote 91.37. On ne peut les dissocier de l'étude du niveau du VIᵉ siècle: le pavement de basalte, je le rappelle, est ici à la cote 91.28 (Fig. 138).

Il apparaît que, à l'emplacement de ce sondage, un édifice considérable a été construit après l'occupation arabe sur le portique Ouest de la rue, à l'endroit même où la rue s'était maintenue en 19—M, à l'endroit où de nos jours la route se trouve ici-même. Par ailleurs, à l'Est de cet édifice, des murs moins robustes, mais contemporains, même si leur construction est un peu postérieure, ont été eux aussi posés sur le niveau de Justinien — en particulier sur le pavement de basalte de la rue.

L'absence de murs et de tous autres restes, dans la partie Est de la fouille, donne à penser que c'est au-dessus du portique oriental, dont nous venons de signaler les sols des VIᵉ–VIIᵉ siècles, que s'est maintenue la circulation pendant la période où le grand monument et ses annexes ont été en usage.

Il importe de remarquer que, contrairement à ce que nous avons constaté en 19—M et 16—P il n'y a pas ici de tuyaux du moyen-âge: la seule canalisation que nous ayons rencontrée, tout près de la surface, est moderne. Les seuls tuyaux, au centre de la fouille, modernes eux aussi, étaient verticaux. Par contre, nous allons trouver à l'époque de Justinien, sous le pavement et non pas sous le portique, une série de canalisations. C'est là une constatation importante, dont il faudra reprendre l'étude, une fois présentés les résultats des autres sondages de 16—O.[4]

Les monnaies retrouvées dans cette fouille, au-dessus du dallage de la rue byzantine, sont mêlées sans stratification aucune; elles représentent toute la période qui va de l'arrivée des arabes à l'occupation franque. En voici la liste, telle qu'elle ressort des fiches du service du catalogue:

monnaies musulmanes: 12

monnaies byzantines: Jean I Tzimiscès (969–976): 4
Michel IV le Paphlagonien
(1034–1041): 10
Théodora (1042): 3
Constantin IX Monomaque
(1042–1054): 1 (?)
Constantin X Doukas
(1059–1067): 3 (+ 1 ?)
Michel VII (1071–1078): 1
Alexis I Comnène
(1081–1118): 1

monnaies franques: 5

---

[4] Ce changement de dispositif est lié aussi au proche passage de la voûte.

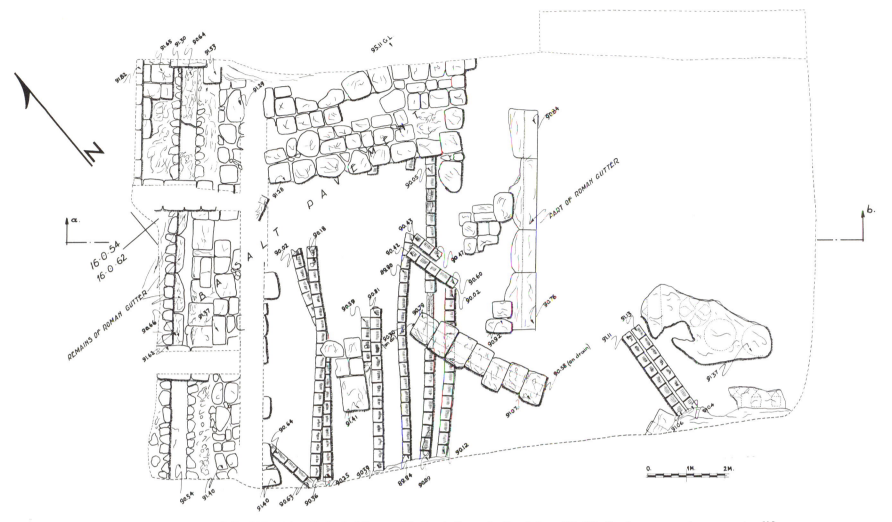

PLAN L. M.S.D. VII. 16—O Sud. Niveau II. Le dallage de Justinien (91.28) En haut, sous les murs tardifs,
égout construit sur le rebord Ouest de la chaussée romaine monumentale. En bas, bord Est (90.76).
La canalisation de pierre (91.58) disparaît en haut sous le dallage (91.28).
Tuyaux sous la chaussée. En bas à droite, mosaïque du portique du VIᵉ siècle

Quelques monnaies antérieures ont été retrouvées dans les déblais: Hellénistique: 1. Constance II: 1. Arcadius ou Honorius: 1. Maurice Tibère: 1. plus «Early Byzantine»: 4.

Les lampes sont médiévales, dont quelques-unes glacées.

Les fragments de poterie glacée sont nombreux. Les couleurs notées sont: blanc, jaune, vert, vert foncé, bleu, cobalt, turquoise, brun, brun foncé. Certains sont nuancés de jaune et de vert, avec ou sans décor incisé. Tout cela est très banal, de même que la présence de quelques tessons vernissés rouges. Remarquons quelques fragments de poterie persane bleue, et de Samarra.

PLAN L. Le pavement en basalte est moins bien conservé qu'en 19—M, mieux pourtant qu'en 16—P: on le rencontre, dans la partie Nord de la tranchée, sur toute la largeur de la rue justinienne, ou presque. A

l'Ouest, les gros murs l'ont protégé, qui sont posés directement sur ses blocs. Ceux-ci ne sont ni aussi soigneusement taillés, ni aussi rigoureusement mis en place qu'en 19—M. Il y a d'ailleurs des traces de remaniements: par endroits, on trouve une seconde couche de pavés posée sur la première (Fig. 139).

La partie la plus remarquable et la mieux conservée est l'égout qui, à l'Ouest, longeait le pavement. Il est cette fois parfaitement net, et justifie nos restitutions. Il a pour fond le caniveau-rebord de la chaussée romaine monumentale à 70 cm. au-dessous du niveau du pavement. Les parois sont faites de moellons équarris très soigneusement posés et cimentés (Fig. 140). Il a 44 cm. de largeur moyenne.

Il était couvert par des dalles plates, de 21 cm. d'épaisseur, qui faisaient partie du pavement d'un trottoir, clairement attesté, et conservé en particulier sous les deux murs transversaux. Il semble s'être arrêté aussitôt après avoir recouvert le joint entre le rebord du caniveau et la première rangée des pavés de la chaussée. Le long de la façade Nord de la tranchée, il est conservé sur une largeur de 2 m. 05. Il s'arrête à cet endroit à l'Ouest contre une assise de pierres plus hautes de 16 cm. que j'ai prises d'abord pour la base d'un mur, pour y reconnaître plus tard les restes d'un stylobate (Fig. 140). La rangée de pierres se présente en effet comme formant une seconde marche, en arrière de la première. Le trottoir et cette assise sont en calcaire dur.

Il est difficile de restituer symétriquement, à l'Est du dallage, un dispositif analogue. On a en effet, de ce côté, continué pendant plusieurs siècles à utiliser un égout antérieur, situé à 1 m. 10 sous le rebord de la chaussée romaine. C'est une variante plus libre, et aussi de plus fort débit, de l'égout découvert en 19—M directement sous la gorge du rebord. Il représente évidemment la suite de l'égout que nous avons retrouvé en 17—N, placé sur le pavement romain antérieur.[5]

Je n'ai pas réussi à reconnaître le dispositif qui se trouvait de ce côté au niveau du VIe siècle: il avait été en partie oblitéré par l'intrusion des «puits», venus des niveaux médiévaux pour rejoindre l'égout romain (Fig. 143). Dans la partie Sud de la fouille, le caniveau romain lui même est arraché. Je ne puis affirmer que le rebord du pavement tel qu'il se présente au Nord de la tranchée, avec six ou sept blocs à peu près alignés, en représente la limite ancienne. La distance de ce rebord au caniveau romain — 2 m. — est nettement supérieure à celle qui est attestée à l'Ouest — 1 m. 25. La largeur de la chaussée byzantine était supérieure à 6 m. 50.

Sous le pavé byzantin courent des canalisations. Des tuyaux de poterie d'abord — ce qui est nouveau. Nous avions jusqu'ici rencontré les tuyaux sous les portiques, et non pas sous la chaussée. Il paraît évident qu'ils n'ont pu être placés là qu'au cours même de la reconstruction, avant que le dallage soit posé: il est difficile d'imaginer qu'on l'ait ensuite ouvert, dans la longueur, pour y introduire ces tuyaux. D'après leur niveau, il est certain que les deux premiers sont postérieurs à coup sûr à la destruction de la rue monumentale: ils sont au niveau qu'occupaient auparavant ses pavés — autour de la cote 90.30. D'autres sont plus profonds ou plus superficiels: il y en a quinze en tout, parmi lesquels sept seulement sont à peu près parallèles à l'axe de la rue. Les autres sont placés en biais, en général selon une direction Sud-Est Nord-Ouest. Ce problème mérite quelque attention.

Nous avons mis au jour dans la fouille outre les tuyaux, une énorme canalisation faite de blocs de pierre calcaire, qui mesurent 55 cm. dans la longueur, pour une largeur — au carré — de 65 à 88. Sept sont encore en place: ils sont percés d'un trou central circulaire de 22 de diamètre.[6]

Les joints sont très fortement cimentés. Les trous n'ont pas été percés exactement au centre des blocs, ce qui explique des décalages dans leur alignement. L'un d'entre eux était percé en outre d'un trou transversal, gagnant le canal central, et bouché avec soin avec une pierre cimentée. Nous avons trouvé des ouvertures comparables sur des tuyaux de poterie.

Par chance, la direction de cette canalisation est clairement confirmée: un bloc a été retrouvé près du coin Sud-Est de la tranchée, et deux autres s'enfoncent sous le gros mur, près du coin Nord-Ouest. Ainsi se trouve résolu le problème essentiel. Je n'ai pas la cote de l'élément Sud-Est; le bras principal descend de 91.07 à 90.79, soit 28 cm. sur une longueur de 3 m. 80. Nous sommes encore au voisinage du niveau de la chaussée justinienne — 91.28. Mais l'extrémité Nord-Ouest s'enfonce sous le dallage (Fig. 139). Nous pouvons donc considérer que cette extraordinaire canalisation a été posée avant ou en même temps que lui; qu'elle date des années qui ont suivi 540: bien entendu, il a fallu pour l'introduire arracher le rebord de la chaussée romaine; elle passe sur les dalles de couverture de l'égout sous-jacent. Il s'agit évidemment d'un tuyau sous pression, qui a dû conduire, à l'Ouest de la route, à quelque fontaine jaillissante.

Il est accompagné dans son trajet par deux canalisations en poterie du type ordinaire, quoique d'un diamètre supérieur et d'une fabrication plus robuste (longueur: 30 + 6.5; diamètre externe: 26.5): couleur brique; renflement central; fortes ondulations. Ces tuyaux paraissent avoir été introduits après coup dans une mosaïque, qui, nous le verrons, ornait le portique justinien. On a en tous cas taillé un bloc, qui fait partie du système romain monumental, pour les laisser passer (Fig. 142).

Ces deux tuyaux m'ont semblé reparaître plus loin, où deux éléments courbes s'infléchissent vers le Nord-Est au-delà de l'égout romain. Ils sont de la même fabrication. On en retrouve un, qui s'enfonce sous le dallage: il semble tourner alors vers le Nord, grâce à un bloc de

---

[5] Ci-dessus, p. 67.

[6] Nous n'avons pas rencontré à Antioche d'autres canalisations de ce type.

liaison où il vient s'encastrer. Je n'ai pu le suivre plus loin.

Deux autres tuyaux, très mal conservés, suivent eux aussi une marche Sud-Est, Nord-Ouest, pour s'enfoncer comme la canalisation de pierre sous le dallage byzantin, et sans doute sous l'égout que son trottoir recouvre (dernière cote: 90.64; cote du fond du canal: 90.34; distance: 2 m. 50).

Les autres vont du Sud au Nord. Certains suivent l'égout romain, et l'un d'entre eux est enveloppé d'une gangue de ciment; l'autre, au moment où il passe sous l'égout, est interrompu et remplacé par un gros tuyau de plomb (longueur: 1 m. 47; diamètre 17). Leurs éléments mesurent respectivement 30 + 5 et 32 + 5 de longueur, pour 26 de diamètre.

Deux autres, analogues, vont dans l'axe de la rue. L'un monte rapidement du Sud vers le Nord. Deux autres encore, plus à l'Ouest, suivent un tracé plus capricieux. Leurs cotes sont légèrement différentes, mais leur qualité est la même.

Enfin, plus bas que tous les autres, dans la partie Est de la fouille, se trouve un tuyau d'un autre type, en terre beige, d'un profil concave, avec des ondulations aplaties (largeur: 34 + 5; diamètre: 23). Il est le seul qui puisse avoir appartenu non pas à la réfection byzantine mais à un niveau romain. Il est à la cote 89.50.

Il y a là trois faits exceptionnels. La présence de tuyaux sous le dallage de la chaussée, la présence d'une canalisation de pierre, l'orientation oblique de cette canalisation et de plusieurs tuyaux. Rappelons que nous avions trouvé près de la surface un tuyau moderne orienté Est-Ouest: il a dû exister vers l'Est, aux différentes époques, un château d'eau qui a été utilisé, concurremment avec les tuyaux qui descendaient la rue, pour alimenter directement certains édifices du quartier Ouest.

Rappelons que nous n'avons pas rencontré, au-dessus du dallage de Justinien, de tuyaux médiévaux.

L'étude de la rue de Justinien comporte une dernière partie. En effet, alors que nous n'avions rien rencontré, pendant près de quatre mètres de profondeur, dans le tiers oriental de la fouille, nous sommes arrivés à partir de 91.50, à plusieurs sols superposés, de caractère soigné. A l'examen, ces sols peuvent se réduire à deux: il y a en effet, d'abord, les pauvres restes d'un pavement en *opus sectile* — et, ailleurs dans le voisinage, des restes soit de

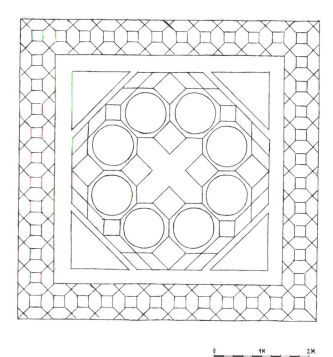

PLAN LI. Mosaïque du portique du VIᵉ siècle. Schéma

son ciment de pose, soit du lit de fondations; puis il y a, à la cote 91.37, une mosaïque, dont on retrouve aussi ailleurs, plus ou moins attestées, les couches de fondations. La photographie (Fig. 138) permet de se rendre compte de l'aspect de ces restes, avant tout dégagement.

On remarque d'abord un sol de béton, limité vers l'Ouest, contre la face de la tranchée, par une série de belles dalles de marbre. Au Sud, d'autres dalles, de marbre et de pierre, sont engagées dans ce béton. Au-delà d'une rangée de moellons alignés, il porte une couche de ciment qui garde les restes d'un pavement en *opus sectile*. Je n'ai pas d'indication sur le schéma de ce sol, qui était sans doute, si j'en crois un de mes croquis, un simple carrelage diagonal.

Par contre la mosaïque du niveau inférieur (Fig. 142) est suffisamment conservée pour qu'il soit possible de la décrire, et même d'en restituer la composition d'ensemble (PLAN LI). Il nous reste en effet des éléments d'un grand carré, placé parallèlement à l'axe de la rue, où s'inscrit un losange, défini au moyen de quatre triangles dans les angles. La surface ainsi obtenue, encadrée de lignes blanches, puis de bandes d'octogones imbriqués, est occupée par une composition complexe d'octogones et de carrés, qui ne se comprend qu'en restituant au centre une sorte de croix. Le dispositif fait penser à un schéma d'*opus sectile*, mais traité à grande échelle, et avec des éléments richement décorés. Nous avons retrouvé un peu moins de la moitié du motif d'ensemble.

Ce qui caractérise le décor intérieur de chacun des éléments de la composition, c'est un grand souci de vari-

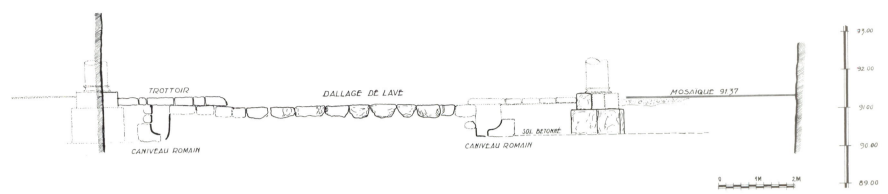

PLAN LII. Le niveau du VIe siècle. Schéma de reconstruction. Des éléments du stylobate et du trottoir étaient
conservés à l'Ouest; à l'Est, reconstruction symétrique à partir d'un élément du stylobate

été et d'éclat. Sauf quelques parallélépipèdes complémentaires, traités en caissons, et qui se ressemblent, chacune des autres surfaces porte un motif différent: pour les cercles qui occupent les trois octogones conservés, ce sont des cercles imbriqués — quatre petits, tangents au cercle extérieur, dans un cas, quatre arcs tracés à partir du diamètre de ce cercle, dans l'autre. Dans le troisième cas, le même motif est enrichi d'un anneau autour du centre et de courbes qui en font un fleuron. Les carrés sont plus simples, avec des zigzags richement dégradés, comme dans l'angle, avec aussi un quadrillage divisé en triangles noirs et blancs, et dans le dernier cas, la rencontre de quatre prismes en perspective — un des motifs les plus absurdes du répertoire de l'époque.

Les couleurs sont nombreuses et belles — noir, rouge, rose, deux jaunes, trois gris, un blanc. Dans la bordure, les hexagones sont beiges sur fond blanc. Il y a sept cubes pour dix centimètres. Le carré mesurait 4 m. 80 de côté, 6 m. 28 avec les bordures. Le fragment conservé mesure 3 m. 50 dans sa plus grande dimension.

Une largeur de 6 m. 28 permettrait sans doute de couvrir le sol, du seuil des boutiques jusqu'au stylobate de la colonnade. Peut-être faudrait-il rajouter une bordure·

Notons que les deux tuyaux, qui sur la photo (Fig. 142) paraissent avoir été introduits après coup dans la mosaïque peuvent être antérieurs à sa pose: ils sont à un niveau inférieur 91.13 et 91.11 — contre 91.31, et sont recouverts par elle, à leur entrée dans la tranchée.

Nous avions, du côté Ouest, la preuve de l'existence, à l'époque de Justinien, d'un trottoir dallé, puis — peut-être — d'un stylobate. Nous avons ici une large mosaïque qui décorait le portique. Nous pouvons par cet exemple juger de l'insuffisance de chacun des témoignages que nous apportent nos sondages, si on les considère séparément.

Aux environs de ce sol, mais sans contact avec lui, ont été retrouvés deux morceaux de fûts de colonnes en granit rouge, de diamètre 57. L'un avait 68 cm. de longueur, l'autre 1 m. 45.

Les éléments d'une colonne de granit gris, découverts en 17—N, avaient un diamètre qui variait de 58 à 61. Nous pouvons considérer que ces deux — ou trois — colonnes peuvent appartenir au même portique, dont la hauteur devra être restituée en conséquence.

PLAN LII. Nous avons recueilli dans ce sondage plus de renseignements sur la grande rue d'Antioche à l'époque de Justinien, même que dans 19—M. Seul le sondage près de la mosquée Habib en-Najjar, s'il avait été possible de l'étendre, nous aurait donné des témoignages plus riches et plus précis. Cette fois, il paraît possible de tracer un schéma — incomplet sans doute — de la chaussée et des portiques. Il suffit de reporter à l'Est les renseignements obtenus à l'Ouest, et réciproquement. En supposant le dispositif symétrique, nous avons donc:
– une chaussée, pavée en basalte;
– un trottoir recouvert de dalles, sous lequel se trouve, à l'Ouest seulement sans doute, un égout profond, qui a pour sol le rebord de la rue romaine monumentale;
– un stylobate, dont la largeur est inconnue;
– un portique recouvert d'une mosaïque, qui s'aligne sur le rebord extérieur du stylobate et sur la façade des boutiques.

Une reconstruction graphique, partant de ces bases, permet de proposer les largeurs suivantes:

trottoir Ouest: 2 m. 03 (jusqu'au pied du stylobate)
chaussée: 6 m. 80, en supposant à l'Est un trottoir symétrique, s'étendant jusqu'à 1 m. 25 à l'Ouest du rebord de la chaussée romaine

mosaïque : 6 m. 28, plus éventuellement une bande, blanche ou décorée, le long du stylobate et le long des boutiques.

Reste la largeur du stylobate, qui par construction mesure, entre le trottoir et la mosaïque, 1 m. 45. Il faut diminuer cette cote de la largeur du raccord blanc, entre mosaïque et mur; il peut s'agir seulement de quelques centimètres.

La largeur totale de la rue, telle que nous pouvons la reconstituer, est donc de $(6.28 \times 2) + (1.45 \times 2) + (2.03 \times 2) + 6.80$ soit 26 m. 32.

Si l'on tient compte d'une dernière inconnue, le raccord de la mosaïque avec la façade des boutiques, qui peut être de 5 mais aussi de 25 cm., nous approchons très près de la largeur constatée dans nos autres sondages pour la voie romaine et ses portiques. La répartition est légèrement différente; la chaussée étant ici moins large — 6 m. 80, et par conséquent les portiques plus larges — 9 m. 76.

Cette différence entre le schéma de la rue byzantine et celui de la rue romaine sous-jacente, que nous avions constatée dans nos autres sondages, est due au remploi du rebord à gorge de la chaussée romaine comme fond d'un égout recouvert par les dalles du trottoir.

Nous reprendrons toutes ces cotes pour les comparer, dans notre dernier chapitre.

Jamais autant que dans ce sondage la confusion des tessons, et corrélativement des monnaies n'a été aussi complète. Il y a certes, à la partie supérieure, des niveaux où la poterie médiévale, glacée ou commune, est pratiquement seule présente. Il y a aussi, on le verra, une couche très épaisse où la poterie hellénistique antérieure au «pergamene» est pratiquement seule attestée. Mais dans la région intermédiaire, c'est un mélange total. A la faveur des puits et des tuyaux qui ont à toutes les époques descendu jusqu'au-dessous du dallage byzantin, jusqu'au-delà du caniveau romain, pour rejoindre le grand égout sous-jacent, la poterie arabe, les monnaies médiévales ont glissé, pour se mêler à une quantité remarquablement réduite de tessons et de monnaies de l'époque de Justinien et de l'époque romaine: même les monnaies de Constantin et de ses fils sont rares; et, bientôt, les monnaies hellénistiques viennent les rejoindre: le grand égout s'enfonce en effet dans des niveaux antérieurs à notre ère. La destruction presque totale des niveaux romains — nous savons par les autres fouilles qu'une rue pavée romaine a précédé la rue monumen-

tale — contribue à cette confusion, qui ne permet pas même de considérer qu'il existe des «dépôts scellés», ni sous le pavement de Justinien, où la poterie médiévale abonde, ni même aux abords des pavements du portique Est, mosaïque comprise; une monnaie musulmane a été trouvée dans le voisinage immédiat de la mosaïque.

J'ai dû renoncer à présenter ce désordre, qui n'apporte aucun renseignement pour tout ce qui sépare le niveau 92 du niveau 86.50.

Plan liii. Pour la première fois, ce sondage, parce que j'avais attaqué le fossé de la route moderne, nous a permis de dégager à la fois les deux rebords de la chaussée romaine monumentale. Elle mesure en tout 9 m. 90 contre 9 m. 25 en 19—M (largeur restituée).[7]

Le caniveau romain comportait encore, à l'Est, quatre blocs, mesurant du Nord au Sud 123, 186, 110 et 148. Le profil est plus banal qu'en 16—P, mais les cotes sont comparables: la largeur du rebord est de 34, la hauteur des blocs varie entre 38 et 40, leur longueur entre 56 et 77. Les blocs sont toujours taillés vers l'intérieur de la même façon, pour permettre par leur irrégularité même la mise en place du dallage polygonal (Fig. 141).

Sur la surface de la fouille, dans sa partie Est, s'étend à 90 cm. sous la mosaïque justinienne un sol bétonné continu. Les blocs des caniveaux sont placés non pas dessus, mais à quelques centimètres plus haut: ils en sont séparés par une mince couche de terre. Il en est de même de trois beaux blocs d'appareil alignés à 1 m. 48 à l'Est du caniveau: ils sont liés au sol par du ciment, en avant et en arrière seulement par de la terre.

Ces blocs mesurent: $132 \times 67 \times 58$; $125 \times 65 \times 57$; $68 \times 68 \times 55$. Deux d'entre eux paraissent remployés: un troisième est entaillé dans un angle, un autre a un bossage à la partie supérieure. Ils sont nettement au-dessous du sol mosaïqué de l'époque justinienne, et peuvent représenter les restes des fondations d'une colonne (Fig. 135).

Il est évidemment difficile de comparer ce dispositif, qui reste obscur, à celui de 19—M, ou même de 16—P. Nous sommes peut-être en présence d'un élément de fondations surélevées par les architectes du VIe siècle. La partie Ouest de ces blocs correspond seule à l'espace prévu, dans notre restitution, pour le stylobate.

Sur le côté Ouest, entre les murs massifs des constructions postérieures, nous n'avons pu que repérer la gorge du caniveau.

[7] Ci-dessus, p. 34.

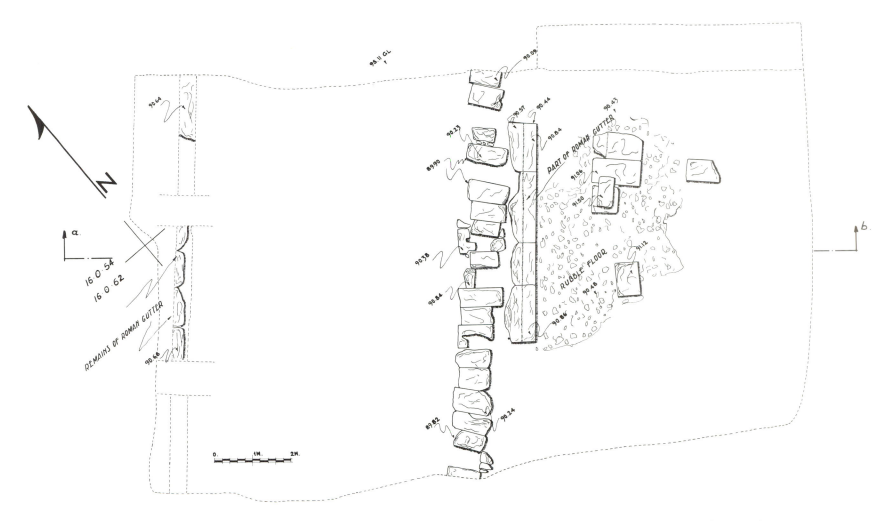

PLAN LIII. M.S.D. VII. 16—O Sud. Niveau III. Restes de la rue romaine monumentale. Les deux caniveaux
(Ouest 90.68 et Est 91.57) avec l'égout sous-jacent (90.24) sont attestés ensemble pour la première fois.
A droite, on voit le sol du portique romain Est (90.48) et les restes du stylobate byzantin (91.50)

A l'Est et en contrebas du rebord de la chaussée romaine, nous avons dégagé un égout de dimensions considérables. Ses dalles de couverture sont irrégulières — la cote moyenne était 90.23, contre 90.57 pour le fond de la gorge. Cet égout était donc placé directement sous le pavement polygonal. Il traverse toute la fouille, du Sud au Nord. Son sol est à 89.07 (Fig. 144).

Il est construit en grande partie en matériaux de réemploi. Le fond est fait de briques mal conservées, les parois de blocs d'appareil, dont deux, en calcaire tendre, étaient ornés d'un élément de demi-colonne (Fig. 145). Les parois ont deux ou trois assises, pour une profondeur de 80. La largeur est de 40. La hauteur extérieure, dalles de couverture comprises, est de 115.

Rappelons que l'égout, situé à peu près à la même place en 17—N, reposait sur ce que j'ai appelé le pavement romain antérieur, qui n'est pas attesté ici. Des éléments d'un pavement du même genre paraissent remployés aussi bien dans les parois que parmi les dalles de l'égout.

La photographie (Fig. 141) montre bien les rapports entre le pavement de basalte du VIe siècle, le caniveau romain, et l'égout contemporain. Rappelons que la photographie (Fig. 139) montre les deux descentes postérieures de remploi de l'égout, l'une par un puits, l'autre au moyen d'une ouverture carrée, qu'on retrouve à la Fig. 137.

PLAN LIV. A la paroi Est de l'égout est adossé, dans la partie Nord et dans la partie Sud de la tranchée, un mur de grand appareil grossier, qui a un caractère de fondations. Il s'interrompt dans la partie centrale; à ce moment, deux murs de moellons partent vers l'Est, accrochés l'un, au Nord, à l'égout, l'autre, au Sud, au mur qui en double la paroi. Ils sont reliés entre eux par un mur analogue, parallèle à l'égout, à 95 cm. de distance, qui mesure 62 cm. d'épaisseur (Fig. 144). La longueur totale de ce dispositif est de 6 m. Le mur de moellons n'a que 80 cm. de hauteur.

Le mur d'appareil, qui est composé de blocs de 90 à

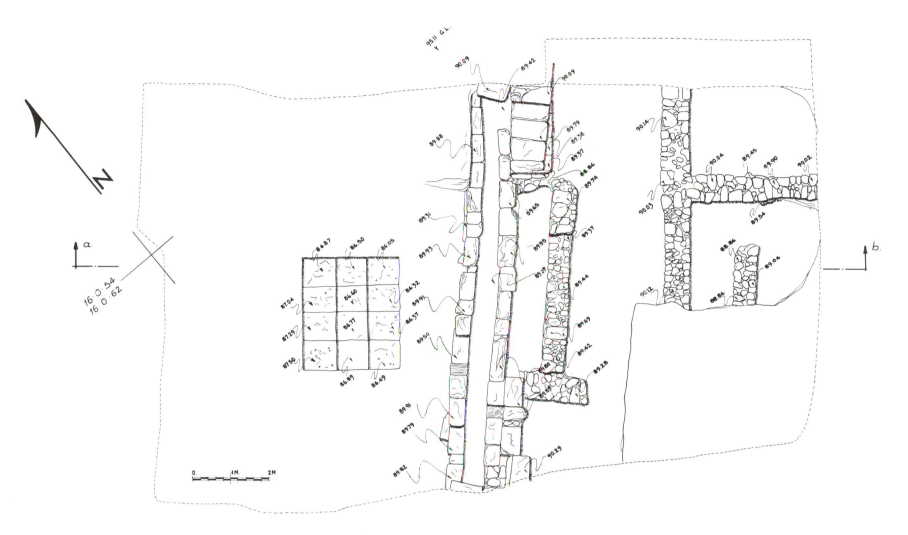

PLAN LIV. M.S.D. VII. 16—O Sud. Niveau IV. Sous la rue romaine monumentale.
Les faces de l'égout sont accrochées à des murs antérieurs; à droite, construction du Iᵉʳ siècle A.D. (90).
A gauche, sondage dans la rue hellénistique. Niveau de 87.50 à 86.05

96 de longeur, de 61 cm. de largeur, est disposé en assises qui mesurent, de haut en bas, 46, 48, 48, et 51 de hauteur; la dernière est en partie cachée par un sol bétonné qui s'étend largement dans la fouille. Il est placé exactement sous le rebord de la rue monumentale, et pourrait passer pour lui avoir servi de fondation, si une assise supérieure ne manquait pas: on ne voit pas comment elle aurait disparu. Il s'agit sans doute d'un dispositif antérieur, contre lequel on a après coup adossé l'égout romain. Je ne puis expliquer cette construction. Le mur ressemble à celui qui avait été découvert en 1932 dans le premier «Sondage route d'Alep,» présenté dans *Antioch* I.[8]

Plus à l'Est, culminant au niveau du sommet de l'égout et du mur qui lui est adossé, on trouve un système bien dessiné de murs de moellons, analogue dans leur appareil à ceux qui constituent les niveaux anciens de 16—P: ce sont des moellons en éclats et des galets posés, sans ciment. Il y a un mur Nord-Sud de

[8] *Antioch* I, p. 101.

73 de largeur et un mur perpendiculaire, de 67. Tous deux sont conservés sur 60 cm. de hauteur. Ils représentent un système de boutiques, dont les fondations seulement sont conservées, contemporain d'un niveau disparu de la rue, dont il était séparé par un large trottoir, si toutefois le mur d'appareil, remployé à cet époque, n'en a pas fait partie. Cet ensemble a été abattu lors de l'aménagement de la rue monumentale, et recouvert par le sol de béton au-dessus duquel est posé le caniveau (Fig. 146).

Un court élément d'un mur antérieur, Nord-Sud, a été dégagé à un niveau inférieur: son sommet était à 30 cm. sous les fondations des murs que nous venons de décrire. Il était d'aspect analogue. Ce sont là les modestes traces des niveaux préromains.

PLAN LV. Sous tous ces restes s'étend un sol de cailloux tassés, analogue à celui que nous avons rencontré comme pavement des rues hellénistiques. Seul le mur situé contre l'égout y est encastré, pour la moitié de son

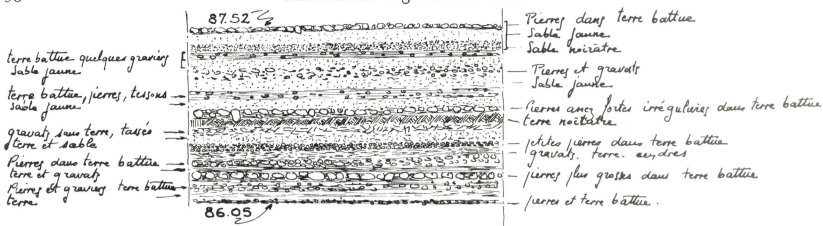

PLAN LV. Le sondage à travers les empierrements de la rue hellénistique. Dans les niveaux inférieurs
on a trouvé de la céramique préclassique

assise inférieure. Il est un peu au-dessus de la cote 88. Toute la couche de céramique trouvée au-dessus est homogène, et datée du IIe siècle avant notre ère.

Nous avons percé ce sol dans l'axe de la rue, et sommes descendus ainsi d'abord jusqu'au niveau 87.52, puis jusqu'au niveau 86.05. Ce sondage a révélé une étonnante série de rempierrements successifs (Fig. 147).

Je ne puis que recopier mes notes, avant de reprendre l'analyse que F. O. Waagé a donné des tessons et des monnaies qu'ils contenaient.

6.80 à 7.20

(1) Pierres dans une couche de terre battue. Au-dessous, couche homogène de sable jaune, puis couche de sable noirâtre.

7.20 à 7.50

(2) Sol de terre battue avec seulement un peu de gravier. Au-dessous, couche de sable jaune.

7.50 à 7.70

(3) Sol de pierres et gravats. Dessous, sable jaune.

7.70 à 7.85

(4) Terre battue, avec quelques pierres et des tessons, puis couche de sable jaune.

7.90

(5) Couche de pierres plus grosses, irrégulières, dans une couche de terre battue. Au-dessous: lit de terre noirâtre.

8.10

(6) Couche de gravats sans pierres, bien tassée. Au-dessous, mélange de sable et de terre. Pas de tessons.

(7) Petites pierres tassées dans de la terre battue; au-dessous mélange de gravats de terre et de cendres.

(8) Pierres dans de la terre battue. Au-dessous: terre et gravats.

(9) Pierres plus grosses dans de la terre battue. Au-dessous: couche de terre.

(10) Pierres et graviers dans de la terre battue. Au-dessous: terre.

8.95

(11) Pierres et terre battue.

Je voudrais insister sur ce fait que ces niveaux n'ont pu, après la constitution de chacun, communiquer entre eux. Le fait même que chaque niveau empierré, robuste, bien conservé, recouvre une couche de sable ou de terre identifiable — au contraire de ce qui s'était produit en 19—M où la chaussée paraissait avoir été sans cesse rempierrée directement — confère à chaque niveau une individualité très assurée. On le constate d'ailleurs dans la photographie (Fig. 147), qui montre les témoins laissés en place au fur et à mesure du sondage. Il est certain que les couches de terre ou de sable, qui représentent sans doute les conséquences de crues ou de tempêtes, ont pu apporter avec elles des éléments plus anciens, mais des intrusions d'éléments postérieurs paraissent éliminées.

F. O. Waagé, publiant la poterie d'Antioche, a attaché à ces dépôts une importance toute particulière[9]: il les considérait comme «almost the only significant ones found at the site.» Et il les place d'emblée entre 225 et 175 B.C. Toutefois parce que dans la rue les niveaux supérieurs lui ont paru mêlés, il fait appel aux tessons découverts dans les niveaux profonds, à l'Est et à l'Ouest de la rue. Sur les dix niveaux que j'avais distingués, entre 6.80 de profondeur et 8.95 — soit entre 88.20 et 86.05 — il en classe six dans l'époque hellénistique. Les quatre derniers, de 87 à 86.05, «ont livré un certain nombre de petits tessons provenant de poteries de bonne

---

[9] *Antioch* IV:I, pp. 15 sqq.

taille, faites d'une matière tendre, poreuse, à surface marron et corps noir. Ils sont très usés, avec des bords arrondis, et certains paraissent avoir été faits à la main. La signification de ces fragments si pauvres est un mystère complet, et M. Robert Braidwood de l'Oriental Institute, n'a pas pu apporter de lumière à leur sujet, malgré sa connaissance des poteries pré-classiques de la région.»

Nous avions, de toute façon, atteint sur ce point des niveaux préclassiques habités, même si leur poterie ne pouvait être identifiée. Du point de vue du fouilleur, cela doit signifier que nous nous trouvions ici avant la fondation de la ville — l'arrivée des grecs devant sans doute mêler quelques uns de leurs tessons à la pauvre poterie indigène. Il est important de constater qu'il y avait déjà là un passage; les traces de sols, de terre battue plus ou moins mêlée de cailloux, et séparés par des apports de sable ou de terre, ne sont pas moins affirmés dans ces niveaux profonds que dans les couches «classiques» qui leur sont immédiatement superposées.

Que se passe-t-il ensuite? M. Waagé classe les quarante et une monnaies découvertes dans ces dépôts. Si je reprends les fiches qui m'ont été remises sur place par le service du catalogue, je ne trouve que quatre monnaies dans le dépôt de la rue — 1 au dépôt II (7.20) et 3 au dépôt III (entre 7.50 et 7.70). Aucune des quatre n'est identifiée. D'autres sont attestées à des niveaux supérieurs, mais nullement scellés: 19 à 6 m. 30, 12 à 6 m. 80, 6 à 7 m. Les autres ont été retrouvées soit sous le trottoir, soit sous les salles de l'édifice préromain. Il est très important d'être invités ainsi à considérer édifice et trottoir comme postérieurs à 175 B.C., pour reprendre la dernière estimation de M. Waagé.

Ce qui importerait davantage encore, serait d'être mis à même de dater les niveaux les plus anciens — ceux qui précèdent immédiatement les niveaux préclassiques. Les monnaies d'Antiochus III sont attestées à 7.70 — soit dans le dépôt III et peut-être à 7.85, soit dans le dépôt IV (cette monnaie n'est pas portée sur la fiche).

Il ne reste plus bas que la couche V — 7.90 — qui a livré de la céramique, la couche VI, sans tessons. Puis nous arrivons à la poterie non identifiée avec le niveau VII. Aucune date ne nous est proposée pour ce niveau primitif.

M. Waagé a cherché à fixer la date la plus récente de ces dépôts — non pas la date la plus ancienne. La présence de monnaies d'Antiochus III nous conduit avant

223. Mais le doute maintenu entre celles d'Antiochus I et d'Antiochus III nous empêche de reculer à coup sûr jusqu'avant 261.

De l'examen de la poterie, M. Waagé a tiré par ailleurs d'intéressantes considérations d'ordre social.[10] Il a constaté l'absence, dans l'ensemble de ces dépôts, de tout vase de luxe: il a reconnu la présence d'un seul fragment de bol à décor en relief, et de très peu de fragments de lampes. Il en conclut que nous sommes en présence de la poterie commune des classes sociales les plus modestes.

Il faut tenir compte de la date. Avant Antiochus IV et la fondation d'Epiphania, la rue est une route qui longe à l'extérieur l'enceinte de la première ville. Les maisons qui se trouvent à l'Est de cette route sont donc dans un faubourg. C'est plus tard, après l'entrée de ce quartier dans la ville et l'aménagement de la route en rue, qu'on peut s'attendre à en voir les abords mieux habités.

PLAN LVI. Ce sondage nous a donc apporté bien des renseignements précieux.

L'existence de constructions récentes s'est trouvée clairement attestée, même si la forme des édifices est restée indistincte. Par contre, nous n'avons pas rencontré le niveau du XIe siècle, si bien mis en évidence dans nos autres fouilles.

La puissance des constructions arabes, postérieures à la destruction de la ville de Justinien, est fort étonnante. Elles s'étendent au-dessus du portique Ouest de la rue byzantine, c'est à dire sous la route moderne. La rue, à cette époque, semble s'être déplacée vers l'Est, où nous n'avons rien trouvé au-dessus du portique de Justinien.

L'absence de tuyaux médiévaux est à noter.

Le niveau du VIe siècle a pu être étudié d'une façon plus efficace: nous avons retrouvé l'égout qui longeait la chaussée à l'Est, le trottoir qui le recouvrait, et le bord d'un stylobate. A l'Ouest du dallage ces éléments avaient disparu, mais nous avons dégagé une mosaïque géométrique, qui pavait le portique, à laquelle un pavement de marbre a été plus tard substitué.

Nous avons rencontré à la fois les deux rebords de la chaussée romaine: c'était la première fois. Sous le rebord Est, un égout construit a été en usage jusqu'à l'époque moderne, grâce à des tuyaux ou à des puits qui venaient s'y jeter.

[10] *Antioch* IV:I, p. 18.

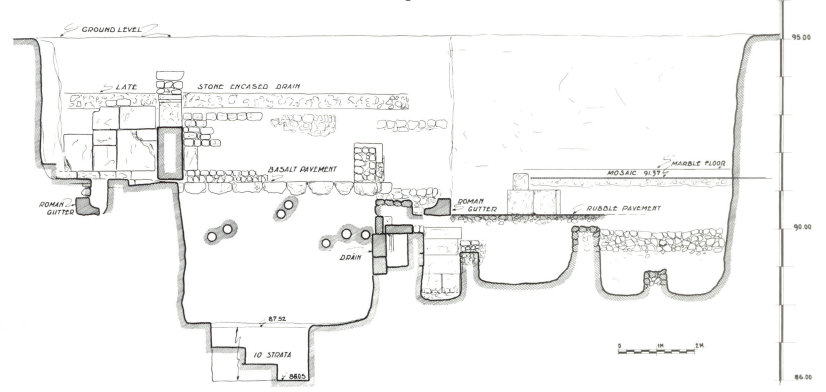

PLAN LVI. M.S.D. VII. 16—O Sud. Coupe Ouest-Est

Plus bas, le niveau romain «antérieur», bien attesté en 17—N, avait disparu, ainsi que les détails des dispositifs hellénistiques. Par contre, un sondage sous la chaussée nous a conduit à travers des rempierrements successifs jusqu'à une période «préclassique». L'analyse de F. O. Waagé est particulièrement précieuse.

À travers tous les niveaux plus récents régnait la confusion la plus totale.

Quelle que soit la valeur de ces données, nous n'avions pas obtenu le résultat cherché: ici encore, comme en 17—N, la rue gardait l'orientation qu'elle avait dans le Sud de la ville, depuis notre fouille de 19—M.

Evidemment, le resserrement des niveaux permettait de supposer une modification progressive des implantations successives de la rue, à l'approche du torrent Parmenios et du point d'inflexion de la route moderne. Ces indications restaient difficiles à interpréter.

C'est alors que nous avons décidé de reprendre, plus au Nord, le très petit sondage entrepris par W. A. Campbell en 1936, et sur lequel j'avais pris des notes. En l'agrandissant considérablement vers le Sud, jusqu'à l'approche du sondage que nous venons de décrire, nous avons fait de nouvelles et très importantes constatations — mais qui ne nous ont pas apporté, on le verra, l'indication décisive que nous en attendions: nous n'avons pas trouvé l'omphalos.

VI. MAIN STREET DIGS IV AND VIII.
16–O NORD

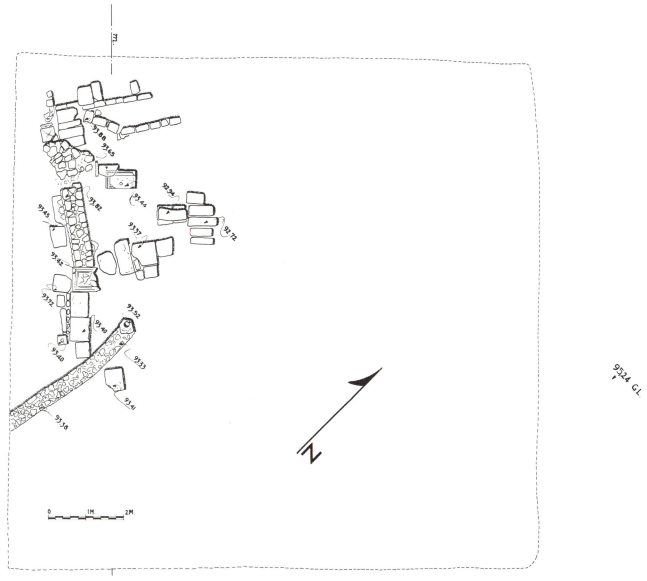

PLAN LVII. M.S.D. IV et VIII. 16—O Nord. Niveau I (9380).
Quelques constructions modernes au-dessus de la nécropole

Le premier sondage de 16—O ne nous avait pas fait découvrir le point de rencontre entre les directions de la route, calculées à partir des sondages de 19—M et 17—N d'une part, et 16—P d'autre part. Nous avions constaté qu'en ce point la rue antique était encore dans son orientation Sud. Il nous fallait évidemment poursuivre vers le Nord, dans l'espoir de trouver cette fois un indice des dispositifs monumentaux que nous attendions, aussi bien à partir des témoignages littéraires — nous

pensions en particulier à l'Omphalos — que des précédents archéologiques: place ronde de Djerash, arc triangulaire ou tétrapyle de Palmyre.[1]

On constate dans mon carnet de fouilles que, dès avant l'ouverture de ce nouveau sondage, nous commencions à douter de son succès. Comment pouvions-

[1] Cf. R. Stillwell, «Outline of the campaigns,» *Antioch* III, p. 13, 16—O Dig 3. Le sondage primitif de W. A. Campbell (1936) est signalé dans *Antioch* II, p. 4.

nous penser qu'une vaste place, somptueusement décorée, d'où devaient partir outre les deux tronçons de la rue monumentale Nord-Sud les deux autres voies perpendiculaires, se dirigeant l'une vers l'Ile à l'Ouest, l'autre vers la montagne, allait être établie dès le plan primitif dans une région sans cesse bouleversée par les crues du torrent Parmenios? Nous pouvons voir l'importance du barrage établi dans la vallée par les ingénieurs de Justinien; les textes soulignent les précautions que Valens avait dû prendre pour installer, plus à l'Ouest, le Forum qui porte son nom. Il était sage de craindre que les problèmes techniques de protection aient dominé, dans l'esprit des urbanistes, le souci d'organisation esthétique. Evidemment, si l'omphalos n'était pas au point de déviation de la route, nous manquions d'arguments pour en fixer la place. Le mieux était de vérifier d'abord notre hypothèse de départ. Et nous avions pour la suite un programme, que nous n'avons pu réaliser.

En 1936, W. A. Campbell avait fait une première tentative que j'avais poursuivie. La coupe donnait une idée des résultats obtenus. Parti pour un sondage restreint, il avait traversé des niveaux «malheureusement indistincts» et dégagé les restes d'une large canalisation — apparemment le début d'une voûte par encorbellement, de diamètre inconnu — qui nous parut être le passage du Parmenios sous la rue antique, à 80 m. environ au Sud du pont moderne.

C'est à partir de ce sondage que la fouille a été agrandie, vers le Sud et vers l'Est, et a fourni les résultats que je vais décrire (Fig. 148). La tranchée mesure au départ 12 m. 50 de long — sans compter le sondage de 1936 — pour 13 m. de large, c'est-à-dire la largeur de la chaussée antique plus celle de la pente de sécurité. Nous nous arrêtons au Sud à 5 m. de la limite Nord du sondage précédent.

PLAN LVII. A 2 m. 40 au-dessous du sol de l'oliveraie, c'est-à-dire presque au niveau de la route moderne, nous dégageons déjà les restes d'un dallage, dont quelques blocs seulement sont en place (93.40). Ils portent un mur de 2 m. 15 de long pour 50 de large, fait de moellons et de terre, et, plus au Sud, les éléments d'une porte — seuil, avec rebord et trou de fermeture, et partie d'un jambage d'appareil (Fig. 149). Plus loin encore, on trouve un tuyau, venant du Sud-Ouest, pris dans une gangue de cailloux, analogue à celui de l'autre sondage, qui aboutit à un bloc de ciment où arrive un tuyau vertical.

A cause de leur position même, ces restes ne peuvent être que très récents. On y remarque quelques éléments moulurés ou sculptés, remployés comme matériaux.

PLAN LVIII. Sous ce pavement, nous en trouvons un second (93.03) qui occupe les deux tiers de la longueur de la tranchée, sur sa face Sud, pour une largeur qui atteint et dépasse 2 m. Il est fait de ciment blanchâtre, mêlé d'éclats de calcaire blanc dur: il est assez fragile et mesurait environ 5 cm. d'épaisseur. A l'Ouest, une brique et quelques petits blocs de pierre y sont insérés; on remarque ensuite trois rangées de dalles, parallèles à la direction de la rue, qui affleurent le sol (Fig. 150).

La deuxième et la troisième, à partir de l'Ouest, sont faites de plaques de 45 à 50 de largeur pour 15 cm. d'épaisseur et de longueurs différentes. Elles sont régulièrement taillées et paraissent remployées.

La première rangée au contraire, qui dépasse de 10 à 15 cm. le sol de ciment, représente le sommet conservé de blocs qui s'enfoncent profondément sous le dallage.

En dehors de l'emplacement occupé par ce pavement, la fouille livra une triple couche de tombes superposées analogues à celles de la nécropole étudiée en 16—P² (Fig. 151). Les tombes sont faites de deux rangées de blocs de pierre, soit parallèles, soit dessinant vaguement la forme du corps; ces blocs sont en général mieux taillés et de dimensions plus régulières qu'en 16—P: ils ont, en moyenne, 30 de hauteur, 30 de longueur, 15 à 20 d'épaisseur. Bien entendu, il y a de nombreuses exceptions. Ils sont recouverts par une série de dalles parallèles, généralement assez soigneusement taillées, et de dimensions variables. On remarque parfois un certain souci de suivre la ligne que dessinent les pierres qui les portent. Des fragments de briques servent de cales.

Pour une petite tombe du premier niveau, le couvercle est une plaque de marbre unique, de 77 × 32 × 4,5. Les dalles ordinaires mesurent en moyenne: 52 × 25 × 15.

Certaines tombes sont parallèles à la rue, c'est-à-dire Sud-Nord; d'autres leur sont perpendiculaires. Ces orientations, d'ailleurs variables, semblent plutôt dues à l'influence de l'ancien quadrillage urbain qu'à des raisons rituelles. On trouve parmi les tombes quelques restes de murettes, qui peuvent témoigner d'une utilisation antérieure du terrain.

[2] Ci-dessus, p. 55 et PLAN XXXIII.

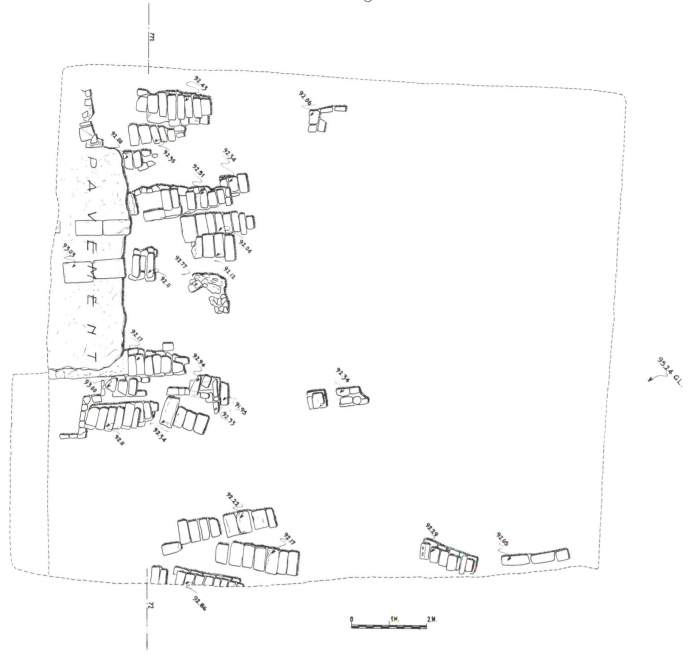

Plan lviii. M.S.D. VIII. 16—O Nord. Niveau II (92.50). Pavement et nécropole du XIe siècle

Parmi les tombes, à l'angle Sud-Est de la fouille, pas en place, a été trouvée une inscription datée, publiée par G. Downey dans *Antioch* III[3] (Fig. 152).

+ ʼΕκοιμήθη ὁ δοῦλος τοῦ Θ(εο)ῦ Βάρδας, ἡμέρα Βʹ, πρώτ(η) τοῦ Δεκεμβρίου μηνός, ἰνδ(ικτίωνος) Βʹ, ἔτ(ους) ϛφοβʹ

«Ici a été couché le serviteur de Dieu Bardas, le second jour (de la semaine), premier décembre, deuxième indiction de l'année 6572 (Décembre 1063).»

La stèle, en marbre blanc, mesure: hauteur 52, largeur 54, épaisseur 9; le champ épigraphique, de 19,6 de hauteur, est à 21 du haut de la pierre. Hauteur des lettres: 5,2; intervalles: 1,8.

Une croix, au début de la première ligne, a été martelée.

[3] *Antioch* III, p. 92, nᵒ 145.

Les caractères sont très élégants. L'inscription, très soignée, ressemble à celle, datée de 1042, que nous avions trouvée en 16—P.[4] Le cimetière est donc a peu près contemporain de celui de notre autre fouille. L'inscription a été trouvée, face contre terre, au niveau de base des tombes de la couche intermédiaire: elle semble donc appartenir à la série la plus ancienne.

Les tombes contenaient souvent de petites fioles de verre, analogues à celles que nous avons rencontrées en 16—P. Elles sont de petites dimensions, ou ont reçu des formes qui diminuent leur contenance apparente: elles ont dû être destinées à des liquides précieux.

Plan lix. Nous avons dégagé en tout 30 tombes; la dalle de couverture de la plus haute était à 92.43, celle

[4] Ci-dessus p. 51 et *Antioch* II, p. 158, nᵒ 85.

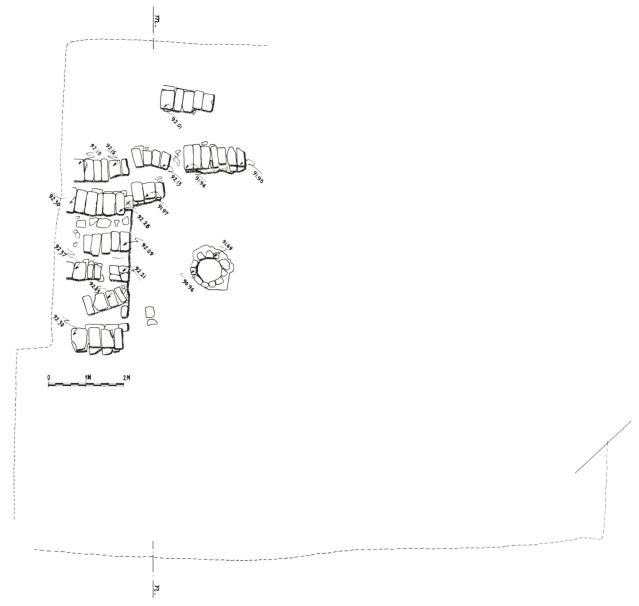

PLAN LIX. M.S.D. VIII. 16—O Nord. Niveau II a (92).
Seconde couche de tombes sous le pavement et au-delà

de la plus basse à 91.95. Trois d'entre elles étaient recouvertes par le pavement en ciment et dalles du plan LVIII. Le premier niveau comportait trois tombes, et le second était peu important. La plupart des tombes correspondaient au troisième niveau: elles n'étaient nettement superposées que dans l'angle Sud-Ouest.

Une tombe au moins est une tombe d'enfant; une autre constituait un ossuaire, avec quatre crânes et des ossements regroupés. On y a trouvé un clou d'argent recourbé: peut-être une boucle d'oreille. Un autre, analogue, est sorti d'une autre tombe.

Nous avons remarqué dans la fouille la présence d'énormes blocs taillés, attaqués par des carriers. Certains peuvent avoir appartenu aux murs de remploi de l'époque post-justinienne. Ils ont dû être arrachés de l'endroit où ils étaient réutilisés avant même la création de la nécropole.

Pour l'étude des niveaux suivants, il me paraît cette fois encore plus commode de partir de celui qui leur sert de base, c'est à dire du pavement en basalte de la rue justinienne. Il est conservé des deux côtés de la fouille, au Sud, dans toute sa largeur, avec au-delà, de part et d'autre, à un niveau inférieur, les rebords de la chaussée romaine monumentale; au Nord, il n'en reste que quelques pavés. Le milieu de la tranchée est marqué par une large lacune; mais les pavés conservés suffisent à attester qu'au-delà de cette lacune la rue continuait, avec le même aspect.

PLAN LX. Sur ce dallage, que nous décrirons plus loin, nous retrouvons la suite des constructions monumentales que nous avions rencontrées en 16—O (Fig. 153). C'est le même mur longitudinal, fait d'énormes matériaux, posé presque sur la bordure Ouest du pavement de basalte, parallèlement au rebord de la rue romaine.

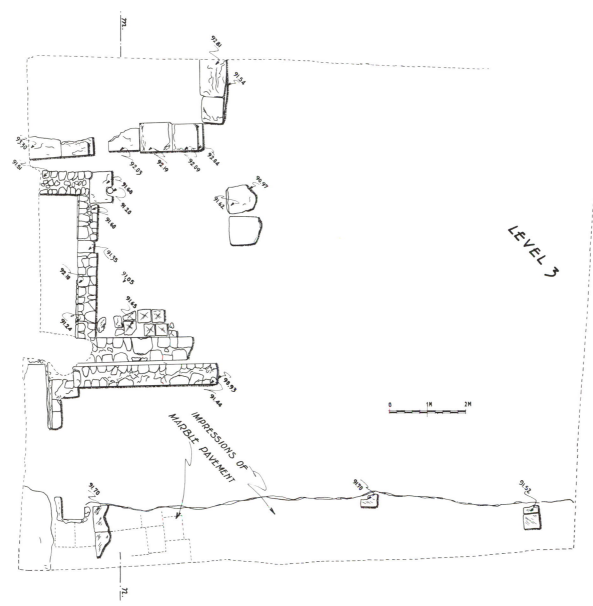

PLAN LX. M.S.D. VIII. 16—O Nord. Niveau III. Constructions et dallage de marbre
arabes au-dessus du dallage de Justinien (91.70)

Nous trouvons ici d'abord, au Sud, deux énormes blocs,
de 82 et 120 de longueur pour 98 et 112 de hauteur, qui
en portent deux autres, de 80 et 69 de longueur pour
118 et 106 de hauteur: la superposition de ces blocs
produit une belle surface de 2 m. de longueur pour
2.16 et 2.18 de hauteur; l'épaisseur varie de 44 à 55.

Nous trouvons ensuite une porte, ou plutôt l'emplacement d'une porte, avec d'abord un montant monolithe,
puis un remplissage postérieur, assez soigné, construit en
pierres taillées de remploi disposées sur quatre assises,
la plus haute ayant pu servir de seuil, au cours d'une
seconde période d'occupation du monument (Fig. 156).

Au-delà de cette porte, on retrouve deux gros blocs,
de 85 et 75 de longueur pour 115 et 110 de hauteur, qui
ont cette fois 70 d'épaisseur.

Un mur transversal vient alors de l'Ouest s'arrêter
dans le prolongement du mur Sud-Nord, dont le reste

a disparu: il n'est pas posé sur le dallage, dont il est
séparé par 56 cm. de terre: il est fait lui aussi de matériaux de remploi, moins gigantesques, et correspond à
la même époque que le seuil retrouvé au-dessus du
remplissage de la porte.

Quelle qu'en soit la nature, l'édifice au gros mur a été
rapidement accompagné d'autres constructions, puis lui-
même remployé à un niveau supérieur (Fig. 154).

Le nouvel édifice s'organise pour nous à partir d'un
mur situé au Sud de la tranchée, perpendiculaire au gros
mur, mais qui ne s'y appuie pas. Il est fait de matériaux
de remploi, très irrégulièrement mis en place et liés
seulement avec de la terre. Les blocs mesurent parfois
40 de côté, parfois seulement 15×12. Il y a ici ou là
des fragments de briques. On y trouve aussi un fragment
de corniche — une *cyma recta* interrompue par un listel.
Le mur a 52 cm. d'épaisseur; il vient rejoindre un gros

bloc, que j'ai appelé l'évier, derrière lequel un mur analogue part vers le Sud, à 45 du gros mur.

A l'Est, on trouve un mur de moellons, grossièrement double-face, construit sur une première assise de meilleure qualité, elle-même posée sur le pavement de Justinien. Ce mur est de plus adossé à un mur antérieur, fait aussi de moellons, mais pris dans du ciment. Il se poursuit au Sud du mur que nous venons de décrire: une autre pièce se trouvait donc en arrière. Du mur Nord il ne reste que deux blocs d'appareil, qui permettent quand même de croire que la salle était fermée et couverte (Fig. 155).

Dans l'espace ainsi défini, nous trouvons d'abord un sol de briques, qui s'étendait de part et d'autre du mur Sud, à la cote 91.65, soit à 47 cm. au-dessus du pavement de basalte. Il n'est conservé que le long du mur Est: il est fait de briques remployées de différentes dimensions — 30 × 27, 38 × 36, 32 × 32, qui sont d'ailleurs de même matière et de même fabrication — terre d'un rouge-brique très vif, très cuite, à surface foncée lisse, sans marques. Nous n'en avons retrouvé que dix.

En liaison avec ce niveau, nous dégageons une installation de cuisine. Un foyer, d'abord, dans l'angle Sud-Est, fait d'un sol de briques et de trois moellons, disposés en alignement sur un côté, avec de l'autre un fragment d'une meule en basalte de diamètre 24 et de hauteur 13. L'écartement est de 21, la longueur, jusqu'au mur, de 52. Des cendres ont été retrouvées en place.

Il y a ensuite un puits à l'écart des deux murs qui se présente comme une construction carrée de 1 m. 20 de côté, dans laquelle est aménagé un cylindre assez irrégulier de 70 de diamètre. Les parois sont faites de moellons taillés à l'extérieur, puis d'un béton de cailloux et de briques, liés avec un ciment très blanc. Ce puits est conservé jusqu'à 80 cm. au-dessus du pavement justinien qu'il traverse. Il apparaissait donc au-dessus du pavement de briques, qui malheureusement n'est pas conservé à cet endroit. Il en est sans doute contemporain.

Près du coin Sud-Ouest de la même salle, nous trouvons un évier (Fig. 156). J'ai appelé ainsi un bloc taillé, en calcaire, mesurant 81 × 60 et 56 de hauteur, placé au Nord de l'angle des deux murs tardifs. Il est entaillé en partie par une gorge de 21 de longueur pour 16 de profondeur, arrondie au fond, et qui contient encore à la partie inférieure un tuyau de poterie, posé par conséquent verticalement: il est en terre jaune, très ondulé, avec un diamètre extérieur de 18 cm. Il est lié au bloc

par un ciment très blanc, léger et peu compact.[5] Ce tuyau traverse le dallage justinien et rejoint une canalisation grossièrement appareillée, qui a été posée après coup au Nord de ce pavement: elle est couverte de dalles longues et étroites, en calcaire, de formes très irrégulières, insérées dans le pavement, avec assez de soin, mais qui contrastent avec l'aspect de son appareil à l'Ouest et à l'Est (Fig. 162). La canalisation, en coupe, mesure 33 de largeur pour 39 de profondeur. Le fond est en briques de 35 × 55 × 5,3.

La pierre où se trouve ce tuyau peut avoir porté un évier. Elle peut aussi représenter un élément d'une canalisation verticale, destinée à évacuer l'eau des toitures. Il n'a pas été possible d'en décider.

Nous avons donc ici un ensemble de constructions, dont les unes ont succédé directement à la destruction de la ville de Justinien, s'installant directement sur le pavement de la rue, dont les autres, postérieures, ont remployé les premières, à 50 cm. plus haut. Un sol en terre battue et ciment a été posé à ce niveau, qui est celui du pavement de briques, en arrière du gros mur Ouest. Une jarre y était insérée (Fig. 157). Il est difficile de proposer une date pour cette réfection: elle est postérieure à l'arrivée des arabes, et antérieure à l'aménagement du cimetière, daté par la tombe de Bardas — soit entre 640 et 1063. Je pense que nous sommes, même pour le remploi, plus près de la date la plus ancienne.

PLAN LXI. Nous allons nous trouver désormais, pour expliquer ce sondage, dans une situation sans précédent. Jusqu'ici, nous constations sous le pavement de Justinien l'existence de niveaux superposés, pas toujours suffisamment attestés, mais dont les hauteurs étaient clairement distinctes. En 19—M il y avait un mètre entre le pavement de Justinien et la rue romaine monumentale, et 2 m. 40 jusqu'à la rue hellénistique.

Ici, tous les niveaux vont se rejoindre, se resserrer, se confondre: c'est que, pour franchir le Parmenios, on avait construit dès l'époque hellénistique deux voûtes sur lesquelles passait la route, et qui atteignaient ou dépassaient la cote 90.60 (Fig. 172). Le pavement de Justinien au-dessus de ces arches est entre 90.96 et 91.06; autrement dit, il n'en est guère séparé, à la clef, que par l'épaisseur de son dallage (Fig. 158).

[5] Comparer le tuyau retrouvé en 19—M dans le mur de la cuisine du XIe siècle, ci-dessus p. 23: au contraire de celui-ci, il ne traversait pas de blocs du grand appareil.

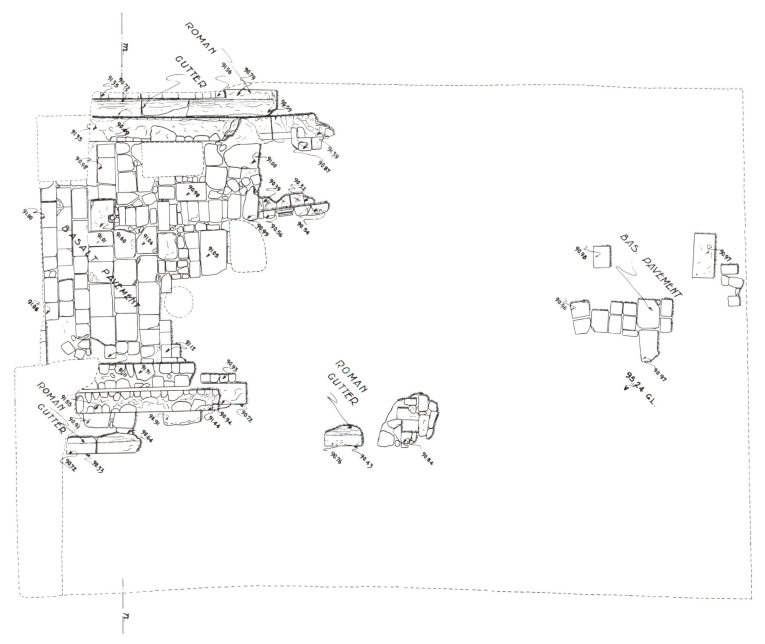

Plan LXI. M.S.D. IV et VIII. 16—O Nord. Niveau IV. Le dallage de Justinien (91.05–90.97). Quelques éléments postérieurs restent indiqués. Comparer avec le niveau III (plan LX). Le rebord de la chaussée romaine monumentale apparaît de part et d'autre du dallage. Il formait le fond des égouts latéraux. La lacune centrale du plan correspond à l'effondrement de la voûte hellénistique Nord. Les tuyaux et la voûte ne sont pas représentés

Entre ces deux cotes, nous allons avoir à placer en outre toute une série de tuyaux en poterie, qui passent sous le dallage, et à retrouver, si possible, les traces de la rue romaine monumentale et de la rue hellénistique.

A vrai dire, dans l'axe Sud-Nord, la fouille n'a pas partout le même caractère. Nous verrons que, lorsque les tuyaux et le dallage byzantins ont été posés, la première voûte en venant du Sud était déjà depuis longtemps abandonnée. Au début de nos recherches, cette première voûte nous est précisément restée cachée par la densité du niveau justinien.

Au milieu de la tranchée, les tuyaux arrivent au contact de la deuxième voûte; pour la franchir, ils l'en-

taillent: on a creusé dans l'extrados des claveaux, pour chacun d'eux, une gorge où il s'enfonce (Fig. 159). Cette seconde voûte, entièrement conservée à l'Est de la fouille, est écroulée au centre, et sans doute l'était-elle déjà lorsque les tuyaux ont été mis en place.

En tous cas, dans la section Nord, elle était à cette époque en partie au moins disparue: les tuyaux, se maintenant à peu près au même niveau, reposent désormais sur une couche de terre plus ou moins épaisse, qui les sépare des assises conservées de la pile Nord (Fig. 160).

Le dallage de Justinien, je l'ai dit, est largement attesté au Sud de notre sondage. On le retrouve sur une longueur qui va de 3 m. à presque 6, et sur toute sa largeur, sur plus de 8 m., des abords du caniveau romain Ouest jusqu'aux abords du caniveau romain Est.

Au Nord, il ne reste que quelques blocs, à la cote 90.96, ce qui affirme le maintien du dallage, dans toute la tranchée, sur un plan horizontal (Fig. 158).

Le dallage a été posé par bandes régulières (Fig. 162) de largeurs inégales; on y trouve quelques blocs calcaires. Il n'est interrompu que par la canalisation tardive que nous avons signalée, au Nord du tuyau vertical — et dont les dalles de couverture sont soigneusement posées de niveau avec le pavement. Les blocs, taillés en tronc de pyramide, sont enfoncés dans une couche de ciment et de cendres, qui repose sur un lit de terre et de débris. C'est dans cette couche que passent les tuyaux.

A l'Ouest du pavement, nous retrouvons ici le même égout que nous avons rencontré dans le sondage précédent, où il était immédiatement recouvert par le dallage calcaire du trottoir[6] (Fig. 161).

Ici survient une importante différence. L'égout a toujours comme fond le caniveau de la rue romaine monumentale. La différence de niveau était alors de 80 cm.; ici, elle n'est plus que de 40 cm. On l'a jugée insuffisante: on a donc construit, immédiatement en avant du caniveau romain un mur de moellons appareillés, de 60 de largeur, contre lequel, de l'autre côté, vient s'appuyer le rebord du dallage de Justinien. Un parement d'aspect analogue, posé sur le rebord du caniveau, formait l'autre paroi de l'égout qui avait ainsi 50 cm. de largeur et, comme dans le sondage précédent, 80 de profondeur. A ce changement de niveau de la partie supérieure de l'égout correspond évidemment une surélévation du trottoir, qui s'est trouvé à plus de 55 cm. au-dessus du dallage: c'est la hauteur supérieure que garde la paroi Ouest de l'égout; encore faut-il ajouter au moins l'épaisseur de la dalle de couverture, qui n'est nulle part conservée. Nous avons ici une curieuse attestation de l'imagination pratique des ingénieurs byzantins.

A l'Est de la chaussée, la situation est différente (Fig. 162). Il y a là un mur horizontal, placé cette fois à 80 cm. du rebord extérieur du caniveau; il est posé non pas sur celui-ci, ou sur les pavés qui lui faisaient suite, mais sur un dallage intermédiaire, dont les quelques blocs conservés sont posés en avant du caniveau, exactement comme s'ils reposaient sur le dallage de la rue romaine monumentale. L'hypothèse d'un égout

[6] Ci-dessus, p. 94.

symétrique, construit à partir de ce mur, m'a paru exclue: il devait porter simplement le rebord du trottoir justinien.

Ajoutons que ce mur a été renforcé à deux reprises, vers l'Ouest. On lui a d'abord adossé deux assises irrégulières de blocs d'appareil. La première est plus inégale que la seconde, qui s'achève par une ligne horizontale, à 15 cm. au-dessus du pavé justinien. En avant et au-dessus de ces deux assises, d'autres pierres en font un mur plus épais, que j'ai considéré comme médiéval.

Le dallage intermédiaire, qui ressemble à ceux que nous avons rencontrés en 19—M dans une position analogue, représente une réparation provisoire, de l'époque de Justinien: on avait placé sur les restes du pavement monumental un pavement qui a été remplacé plus tard par celui que nous avons dégagé: travaux successifs, rendus nécessaires par les catastrophes répétées du début du VIe siècle.

Le long de la fouille, à l'Est, presque dans toute sa longueur, nous avons retrouvé les restes d'un sol autrefois continu: il s'agissait d'un dallage de marbre, dont il ne reste en place que quelques fragments mais dont les autres éléments ont laissé leur empreinte dans le ciment. Ce dallage, qui est à la cote 91.70, correspond évidemment au second trottoir de la rue de Justinien. Les carreaux mesuraient jusqu'à 40 cm. de côté; leur épaisseur variait de 3 à 18 cm. Ainsi s'explique la profondeur différente des empreintes qu'ont laissées ceux qui sont arrachés (Fig. 158).

Ce trottoir, à l'endroit où je l'ai étudié dans la partie Sud de la fouille, se trouvait à 1 m. 08 au-dessus des blocs de la voûte. On constatait sous les dalles l'existence d'une couche de ciment rose; il y avait ensuite une couche noire, mélange de cendres et de terre (14 cm.) puis une couche de terre (12 cm.) reposant sur un mélange de chaux et de cendres (5 cm.). On trouvait ensuite 20 cm. de terre, puis un mélange de débris et de terre, pour une hauteur totale de 1 m. 08. Ici encore nous constatons l'existence de réadaptations successives, après des catastrophes marquées par des dépôts d'alluvions en couches plus ou moins épaisses.

Ce trottoir franchit les voûtes hellénistiques (Fig. 166).

Dans le dallage de marbre, près du coin Sud-Est de la fouille, s'ouvre un puits de section rectangulaire, de 73 cm. sur 57. Sa face Ouest a été arrachée, lors des travaux de carriers qui ont créé la lacune qui existe entre le caniveau romain et ce qui reste du dallage de

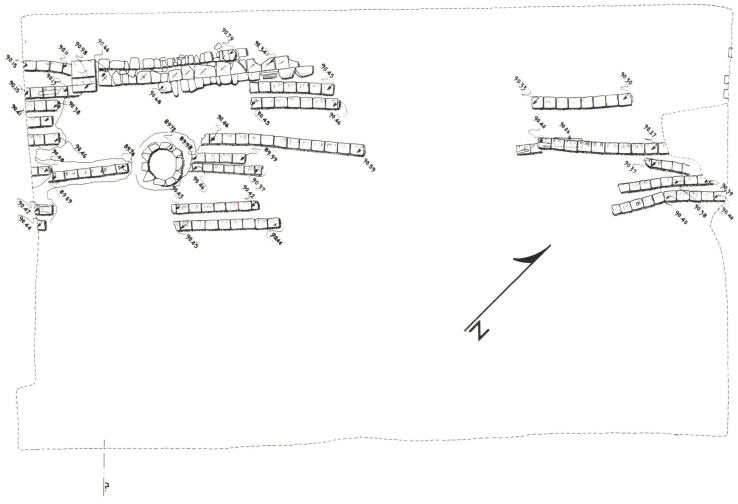

PLAN LXII. M.S.D. IV et VIII. 16—O Nord. Niveau IV a. Les canalisations sous le dallage byzantin.
La canalisation construite est, comme le puits, postérieure à l'abandon de la chaussée

marbre du trottoir justinien. Le puits, dont les parois Nord et Sud sont conservées, sur 41 et 56 cm. de hauteur, affleurait le pavement et paraît en avoir été contemporain. A côté, posée sur la tranche, nous avons retrouvé la margelle — un bloc calcaire de 64 × 89, et 81 de hauteur, percé d'un trou cylindrique de 48 de diamètre. Elle n'était marquée que de quelques traces de cordes, et n'avait donc pas été longtemps en usage.

PLAN LXII. Huit tuyaux de poterie restaient attestés, plus ou moins bien conservés sous le dallage de la chaussée, aussi bien dans la partie Nord que dans la partie Sud du sondage (Fig. 163). Ces tuyaux étaient de fort calibre, d'une homogénéité complète pour chacun d'eux. Sept se ressemblaient: éléments de 30 + 4,5 de long et 28 de diamètre, en brique rouge très résistante, presque cylindriques, très ondulés, avec un rappel dans leur forme du profil d'une *cyma recta*.

Un seul tuyau est d'un type différent, et c'est parcequ'on le retrouve de part et d'autre de la voûte effondrée que nous pouvons être assurés que toutes ces canalisations la franchissaient. Celui-ci part du pied du puits

médiéval. Ses éléments sont plus rouges, moins robustes, avec des ondulations plus amples et plus plates, et des mesures différentes: longueur, 35 + 3; diamètre, 24.

Tous les tuyaux, d'après la position de leurs embouts, coulent du Sud au Nord. Ils franchissent le tunnel: j'ai cru que c'étaient des tuyaux d'évacuation qui, après la rupture et le comblement des voûtes hellénistiques, allaient rejoindre, plus au Nord, dans la direction du pont moderne, le nouveau passage du Parmenios.

Tous ces tuyaux reposent au Nord sur de la terre, à 40 cm. au-dessus des restes du tunnel déjà détruit (Fig. 160). Au Sud, ils arrivent progressivement au contact des voussoirs dont l'extrados est bientôt entaillé, plus ou moins profondément, pour permettre leur passage. Il y a quelques entailles de plus, qui doivent correspondre à des tuyaux disparus. Le passage de la canalisation construite, lui aussi, est marqué par une entaille (Fig. 159).

La photographie, Fig. 158, rend bien compte de cette situation. On voit les tuyaux arriver du Sud et repartir, après la rupture qui représente l'arrachement des voûtes. On les retrouve, à la Fig. 164, au-delà de ce qui reste du dallage, dans la partie Sud de la fouille. On voit bien à la Fig. 165 leur position par rapport à la pile Nord de la voûte. Les cotes n'impliquent pas l'effondrement de la voûte: du Sud au Nord tel tuyau pris comme exemple est, à son entrée dans la tranchée, à 90.15. Il est brisé, au-dessus de la rupture de la voûte, à 90.46; on le retrouve au Nord, cinq mètres plus loin, à 90.33; puis deux mètres cinquante plus loin, à 90.30. Ces cotes sont prises au-dessus des tuyaux. On voit sur la coupe que le sommet de l'arche, là où elle n'est pas entaillée, est à 90.50. Le fond des entailles est aux alentours de 90.35; et ce jusqu'à la clef de voûte (Fig. 158). Les tuyaux auraient donc tous pu franchir l'obstacle, pour reprendre ensuite leur niveau d'origine et descendre lentement vers le Nord. C'est la disposition des blocs posés en arrière de l'extrados de la voûte proprement dite, telle qu'on la constate sur la photographie (Fig. 160) qui montre que la voûte était déjà brisée. Des blocs avaient déjà été enlevés avant la pose des tuyaux, beaucoup d'autres ont été arrachés plus tard, et les tuyaux ont cette fois été brisés dans l'opération.

A la suite de ces constatations, il va être possible de situer dans le temps, et même de raconter la destruction de cette voûte Nord.

Sur l'épaule Est de la voûte Nord, dans la façade de la tranchée, on voit en effet se dessiner, sous le trottoir byzantin, une vaste poche remblayée. Elle a près de 5 m. de largeur, pour 1 m. 20 de profondeur. Elle repose, au Nord, sur de la terre qui paraît avoir été longtemps en place, et qui est marquée de strates horizontales. La poche forme une courbe qui descend jusqu'au niveau des blocs de la pile; elle remonte ensuite en suivant l'extrados de l'arc conservé. On remarque qu'elle s'est emplie progressivement, à la couleur différente de couches courbes superposées, toutes faites de sable fin, plus ou moins mêlé de terre; à la partie supérieure on a comblé le fossé avec des remblais, sans doute pour établir le trottoir byzantin (Figs. 166–167).

Il est dès lors assuré qu'à cet endroit, lorsque s'est constitué ce dépôt de sable, la voûte avait le profil que nous avons retrouvé, et qui a été conservé précisément par le ciment du trottoir. Il faut donc admettre qu'une crue démesurée du torrent, sans doute avec l'aide d'un tremblement de terre, avait emporté la rue, et creusé le sol profondément, jusqu'au profil de la poche que nous avons décrite. Ainsi s'est creusé un lit accidentel, où s'est engouffrée l'eau dévastatrice.

La création de ce lit du torrent s'est trouvée sans doute nécessaire parce que son trajet normal, c'est à dire la voûte Nord, se trouvait comblée. Certes, du fait d'arrachements très tardifs de blocs de la voûte — tardifs puisqu'ayant entraîné la disparition du dallage de Justinien et la rupture des tuyaux — nous n'avons pas retrouvé, sous la voûte brisée plus qu'ailleurs, de stratifications convaincantes. De toutes façons, les alluvions que dépose un torrent contiennent des témoins mêlés de toutes les époques antérieures à son déchaînement. On peut croire néanmoins que le tunnel était déjà profondément ensablé; qu'il a pu être bouché dès le début de la crue, et que l'eau s'est dès lors foré un nouveau passage.

Elle a d'ailleurs recouvert toute la largeur de la fouille. Une bande d'alluvions comparables s'est déposée au-dessus d'une rangée de blocs anciens, conservés en place, jusqu'à l'extrémité Sud de la tranchée (Fig. 172).

On ne peut malheureusement poursuivre cette étude sur la face Ouest de la tranchée: on y reconnaît un énorme entonnoir qui représente l'oeuvre des carriers modernes: les niveaux médiévaux n'ont pas laissé de trace, rappelons-le, au-delà du pavement justinien, dans la partie centrale de la tranchée, vers l'Ouest (Fig. 158).

Nous verrons plus bas que la voûte Nord était encore en état non seulement à l'époque de la rue monumentale, mais encore au moment où a été établi, sans doute sous Justinien, un pavement intermédiaire qui s'y substituait. S'il en est ainsi, elle a survécu au tremblement de terre de 526; elle a été emportée par celui de 528; et nous assistons sur cette façade de la fouille à l'aspect si je puis dire géologique de la catastrophe et des restaurations qui ont suivi.

PLAN LXIII. Il faut maintenant chercher ce qui, au-dessus des voûtes hellénistiques et de leurs piles, représente le niveau romain monumental. C'est comme toujours le rebord de la chaussée. Il est conservé à l'Ouest et à l'Est.

Nous avons vu qu'à l'Ouest, il a servi de fond à l'égout byzantin (Fig. 155). On le retrouve sur une longueur de cinq mètres: le fond est à la cote 90.59, le rebord à 90.79. Il repose sur de la terre et la voûte, au delà, a été emportée au moment où il aurait commencé de la franchir. Mais il pouvait le faire sans difficulté. On peut même penser que sa mise en place avait été calculée de façon à ce qu'il se pose directement sur la voûte, au-dessus de la clef.

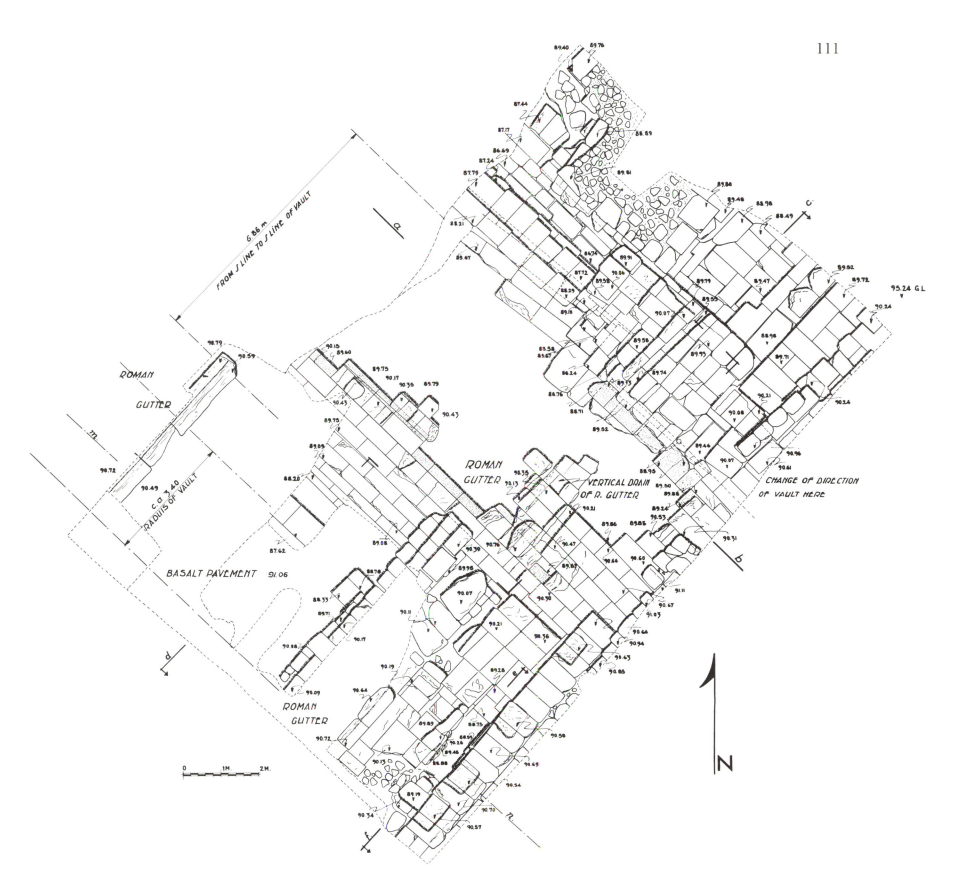

PLAN LXIII. M.S.D. IV et VIII. 16—O Nord. Niveau V. Sous le dallage de Justinien :
l'extrados des voûtes hellénistiques. Les rebords de la chaussée romaine sont restés en place.
En bas, mur continu, qui peut être un stylobate (A. Athanassiou)

C'est ce qui se passe à l'Est, où le caniveau est malheureusement beaucoup moins bien conservé, mais où la voûte, elle, est en place jusqu'au-delà de la clef. On trouve au départ du Sud de la tranchée, deux blocs successifs de ce caniveau. Un tuyau justinien passe un peu au-dessus du rebord. L'un de ces blocs est encore continué, au-delà de sa gorge, par un pavé qui doit avoir appartenu au pavement correspondant. Un autre dallage, posé sur ce bloc, marque, on l'a vu, l'amorce d'un niveau intermédiaire, sur lequel repose le mur qui borde le pavement justinien (Fig. 155).

Un autre élément du caniveau est conservé, à près de cinq mètres plus au Nord, séparé cette fois encore par une petite épaisseur de terre de l'appareil de la voûte. Il est très érodé mais sort de la même carrière que les deux autres, et s'aligne sur eux. Au-delà de ce bloc, à 85 cm., une ouverture s'ouvrait dans la voûte même, où allait se perdre l'eau recueillie par le caniveau. Il s'agit d'un trou presque carré, de 55×45, percé dans l'assise placée immédiatement au Nord de la clef (Fig. 168).

Il apparaît dès lors que la voûte était encore en usage lors de l'établissement de la rue monumentale.

Les bords du trou ont été postérieurement rehaussés au moyen d'éclats de basalte sur lesquels on a posé quatre blocs frustes, dont l'un m'a paru avoir été précisément emprunté au caniveau. Cette réparation sommaire, visible sur la photographie (Fig. 169), appartient semble-t-il au niveau intermédiaire attesté plus au Sud au-dessus du dallage monumental. Nous sommes sans doute entre les tremblements de terre de 526 et 528. Puisque après 540 la voûte était inutilisable, c'est à ce deuxième tremblement de terre que nous devons attribuer l'apport énorme de terre qui l'a comblée et recouverte.

Nous n'avons pas retrouvé le caniveau romain dans la partie Nord de la tranchée, ni à l'Est, ni à l'Ouest. Toutefois, presque dans l'alignement qu'il aurait dû occuper, on remarque dans les blocs hellénistiques une entaille, large de 25 cm., profonde de 50, conservée sur une longueur de 3 m., aussi longtemps que la pile se maintient à la hauteur requise 89.74, 89.55, et qui peut avoir fait partie d'un dispositif spécial, adapté à la situation (Fig. 164).

PLAN LXIV. Il nous faut maintenant décrire les voûtes du Parmenios. Je rappellerai seulement que la fouille fut interrompue le 5 mai 1938 par un orage extraordinaire, à la suite duquel non seulement notre tranchée fut envahie par les eaux et les terres qu'elles entraînaient, mais la maison du gardien fut emportée et la route moderne gravement endommagée. Il fallut attendre jusqu'au début de juin pour pouvoir reprendre les travaux; c'est le 8 juin que la seconde arche fut découverte. L'équipe des fouilleurs, américains et français, avait été évacuée le 6 sur Alep et Beyrouth, la situation politique étant devenue trop dangereuse. Nous étions restés seuls sur place, William Campbell et moi. Mon rapport est daté du 22 juin; entre ces deux dates, nous n'avions pu travailler que par intermittences: c'est le jour où, sous la pression des évènements, fut décidée la clôture de la saison.

Au cours du premier sondage de 16—O, en avril 1936, nous avions rencontré une pile de pierre, qui nous avait paru être la base Nord d'une voûte en encorbellement: on comptait, au-dessus d'une base massive, deux assises normales, puis une troisième assise en saillie, et, au-dessus deux hautes assises horizontales, mais taillées de façon à dessiner un arc de cercle.

En fait, ces assises formaient la partie Sud d'une pile, de dimension considérable, qui maintenait vers le Nord la poussée d'une voûte à claveaux rayonnants (Fig. 170). Cette voûte, découverte au cours du nouveau sondage, était en partie écroulée, dans sa partie centrale; toutefois, à l'aplomb du rebord Est de notre tranchée, un arc était intégralement conservé; les autres, sur toute la largeur de la fouille ne gardaient en place qu'un nombre très inégal de claveaux; néanmoins la voûte traversait toute la tranchée (Fig. 171) et, une fois dégagée, ne manquait ni d'ampleur, ni de qualité.

Elle est en fait exécutée avec beaucoup de soin. L'arche comporte vingt-cinq claveaux — douze de part et d'autre de la clef. Du côté Nord où j'ai pu les mesurer, deux avaient 41 cm. de largeur sous l'arc, deux 42 cm., deux 34 cm., un 44, deux 45. Un n'avait que 31 cm., un autre atteignait 48. Ces chiffres correspondent à une seconde étude: une première mesure, plus hâtive, comportait 8 fois 44 cm., autrement dit, sauf deux exceptions, ces différences peuvent être tenues pour négligeables. La longueur des blocs, variable pour chacun entre ses deux faces, varie de 78 à 90. On n'a pas cherché à régulariser l'extrados. Leur largeur, à l'extérieur de l'arc, varie entre 49 et 53, en fonction, bien sûr, de la longueur du bloc et de sa largeur intérieure.

Il n'y a pas de ciment. Les joints sont très fins, et, tassés par le poids de la voûte et de la terre qu'elle

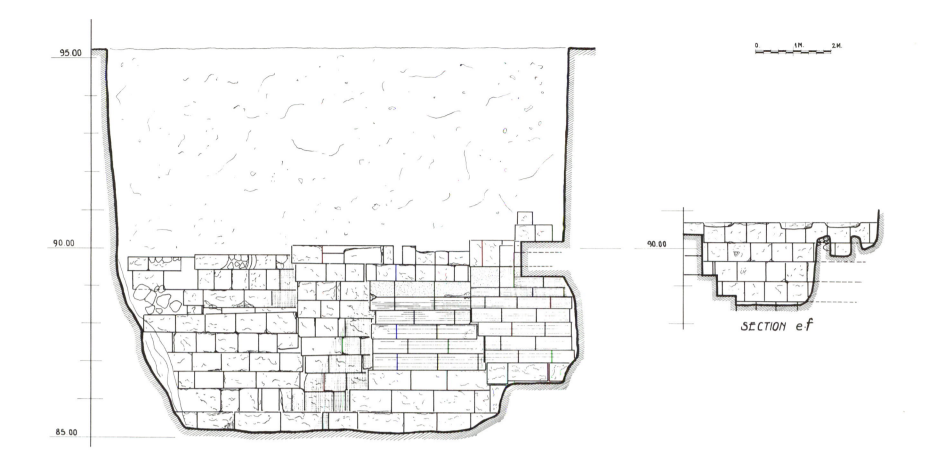

SECTION e·f

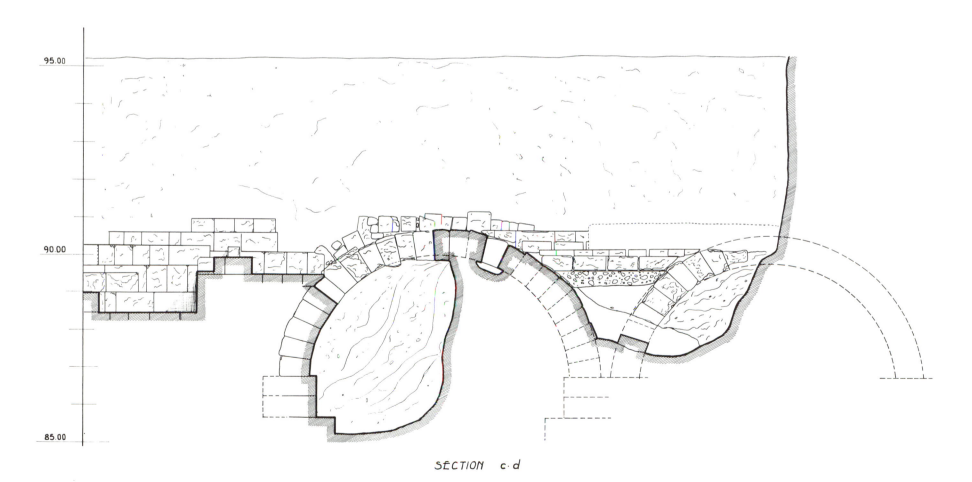

SECTION c·d

PLAN LXIV. M.S.D. IV et VIII. 16—O Nord. Coupes.
En haut : coupe longitudinale Ouest-Est sur la voûte Nord ; coupe montrant le stylobate byzantin s'enfonçant
derrière la voûte Sud. En bas : coupe transversale des deux voûtes, Nord-Sud (A. Athanassiou)

portait, ils se sont serrés; il n'était pas toujours facile de les distinguer. C'est un caractère des appareils hellénistiques à Antioche: les romains n'ont pas de ces raffinements: ils emploient d'ailleurs souvent des pierres plus dures, à grains moins homogènes, et qui ne se tassent pas.

L'arche conservée est restée demi-circulaire. Sur son plan, A. Athanassiou lui donne 6 m. 86 de diamètre, qu'on retrouve sur la coupe. Elle repose au Nord sur une pile verticale composée de deux assises, qui avancent de 13 cm. et mesurent en tout 1 m. 15 de hauteur. Il y a enfin une assise de base, de 50 cm. de saillie, de 48 de hauteur, en avant de laquelle se trouvait un dallage de pierre qui formait le fond du canal, après avoir servi de plan de construction (Fig. 171). Je ne sais pas si la pile avait des fondations au-dessous de ce sol.

Nous n'avons pas pu dégager la pile Sud: c'eût été condamner toute la voûte à l'écroulement, maintenue qu'elle était de ce côté par les alluvions et les terres d'infiltration, accumulées jusque sous le claveau. Nous ne connaissons la partie Sud de la voûte que par l'extérieur.

Au Nord de la voûte, l'arche est adossée à une pile massive extrêmement puissante. A vrai dire nous la restituons mal. Il y a d'abord une série d'assises de grand appareil — au moins six au-dessus de l'assise en saillie, c'est-à-dire autant que de claveaux. Elles sont taillées vers le Sud en biseau, de façon à épouser par encorbellements successifs la courbure de l'extrados. Il y en avait peut-être une septième, mais ce n'est pas sûr: celles qui restent sont en équilibre par leur propre poids, comme elles l'ont montré en survivant à la disparition de la voûte: je rappelle qu'en 1936, lors de notre premier sondage, nous avions cru à une voûte en encorbellement. Des assises supplémentaires eussent imposé à la voûte un poids inutile, sans accroître sa rigidité (Fig. 170).

Cette pile continue mesure 3 m. 40 de largeur à la partie supérieure, pour 2 m. 20 à la base, sa face Nord étant verticale. Elle est attestée au Nord sur 1 m. 15 de hauteur, à partir du sommet, mais rejoint alors une nouvelle surface de blocs, très robuste quoique appareillée à la manière d'un remplissage (Fig. 164) que nous avons retrouvée jusqu'à la limite de la tranchée, soit sur plus de 3 m. Il y a même de ce côté, comme vers l'Ouest, une assise supplémentaire. Les décrochements de cette assise ressemblent à des arrachements.

La photographie (Fig. 172), datée du 11 juillet, représente un état de la fouille que je n'ai pas connu: on y voit distinctement la différence entre la pile qui

contrebute la voûte, sur une épaisseur maximum de cinq blocs, entièrement distincte d'une autre masse d'assises de grand appareil, située plus au Nord, et dont la façade Sud s'est trouvé dégagée précisément par la disparition, vers l'Ouest, de la pile que nous venons de décrire. On voit, au fond, une assise de grands blocs réguliers, qui paraît être au niveau de la base de la pile; mais, au-dessus comme à droite, on trouve de la terre, et cette assise doit faire partie de la pile elle-même.

Notons d'autre part, sur la photographie (Fig. 165), une assise qui semble un dallage, posée en partie sur des blocs en partie sur de la terre, à 40 cm. sous les tuyaux byzantins. Elle vient s'appuyer à la partie Sud de la pile, un peu au-dessous du sommet de la dernière assise. 89.80 contre 89.91.

On revoit la dernière pierre de cette assise, après enlèvement des pavés conservés de la rue justinienne, sur la photographie (Fig. 172): elle se présente comme le niveau supérieur des substructions postérieures que nous venons de décrire. Tout ce dispositif est antérieur à la mise en place des tuyaux et du dallage byzantin. Il est difficile d'en dire davantage.

Nous n'avons pas sur place cru à la possibilité de trouver, vers le Nord, une autre arche semblable à celle que nous venions de découvrir. L'hypothèse est écartée par mon rapport du 22 juin, que je ne puis que citer: «De même vers le Nord le pont s'arrête avec la pile robuste que nous avons décrite. Les substructions rencontrées au-delà sont d'une époque postérieure; si elles représentent la culée d'une troisième arche, il s'agit de celle qui fut substituée aux deux premières lors de la destruction, que nous croyons pouvoir attribuer au tremblement de terre de 526.»

C'est vers le Sud que nous devions trouver une seconde arche.

A vrai dire, nous avions remarqué dès le départ que les deux piles de la première n'étaient pas symétriques. Dans toute une partie de la fouille, sous les tuyaux byzantins, l'extrados de la voûte apparaissait sur plus de 3 m. de longueur. Plus à l'Ouest, il était caché par un sol de béton, au-dessus duquel passait la canalisation médiévale, grossièrement appareillée, avant de couper un claveau; plus à l'Est, on rencontrait une sorte de contrefort, construit en pierre sur des fondations de béton, qui venait s'appuyer à l'extrados mais ne descendait pas jusqu'en bas. Plus à l'Est, il restait des substructions plus importantes qui semblaient devoir être mises en relation avec les dispositifs latéraux de la rue aux différentes périodes, et en particulier dans sa phase la plus monumentale.

Après l'enlèvement du pavement de basalte et des tuyaux sous-jacents, nous vîmes que ce curieux contre-fort reposait au Sud, exactement de la même façon, sur une autre voûte, qui paraissait analogue à la première (Fig. 172). Malheureusement, les circonstances ne nous ont pas permis de l'étudier à fond; mon carnet de fouilles est muet; mes rapports restent rapides; la coupe dressée par A. Athanassiou ne paraît pas absolument sûre, lorsqu'on la compare aux photographies, même si elle correspond à ce que disent mes rapports. Je vais donc décrire ma documentation, avant d'essayer de l'interpréter.

Il résulte à l'évidence de la photographie (Fig. 173) que les deux voûtes, à la base, étaient tangentes, même si nous n'avons pu atteindre le point où elles se rencontraient. On en peut déduire, avec A. Athanassiou, qu'elles reposaient sur une même base, qu'il a restituée par symétrie avec ce que nous avions trouvé au Nord. Ces deux voûtes se contrebutaient l'une l'autre, et c'est à cette liaison que contribuait en particulier l'élément architectural, si original, qui les unissait. On peut supposer qu'il se répétait de loin en loin, et jouait de part et d'autre le même rôle qu'un arc boutant. Il jouait aussi le rôle d'une poutre, au-dessus de laquelle on pouvait mettre en place les substructures de la rue. Il reposait sur de la terre; on peut croire qu'on avait exprès comblé avec de la terre l'espace de coupe triangulaire qui s'ouvrait entre les deux voûtes.

Bien entendu, une telle combinaison technique conduit à penser que les deux voûtes sont contemporaines, qu'elles ont été étudiées et construites conjointement. Leur équilibre même dépend de leur jumelage.

Sont-elles égales? A. Athanassiou, sur son plan, nous indique le rayon de la seconde voûte, tel qu'il l'a calculé: 3 m. 40—soit 6 m. 80 de diamètre, contre 6 m. 85 pour la voûte Nord. La différence serait négligeable: c'est ce qu'on constate sur sa coupe, où la hauteur apparente de la voûte Nord ne semble supérieure qu'à cause de l'inégalité des voussoirs.

Nous sommes bien moins renseignés sur l'état de conservation de cette seconde voûte que pour la première. Elle n'a pas été redécouverte par les carriers médiévaux ou modernes: nous avons retrouvé en place au-dessus tuyaux et pavement du VIe siècle remployés mais non démolis. Le caniveau de la rue romaine monumentale était en place, à l'Ouest et à l'Est; en outre des aligne-ments considérables de blocs vraisemblablement con-temporains, que nous n'avons pas eu le temps de dépla-cer, se trouvaient plus à l'Est.

La voûte était donc, certainement cette fois, dans l'état où nous l'avons trouvée, au moment où les ingé-nieurs de Justinien ont posé leurs canalisations, disons en 540. Elle était comblée, détruite, inutilisable, aban-donnée. L'arc même que nous avons dégagé, qui vient seul porter témoignage, est en mauvais état. Nous voyons sur la photographie comme sur la coupe sept claveaux. La coupe en montre deux autres plus bas, appartenant à une série différente. Nous n'atteignons ni la pile, ni la clef. En fait, au sommet de l'arc, tel que le montre la photographie, les claveaux les plus élevés sont profondément attaqués, à la partie inférieure, infiniment plus que ceux de l'arche Nord (Fig. 173). Je pense qu'il faut attribuer cette usure à l'érosion, due au passage d'une eau rapide, tourbillonnante et chargée de cailloux, à un moment où le niveau du sol, sous la clef de l'arc, s'élevait progressivement, avec l'entassement des sédi-ments. Il semble qu'on n'ait pas curé ces voûtes, où qu'on y ait un jour renoncé.

Ici les blocs de calcaire tendre ont été comme déchi-quetés, et le dernier dont il reste quelque chose n'est plus qu'un moignon. On trouve ensuite, posés à côté de lui, deux moellons taillés: le reste de l'arche — au moins pour la partie centrale — avait disparu quand ces deux moellons ont été posés. Et la voûte était pleine de terre, sans quoi six claveaux au moins se seraient écroulés, comme cela semble s'être produit plus à l'Ouest. Il n'est donc pas impossible qu'il y ait eu encore un ou deux claveaux avant la clef, comme le suppose tacitement A. Athanassiou. Un seul suffit pour retrouver la coupe de la voûte Nord.

J'ai insisté sur cette reconstruction: les photographies, en effet ne la rendent pas évidente; sur le cliché (Fig. 172) particulièrement, la voûte Sud paraît beaucoup plus basse que la voûte Nord; c'est qu'elle est incomplète, enterrée, c'est aussi que l'autre paraît avoir une arche plus haute, du fait de la perspective que créent les claveaux arrachés. Pour juger sainement, il faut suivre l'assise où, sur les deux voûtes, s'appuie le «contrefort.» A l'issue de mon examen j'adopte donc la restitution d'A. Athanassiou: je répète qu'elle est conforme au texte de mon rapport, dont les cotes sont légèrement diffé-rentes, ce qui montre qu'il est indépendant du dessin.

Bien entendu, si les deux arches ont une pile commune, si elles ont le même diamètre — étant donné qu'elles sont de même appareil et liées par le contrefort — on peut considérer qu'elles ont été construites à la fois, et que les ingénieurs hydrauliciens de l'Antioche hellénistique ont cru nécessaire, pour défendre la ville des crues du Parmenios, de disposer sous la rue — qui sans cela aurait fait barrage et retenu les eaux — de deux passages de 6 m. 80 de diamètre et de 4.80 de hauteur. C'est là une entreprise considérable et qui leur fait honneur.

Nous l'avons vu, la voûte Nord est restée en usage jusqu'à la pose du pavement qui a remplacé celui de la rue romaine monumentale, et qu'on lui a superposé, sans doute après le tremblement de terre de 526. C'est ainsi que j'ai interprété le surhaussement du trou par lequel le caniveau romain se vidait dans la voûte. C'est seulement ensuite, après 528 ou après 540 que la voûte, décidément pleine de terre, a été abandonnée et en partie détruite, avant la pose du pavement de Justinien.

Je croirais volontiers, à la suite d'une remarque de Richard Stillwell, que la voûte Sud avait été abandonnée plus tôt. Pourquoi le caniveau romain, qui descend du Sud au Nord, aurait-il été se vider dans la seconde voûte et non dans la première? Il est vrai qu'en ce point la pente aurait pu changer: le caniveau n'est pas attesté dans la partie Nord de la tranchée. Il eût peut-être suffi d'un léger dégagement supplémentaire pour retrouver le caniveau Ouest et l'égout byzantin qu'il portait. Nous aurions eu l'indication décisive.

Pour établir la période dans laquelle la voûte Sud a été abandonnée, je crois qu'on peut trouver un élément important dans un mur qui apparaît, à l'Est de la tranchée et contre sa façade, aussi bien sur les photographies que sur les coupes. Ce mur avait son sommet conservé sur un alignement continu, autour de la cote 90.60–90.70, qui est celle de l'extrados de la voûte Nord, à la clef: 90.66. Ce mur se retrouve dans la partie Nord de la tranchée, au même niveau. Il conserve là toutefois quatre blocs d'une assise supplémentaire qui paraît correspondre avec un bloc qu'on aperçoit au-dessus de la clef (Fig. 172).

A l'Est de la pile Nord, ce mur descend, et passe au delà des substructions tardives. Du Sud, l'assise conservée vient s'amortir contre la voûte, au moyen de blocs retaillés, à la manière de ceux du contrefort. Ce mur constitue donc une sorte de limite Est des dispositifs conservés au-dessus des voûtes.

La coupe e–f (PLAN LXIV) d'autre part nous montre

qu'il descend également, dans la partie Sud, sur une hauteur d'au moins cinq assises: un sol, à la cote 88.59, nous empêche d'en voir davantage.

Mais à cette place, il se trouve comme introduit dans le prolongement de la deuxième voûte qu'il coupe. Il suffit de superposer la coupe e–f à la coupe c–d pour le constater. Dès lors ce mur, dans toute sa longueur, apparaît comme postérieur à la destruction de la voûte Sud; il a été construit à un moment où la voûte Nord, au contraire, était encore en usage. Il s'agit peut-être, en comparant avec 16—O Sud, du stylobate de Justinien (PLAN LII).

Il faut ici poser encore un problème. Quel est le caractère de ces voûtes? Nous avions d'abord pensé qu'il s'agissait d'un pont — le pont du Parmenios, qui aurait joué le même rôle que le pont moderne. C'est-à-dire que ces voûtes auraient été limitées à la largeur nécessaire pour laisser passer la rue, comme le pont moderne laisse passer la route. Mais dans le cas d'une rue à colonnades, que peut être un pont? Doit-on prévoir un étranglement, voire une interruption du dispositif? Peut-on croire que la chaussée seule franchissait les voûtes, accompagnée de trottoirs plus ou moins étroits, bordés d'une balustrade, alors que les portiques à colonnades, et à plus forte raison les boutiques s'arrêtaient pour reprendre au delà? Dès lors, la longueur des voûtes aurait pu être assez restreinte, et franchir un canal ouvert qui, venant du défilé, se serait dirigé vers l'Oronte au travers des maisons. Ainsi l'Oronte passait-il sous les ponts qui reliaient la ville à l'Ile.

Pour l'époque justinienne, le problème est résolu. La rue toute entière passe — au moins la chaussée et les trottoirs. L'égout Ouest est en place, et les tuyaux de poterie. Mais, puisqu'il est établi qu'au moment de la reconstruction la voûte n'entrait plus en ligne de compte, nous n'avons pas à nous en étonner.

Qu'en était-il plus tôt — en particulier qu'en était-il à l'époque de la rue romaine monumentale, celle du plus grand développement du système? La tranchée, trop étroite, ne nous livre pas la réponse. Toutefois il convient de remarquer qu'au-dessus des voûtes le passage de la rue romaine à la rue byzantine se présente comme dans nos autres sondages. Nous retrouvons en place — à l'Ouest, au fond de l'égout byzantin — les deux rebords de la chaussée. Elle mesurait ici 9 m. 60 de large, au lieu de 9 m. 95 plus au Sud: ce n'est pas une grosse différence.

Il y a même la trace de la réparation intermédiaire. A l'Est du rebord Est de la chaussée, nous disposons dans la fouille d'une largeur de 3 m. 60; et il résulte du plan que nous n'avons pas tout dégagé. Nous avions pensé aussi à pénétrer en tunnel sous la voûte, mais nous avons renoncé tout de suite, à cause des risques d'éboulement.

La masse des matériaux accumulés à l'Est, au Nord et surtout au Sud de la voûte permet de croire qu'à l'époque romaine le portique avait été maintenu. On pourrait émettre des hypothèses, trop fragiles, sur la présence ici ou là des fondations d'une colonne. D'ailleurs le portique pouvait s'interrompre au-dessus des voûtes comme pour l'arrivée d'une rue transversale avec peut-être un arc de liaison.[7]

Dès lors, je crois que les voûtes étaient invisibles, et peut-être très longues. J'avais remarqué, vers le fleuve, dans leur prolongement, des dépressions du terrain qui m'avaient paru pouvoir être attribuées à l'action des carriers dépeçant les voûtes. Cette hypothèse n'a pu être vérifiée. Nous avons d'autre part, dans l'axe de la voûte Nord, ouvert deux puits vers l'Est, l'un à 20 m., l'autre à 40. Le second n'a rencontré que de la terre, jusqu'à 7 m. de profondeur. «Le premier a traversé successivement deux niveaux tardifs, l'un consistant en un dallage de pierre et d'*opus sectile*, l'autre fait d'une couche extraordinairement robuste de ciment. Plus bas, à 4 m., à la profondeur par conséquent où nous nous attendions à rencontrer le sommet de l'arche, nous avons été arrêtés par un lit de pierre, qui pouvait bien représenter l'extrados de la voûte. Mais ces blocs ne sont pas orientés comme ceux qui forment la voûte du pont. Ils forment un angle considérable vers le Sud, qui indiquerait, au cas où il s'agirait bien de la voûte, une considérable déviation de direction» (rapport du 22 juin 1938, p. 10).

Je n'ai pas de plan. La photo correspondante (4126 — inutilisable) est très complexe, avec des restes d'*opus sectile* et une sorte de caniveau; elle n'est pas orientée.

On peut croire que, de même que le forum de Valens était construit sur des voûtes, pour les mêmes raisons, des voûtes hellénistiques traversaient déjà le sous-sol du quartier, en passant nécessairement sous la rue. C'est leur longueur même qui explique qu'on les ait laissé s'engorger, l'une après l'autre, totalement. Bien entendu,

il ne s'agit là que d'une hypothèse; je la crois vraisemblable; c'est la plus compatible avec l'ampleur du dispositif de la rue monumentale, dès l'époque hellénistique; aucune source littéraire ne parle d'un pont, alors qu'il est souvent question de ceux qui reliaient la ville à l'île de l'Oronte:[8] l'entreprise de Valens montre aussi qu'on ne voulait pas laisser apparaître la menace du torrent, fût-ce entre des quais puissants, qui l'eussent canalisé. La solution du barrage, arrêtant l'eau des crues, adoptée par les byzantins, permettait à plus forte raison d'assurer au trop-plein, de dimensions réduites, un passage discret.[9]

Sur toute la longueur qui en a été dégagée, la voûte Nord est d'un seul tenant. Dès l'époque hellénistique donc, la rue franchissait ces voûtes comme un énorme égoût collecteur, dont elles jouaient d'ailleurs le rôle. Et son aspect de plus en plus monumental n'était pas modifié pour autant.

Je renonce à essayer d'interpréter les détails du plan d'A. Athanassiou, qui nous livre toute la complexité des restes découverts au niveau supérieur des voûtes. Même en le comparant avec les photographies, il est impossible je crois d'en tirer un parti décisif. Les reconstructions successives, en un point où le relèvement du niveau devait rester très limité, sous peine de modifier sur de grandes distances tout le profil de la grand rue, aboutissaient non pas à la constitution de niveaux mais à des réajustements sur place. L'introduction dans les claveaux de la voûte des tuyaux byzantins est la dernière conséquence du système. Dès lors, les cicatrices et les réfections se sont multipliées, en s'oblitérant les unes les autres.

Il reste un dernier point à débattre. Nous avions fouillé en 16—O parce que nous pensions y trouver le point de rupture dans la direction de la rue antique, entre sa partie Nord et sa partie Sud. La découverte des voûtes démontre, me semble-t-il, que cette différence d'axe a bien eu pour cause la traversée du Parmenios. Au moment où la ville devait s'étendre au Nord du torrent, on a dû reprendre dans cette région le quadrillage qui avait été d'abord tracé au Sud. Et il est possible que l'existence d'un «no mans' land» entre la première et la deuxième implantation, correspondant à un espace laissé libre à l'origine pour les caprices du torrent, ait

---

[7] Il faut faire intervenir ici la description de Libanius qui ne parle pas de ponts, mais paraît indiquer que les portiques franchissaient torrents et ravins sans que leur pente, et sans doute leur caractère, se trouvent modifiés: ci-dessus p. 127, n° 197.

[8] Sur les ponts de l'Oronte, voir par exemple Libanius, 208.

[9] Downey, *History of Antioch*, Princeton 1961, p. 550. Procope, *De aed*. II.10.16.

amené un décalage dans l'établissement de l'axe de base à partir duquel le quadrillage se développait.

Je ne voudrais pas omettre une remarque d'A. Athanassiou. Sur le plan des voûtes, il a marqué à l'intérieur de la voûte, sur sa face Nord deux lignes pointillées légèrement divergentes, avec l'inscription: «change of direction of vault here». Il semble que l'assise posée en 89.52 soit orientée un peu différemment de celle de 89.13 sur laquelle elle repose. L'angle serait de 4 degrés vers le Nord-Est.

A la vérité, lorsqu'on compare les lignes de blocs, au Sud et au Nord de la voûte Nord, on croit bien remarquer une tendance à une orientation nouvelle, qui serait la conséquence de la modification remarquée par le topographe. C'est vrai par exemple, pour le mur qui forme le fond de la tranchée à l'Est. Mais la confusion est telle qu'il peut paraître imprudent de travailler sur cette base.

On conçoit, qu'il aurait été tentant de pouvoir dire: la rue jusqu'à la voûte, est orientée au Sud comme en 19—M, au Nord comme en 16—P. Je ne puis dire que nous soyons en mesure de l'affirmer. Mais ce n'est pas impossible.

A chaque page, nos rapports marquent la nécessité de poursuivre les recherches. Tout au contraire, il a fallu les arrêter brusquement, et elles n'ont pas repris depuis. W. A. Campbell nourrissait le projet de retourner fouiller Antioche, au besoin à ses frais. Il faudrait le faire — mais, sur le plan de la topographie, on mesure ce que seront encore les difficultés à vaincre.

VII. MAIN STREET DIG IX. 17–P

Nous avions, je l'ai dit, essayé de suivre vers l'Est le tracé de la voûte du Parmenios au moyen de deux sondages restreints, ouverts en 16—O, à 40 et 70 m. à l'Est de notre fouille, dans l'axe de la voûte Nord. Le premier avait donné des indications que nous n'avions pas su interpréter, le second n'avait pas rencontré de restes archéologiques.

Un sondage plus important avait été entrepris en même temps, dès le 14 mai, à 120 m. cette fois à l'Est du caniveau de la rue romaine, toujours dans l'axe de la voûte Nord, seule découverte à cette date. Nous nous trouvions directement au bord du lit moderne du Parmenios — et l'étendue de notre sondage était d'autre part limitée au Sud par la présence d'une maison. La crue récente avait emporté le talus destiné précisément à endiguer le torrent: pour que la fouille fût possible, il nous fallut d'abord construire, au moyen de pierres apportées par le flot, un mur de pierres sèches à l'emplacement du talus disparu: ce mur était solidement encastré dans le sol, et, à l'Est, dans la berge: nous comptions, en accumulant nos déblais derrière ce mur, constituer une digue qui protègerait éventuellement la tranchée au cas de nouvelles pluies. Dix jours après la catastrophe, le torrent était d'ailleurs presque à sec. Après un orage, il nous fallut pourtant reconstruire notre mur, en partie emporté: telle est la puissance du rassemblement des eaux dans la gorge des Portes de Fer.

Mon journal de fouilles expose longuement, et avec précision, les mobiles qui nous avaient fait choisir cet emplacement. Nous comptions pouvoir vérifier si la voûte ou le canal qui, à défaut, devait la précéder, avaient laissé des traces distinctes; 120 m. était la profondeur des blocs de la ville, d'après les restitutions que nous proposaient les cotes modernes du quartier Dort Ayak;[1] nous devions arriver à la limite du premier bloc

et du deuxième; enfin, nous pourrions peut-être espérer atteindre le forum de Valens, qui constituait toujours un des points de notre programme de recherches.

Comme en 16—P, c'est seulement à 4 m. de profondeur que sont apparus les premiers restes de murs. Il semble qu'après le XIIe siècle, dans toute la partie Nord de la ville antique, toute construction ait disparu dès qu'on s'écarte un peu de la route. Il a certes pu exister, comme de nos jours dans l'oliveraie, des maisons paysannes isolées, que nous n'avons pas eu l'occasion de rencontrer. Par contre il apparaît que dans la période qui va du Xe au XIIIe siècle, après la reconquête byzantine jusqu'après les croisades, la ville s'est à nouveau étendue jusqu'au torrent Parmenios, et même au delà. L'église de 16—P et son cimetière, au bord de la route, n'étaient pas isolés, puisqu'il y avait une rue plus à l'Est, se dirigeant vers la montagne parmi des maisons. En 16—O Nord, la nécropole était mêlée à des constructions; et la grande fouille de 17—O, entreprise à la recherche du Forum de Valens, avait dégagé un véritable quartier urbain qui datait de cette époque.

Nous allons ici trouver, entre 4 et 5 m. de profondeur, une série de murs qui ont été certes remaniés avec le temps, mais sans perdre leur configuration générale, un peu comme en 19—M: il s'agit cette fois encore d'une cuisine, aménagée sans doute dans une cour, avec plusieurs sols superposés de caractères différents. Mais ils couvriront une durée beaucoup plus longue.

PLAN LXV. Tous les restes trouvés dans la fouille sont situés au Sud d'un mur très robuste, fait de blocs et de moellons, pris dans du ciment, de 1 m. 14 de largeur maximum, conservé seulement dans la moitié Ouest de la fouille. Il s'agit à coup sûr d'une protection contre les eaux du torrent; le mur a encore 2 m. de hauteur, et il n'est pas certain qu'il ait été plus haut: la partie supérieure se présente comme une surface unie de blocs et de ciment, et paraît s'être toujours présentée de cette façon. Les fondations et les murs des édifices qui lui étaient adossés au Sud se sont trouvés pendant un temps efficacement défendus.

Au Nord du mur, au bord du lit moderne du torrent,

---

[1] D'après le travail de J. Weulersse, *Bulletin d'Etudes Orientales*, 4 (1934), p. 47, et surtout de J. Sauvaget, *ibid.* p. 94. Sauvaget, à partir des plans cadastraux, attribue aux insulae d'Antioche 112 m. × 58. Ses autres calculs donnent: Laodicée, 112 × 57; Apamée, 105 × ?, Damas, 100 × 45; Alep, 120 × 46; Doura-Europos, 100 × 40 environ. Cf. Downey, *History of Antioch*, Princeton 1961, p. 70. Le nom turc du quartier Nord-Est d'Antioche, Dort-Ayak, traduit Tétrapyle.

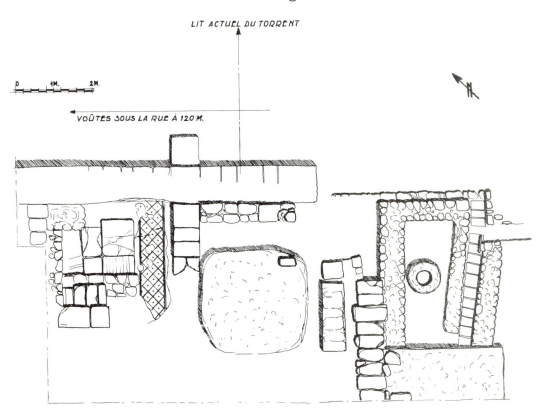

PLAN LXV. 17—P. Sondage au bord du torrent Parmenios. Niveau I. Ces plans ont été restitués à partir
du journal des fouilles et des photographies (H. Paris). Orientation changée: la route est à 120 m. à gauche

on trouve une région entièrement occupée dans toute sa profondeur par du sable homogène sauf, par places, des poches de gravier avec quelques galets, quelques débris de constructions ou même quelques pierres de taille.

Au Sud du mur toute la tranchée est occupée par des constructions complexes, divisées en trois parties par deux murs Nord-Sud (Fig. 174).

A l'Est, il s'agit d'un ensemble qui comprend les restes de deux plates-formes bétonnées, un système d'égout, les restes d'un foyer et un caniveau tardif.

Ce sont les restes du foyer qui sont au niveau le plus élevé: il se présente sous la forme d'un anneau de terre cuite, pris dans un sol de terre battue (Fig. 175). On pense au col d'un dolium, qu'on aurait dressé à l'envers, puis cassé, pour ne laisser en place que ce cercle, de 38 cm. de diamètre. Il n'est pas impossible qu'une partie du vase ait été remployée, dans un dispositif que nous ne pouvons restituer. Tout autour, des éléments de tuiles posés à terre renforçaient le sol, avec peut-être des traces de ciment. A l'intérieur se trouvait une couche de cendres, qui permet de définir l'usage du système, non d'en expliquer le mode d'emploi.

Les plates-formes en béton ne sont pas au même niveau; elles sont faites toutes deux de moellons pris dans un ciment très noir. L'une, au Sud, a 2 m. 60 de large, et s'avance de 1 m. 34 dans la tranchée; dans ses fondations, on rencontre des blocs d'appareil et un fragment de colonne en marbre blanc. Elle portait un pavement, dont il ne reste qu'une dalle calcaire soigneusement taillée, à l'aplomb de la tranchée: elle mesure 62 cm. de longueur sur 12 d'épaisseur. Elle est prise dans le ciment de la plate-forme.

L'autre, à un niveau inférieur de 60 cm., occupe l'angle Sud-Est; son rebord Ouest est renforcé par un alignement plus soigné de blocs pris dans le béton. Elle est interrompue au Nord par un des égouts, au-delà duquel elle est fort mal conservée.

Le système d'égouts comporte trois branches, qui se rejoignent en un point voisin de l'angle Nord-Est de la salle. Leur fond est en brique, les parois en moellons. Le long bras Ouest s'arrête à 28 cm. de la plate-forme I, et sa paroi est adossée à la plate-forme II. Une brique, debout verticalement avant le point de jonction, semble destinée à en réduire le débit. Un autre bras, très court, vient de l'Est, un troisième monte rapidement vers le Nord, les briques du sol (35 × 33) s'appuyant sur un parement de moellons qui limite la salle de ce côté. Ce parement était sans doute adossé au grand mur. Il peut s'agir d'une latrine; mais il est difficile de reconnaître le sens de circulation de l'eau.

Le caniveau tardif est posé à l'extérieur du mur Ouest de la salle, sur lequel ses dalles de couverture reposent

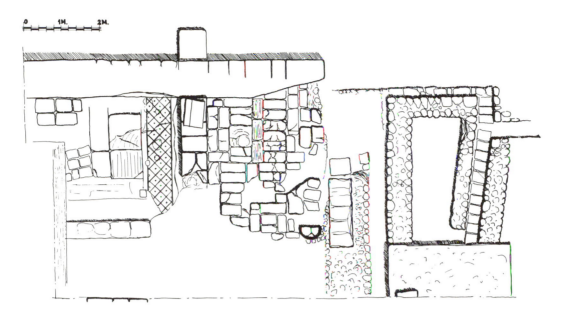

PLAN LXVI. 17—P. Niveau II. Période intermédiaire

par leur extrémité. Il est donc, sous sa forme actuelle, postérieur à la destruction du mur. Il est mal construit, avec un sol de briques très irrégulier. Il a 1 m. 02 de profondeur, et sa largeur varie de 31 à 37 cm.

Dans la partie centrale de la tranchée se trouve, à un niveau plus élevé que presque tous les restes du mur, un sol en ciment qui recouvre encore la plus grande partie d'une seconde salle. Celle-ci est limitée vers l'Est par un mur, encore conservé sur 1 m. 70 de hauteur, qui n'est pas le mur de moellons qui fermait de ce côté la salle Est: il en est séparé par l'espace où se trouve le caniveau récent, qui doit par conséquent être nettement antérieur à son dernier état. Ce mur repose sur des fondations en galets de lave noire; il est construit en pierres, avec une assise de beaux blocs remployés à la base, puis des blocs plus petits, qui sont disposés en double face mais sans assises définies, avec des cales et un remplissage de petits cailloux. On trouve, au-dessus, trois assises de briques, de 4 cm. 5 d'épaisseur, séparées par des joints de 5 cm. Il s'agit sans doute d'un mur byzantin médiéval. Le mur Nord, plus récent, repose toutefois sur un dallage antérieur au sol de ciment; il est adossé au gros mur. Ce n'est qu'un mélange de blocs de remploi de toutes dimensions pris dans du ciment blanc.

Le mur Ouest a meilleure allure: il comprend d'abord un beau bloc de maçonnerie de 148 × 68 pour 60 de hauteur, qu'on pourrait croire monolithe, tant il a des faces rigides. Il est continué vers le Sud par deux blocs

disposés en double face: l'un est un pavé de lave retaillé. Il ne reste plus loin que des fondations. Dans son prolongement, au-delà du mur Nord, mais à un niveau inférieur, il reste un élément de blocage: c'est le sommet d'un mur antérieur.

Le sol de ciment ne comporte qu'une seule couche mince, de couleur grisâtre, sans fondations; il a sans doute porté un pavement, dont il reste une dalle de 49 × 16 × 6 (Fig. 174).

Sous ce ciment se trouve, d'abord, à 60 cm., un dallage de pierre qui porte un foyer, puis plus bas encore une mosaïque, au niveau de celle que nous rencontrerons dans la salle Ouest.

PLAN LXVI. Le dallage est fait de calcaire tendre; il n'est ni très soigné, ni très bien conservé, mais couvre tout de même toute la salle; les dalles mesurent de 50 à 60 de longueur pour 25 à 28 de large (Fig. 176). Elles sont placées au Nord dans les deux sens, selon un certain ordre qui est abandonné au-delà du milieu de la pièce. Dans l'angle Sud-Ouest se trouve un foyer surhaussé, aujourd'hui semi-circulaire; c'est un élément de cercle taillé dans une grande jarre, de diamètre intérieur 51; le sol est fait de deux fragments de briques, et le parement extérieur est en briques. Le fond est à 10 cm. au-dessus du pavement, et le rebord à 30. Tout est recouvert de cendres et de suie. Au milieu du dallage, un trou aménagé après coup semble correspondre aussi à une quelconque installation.

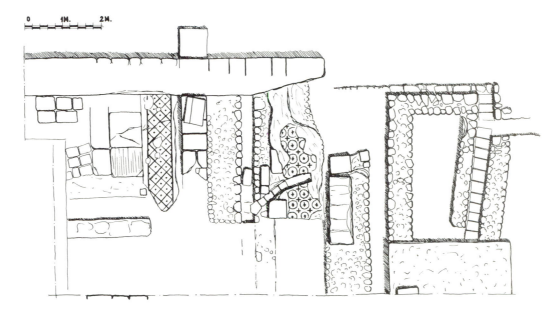

PLAN LXVII. 17—P. Niveau III. VIIᵉ siècle

Au-dessus du dallage, nous avons rencontré, remployé dans le mur Nord, un beau morceau d'une corniche, en calcaire dur, décorée uniquement de lignes droites.

PLAN LXVII. Au-dessous de ce dallage, à 30 cm., se trouvent les restes d'une mosaïque très simple. Sur un fond noir se détachaient des cercles blancs, bordés d'ailleurs d'une rangée de cubes noirs. Ce sont ces cercles noirs qui étaient tangents entre eux. Le diamètre total était de 30,5. Les cercles étaient alignés dans les deux sens, avec au centre un motif rouge de 6,5 de côté, et entre quatre cercles voisins, un motif en croix, blanc, de 17,5 de longueur (Fig. 177). Je ne puis dire quelle était la bordure; le centre du premier cercle est à 30,5 du mur Est, il y a donc un peu moins de 15 cm. pour l'inscrire.

On a après coup introduit sous la mosaïque, tantôt en la brisant, tantôt en passant sous ses fondations, un égout qui part d'une lacune du dallage supérieur, à proximité du foyer: il devait y avoir là un évier. La conduite est pavée de briques, et ses parois sont sommairement aménagées dans les fondations de la mosaïque. Elle mesure de 17 à 20 de largeur comme de profondeur. Elle tourne immédiatement vers l'Est, et va traverser le mur par un trou percé dans ses fondations.

Au-delà de la partie conservée de la mosaïque, on trouve une nouvelle canalisation, tracée cette fois du Sud au Nord, qui a pu se trouver sous son prolongement, si on admet qu'elle peut s'être légèrement tassée. L'égout mesure 35 de largeur pour 52 de profondeur; sa paroi Ouest semble la limite d'une plate-forme de béton qui va jusqu'au mur Ouest, et mesure 81 cm. de largeur. La paroi Est est plus banale, et faite de moellons cimentés. Le fond est en ciment. Cet égout ne traverse pas le mur Nord, ce qui paraît indiquer que le mur est postérieur aux plus anciens des sols que nous décrivons. Il se serait substitué au mur Nord primitif de l'édifice.

C'est près de l'angle Sud-Est de cette salle, sous la mosaïque, qu'a été trouvé le petit trésor décrit naguère par Marvin C. Ross.[2] Il nous a paru qu'il avait été caché là, au moment de l'abandon de la cuisine, lors de quelque catastrophe. Il comprend d'abord un chandelier d'argent, découvert brisé, mais qui a pu être restauré (Fig. 178). Sa hauteur totale est 21 cm. 3. La tige en balustre porte une bobèche ronde et une pointe; elle est elle-même portée par un large socle pyramidal festonné, creux, reposant sur trois pieds.[3] Il a pu porter une lampe de métal, spécialement aménagée, ou plutôt un cierge de cire.[4] Le candélabre porte, à l'intérieur du socle, plusieurs sceaux qui ont été identifiés par Madame

[2] M. C. Ross, A Small Byzantine Treasure, Found at Antioch on the Orontes,» Archaeology, 5 (1952), p. 30.

[3] The Dumbarton Oaks Collection, Harvard University, Handbook, Washington, D. C. 1955, nᵒ 230; nouvelle édition, 1967, nᵒ 74. R. J. Gettens et C. L. Waring, «The Composition of some Ancient Persian and other Near Eastern Silver Objects,» Ars Orientalis, 2 (1957), p. 89, nᵒ 20; E. Cruikshank Dodd, «Byzantine Silver Stamps,» Dumbarton Oaks Studies, VII (Washington, D.C. 1961); Marvin C. Ross, Catalogue of the Byzantine and Early Mediaeval Antiquities in the Dumbarton Oaks Collection, Washington D.C. 1962, nᵒ 15.

Dimensions du candélabre: hauteur 165 mm.; pointe comprise 213 mm.; diamètre de la bobèche 059 mm.

[4] Voir une lampe sur un candélabre de ce genre: Ross, Catalogue, pl. XXVII, nᵒ 34.

E. Cruikshank Dodd comme portant le monogramme de l'empereur Phocas (602–610) (Fig. 179).[5]

On a trouvé en même temps trois bijoux d'or, dont deux semblables, qui ornaient la même ceinture, et un autre plus petit: il s'agit de plaques d'or, marquées de rangées de demi-cercles et de feuillages traités en creux, où étaient sertis des fragments de nacre (Fig. 180).

Des bijoux analogues se trouvent dans les collections de Dumbarton Oaks; ils sont d'une facture plus grossière et d'un modèle moins luxueux. M. C. Ross propose de les dater de la fin du VIe siècle. Ils passent pour provenir de Syrie. Ceux-ci peuvent, comme le candélabre, provenir de Constantinople, ou — nous dit-on — être des imitations locales.[6]

L'importance de ces objets bien datés est ici considérable: elle nous montre que la salle, pavée de mosaïque, a été abandonnée au VIIe siècle, donc qu'elle représente vraisemblablement un témoin de la reconstruction de Justinien. La maison alors abandonnée a été réoccupée et réadaptée sur le même plan, avec la pose du dallage de pierre, puis, une dernière fois, au XIe siècle, avec le sol de ciment. Nous avons là une continuité des édifices qui, une seule fois, et sur guère plus de 1 m. de différence de niveau, a traversé la première époque musulmane de l'histoire d'Antioche.

La salle Ouest est limitée au Nord directement par le gros mur, à l'Est par le mur d'appareil qui la sépare de la salle centrale, à l'Ouest, par la limite de la tranchée. Au Sud se trouve une superposition d'éléments de construction, tous postérieurs au sol annexe (Fig. 181).

Il y a d'abord, posée sur le sol, une assise de moellons, ressemblant à des fondations de 60 cm. de large. Elle porte, avec un retrait de 26 cm., une rangée de blocs d'appareil, longs et étroits (55 × 36 pour 20 à 30 d'épaisseur) qui présentent leur petit côté en façade. En arrière, et plus haut que ces blocs, mais sans leur être superposée, se trouve une autre assise d'appareil: il en reste deux dalles d'un beau calcaire blanc, qui semblent usées par le passage. Elles ont 55 de largeur pour 48 et 82 de longueur, et 25 cm. de hauteur. Une pierre pointue assure le joint entre les deux blocs.

On trouve, derrière, les restes d'un caniveau, avec un

sol fait de briques soigneusement cimentées, reliées par un bourrelet à une paroi faite de moellons et de fragments de briques. Le sol de ce caniveau, très mal conservé, est à 30 cm. au-dessus du niveau de la salle.

Enfin au Sud, dans la face de la tranchée, on trouve encore trois blocs d'appareil, à un niveau comparable à celui de l'assise inférieure.

Il s'agit là de réadaptations successives qui n'ont pu être expliquées.

Sous l'ensemble de ces constructions, le sol de la pièce est occupé par des pavements différents, disposés par bandes parallèles d'Est en Ouest.

La première, au pied du mur Est (Fig. 182), est constituée par une mosaïque, de 99 cm. de large, et conservée dans toute la profondeur de la salle. Un tapis décoré de 60 cm. 5 est entouré de bandes blanches; le tapis bordé d'une ligne noire puis d'une ligne beige, est à fond blanc; il est décoré d'un quadrillage diagonal noir fait de carrés de quatre cubes opposés par le sommet, avec au centre de chaque motif une croix alternativement grise ou rose.

A l'Ouest de cette bande de mosaïque, on trouve deux dalles de marbre, de 60 cm. de largeur, puis une rangée de dalles calcaires de 43 cm. de largeur; au-delà se trouve un remplissage de pavés calcaires plus grossiers encore, en partie recouverts par du ciment.

Sous les constructions du Sud, la mosaïque continuait sans doute, perpendiculairement à sa direction d'origine, mais il n'en reste que le ciment de pose; la bande de marbre elle, se trouve conservée.

Il y a donc une sorte de disposition concentrique, qui pourrait faire penser à une cour entourée d'un portique ou d'un auvent, qui aurait existé avant la construction du gros mur. Un saillant, adossé à celui-ci, se trouve près de l'angle Nord-Ouest.

Ces trois salles ont évidemment été utilisées et remaniées pendant une longue période de temps, du VIe peut-être jusqu'au XIIIe siècle. Elles ont fait partie d'une maison privée; peut-être faut-il y reconnaître une latrine, une cuisine et une cour.

A leur mur Nord a été substitué pendant la dernière période de leur existence un mur puissant, et qui représente une défense tardive, et en partie inefficace, contre les crues du Parmenios.

---

[5] Des candélabres analogues ont été retrouvés à Lesbos et à Lampsaque, et peuvent être datés de la même époque, Ross, *Catalogue*, p. 21.

[6] Ross, *Catalogue*, II, n° 42 et pl. XXXIV. *Handbook*, n° 186. L'auteur les compare à des bijoux découverts en Egypte, mais aussi en Lombardie et sur le Danube. On propose toujours de les dater du VIe siècle.

PLAN LXVIII. Au-dessous de cet ensemble, tardif, médiocre, mais relativement clair, nous n'avons trouvé,

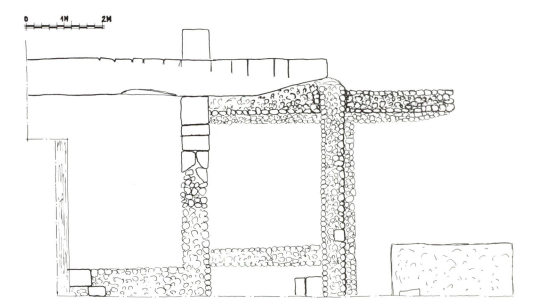

PLAN LXVIII. 17—P. Niveaux romains

en descendant pendant cinq autres mètres, que des fondations de murs de plus en plus anciens, tantôt superposées, c'est le cas pour les deux cloisons transversales Est-Ouest, tantôt décalées, tout en restant parallèles à la direction du gros mur tardif Nord.

Toutes ces constructions sont faites de moellons, souvent en quasi totalité des galets roulés par le torrent. Mes notes essaient de caractériser chacune d'elles, sans y parvenir clairement. Les photographies rendent bien compte de leur implantation et de leur aspect.

Nous allons cette fois décrire ces murs à partir de l'Ouest.

Le gros mur Nord (A) est décidément un mur tardif de protection contre les crues du torrent. Il est posé au-dessus d'un mur plus étroit, dont on aperçoit la face intérieure sur la photographie (Fig. 183).

Le mur (b) est celui qui séparait la salle Ouest de la salle centrale. Avec ses fondations il est conservé sur une hauteur de 1 m. 50. Ses fondations reposent sur un mur antérieur (a) conservé lui sur 2 m. 25 de hauteur. On en voit la face Ouest dans la Fig. 183, la face Est dans la photographie, Fig. 184. Il se poursuit au Sud par un mur perpendiculaire, analogue (C).

Le mur (b) est posé au Nord sur un mur perpendiculaire (d) qui part en arrière du mur (A) et se prolonge jusqu'au bord Est de la tranchée. Il descend jusqu'au même niveau que le mur (b).

Ce mur (d) est traversé par un mur perpendiculaire (e). Les maçonneries des deux murs sont liées. Par son appareil, il m'a paru ressembler davantage à la partie inférieure du mur (b). Un bloc d'appareil est inséré parmi les galets (Fig. 185).

A un niveau inférieur à tous ces murs, on trouve un mur (f), qui fait saillie au Sud du mur (d). Ce peut être un mur antérieur; il peut s'agir aussi de fondations plus larges du mur (d).

Un mur (g) est placé de la même façon sous le mur (e), mais ne fait saillie que vers l'Est. Il est particulièrement grossier.

Enfin un mur (h) en partie recouvert par la plate-forme de béton du niveau tardif, forme au Sud, au niveau inférieur, le fond des salles du centre et de l'Est. L'existence de ce mur fait penser que nous avons peut-être un premier réseau de constructions, dont les autres murs (f) et (g) ont servi de fondations aux murs plus récents (Fig. 185).

Le bloc (J), que nous avons déjà signalé (Fig. 186), reste le seul élément de construction conservé au Nord du gros mur (A), dans le prolongement des fondations de la partie supérieure du mur (b). Il est donc possible qu'un des édifices décrits ait, avant la construction du mur (A), débordé l'alignement. Il n'a pas été long-temps maintenu.

Aucun sol, et même aucune stratification n'ont apporté de lumière sur la chronologie de ces murs. Ils semblent montrer, qu'à l'intérieur du quadrillage orthogonal de la ville il y a eu ici, à toutes les époques, des maisons privées modestes. Sans doute le Parmenios passait-il plus au Nord; mais c'est seulement pour une brève période du moyen-âge tardif que nous saisissons la présence d'un dispositif de protection. La manière même dont le gros mur a été arraché dans sa partie Est montre qu'on ne peut rien conclure de l'absence actuelle de toutes autres traces.

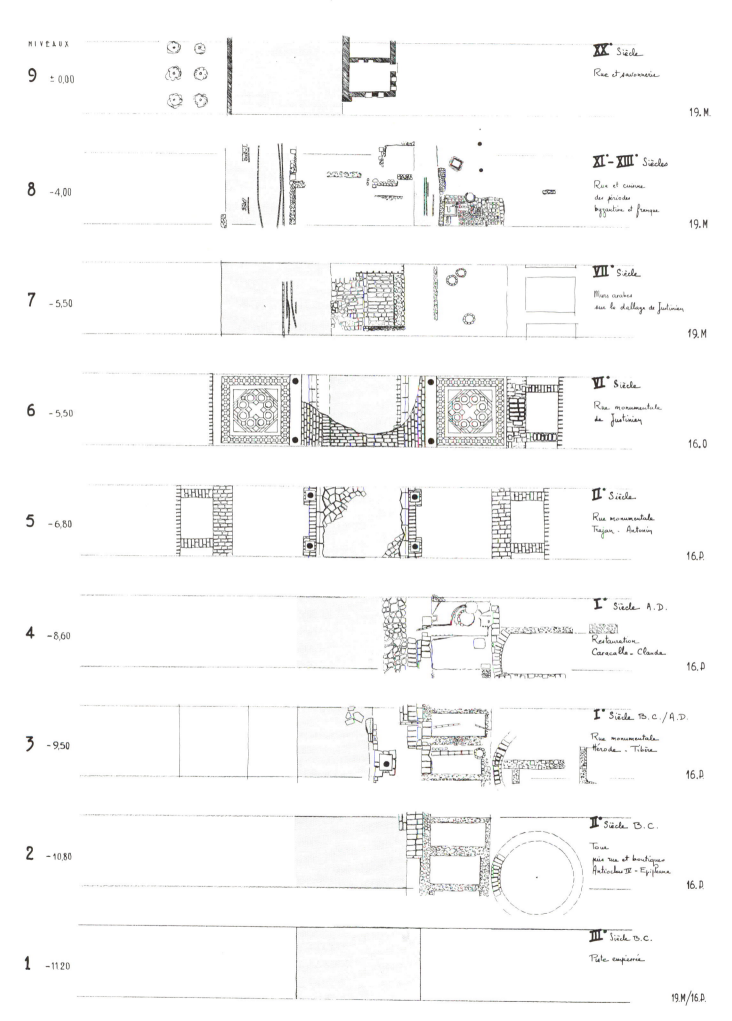

PLAN LXIX. Essai de présentation stratigraphique générale. Le dessin présenté n'est qu'un schéma (H. Paris)

Les constructions découvertes dans ce sondage n'ont guère d'intérêt en elles-mêmes. Mais il nous a permis de constater, d'abord, que les voûtes retrouvées sous la rue ne se poursuivaient pas vers l'Est, au moins sur le même axe. Nous avons en outre vérifié, au bord du même torrent, l'existence continue de maisons privées, depuis au moins le début de notre ère jusqu'aux croisades. Enfin, nous avons reconnu des traces de systèmes successifs de défense contre les crues du torrent, et constaté leur insuffisance.

Ainsi s'achève la présentation des sondages entrepris par l'Expédition le long de la grand-rue d'Antioche. Avant d'essayer de regrouper nos remarques, si dispersées, parfois si difficilement conciliables, il a paru bon de faire intervenir les autres sources d'information dont l'historien dispose. Les éléments d'ordre descriptif ou chronologique qu'elles apportent ont déjà souvent été évoqués. Repris d'ensemble, ils aideront, on veut l'espérer, à tracer une esquisse de l'histoire des portiques d'Antioche.

VIII. DOCUMENTS

LIBANIUS ET LES PORTIQUES

Τί δὴ μοὶ τοῦτο βούλεται; καὶ τόγε μηκῦναι τὸν περὶ τῶν στοῶν ὅλως λόγον εἰς τί ποτε αὖ φέρει;

«En quoi cela m'importe-t-il? Et si j'allonge ainsi mon discours en le consacrant aux portiques, à quoi cela va-t-il me conduire?»

C'est la question que se pose Libanius au milieu de son *Antiochikos*, son panégyrique d'Antioche.[1] Peut-être les explications qu'il présente justifieront-elles du même coup notre programme de fouille et la minutie de ce compte rendu. Avant de conclure donc, je vais présenter ici les passages de son discours où, précisément, il décrit et célèbre les portiques — στοαί — qu'il considère comme le caractère le plus remarquable de sa ville. Nous aurons d'ailleurs besoin de ce texte, et de quelques autres, pour essayer de passer de l'archéologie à l'histoire.[2]

196. «Voici l'occasion de parler du site et de la grandeur de la ville. Je pense en effet qu'il n'en existe aucune qui soit à la fois si vaste, et dans une si belle situation. En partant de l'Est, elle s'avance droit vers l'Ouest en dressant dans toute sa longueur deux rangées de portiques.[3] Entre eux s'étend une chaussée à ciel ouvert, pavée de pierre, de la même largeur que l'un d'entre eux.[4]»

197. «Ce dallage se déploie sur une telle surface que, rien que pour le niveler, il faudrait une main d'oeuvre énorme. Parcourir la rue du commencement à la fin, c'est une telle fatigue qu'il y faut des chevaux. Elle est si plane et si régulière, de bout en bout, que ni le lit abrupt des torrents, ni les pentes ou les autres accidents du terrain n'en modifient le cours:[5] ainsi, dans un tableau, le peintre assure ses passages de couleurs.»

198. «Des rues étroites partent des portiques; les unes s'en vont vers le Nord à travers la plaine; les autres vers le Sud montent légèrement jusqu'aux premières pentes de la montagne:[6] elles étendent la surface habitée jusqu'à un niveau tel que reste sauvegardée l'harmonie avec l'ensemble du profil de la ville: elles ne s'élèvent pas assez pour se trouver décalées par rapport aux autres quartiers.»[7]

Les deux paragraphes suivants soulignent cette harmonie des hauts quartiers de la ville.

---

[1] *Antiochikos*, 213.

[2] J'ai utilisé pour ma traduction celle qu'a publiée G. Downey, *Proceedings of the American Philosophical Society*, 103 (1959), p. 651, dans le texte qu'il a adopté, qui est celui de R. Förster, ed., *Libanii opera*, Leipzig 1903, vol. I, et celle qu'a présentée le R. P. Festugière, en tête de son ouvrage: *Antioche païenne et chrétienne*, Paris 1959, avec un commentaire archéologique de Roland Martin. Il convient de s'y reporter, ainsi qu'à celui de G. Downey, *ibid.*, p. 683 sq. Pour le caractère littéraire de l'*Antiochikos*, cf. Arthur D. Nock, «The Praise of Antioch,» *Journal of the Egyptian Archaeological Society*, 40 (1954), p. 76. Il montre que l'éloge d'une ville est un genre littéraire auquel Libanius reste fidèle.

[3] Downey *ibid.*, pp. 683, 196, pense que Libanius part de l'Est, c'est-à-dire de ce que nous appelons la porte Nord, pour pouvoir développer sa description jusqu'à Daphné, qui est à l'autre extrémité de l'ensemble: on remarquera que c'est l'itinéraire que j'ai proposé de reconnaître pour la lecture de la bordure topographique de Yakto (*Antioch* I, p. 114). Dans ma présentation je n'avais suivi l'ordre inverse que pour des raisons pratiques, en allant ainsi du plus clair au plus obscur — du mieux conservé au plus détruit. La porte de ville qu'on voit à droite des sources de Daphné est, dans cette interprétation, la porte Nord d'Antioche, à partir de laquelle le visiteur sera conduit à travers la ville jusqu'à son plus célèbre faubourg. C'est cet ordre qu'a repris Downey, *History of Antioch*, Princeton 1961, Excursus 18, p. 659.

[4] Il importe de souligner l'importance de cette présentation qui commence par les portiques; c'est eux qui forment la partie importante de l'ensemble monumental; la rue occupe l'espace qui les sépare. Il s'agit bien de portiques considérés comme des édifices indépendants, à la manière de ceux des villes grecques, et qui sont incorporés à ce programme, comme ailleurs à une agora. Δίδυμος signifie «jumeau.» Il ne me paraît pas nécessaire de faire intervenir la notion de portiques à étages — doubles en hauteur. R. Martin, «Commentaire,» p. 40. Leur portée, supérieure à 9 m.; paraît d'ailleurs en exclure la possibilité. Peut-être est-ce ici que O. Müller a pris l'idée de portiques ayant chacun deux rangées de colonnes (tetrastichoi) Nous avons vu que rien ne l'atteste (cf. p. 35).

[5] On peut sans doute conclure de ce passage que l'aspect des portiques et de la rue n'était pas modifié, lors du franchissement des voûtes du torrent Parmenios. Ci-dessus, p. 117.

[6] Les rues transversales partent des portiques. On peut supposer qu'elles y parvenaient en passant sous des arcades insérées dans la colonnade, comme à Palmyre ou à Apamée.

[7] Les fouilles ont dégagé des maisons installées en terrasses sur les pentes, au Nord du Parmenios, R. Morey, *The Mosaics of Antioch*, London, New York, Toronto 1938, p. 29; *Antioch* II, p. 190 et p. 73 (15—R.) Doro Levi, *Antioch Mosaic Pavements*, Princeton 1947, I, pp. 36 et 40 (House of the Calendar, House of the Drunken Dionysos).

201. «Les portiques sont semblables à des fleuves, qui s'avancent dans la plus grande longueur, les rues à des canaux qui s'en détachent. Les unes conduisent vers la montagne, tournées vers les premières pentes. Les autres, en sens contraire, vont vers une seconde rue entièrement découverte, flanquée de maisons de chaque côté, comme des canaux creusés pour qu'on puisse passer en bateau d'un fleuve à l'autre.[8] Elles aussi arrivent souvent à une région de jardins, qui s'étendent jusqu'à la rive de l'Oronte.»

202. «Les portiques donc, je l'ai dit, s'étendent du soleil levant jusqu'au couchant, sur une longueur qui suffirait pour trois cités. Au milieu du portique de droite, des arcs faisant face à toutes les directions, portent une voûte de pierre.[9] Ils donnent naissance à d'autres portiques qui partent vers le Nord, jusqu'au fleuve: c'est le temple des Nymphes, qui monte jusqu'au ciel. Il attire les regards par l'éclat des pierres, la couleur des colonnes, le brillant des peintures, l'abondance des cascades. Des rues latérales partent aussi de ces portiques comme des premiers.[10]»

203. «Tel est le plan de l'ancienne ville.»

Suit la description de l'île, et de la Ville Nouvelle qui l'occupe, organisée à partir d'un tétrapyle plus claire- ment décrit, d'où partent quatre rues, comme d'un omphalos, dont l'une, plus ornée, conduit au palais impérial. Libanius présente ensuite les cinq ponts qui unissent la nouvelle ville à l'ancienne.

[8] Il y avait, au Nord comme au Sud, dans le plan orthogonal, plusieurs rues parallèles à la grand-rue à portiques; il est possible que l'une d'entre elles ait été plus large, donc plus remarquable que les autres.

[9] Il s'agit d'un tétrapyle, qui est en même temps une fontaine. C'est ce monument que nous croyions découvrir à l'endroit où la direction de la rue changeait légèrement. Je suppose que le monu- ment s'élevait sur une place ronde, comme celui de Gerasa. Cars H. Kraeling, *Gerasa*, New Haven 1938, plans I et XV. Rappelonl qu'à l'époque de Justinien, et sans doute plus tôt, la rue traversait une place ronde près de la mosquée Habib en-Najjar, *Antioch* I, p. 93. Ici, p. 14. Voir la discussion sur l'aspect de ce monument, R. Martin, «Commentaire,» p. 42. Il propose, me semble-t-il, une solution trop compliquée.

[10] Le plan orthogonal de la ville est décrit à partir des portiques; et le plan de la nouvelle ville, c'est-à-dire de l'île, se trouve rattaché à l'axe de l'ancienne par la description de l'avenue transversale. Voir le commentaire de R. Martin, p. 44.

211. «A propos des dimensions de la ville, je dois dire encore quelque chose: si, à la longueur des portiques, dont j'ai parlé d'abord, on ajoutait la longueur de ceux qui partent pour s'écouler vers le fleuve, en faisant une addition d'un type nouveau; si d'autre part on réalisait la même opération pour la ville nouvelle, en ajoutant les unes aux autres les longueurs des portiques pour obtenir un seul chiffre; si enfin on mettait ensemble les résultats, (bien sûr, chaque élément resterait à sa place et le transfert n'aurait lieu que par le calcul) on trouve- rait que nos portiques s'étendent sur la longueur d'une étape.[11]»

212. «Lorsqu'on marche sous ces portiques, on longe continuellement des maisons de particuliers; mais, partout aussi, aux maisons privées se mêlent des édifices publics, temples, bains, séparés par des distances telles que, dans chaque partie de la ville, les habitants les aient à leur portée. Pour tous ces monuments, les portes d'entrée donnent sous les portiques mêmes.[12]»

213. «En quoi cela m'importe-t-il? Et si j'allonge ainsi mon discours en le consacrant aux portiques, où cela va-t-il me conduire? Dans les villes, me semble-t-il, ce qui est le plus agréable, et, j'ajouterai, le plus utile, c'est de se rencontrer, c'est de se mêler aux autres. Et, par Zeus, une vraie ville, c'est celle qui le permet.»

[11] Ce paragraphe est difficile à comprendre, et je crois que la pensée même de Libanius n'est pas nette. Il propose d'ajouter d'abord à la longueur des portiques principaux ceux de la rue trans- versale; puis, seconde addition, d'ajouter les unes aux autres les longueurs des quatre portiques de l'île; puis de faire l'addition des deux chiffres ainsi obtenus. Ce calcul donne, en mètres, d'après le plan restauré de D. N. Wilber (Downey, *History of Antioch*, fig. 11): $3200 + 750 + 1250 = 5200$ m.

Ce total ne peut en aucun cas représenter l'étape journalière d'un marcheur — si c'est le sens qu'il faut donner à σταθμὸς. Admet- trait-on que le texte peu clair de Libanius invite à ajouter chaque fois la longueur du portique de droite à celle du portique de gauche, nous ne trouverions encore que 10 Km. 400. On peut considérer que, même pour un professeur, 11 kilomètres ne représentent pas une journée de marche. Il convient sans doute de traduire: «une étape» — sans plus préciser le sens du terme. G. Downey pense à une lacune du texte, *Proc. Am. Philos. Soc.*, 103 (1959), p. 633, n. 211 R. Martin à une exagération oratoire, «Commentaire,» p. 48: un σταθμὸς — 150 stades — mesure environ 26 km. 640.

[12] Ce texte a été discuté p. 34, n° 15.

214. «C'est qu'il est agréable de parler, meilleur d'écouter, et plus doux encore de converser, d'apporter à ses amis les propos qui conviennent aux évènements de leur vie, se réjouissant avec les uns, s'affligeant avec les autres, et recevant d'eux la même sympathie. Et il y a mille autres avantages à vivre près les uns des autres.»

215. «Les gens qui n'ont pas comme nous des portiques devant leur maison, l'hiver les sépare. En théorie, ils habitent la même ville; en fait, ils ne sont pas moins séparés que ceux qui vivent dans des villes différentes: ils s'informent de leurs voisins comme de lointains voyageurs. La pluie, la grêle, la neige, les vents, les retiennent à la maison presque comme des prisonniers. C'est à peine si ceux des esclaves qui ont appris depuis longtemps à supporter la fatigue arrivent à s'échapper pour se faufiler jusqu'au marché.»

«Si bien, que, le jour où le ciel s'éclaircit, comme échappés à une longue navigation, ils se jettent dans les bras les uns des autres. Ils avaient laissé de côté beaucoup de ces obligations qu'entraîne l'amitié; maintenant ils s'en prennent non point à eux-mêmes, mais à la cause de leurs empêchements.»

216. «Chez nous, Zeus ne se conduit pas ainsi. Il ne nous envoie pas de grêle drue, ni de neige épaisse, ni de pluie torrentielle qui viendraient briser la continuité de notre vie commune.[13] L'année, c'est vrai, change avec les saisons, mais le rythme de nos rencontres n'est brisé par aucune d'entre elles. Ce sont les toits que la pluie incommode, mais nous, flânant sous les portiques, nous nous asseyons ensemble là où il nous plaît.»

217. «Pour les gens qui habitent au fond des rues latérales, des auvents en saillie sur les murs, de part et d'autre, reçoivent la pluie et les conduisent à sec jusqu'aux portiques.[14] Pour les autres,

ainsi, la vie commune est troublée à la mesure de la distance qui les sépare; mais chez nous la répétition de nos rencontres donne toute sa force à notre amitié. Autant chez les autres, elle s'effrite, autant chez nous elle s'accroît.»

Après avoir fait l'éloge de l'hippodrome et des autres lieux de distractions offerts aux habitants d'Antioche, Libanius célèbre Zéphyre et ses bienfaits. Il trouve dans le climat la cause de la prospérité du bâtiment. Et la cité serait quatre fois plus vaste, si elle n'avait pas subi trois catastrophes.[15] Il passe ensuite à la description des faubourgs, et chante le charme de Daphné: il célèbre ses sources, et décrit les aqueducs qui en conduisent l'eau à Antioche. Voici ce qu'il dit de l'alimentation de la ville en eau:

244. «Ce qui fait notre plus grande supériorité, c'est que notre ville est pleine d'eaux courantes. Pour le reste, certains peuvent se montrer arrogants envers nous; dès qu'on parle des eaux tout le monde s'incline.

Si les autres ont de belles eaux, les nôtres sont plus abondantes. S'ils en ont d'abondantes, les nôtres sont plus belles. J'irai plus loin, si les leurs sont inépuisables, les nôtres sont plus abondantes encore; si les leurs sont agréables, les nôtres sont plus belles encore.

Quant aux bains privés, c'est le même débit, ou presque, selon les cas.»

Il discute des bains privés et des bains somptueux qui appartiennent aux tribus.

246. «On peut mesurer la richesse de nos sources au nombre de nos maisons: autant de maisons,

plaqué aux constructions, en constituant une séparation entre elles et la rue.» Ne faut-il pas dire plutôt que les constructions ne sont pas plaquées derrière le portique? Le R. P. Festugière et R. Martin traduisent «balcon.» L'existence de balcons ne paraît pas attestée par la mosaïque de Yakto: on y trouve des galeries au premier étage, mais soit portées par un portique au rez-de-chaussée (N° 49), comme dans l'arrière pays, soit avec leurs colonnes à l'aplomb du mur (N° 24 et 42) je ne crois guère d'ailleurs à des balcons continus: plutôt à un toit qui avance. Mais cette hypothèse n'est pas attestée davantage sur la mosaïque, *Antioch* II, pp. 141, 147, 149. Doro Levi, *Antioch Mosaic Pavements*, pl. LXXX. Ici, Fig. 187.

[13] Je ne me souviens ni de neige ni de grêle à Antioche. Par contre, pour la violence des pluies, voir ci-dessus, p. 8 et cf. Weulersse, *Bulletin d'Etudes Orientales*, 4 (1934), p. 31. «Le climat pluvieux et qui reste humide jusqu'au coeur de l'été favorise la végétation.»
[14] Je ne connais pas d'autre allusion à ces auvents, qui se substituent aux portiques dans les rues transversales. Cf. R. Martin, *Commentaire*, p. 48. Selon son interprétation «le portique n'est pas
[15] Ici se place le paragraphe sur les murs enfouis qu'on découvre en creusant des fondations et le remploi des matériaux récupérés (229). Cf. p. 9, n°. 27.

autant de fontaines; mieux, pour chaque maison, plusieurs fontaines.[16] Et bien des ateliers jouissent aussi de cette parure. Aussi, point de bagarres autour des fontaines publiques, à qui puisera avant le voisin. C'est une cause de trouble dans bien des cités riches: le tumulte qui règne autour des fontaines, et la lamentation sur les cruches cassées. Puis après les injures, les coups. Chez nous, comme chacun a sa fontaine sans franchir sa porte, les fontaines publiques coulent pour le prestige.»

Libanius montre ensuite que les quartiers n'ont pas à être jaloux les uns des autres. Tous ont leurs avantages. Et le commerce est si bien réparti dans la ville que personne n'a à se rendre dans ce qu'on appellerait ailleurs un marché. Partout on trouve aussi bien des produits de luxe que les marchandises de première nécessité.[17]

> 254. «Voici ce qui montre la supériorité de notre commerce. Les villes dont nous savons qu'elles sont le plus fières de leur richesse offrent une seule rangée de marchandises, celle qui s'aligne au pied des maisons. Entre les colonnes, personne ne travaille. Chez nous, on trouve là aussi des commerces, de sorte qu'on trouve des échoppes en face presque de chaque façade. Ce sont des baraques en bois avec des toits de branchages.[18] Aucun espace où ne travaille un artisan: dès que quelqu'un a réussi à s'emparer d'un rebord de trottoir, sur le champ surgit une échoppe de ravaudage, ou quelque chose de ce genre; et les gens s'attachent à ces endroits comme à des cordes, tel Ulysse au figuier sauvage.»

[16] Ce texte commente l'abondance des canalisations que nous avons trouvées à tous les niveaux de la fouille; même s'il en est peu que nous ayons pu attribuer avec certitude à l'époque romaine, c'est qu'elles ont été emportées dans les remaniements postérieurs. Chaque tuyau semble avoir desservi une seule maison.

[17] Sur ce commerce, voir P. Petit, *Libanius et la vie municipale à Antioche au IVe siècle après J.C.*, Paris 1955, p. 107.

[18] Nous n'avons bien entendu trouvé aucune trace de ces échoppes. Leurs occupants payaient une taxe — ou un loyer — sur une initiative du comte d'Orient Proculus (382–384.) P. Petit, *La vie municipale à Antioche*, p. 96: le montant de cette taxe était affecté aux acteurs, qui étaient à la charge de la Curie (*ibid.* p. 136). Sur la mosaïque de Yakto on trouve des commerçants en plein air. Outre les établissements de loisirs et les maisons de jeux, on y voit, côte à côte, les bouchers et le marchand d'huile. Le marchand de poisson est sans doute dans une boutique. *Antioch* I, pp. 138, 139, nº 20, 21, 22. Voir aussi J. Lassus, «Dans les rues d'Antioche,» *Bulletin d'Etudes Orientales*, 5 (1935), p. 121.

Libanius décrit ensuite les facilités du commerce de détail, en insistant sur le trafic du fleuve, qui relie la ville à son port d'une part, et au lac d'autre part. Et les habitants ont renoncé au sommeil:

> 267. «... Le flambeau du soleil, d'autres lampes le remplacent, qui surpassent la fête des lampes des Egyptiens. Le seul changement qui distingue chez nous la nuit du jour, c'est la nature de la lumière. Pour l'exercice des métiers, l'éclairage reste égal, et tandis que les uns travaillent de toute la vigueur de leurs bras, les autres s'amusent avec tact, puis se mettent à chanter. Hèphaistos et Aphrodite se partagent la nuit: les uns battent le fer, les autres dansent: c'est ailleurs qu'on trouvera les meilleurs fidèles pour Endymion.»

DOCUMENTS CHRONOLOGIQUES

Le problème chronologique concernant la création, la construction, les restaurations successives de la grande rue d'Antioche et des deux portiques qui la bordaient a donné lieu, à partir des textes, à bien des interprétations. Avant de retracer l'histoire de la rue, telle que les sondages la font apparaître, il a semblé utile de reprendre rapidement les textes essentiels. La tâche est facile puisqu'ils ont été regroupés par Otfried Müller, Richard Förster et Glanville Downey. Je voudrais les juxtaposer, pour pouvoir les utiliser ensuite en commentant la fouille.

Pour les habitants d'Antioche, les portiques apparaissaient comme la caractéristique principale de leur ville. Ils imaginaient mal qu'il y ait eu un temps où ils n'existaient pas. C'est ce qu'exprime le récit de la construction de la ville par Séleucus, dans l'*Antiochikos* de Libanius.

> 1. Libanius XI (*Antiochikos*) 90. «Pour tracer le contour de la ville, [Séleucus] plaça des éléphants, de distance en distance, aux endroits où devaient se trouver les tours; puis, pour marquer la longueur et la largeur des portiques et des rues latérales, il creusa dans leur longueur des sillons et y planta du blé, qui avait été apporté par des navires restés en station sur le fleuve.»

Dans sa description de la ville, on l'a vu, Libanius emploie le même vocabulaire: il parle des portiques

— στοαὶ — plutôt que de la chaussée dallée qui s'étend entre eux, et désigne les rues perpendiculaires par le terme: στενωποί.

Bien entendu, il rejette ici à l'origine de la ville, dans une description du cérémonial qui rend pittoresque les usages traditionnels, les termes habituels dont il se sert, sans qu'il y ait rien à en conclure sur le plan architectural.[19] Toutefois ce texte affirme l'origine primitive du système orthogonal, caractéristique d'Antioche et des villes de création séleucide. Libanius ne parle pas ailleurs, à ma connaissance, de la construction des portiques.

Ce n'est pas au témoignage de Malalas qu'il faut maintenant faire appel: il écrivait au VIe siècle, et il faut chaque fois, nous le verrons — après d'autres — discuter ses sources et la manière dont il s'en sert. Nous avons une référence plus ancienne, quasi contemporaine, et qui évidemment prime; c'est celle de Josèphe. A deux reprises, il raconte comment Hérode a présidé à la transformation d'une rue — de «la» rue — préexistante.

2. Josèphe, *Bell*. 1.425 (21–11). «La grand-rue d'Antioche de Syrie, qu'on ne pouvait traverser à cause de la boue [Hérode] la fit paver de marbre poli, sur les vingt stades de sa longueur; et, pour permettre d'échapper à la pluie, il l'orna d'un portique de la même longueur.»

Le second texte est plus précis, en ce qu'il définit cette rue elle-même, pour nous enlever tout doute sur son identité.

3. Josèphe, *Antiquités*, XVI.148 (5.3.) «Les Antiochiens de Syrie habitent une grande ville que coupe en deux dans la longueur une grande rue. [Hérode] l'enrichit de portiques sur les deux côtés, après avoir pavé de pierres lisses la chaussée découverte, pour l'ornement de la ville et la commodité des habitants.»

Il s'agit donc de la rue axiale de la ville, qui faisait déjà partie de son urbanisme — de la rue qu'Antiochus IV avait, nous l'avons vu, aménagée, à partir de la

piste à l'Ouest de laquelle Séleucus avait fondé sa ville.

Ces deux textes jumeaux attestent sans discussion possible l'existence au premier siècle de notre ère d'une rue monumentale à Antioche — «La colonnade d'Hérode.» Il est à remarquer que le projet du prince a un double caractère, d'ordre pratique et d'ordre somptuaire.

Voici maintenant le texte de Malalas.

4. Malalas, *Chonographia*, 223. «Hérode, roi de Judée, pour honorer [Auguste] fit poser le dallage de la rue, au delà des limites de la ville d'Antioche la grande: elle était difficile à parcourir; il la recouvrit de dalles blanches.»

On voit que le chroniqueur reprend seulement la première partie de l'affirmation du contemporain. Je crois d'ailleurs qu'il emprunte à Josèphe son information: l'allusion à la boue, qui rendait la rue impraticable, aux piétons sans doute, est décisive à cet égard. Par contre, Malalas ne fait pas ici d'allusion aux portiques: il va en effet en attribuer la création à Tibère.

5. Malalas, *Chronographia*, 333. «[Tibère] vint dans Antioche la grande et construisit à l'extérieur de la ville deux grands portiques, le long de la montagne qu'on appelle Silpius, sur une distance de quatre milles[20] — portiques couverts et magnifiques. Le long de la voie, il éleva des tétrapyles aux carrefours, décorés avec soin de mosaïque et de marbres; et il orna la rue de statues de marbre et de bronze. Il entoura ces portiques d'une enceinte, et enferma la montagne à l'intérieur du mur; il joignit ainsi la nouvelle muraille à l'ancienne, celle qu'avait construite Séleucus, enfermant par son propre mur l'Acropole et Iopolis.»

[19] Leo Hugi, *Der Antiochikos des Libanios*, Solothurn 1919, p. 135, cite un texte d'Arrien, *Anabase*, III, 2, qui raconte la création d'une ville par Alexandre.

[20] G. Downey explique la longueur de 4 milles donnée aux portiques par l'addition de la longueur de chacun d'eux, pris indépendamment. C'est à cette occasion qu'il note à juste titre: «Malalas' usage here, as with the two ἔμβολοι at Constantinople, indicates that an ancient observer would think of a colonnaded street not as a street flanked by columns, but as two colonnades built along a street.» Et il ajoute en note: «Moreover the colonnades, if built by Tiberius, would be thought of as structures which were quite distinct from the street itself, which had been paved by Herod.» On a vu avec le texte de Libanius que la distinction entre les portiques, qui sont des monuments, et la chaussée, qui n'est qu'un passage, est fondamentale pour l'interprétation de l'ensemble. Cf. G. Downey, «Imperial Building Records in Malalas,» *B.Z.*, 38 (1938), p. 308.

Ce texte a beaucoup souffert, et on hésite sur sa traduction. Néanmoins, il attribue à Tibère une vaste opération qui comporte la construction des portiques à l'extérieur de l'ancienne ville, et aussi des murailles correspondant à l'agrandissement d'Antiochus Epiphane. Aucun texte ancien ne rapporte au roi séleucide, qui a annexé à Antioche le faubourg d'Epiphania, ni la création de la rue, ni l'élévation des murailles. Otfried Müller, posant en principe que le changement d'ordre administratif attribué à Antiochus comportait nécessairement une opération d'urbanisme, avait voulu lui attribuer cet honneur. Je crois qu'Antiochus avait en effet confirmé le tracé de la rue — mais le programme a dû être repris et accru par la suite.

En tous cas, par le texte de Malalas, le nom de Tibère se trouve introduit dans l'histoire de la rue. Hérode avait pavé la rue, c'est lui qui la flanque de portiques.[20] Et la population lui marque sa reconnaissance.

> 6. Malalas, 233.3. «Le Conseil et le Peuple des Antiochiens élevèrent à l'Empereur Tibère une statue de bronze, au sommet d'une haute colonne de granit thébain, dans la grand-rue, au milieu des portiques qu'il avait construits. Ce lieu a reçu le nom d'omphalos de la ville: on a gravé sur la pierre l'image d'un omphalos. Cette statue est encore en place aujourd'hui.»

Ainsi se trouve attestée l'existence, dans l'axe de la grand rue, d'une place ornée d'une colonne portant la statue de Tibère, et qu'on a appelée Ὀμφαλός. Nous avons vu dans Libanius qu'une autre place, celle d'où partait la rue transversale à colonnades se dirigeant vers l'île, était ornée d'un tétrapyle monumental, qui était aussi une fontaine et un temple des Nymphes. Il y avait enfin dans l'île, à la croisée des deux rues principales, une place qui s'appelait l'omphalos. Il y a dans toutes ces indications des causes de confusion. La fouille ne nous a apporté aucun élément pour prendre parti.

Pour notre propos actuel, il ne me paraît pas difficile de concilier le témoignage de Josèphe et les indications de Malalas. G. Downey a souligné les raisons que pouvait avoir l'écrivain juif de ramener tout le mérite d'une oeuvre considérable à un prince de sa nation. Malalas, lui, a trouvé dans ses sources le texte de Josèphe, sans doute, mais aussi d'autres textes, qui confirmaient l'existence du monument célébrant l'oeuvre de Tibère. Il a donc divisé les opérations: il a laissé les dallages à Hérode, attribué les colonnes à Tibère.

Il fera de même, nous le verrons, pour Trajan et Antonin, en sens inverse: colonnes d'abord, dallage ensuite.

Il a simplement oublié la durée nécessaire d'une opération d'urbanisme de cette ampleur: je crois que nos textes indiquent que les travaux d'aménagement de la rue principale d'Antioche, dallage et portiques, ont été mis en chantier par Hérode, mort en l'an 4 avant notre ère, achevés et inaugurés sous Tibère, c'est-à-dire après 14. Rien ne s'oppose à ce que les travaux aient duré vingt ans, et même davantage, et que les sources en donnent le mérite tantôt à l'initiateur, tantôt à l'empereur sous le règne de qui l'oeuvre finie a été inaugurée.

> 7. Malalas, 245. «Dans la première année du règne de [Gaius], Antioche la grande fut frappée d'un tremblement de terre, le 23 du mois de Dystros, qu'on appelle aussi Mars [9 avril 37], à l'aube — deuxième catastrophe de ce genre depuis la fin de la dynastie Macédonienne.
>
> «Une partie de Daphné fut aussi atteinte. L'empereur attribua une forte subvention à la ville elle-même et à ceux qui y vivent.»

Le texte ne dit pas si ce sinistre atteignit les portiques. L'effort accompli par l'empereur pour la restauration montre l'étendue du désastre et rend le fait vraisemblable.[21]

> 8. Malalas, 246. «Le même empereur Claude exonéra les associations ou corporations de la ville d'Antioche en Syrie de la liturgie qu'elles payaient sur les feux,[22] en vue de la réparation des portiques couverts de la ville, qu'avait construits l'empereur Tibère.»

Il y eut un tremblement de terre sous Claude, à une date que Malalas ne précise pas, et qui aurait frappé aussi Ephèse, Smyrne et d'autres villes d'Asie. Ce peut être ce séisme qui explique les mesures prises par

---

[21] Downey, *History*, p. 190, insiste sur le rôle des trois commissaires envoyés par Caligula pour veiller à la reconstruction.

[22] ὑπὲρ καπνοῦ «Pour la fumée.» Il s'agit peut-être de l'obligation pour les bouleutes de payer le bois nécessaire au chauffage des thermes. P. Petit, *op. cit.*, p. 48, qui cite de nombreux textes de Libanius. Cette exonération permettait aux intéressés de consacrer leurs ressources à la reconstruction. Voir Downey, *History*, p. 196, n. 145. Il traduit par «hearth tax.»

Claude; mais il peut s'agir aussi de poursuivre les réparations après le tremblement de terre qui avait eu lieu sous Caligula, comme le pense G. Downey. Les portiques auraient donc été atteints. De toutes façons, ils ont subi dommages et réparations entre 37 et 54. Il est possible que nous en ayons retrouvé des traces en 16—P, où un dallage de lave a été posé, qui recouvre, il est vrai, à la fois la chaussée et le «portique Hérode-Tibère.» Ce peut être un aspect local de la reconstruction.

9. Année 115. Malalas, 275. «Sous le règne du divin Trajan, Antioche la grande, celle qui est près de Daphné, souffrit son troisième malheur, le 13 du mois d'Apellaios [ou Décembre], le lundi au chant du coq, l'année qui porte chez les Antiochéens la date de 164, alors que le divin empereur Trajan était depuis deux ans présent en Orient.[23] Les Antiochéens qui avaient survécu construisirent alors un temple à Daphné, avec cette inscription: 'Les sauvés l'ont dressé à Zeus Sauveur.'

«Le même Trajan, très pieux, construisit dans Antioche la grande la porte qu'on appelle 'Centrale' (Μέση Πύλη) qu'il avait commencée auparavant, près du temple d'Arès, là où passe le torrent Parmenios, près de ce qu'on appelle maintenant le Macellum, et fit placer au sommet une statue de la louve allaitant Romulus et Rémus, pour qu'on sût que c'était là fondation romaine....[24]

«Aussitôt après, il reconstruisit les deux grands portiques et entreprit beaucoup d'autres constructions dans la ville — des thermes, et un aqueduc, qui amena l'eau des sources de Daphné et qui se déversait au lieu dit Agriai.[25]»

On a vu dans la présentation des sondages que c'est à cette date que me paraît avoir été commencée la construction de la rue monumentale, celle qui sera célèbre, remplaçant l'ensemble plus modeste établi par Hérode et Tibère, à un niveau très supérieur.[26] Le premier système, endommagé sous Caligula et Claude, s'était trouvé irréparable — et de plus en contrebas du niveau auquel il fallait désormais reconstruire la ville. Le vocabulaire de Malalas ne permet pas de distinguer une réparation partielle, une restitution du monument existant, une restauration complète impliquant changement de niveau. Il atteste ici, de toutes façons, d'importants travaux — et ἀνήγειρε me paraît plus fort que ἀνανέωσις, employé pour Claude. En renonçant à percevoir une taxe, l'empereur Claude n'aurait d'ailleurs pas laissé à la ville les ressources suffisantes pour mener à bien le chantier dont nous avons retrouvé les résultats. Bien entendu, ce serait à l'archéologie de trancher.

10. Malalas, 280. «S'étant donc rendu à Antioche la grande, [Antonin le Pieux] fit daller la rue aux grands portiques, ceux qui avaient été construits par Tibère, et toutes les autres rues de la ville.[27] Il les pava à ses propres frais, de pierre de meule qu'il fit venir de Thébaïde: il se fit un honneur de régler toutes les autres dépenses. Ayant fait écrire sur une plaque de marbre cette générosité, il plaça l'inscription sur la porte qu'on appelle Cherubim: il avait en effet commencé par ce côté là. Cette inscription se trouve encore en place de notre temps, et dit la grandeur de cette générosité.»

On a beaucoup discuté l'intervention d'Antonin à Antioche, où il ne semble pas être venu après son arrivée à l'empire. Certains ont même pensé à attribuer à Caracalla, en invoquant une confusion qui se produit souvent, les travaux que Malalas prête à Antonin. Je crois pour ma part qu'il faut accepter ce témoignage.[28]

Nous avons rencontré une première fois, dans Malalas, l'attribution à deux souverains de deux entreprises différentes concernant rue et portiques. Hérode avait posé un dallage et Tibère construit les colonnades. Ici, Trajan reconstruit les colonnades et Antonin assure le pavage de la chaussée. Je pense qu'il s'agit, dans chaque

[23] Discussion de la date dans A. Schenk von Stauffenberg, *Die römische Geschichte bei Malalas*, Stuttgart 1931, p. 277.

[24] Sur l'emplacement de cette porte et le sacrifice humain que Malalas prête à Trajan, Downey, *History*, p. 215 et 216, n. 71. C'est avec l'omphalos de Tibère et le tétrapyle des nymphes, un troisième monument qui paraît lié à la fois à la grand-rue et au torrent Parmenios. Les fouilles étendues qui auraient été nécessaires pour résoudre ce problème étaient en dehors de nos moyens.

[25] Il s'agit sans doute pour l'aqueduc comme pour les portiques de la remise en état de la ville après le tremblement de terre.

[26] Ci-dessus, p. 78.

[27] πλατεία — C'est le nom habituel des rues à colonnades: cf. L. Robert, *Etudes anatoliennes*, Paris 1937, p. 532. Il ne figure qu'ici à ma connaissance, dans Malalas, pour désigner la grand-rue d'Antioche.

[28] Downey, *History*, p. 224.

cas, d'une seule et même opération, plus ou moins artificiellement décomposée en deux épisodes successifs par le chroniqueur. Il faut compter avec les longs délais nécessaires à une entreprise aussi monumentale. La première fois Hérode a commencé des travaux que Tibère a fini — Hérode est mort la première année de notre ère, et Tibère a pris le pouvoir en 14 après J.C. Il est permis de croire que le chantier avait dû travailler plus de treize ans.

De même, ici, Trajan a entrepris les travaux après le tremblement de terre de 115; ils ont été terminés sous Antonin, c'est à dire après 138. Le délai est plus long — environ 25 ans — il ne me paraît pas excessif.[29]

Il convient de remarquer que, selon Malalas, l'inscription commémorative des travaux d'Antonin avait été posée à la porte Cherubim — c'est-à-dire à la porte de Daphné — où on avait «commencé» les travaux — et non pas au lieu de leur achèvement. Même sous Antonin — après tout le règne d'Hadrien[30] — il fallait encore des délais. Que le dallage retrouvé en 16—P au-dessus de la première rue à colonnades et au-dessous de la deuxième corresponde à la reconstruction de Claude ou à un chemin provisoire de roulement

établi par Trajan après le tremblement de terre,[31] il était évidemment nécessaire d'assurer la circulation pendant ces longues périodes de reconstruction.

11. Année 458. Evagrius, *Histoire Ecclésiastique* II.12, ed. Bidez-Parmentier, p. 63, a donné le récit le plus circonstancié du tremblement de terre de 458, sous l'empereur Léon I, le plus terrible depuis celui de 115.[32] Il y est question de la destruction des portiques et d'un tétrapyle, mais il s'agit de ceux qui se trouvaient dans l'île. Dans l'ancienne ville, «les colonnades et les constructions n'avaient pas souffert, mais les bains de Trajan, de Sévère et d'Hadrien étaient quelque peu endommagés.» La muraille était en partie écroulée. D'où le désir des Antiochiens, l'année suivante, de faire venir dans leur ville, comme sauvegarde, le corps de St. Syméon Stylite qui venait de mourir.[33]

La reconstruction semble n'avoir été achevée que sous Zénon: Mammianus, un sénateur d'Antioche ou de Constantinople, fit de nombreux travaux à Daphné, et éleva, sans doute dans la nouvelle ville, deux portiques royaux et un tétrapyle à leur croisement.[34]

12. Année 526. Malalas, 419.5–422.8, raconte le tremblement de terre en détail: il se trouvait semble-t-il à Antioche. La destruction de la ville fut totale, sauf pour les villas qui se trouvaient sur les pentes du Silpius.[35] Malalas parle de 250.000 morts. L'intervention de l'empereur Justin fut immédiate, tant pour l'aide aux sinistrés que pour le déblaiement et la reconstruction. Il n'est pas question des portiques dans ce qu'on nous rapporte du sinistre et du programme des travaux.

13. Année 528. Théophane, *Chronographie*, a.6021, pp. 177,22–178,7, ed. de Boor. Malalas, ayant quitté Antioche, semble-t-il, en 526, c'est Théophane qui, à

[29] A Paris, la première idée de la rue de Rivoli — une avenue monumentale bordant au Nord les Tuileries et le Louvre — apparaît en 1777 dans les *Mémoires secrets* de Bachaumont, Londres 1777–89, (Mémoires secrets, 10 novembre 1776, tome IX, p. 255). Le projet est repris et les plans sont arrêtés sous le Consulat: c'est un décret du 13 vendémiaire an X (1802) qui impose aux acquéreurs de construire selon les plans et façades donnés par l'architecte du gouvernement (Fontaine). Le chantier s'ouvre en 1806. On rencontre tant de difficultés à trouver des acheteurs qu'on les exempte en 1810 et 1811 de certains impôts. Malgré l'insistance personnelle de Napoléon I, le travail est peu avancé en 1813. La première tranche, 1360 m. de long, ne sera achevée qu'en 1835 sous Louis-Philippe: elle va de la place de la Concorde à la place des Pyramides. Dès 1848, le gouvernement provisoire déclare son intention de reprendre les travaux; les textes et les budgets sont prêts en 1849: les arcades doivent être poursuivies le long du Louvre, puis l'avenue percée jusqu'à rejoindre la rue Saint-Antoine, au-delà de l'Hôtel de Ville. Ce sera l'oeuvre du préfet Haussmann, soutenu vigoureusement par Napoléon III. La rue sera achevée en 1856. Ainsi la construction de la première tranche avait duré vingt-neuf ans, la seconde sept ans, avec un programme simplifié. Les deux fois, les souverains régnants s'étaient engagés. P. Lavedan, *Histoire de l'Urbanisme*, III, Paris 1952, p. 25. Lameyre, *Haussmann, préfet de Paris*, Paris 1958, pp. 46, 52, 100. Haussmann, *Mémoires*, Paris 1890–93, III, p. 40.

[30] Malalas, 278,20, rapporte les travaux d'Hadrien, à la suite du tremblement de terre, à l'époque même de la catastrophe, où, gendre de Trajan, il fut chargé par l'empereur de la reconstruction, avec d'autres sénateurs. Downey, *History*, p. 218. Malalas raconte ensuite l'oeuvre d'Hadrien dans la reconstruction de Cyzique, détruite elle aussi dans un tremblement de terre.

[31] Voir ci-dessus, p. 30, et dans notre conclusion, p. 148.

[32] Downey, *History*, p. 477.

[33] Au témoignage de la vie syriaque du saint: H. Lietzmann, *Das Leben des heiligen Symeon Stylites*, Texte und Untersuchungen 32.4 (1908) ch. 133, p. 177; ch. 136, p. 179. (trad. allem. de H. Hilgenfeld; trad. angl. F. Lent, *Journal of the American Oriental Society*, 35 (1915–17), p. 103.

[34] Malalas, version de l'église slavonne; Evagrius, *Hist. Eccl.* 3.28: Downey, *History*, p. 500 et n. 125.

[35] G. Downey, *History*, p. 521; bibliogr. n. 79. Il date de cette catastrophe l'abandon d'Antioche par une partie des survivants, et la décadence de la ville (p. 525).

partir de plusieurs sources, présente pour la suite le meilleur compte rendu. Les secousses avaient continué et un nouveau paroxysme se produisit le 29 novembre 528. Il n'y a pas dans ce récit ni dans les autres de précisions sur les édifices atteints; il semble que tout s'écroula de nouveau.[36]

Là encore, l'intervention impériale fut immédiate: Justinien et Théodora envoyèrent des subsides; et la ville fut dispensée d'impôts pour trois ans. Pour s'assurer la protection divine, elle prit le nom de Théoupolis.

14. Année 537. L. Jalabert et R. Mouterde, *Inscriptions grecques et latines de la Syrie*, III.I, Paris 1950, nº 786. G. Downey, *Antioch-on-the-Orontes*, III, p. 84, nº 112 pl. 47, nº 104. Cf. Downey, *History of Antioch*, p. 533, nº 139.

Cette inscription se trouvait dans un médaillon circulaire, de 2 m. 025 de diamètre, au milieu du pavement fleuri d'une grande salle rectangulaire, dans le Bain F (13—R).[37] Grâce à l'aide amicale de H. J. Pflaum, je suis en mesure de proposer de ce texte une lecture un peu différente.

> Ἐπὶ Φ[λ(αουίου) v.g. Ἀν]θ[ίμου]? ou Εὐ[θ[ύμου]?
> R.M. / τοῦ με[γαλ]ο[πρ(επεστάτου)] / καὶ ἐν[δοξ]ο[τάτ(ου)]
> κόμ(ητος)] / τῆς Ἑῴας [— —] ρ [— —] καὶ τῶν ἁπαν[ταχ]οῦ /
> θείων λαρ[γιτιών]ων, / ἐκ θεμελ[ίων] / τό δημόσιν Σ[ιγμα]?, /
> ἐπινοηθέν[τος τοῦ] / τετραστό[ου] / ἀνενεώθη / ἐν χρό(νοις)
> ἰνδ(ικτιῶνος) α' / τ[οῦ ⟨ϛ⟩π]φ' ἔτους.

«Sous l'autorité de Flavius . . ., le très grandiose et très glorieux comte d'Orient . . . et, en tous lieux, des largesses sacrées, depuis ses fondations le bain public Sigma (?) a été restauré, en prévoyant en outre un quadriportique; aux temps de la première indiction, l'an 586 [d'Antioche]» = 537/538.

Selon cette lecture, il reste un mot à restituer après Ἑῴας.

Le cumul des titres de comte d'Orient et de comte des largesses sacrées est attesté en particulier pour Ephrem, qui avait été comte d'Orient avant de succéder comme patriarche à Euphrasius, tué dans le tremblement de terre de 526. Il avait donc été le prédécesseur de Flavius . . . dont il est ici question. Le texte de l'inscription *I.G.L.S.* 1142, à laquelle renvoie déjà R.M. paraît imposer la restitution proposée: il s'agit de la construction de trois ponts, sur les torrents Kara Sou, sur

la route d'Antioche à Séleucie. La titulature d'Ephrem est:

> Ἐπὶ τοῦ μεγαλοπρε(πεστάτου) +/ἐνδοξ (οτάτου) κόμ
> (ητος) τῶ (sic) θίων λαργιτιόνων καὶ τῆς Ἀΐω Ἐφρεμίου...

> «Sous le très magnifique et le très glorieux comte des Largesses Sacrées et d'Orient Ephrem . . .»

(Chapot, *B.C.H.*, 26 (1902) p. 166; H. Seyrig, *Antiquités Syriennes*, III, 1946, p. 40, nº 7).[38]

L'intérêt de ce texte, en ce qui nous concerne, est de montrer la durée nécessaire pour la reconstruction d'un édifice public par les autorités officielles: détruit soit en 526 soit en 528, la remise en état du demosion n'est terminée qu'en 537/8, à la veille de l'arrivée de Chosroës. On peut en conclure que, dans l'ensemble de la ville, dix ans plus tard, beaucoup d'édifices sinistrés n'étaient pas encore entièrement reconstruits.

15. Année 540. Procope, *De aedificis*, II.10. Dans son récit de la guerre parthique, Procope ne fait qu'une rapide allusion au tremblement de terre de 526, dont il signale toutefois la puissance destructrice en insistant sur les pertes subies par la population (300.000 morts).[39] Par contre, il raconte dans un récit développé et très brillant, la prise de la ville par Chosroës.[40] C'est dans le *De aedificis* qu'il va présenter l'oeuvre impériale de reconstruction:

«Tels sont les travaux accomplis par l'empereur Justinien autour de l'enceinte d'Antioche. Il reconstruisit de même toute la ville, incendiée par l'ennemi. De toutes parts, tout était renversé et réduit en cendres; de la ville brûlée ne s'élevaient plus que de nombreuses collines de débris; il était devenu impossible aux Antiochiens de reconnaître l'emplacement de leur propre maison, qu'ils avaient fuie dans l'écroulement général; et ils ne pouvaient débarrasser de leurs décombres les maisons brûlées; de plus, il ne restait rien des portiques publics ou des péristyles; nulle part aucun marché n'était conservé, ni rien des rues qui séparaient les quartiers de la cité, si bien que nul n'avait la hardiesse de construire quoi que ce fût. Mais l'empereur sans attendre fit emporter les

---

[36] Downey, *History*, p. 528, bibliogr. n. 111.

[37] *Antioch* III, p. 8 (R. Stillwell, d'après W. A. Campbell).

[38] Sur ce cumul, voir E. Stein, *Histoire du Bas-empire*, Paris 1949, p. 247, nº 1.

[39] Procope, *Bell*. II.16.

[40] Procope, *Bell*. II.622.628. Sur Procope: G. Downey, «Procopius on Antioch, A Study of method in the *De aedificiis*,» *Byzantion*, 14 (1939), p. 361. *History*, p. 546, bibliogr. n. 187.

décombres le plus loin possible de la cité, et rendant à l'air libre le sol débarrassé de ce qui l'encombrait, il recouvrit de toutes parts les fondations de la ville de pierres énormes. Il la divisa ensuite par des portiques et des places, en séparant les différents quartiers par des rues; et il rétablit les canaux, les fontaines et les aqueducs dont la ville avait été ornée, éleva des théâtres et des thermes, la pourvut de tous les édifices publics qui font reconnaître la prospérité d'une ville; enfin, faisant venir une foule d'ingénieurs et de surveillants, il fournit aux habitants les moyens faciles et commodes de reconstruire leurs habitations. Aussi est-on d'accord pour dire que l'Antioche d'aujourd'hui est devenue plus brillante qu'elle ne l'était auparavant.»

Il est à remarquer que Procope ne présente pas la reconstruction d'une façon conforme aux résultats des fouilles. En particulier, il ignore le dégagement des axes anciens de la circulation. Il fait comme si on avait implanté une ville nouvelle au-dessus des décombres, tassés et recouverts d'un dallage, sans référence nécessaire au plan antérieur. Nous avons vu que, pour la rue principale au moins, les ingénieurs de Justinien avaient repris très strictement le dispositif ancien — chaussée, colonnades, portiques, boutiques — avec une surélévation moyenne d'un mètre.

Josèphe décrit la rue d'Hérode et de Tibère; Malalas, Julien, Jean Chrysostome et bien d'autres, les portiques construits par Trajan et Antonin. Procope seul nous parle de la ville du VIᵉ siècle. Nous n'avons pas d'autres indications sur les portiques que Justinien a restaurés que ce que nous pouvons déduire de ses phrases, bien trop générales et écrites en 559. Förster a bien vu qu'il ne s'agissait pas d'une description faite sur place, mais d'une composition rédigée à partir d'une documentation d'archives et des souvenirs d'une ancienne visite:[41] ainsi s'explique que Procope ait cru à la création d'un nouveau plan d'urbanisme.

16. Année 611. Prise d'Antioche par les Perses. On manque de précisions sur les conditions dans lesquelles Antioche fut à nouveau prise d'assaut par les Perses, sous Héraclius: Schahrbaraz s'en empara en 611, dès le début de la campagne dont l'épisode culminant devait être la prise de Jérusalem et l'enlèvement de la Sainte Croix. L'émotion créée par cet évènement a rejeté dans l'ombre les autres épisodes de cette campagne, si désastreuse pour l'empire.[42] Antioche fut néanmoins saccagée et la population massacrée ou déportée.

Antioche fut réoccupée par les byzantins en 628, dix ans seulement avant l'arrivée des Arabes. On peut se demander si ce n'est pas lors de l'épisode perse qu'elle a subi les destructions décisives que la fouille a révélées et qui ne paraissent pas pouvoir être imputées aux Arabes.[43]

17. Année 637/638. Occupation d'Antioche par les Arabes. Après la bataille du Yarmouk, en 636, son armée détruite, Héraclius se retire devant les Arabes et évacue la Syrie du Nord. L'armée est commandée par Khalid, mais le général est lui-même contrôlé par 'Abu 'Ubaida, qui agit en diplomate. La ville de Chalcis-Kinnesrin seule se défendra et sera détruite. Khalid devra livrer une bataille dans le voisinage d'Antioche; mais les restes de l'armée byzantine, réfugiés dans la ville, capituleront rapidement sans que la ville paraisse avoir souffert.[44]

La fouille a montré que, sur le dallage même de la rue de Justinien, étaient posés directement des murs, parfois très puissants, construits avec des matériaux de remploi, souvent de très grandes dimensions.[45] Il n'est évidemment pas nécessaire de faire coïncider cette ruine et cette reconstruction avec l'arrivée des Arabes: encore faudrait-il trouver une autre circonstance.

Années 637–969. Période arabe. Le Strange a rassemblé les témoignages arabes sur Antioche, en particulier, pour la période qui a suivi.[46] A partir surtout de al Baladhûri, qui écrit en 869, et de Ma'sudi, 943, il

[41] Förster, «Antiochia-am-Orontes,» *Jahrbuch des K. deutschen archäologischen Instituts*, 12 (1897), p. 131.

[42] Philostorge, *Hist. Eccl.* P.G. XXXV, 225.300, éd. Bidez, Berlin 1913; Théophane, *Chron.*, 299.301, Sebeos, *Hist. d'Héraclius*, trad. Macler, Paris 1904, p. 64. N.V. Pigoulievskaïa, *Vizantia, Iran*, Moscou-Leningrad, 1946, pp. 197 et 201.

[43] C'est une suggestion orale, présentée sous réserve par Cl. Cahen.

[44] Downey, *History of Antioch*, p. 577. Simple mention dans Théophane, p. 340.12. Le récit le plus circonstancié est dans al-Balâdhuri, *The Origins of the Islamic State*, trad. P.K. Hitti, New York 1916, p. 175. Etude des sources: Caetani, *Annali dell'Islam*, 3 (Milan 1910), pp. 794, 800 et 816. Cf. M. J. de Goeje, *Mémoire sur la conquête de la Syrie*, Leyden 1900, p. 111.

[45] Voir ci-dessus pp. 26 et 89.

[46] Le Strange, *Palestine under the Moslems*, trad. anglaise, Beyrouth 1957, pp. 367 sqq.

nous montre une grande ville, capitale du Jund el Awâsîm — la province des forteresses — célèbre par ses églises. La principale, Al Kusiyân, est au milieu de la ville; l'église de Paul est près de Bab el-Fâris, Aschmunît fut auparavant une synagogue. L'église de Maryam, ronde, est une merveille du monde.[47] Al Walid y avait pris des colonnes de marbre et d'albâtre pour la mosquée de Damas — mais il en reste un grand nombre. C'est évidemment l'église construite par Justinien, qui n'a par conséquent pas été détruite. On signale un autre édifice antique, ad Dimâs, de construction cyclopéenne, au nord de la grande mosquée (δημοσίον). La ville semble avoir connu une décadence progressive: Istakhir, 951, Ibn Haukal, 978, vantent la puissance de son enceinte, qui représente une journée de marche, mais parlent de vastes jardins qui se trouvent partout à l'intérieur: la ville est donc rapetissée. Selon les auteurs arabes, cette ruine s'aggravera après le retour des byzantins.

18. Année 749. Attaque des Abbassides, venus de Mésopotamie, contre Marwan II, le dernier calife omayade de Damas. La guerre fait rage pendant six ans. Théophane ajoute:

«Toutes les villes importantes de Syrie eurent leurs murailles abattues, sauf Antioche, parce que (Abul Abbas) voulait la garder comme refuge; par lui furent tués d'innombrables arabes. Il était fort prudent dans les choses de la guerre.»

On peut supposer que la ville elle aussi fut épargnée.[48]

19. 28 octobre 969. Prise d'Antioche par les généraux de Nicéphore-Phocas, Michel Bourtzès et Pierre Phocas.[49] La ville assiégée est prise par surprise et ne semble pas avoir souffert.

20. Année 1084. Prise d'Antioche par le sultan seldjoukide d'Iconium, Soleimân ibn Kutlimish.[50]

21. 2 juin 1098. Occupation franque.[51] Ni les descriptions arabes ni celles des francs ne paraissent parler des portiques et de la rue droite, qui, comme la fouille l'a montré, avaient disparu. Claude Cahen, qui décrit la ville, dit: «On peut cependant affirmer une chose, c'est que la ville médiévale était aussi proche de la ville de Justinien qu'elle l'était peu de la ville moderne, construite dans l'angle Sud-Ouest de l'enceinte.» Mais la grand-rue n'apparaît pas dans son texte ni dans ses références. Le processus de transformation, analysé naguère par Jean Sauvaget, s'était donc développé jusqu'à la faire disparaître. Il reste à expliquer l'énormité des blocs de grand appareil, remployés dans les constructions qui furent élevées très tôt sur le dallage de Justinien, et qui ne peuvent provenir que de destructions.[52] On a vu que, sous la réoccupation byzantine la rue est sans doute redevenue droite, mais, implantée au-dessus du portique Ouest de la rue de Justinien, elle n'avait certes plus rien de la splendeur d'autrefois.[53]

22. 21 mai 1268. Prise d'Antioche par Baïbars. Simon Mansel, le connétable franc, est fait prisonnier par Baïbars dans une sortie et essaie de négocier la reddition de la ville. L'accord ne peut se faire. La suite est racontée par Baïbars lui-même, dans la lettre qu'il fait écrire à Bohémond, comte de Tripoli, par le cadi Mohi-eddin, son historiographe:[54]

«Comme nous avons vu qu'il n'y avait plus rien à faire et que leur perte était décrétée de Dieu, nous avons renvoyé les députés en leur disant: «Nous allons vous attaquer; voilà le premier et le dernier avis que vous deviez attendre de nous.» Là-dessus, ils se sont retirés, imitant ton action et conduite, et croyant que tu allais venir à leur secours avec ton infanterie et ta cavalerie. En moins d'une heure, l'affaire du maréchal [qui commandait en l'absence du connétable] a été consommée; la terreur est entrée dans l'âme des moines, l'infortune a environné le châtelain, la mort est venue aux assiégés par tous les côtés; nous avons pris Antioche par l'épée, à la quatrième heure du Samedi 4

[47] On la retrouve à l'époque franque sous le nom de Sainte-Marie-Rotonde. Cl. Cahen, *La Syrie du Nord à l'époque des Croisades*, Paris 1940, p. 130.
[48] Théophane, 426–27, Förster, «Antiochia-am-Orontes,» p. 140, corrigé d'après L. Beyer, *Bilderstreit und Arabersturm in Byzanz*, Graz-Wien-Köln 1957, p. 68.
[49] Voir par exemple: E. Honigmann, *Die Ostgrenze des Byz. Reiches*, Bruxelles 1935, p. 103. Ostrogorski, *Histoire de l'Etat Byzantin*, Paris 1969, p. 124.
[50] Le Strange, *Palestine*, p. 375.
[51] Cahen, *La Syrie du Nord*, p. 127.
[52] Le problème sera repris dans la conclusion, p. 149.
[53] Sur la prospérité d'Antioche du XIe au XIIIe siécle, voir Le Strange, *loc.cit.* et J. Sauvaget, *Alep*, Paris 1941, p. 94.
[54] Michaux, *Bibliothèque des croisades*, tome 4 (M. Reinaud) Paris 1829, p. 507. Cahen, *La Syrie du Nord*, p. 716; Grousset, *Histoire des Croisades*, Paris 1934–36, III, 622; Sauvaget, *Alep*, p. 156; Hitti, *History of the Arabs*, 6e ed., London 1956, p. 656.

du grand ramadan; tous ceux à qui tu avais confié la garde et la défense ont été tués: il n'y avait aucun d'eux qui n'eût quelque chose de ce monde. A présent, il n'y a aucun de nous qui n'ait quelque chose de ce qui leur a appartenu.... Si tu avais vu tes palais livrés aux flammes! les morts dévorés par le feu de ce monde, avant de l'être par celui de l'autre!»

Puis les vainqueurs se partagèrent le butin. L'Antioche dont nous parlons avait disparu.

LA BORDURE TOPOGRAPHIQUE DE LA MOSAIQUE DE YAKTO

Il semblerait qu'un document aussi original et aussi précis que cette bordure doive apporter à nos problèmes un témoignage utile.[55] Elle est malheureusement difficile à interpréter: d'abord à cause de l'état dans lequel elle nous est parvenue. Un des petits côtés a été arraché lors de l'établissement d'un chemin en contrebas; les deux grands côtés ont été mutilés lors de la récupération des blocs des murs qui la bordaient. Il ne nous est resté d'intact qu'un petit côté, celui par lequel la salle s'ouvrait sur un couloir, par trois larges ouvertures définies par deux piliers. Sur ce côté, dix monuments sont représentés; on peut en restituer dix-sept sur chacun des longs côtés, une dizaine sur l'autre petit côté, peut-être un peu plus étroit — soit en tout cinquante-quatre. On n'en peut vraiment décrire que vingt-huit; dix-sept ont complétement disparu; neuf ont laissé seulement des traces peu distinctes.

Remarquons en outre que la hauteur de la frise est irrégulière: pour le côté intact, elle varie de 41 cm. à 55. Ailleurs, à partir des restes conservés, elle dépassait 60 cm. Ces différences rendent plus difficiles les propositions de restitution.

Ajoutons encore que certains monuments sont représentés d'une façon qui leur enlève tout caractère — ceux en particulier devant lesquels sont mis en scène des personnages; pour qu'on puisse les bien distinguer, le mosaïste a sacrifié l'édifice qui formait le fond[56]; de

sorte que dix-sept bâtiments seulement ont un caractère architectural accusé. Certains d'entre eux — le *theatridion* n° 3 ou le stade olympique n° 9, la place aux statues n° 26 et l'allée cavalière n° 43, comme aussi le *pribaton Ardabouriou*, n° 5 (Fig. 187 a), ou l'endroit, n° 40, où j'ai cru reconnaître l'église octogonale de Constantin, cherchent à exprimer l'originalité du modèle.[57] Beaucoup d'autres sont neutres. Il faut donc rester circonspect.

Je n'en crois pas moins assuré — quoi que certains en aient dit[58] — que la bordure reproduit, en abrégé, l'illustration d'un guide d'Antioche, et non pas seulement des vues de Daphné. G. Downey a montré[59] que l'itinéraire suivi rappelait celui qu'avait choisi Libanius dans son *Antiochikos* — départ à la porte de l'Est (pour nous, la porte Nord), traversée de la ville avec détour dans l'île, puis, pour terminer, visite de Daphné. C'est aussi ce que j'avais proposé — même si, dans ma description, pour aller du connu à l'inconnu, j'avais cru devoir suivre l'itinéraire en sens inverse.

L'artiste ne pouvait évidemment rester pour illustrer sa ville dans la rue à portiques. Son caractère monumental même, sa régularité systématique eussent risqué d'enlever à la description graphique tout pittoresque. Une telle rue pouvait être figurée par priorité dans un plan en perspective, comme celui de la mosaïque de Madaba, où la ville de Jérusalem est identifiée par le tracé même de sa muraille et de ses rues à portiques, plus quelques monuments caractéristiques, comme le

[57] L'intention dans ces cas précis, de représenter un monument déterminé est manifeste, même si sont différentes les conventions adoptées chaque fois pour la perspective ou le choix des parties exprimées ou supprimées. Le caractère personnel de la mosaïuqe me paraît accru par le choix même des monuments, qui, pour Daphné, exclut la représentation du temple, comme il est normal à cette date, mais aussi du «martyrion,» pour ne montrer que des dépendances de celui-ci, alors que le mosaïste par contre connaît et transcrit le nom du patron d'un cabaret, Χαλκώμας, et de son client, Μαρκέλλος. Il y a là un désir manifeste de personnaliser l'oeuvre, comme on le fait lorsqu'on désigne, par exemple, des belluaires par leur nom. De même, la comparaison des «scènes de genre» figurées sur la mosaïque avec d'autres oeuvres n'oblige nullement à y reconnaître la simple copie de thèmes traditionnels, mais l'obligatoire rencontre des sujets. J'ai photographié à Antioche l'ânier chargé de l'enlèvement des ordures ménagères — «Dans les rues d'Antioche,» *B.E.O.*, 5 (1935), figs. 10 et 11 — Ma photographie ne doit rien à aucun paysage hellénistique. L'intervention de carnets de modèle ou d'habitudes d'atelier n'empêche pas l'intention de représenter ce qu'on voit. cf. Levi, *Antioch Mosaic Pavements*, p. 333. Je compte reprendre ailleurs ces remarques.

[58] Levi, *Antioch Mosaic Pavements*, p. 326.

[59] Downey, *History*, p. 662.

---

[55] Jean Lassus, «La Mosaïque de Yakto,» *Antioch* I, p. 114. Voir en outre: W. Eltester, «Die Kirchen Antiochiens im IV. Jh.,» *Z.N. T.W.* 36 (1937), p. 251; A. Grabar, *Martyrium*, Paris 1946, I, p. 214; Doro Levi, *Antioch Mosaic Pavements*, I, 326; G. Downey, *History*, Excursus 18, p. 659; R. Martin, dans son commentaire d'*Antiochikos*: Festugière, *Antioche païenne et chrétienne*, pp. 39 sqq.

[56] Par exemple, n° 12 — le *peripatos* — ou les boutiques placées derrière les commerçants, n° 20, 21, 22.

Saint-Sépulcre, traités hors d'échelle.[60] Ici, où il s'agit non d'un plan mais de façades, la monotonie de la représentation eût été difficile à écarter.

Le mosaïste s'y est pourtant risqué: dans la partie gauche du petit côté conservé, au-delà du *peripatos* et du *demosion*, nous trouvons en effet trois blocs séparés par des rues transversales: τὸ Λεοντίου, τὸ Ἡλιάδου, τὸ Μαειουρίνου — n⁰ˢ 16, 17 et 19 (Fig. 187b). Ces trois immeubles sont semblables: ce sont des façades rectangulaires, couvertes d'un toit de tuiles assez plat, percées chacune de trois grandes portes égales et précédées de colonnes. Il s'agit évidemment d'un portique, interrompu aux carrefours, qui précède des constructions faites de salles semblables, largement ouvertes, analogues par leur dispositif aux boutiques que nous avons retrouvées le long de la rue monumentale. Il est possible que nous soyons encore à Daphné ou sur la route entre Daphné et Antioche; la porte de la ville ne semblant pas cette fois avoir été représentée, nous ne pouvons fixer le moment où nous l'atteignons. La localisation est somme toute secondaire: il ne saurait s'agir de «villas» particulières, mais bien de blocs urbains caractérisés, simplifiés certes, et réduits chaque fois à une largeur symbolique de trois boutiques pour quatre colonnes. Il me semble que c'est ainsi, et ainsi seulement, que l'artiste pouvait exprimer le schéma que nous avons reconnu dans la fouille.

Il n'est pas étonnant que chaque bloc ait été connu par le nom — au génitif — du propriétaire, ou d'un propriétaire, ou du principal locataire. C'est encore le procédé de désignation des gratte-ciel de New York.

Le *Demosion*, à droite, peut être un monument de la rue, dont la façade était alignée sur le fond du portique, et le porche sur la colonnade.[61] Ce bâtiment comporte lui aussi trois portes en façade, celle du milieu, et peut-être celle du milieu seulement, donnant accès aux thermes.

G. Downey, après avoir établi que le parcours commençait à la porte Est, a été amené naturellement à considérer que le visiteur entrant dans la ville s'engageait d'abord dans la rue axiale. Malheureusement, la bordure est ici très mutilée; les toits et une grande partie des façades manquent. D'autre part, des cavaliers et des passants réduisent considérablement les indications concernant les édifices du fond; il y a néanmoins certainement des colonnades devant les numéros 54 et 53, même si elles ne sont pas posées sur le même plan. Il y a encore des colonnades devant le numéro 34, peut-être aussi devant le numéro 33. Le portique 29 paraît quadrangulaire: on l'a comparé avec justesse au forum figuré à Rome dans une peinture du mausolée des Aurelii.[62] Mais c'est un portique à arcades (Fig. 187c).

Il résulte de ces remarques que c'est la fouille qui, dans une certaine mesure, éclaire la mosaïque, et non point la mosaïque qui éclaire la fouille.

Ajoutons que la bordure illustre bien la vie des portiques, telle qu'elle ressort du texte de Libanius, et aussi des allusions de Julien dans le *Misopogôn*:[63] «N'as-tu pas distingué quelle est chez eux la grandeur de la liberté, qui concerne jusqu'aux ânes et aux chameaux. Les palefreniers les conduisent sous les portiques, tout comme les jeunes filles.»

[60] Sur la carte de Madaba, voir la description interprétée de L. H. Vincent et F. M. Abel, *Jérusalem nouvelle*, Paris 1914, II, p. 192, les commentaires de Levi, *Antioch Mosaic Pavements*, p. 618 et ceux de M. Avi Jonah, Jérusalem, 1954.

[61] Voir ci-dessus, p. 34.
[62] Levi, *Antioch Mosaic Pavements*, p. 328; Wirth, *Römische Wandmalerei*, Berlin 1934, pl. 48.
[63] Julien, *Misopogôn*, 355 B.

CONCLUSION

Il convient maintenant d'essayer, à partir de notre documentation archéologique, et en nous référant aux textes dont je viens de rappeler quelques-uns, de proposer une histoire de la rue axiale d'Antioche. Je ne vois pas d'autre méthode que de rassembler les documents que la fouille nous a livrés, niveau par niveau, en essayant chaque fois de les interpréter. Toutes nos descriptions ont suivi l'ordre des découvertes: nous sommes descendus dans la fouille, et nous avons retrouvé l'un après l'autre les témoignages, en sens inverse du temps. Il faut cette fois reprendre l'ordre chronologique, comme j'ai tenté rapidement de le faire en conclusion de tel ou tel chapitre, en essayant de voir vivre cette rue à travers ses ruines superposées, et, si possible, ces villes superposées à partir de cette rue.

Certes, elle n'a pas toujours joué le même rôle. Elle n'a pas eu toujours le même caractère. C'est d'abord une route — une des grandes voies commerciales de l'antiquité. C'est par cette route que l'Asie arrive à la Méditerranée. Au Sud, au moment où l'Arabie a pour façade la Phénicie, on traverse certes le désert. Les caravanes peuvent venir du fond de la Mer Rouge à Petra et à Gerasa, de l'Euphrate, par Palmyre, à Damas et à Emèse. Mais elles sont attirées vers le Nord. Pour Abraham, la route d'Ur à la Terre Promise passe par Harran. On quitte le plus tard possible la Mésopotamie, arrosée par ses fleuves, pour rejoindre le «croissant fertile», Alep et l'Oronte. Puis la côte et l'Occident. Mais aussi par l'Oronte et par la côte, toute la Syrie, et, par la passe d'Issus, toute l'Asie Mineure.

C'est au bord de cette route, c'est pour contrôler cette route que Séleucus, héritier d'Alexandre, fonde Antioche.

Et, dans chacun de nos sondages nous l'avons constaté, avant la ville, la route était déjà là — une piste de terre battue, posée sur la terre vierge, bientôt un sol empierré, bien des fois repris, avant qu'on construise les plus anciens murs. En un point, au plus profond, les spécialistes ont reconnu l'existence de poteries «préclassiques», non tournées; il y avait déjà là un village, sans doute.[1]

Les gens de l'antique Alep, depuis le XXe siècle avant notre ère, allaient vers la mer, et aussi ceux dont, plus près d'Antioche, on a retrouvé les villes, à Tell Djedeidé comme à Tell Taïnat ou à Tell Atchana, et les villages tout autour de l'Amouq, le lac d'Antioche.[2] Et, bien sûr, partis de plus loin, les conquérants traversaient la plaine, soit qu'ils vinssent d'Anatolie, pour aller vers Alep, soit qu'ils vinssent d'Alep pour atteindre la mer. La route commerciale servait d'axe au passage des armées.

C'est là que Séleucus fonde sa capitale, entre le fleuve et la piste qui, elle, passait déjà, semble-t-il, dans la plaine, parallèlement au pied des pentes; sans doute le tracé en a-t-il été régularisé; en tous cas, on peut dire que, même si elle est restée extérieure à cette cité primitive, elle a servi de base à l'organisation définitive du plan orthogonal. C'est le contraire de ce qu'ont fait les romains à Timgad: créant une colonie au carrefour d'une piste Ouest-Est, parallèle à l'axe de la plaine et d'une route Nord-Sud, qui venue de Constantine s'enfonçait dans les Aurès, ils ont choisi de l'implanter arbitrairement, sans tenir compte des axes du trafic, selon les points cardinaux. Dès lors, au sortir de la ville, des raccords obliques étaient nécessaires pour retrouver les directions utiles; et le quadrillage de Trajan se trouvait d'avance limité à l'intérieur de l'enceinte primitive. La ville devait ensuite se développer à partir des axes extérieurs, sans relation avec le quadrillage orienté: soixante ans plus tard, sous les Antonins, les nouvelles portes de la ville marquaient le fait accompli.[3]

Séleucus, lui, a regardé vers l'avenir et organisé sa ville en vue de son expansion future. Même s'il a limité

---

[1] Voir 16—O, p. 98. Pour les sites préclassiques, Downey, *History of Antioch*, Princeton 1961, p. 47 et n° 7.

[2] Cf. R. J. Braidwood, *Mounds in the Plain of Antioch, an Archaeological Survey*, The University of Chicago, Oriental Institute Publications 18, Chicago 1937. L. Woolley, *A Forgotten Kingdom*, London, Penguin Books 1953. Sur l'importance du lac d'Antioche dans l'économie de la ville antique, voir Libanius, XI, 250,261. Pour l'époque moderne, Weulersse, «Antioche, essai de géographie urbaine,» *Bulletin d'Etudes Orientales*, 4 (1934), p. 34.

[3] Pour Timgad, J. Lassus, *Adaptation à l'Afrique de l'urbanisme romain*, Huitième congrès int. d'archéologie classique, Paris 1963, p. 245.

la première installation, même s'il l'a entourée d'une enceinte, il avait mis au point un système qui devait s'étendre automatiquement, à partir de la piste prise pour axe, qui deviendrait un jour la rue centrale de l'énorme agglomération. Il fondait une capitale.[4]

Le résultat de cette ambition est que la ville — et son axe futur — ont été implantés sans relation avec les points cardinaux. On peut dire que la route est placée dans la diagonale du quadrillage astronomique: Sud-Ouest—Nord-Est, nos plans le montrent bien. Et c'est ce qui explique que nous ayons été amenés, pour des raisons purement pratiques, à appeler Nord une direction qui est très exactement le Nord-Est. Nous avons fait comme la plupart des cartographes modernes. Mais on comprend bien que les anciens aient pu, dans le même désir de simplifier, désigner cette même direction comme étant celle de l'Est, considérer la rue principale d'Antioche comme un axe Ouest-Est, et non pas Sud-Nord. Ils avaient le choix. Pour parler romain, ils pouvaient la considérer comme un *cardo* ou comme un *decumanus*: ils y ont vu un *decumanus* comme nous y voyons un *cardo*. Ce n'est ni l'un ni l'autre: c'est l'axe utile de la plaine d'Antioche, depuis l'étranglement où se trouvait la porte «Est» qui deviendra la porte Saint-Paul, jusqu'à l'autre étranglement, entre l'Oronte et la montagne, à la porte de Daphné.[5] C'était la route de l'Orient.

Nous ne sommes pas en mesure de dire si, comme le déclare G. Downey, la piste suivait le tracé de la muraille primitive de Séleucus,[6] ou plutôt, comme je préférerais m'exprimer, si la muraille suivait le tracé de la piste. Toujours est-il que, dès le IIe siècle avant notre ère, on trouve des constructions des deux côtés de la voie, et cela non seulement dans la partie Sud de l'ancienne ville, sous la ville moderne, mais jusqu'au torrent Parmenios et au-delà. La piste était devenue une route régulièrement empierrée; c'est maintenant une rue — une rue droite, avec de part et d'autre des maisons dont nous ne pouvons préciser le caractère, tant elles ont souffert des remaniements qui se succèderont à travers les siècles. Mais elles sont construites avec des murs de moellons suffisamment robustes, avec bientôt des blocs d'appareil placés en renforcement dans

toute leur épaisseur. Surtout ces murs sont alignés; les pièces sont carrées ou rectangulaires. L'emprise de l'orientation urbaine agit sur chacune d'elles, et il est très rare que nous ayons distingué un mur qui s'écartât de la règle. Il faut que les directions parallèles aient été, dès le départ, fortement marquées sur le terrain.

Le léger décalage qui se produit dans la direction de la rue et, par voie de conséquence, dans toute l'implantation du quadrillage, au passage du torrent Parmenios (je reprends notre manière de nous exprimer) est évidemment fort étonnant. Il ne me paraît guère possible qu'il soit voulu: il est trop faible — quelques degrés. La ville s'est étendue d'abord de l'Ouest vers l'Est, puis du Sud au Nord. On pourrait penser à une erreur de calcul, au moment d'un agrandissement. Mais ce n'est pas vraisemblable: la route était déjà là, selon l'orientation que la rue allait prendre, que la route moderne a reprise, avec la même inflexion. Elle était sans doute, au moment où ces régions ont été incorporées dans la cité, déjà bordée de maisons, cernée de faubourgs. Elle était déjà orientée. Il faut croire à une erreur tout à fait primitive, qui date de la première «systématisation» de la piste par Séleucus. Et cette erreur s'explique peut-être par l'existence d'une coupure introduite dans le tracé de la piste par le passage du torrent Parmenios; la piste primitive à cet endroit devait être plusieurs fois par an arrachée; son trajet devenait fluctuant, comme c'est si souvent le cas au passage des Oueds. Pour régulariser la direction il avait fallu faire deux implantations distinctes sur les deux rives, qui ne se sont pas tout à fait prolongées. Et la chose n'a pris une importance que plus tard, lorsqu'il s'est agi de donner à la rue, dans son ensemble, un caractère architectural.

Une transformation dans l'ordonnance de la rue principale d'une ville pose des problèmes très compliqués, et exige de très lourdes dépenses. Pour peu qu'on élargisse l'emprise de la rue, de ses dépendances, trottoirs ou portiques, si en plus on veut assurer un caractère homogène aux constructions qui la bordent de part et d'autre, l'exécution du projet engage des frais énormes — expropriations, démolitions — avant même qu'on commence à construire. La révision du système des adductions d'eau, même lorsqu'il garde un caractère en partie privé, pose de gros problèmes.

A Antioche, l'eau descendait des aqueducs, qui percés au flanc de la montagne, aussi haut que possible,

---

[4] C'est aussi l'avis de Downey, *History*, p. 62.

[5] Downey, *History*, «The points of the compass at Antioch in Antiquity,» Excursus 9, p. 608. L'auteur considère comme une erreur le parti pris par Libanius et par le plus grand nombre des anciens.

[6] Downey, *History*, p. 78.

l'apportaient de Daphné.[7] Le niveau même où s'embranchaient les canalisations de distribution, placées en relation avec les rues transversales, assurait une pression, et devait permettre la pose de colonnes montantes. Les fontaines cascadaient. Quand on réaménageait la route, tout était à refaire, aussi bien pour les adductions que pour les égouts, à commencer par ceux qui étaient intégrés à la chaussée principale, pour assurer l'évacuation des pluies.

Prévoir un tel programme, simplement pour des raisons d'urbanisme et d'embellissement, exigeait de l'esprit d'entreprise et des moyens considérables. Même lorsqu'une destruction de la ville, par quelque catastrophe naturelle ou humaine, tremblement de terre ou destruction perse, imposait et en même temps permettait de reconsidérer l'organisation de la voirie, la dépense excédait à coup sûr les moyens d'une ville, si riche fût-elle, au moment surtout où elle venait d'être éprouvée. L'intervention de l'Etat, c'est-à-dire du souverain, était indispensable. Il lui fallait accorder des remises d'impôt, et prendre des travaux à sa charge. Ce n'est pas seulement par respect du pouvoir que Malalas attribue à l'initiative personnelle de tel ou tel roi, de tel ou tel empereur, l'ouverture des chantiers qui ont transformé l'aspect de la rue.

L'occasion du premier aménagement me paraît avoir été l'annexion à la ville de son faubourg Est, Epiphania. Le corollaire de cette intégration était évidemment le déplacement du mur d'enceinte. On discute sur le moment où on le reconstruisit, mais on ne pouvait parler d'une ville unique que lorsque le mur de séparation avait été abattu.

Si le mur était parallèle à la route, et proche de la route, son arrachement même eût pu fournir, sans expropriation, la place nécessaire à la transformation de la route en rue; et en rue digne d'être l'axe d'une capitale. Nous n'avons rien trouvé qui nous permette de penser qu'il en ait été ainsi. Il me semble toutefois résulter de la comparaison entre les niveaux hellénistiques de nos chantiers que l'aménagement de la rue a été plus largement conçu au Nord du Parmenios — c'est-à-dire au Nord d'Epiphania — qu'à l'intérieur de la ville même, après son agrandissement.[8]

Dans notre premier sondage, la rue hellénistique, de façade à façade, a mesuré, depuis la mise en place des

premières maisons, 16 m. de largeur totale. Le trottoir de l'Est, tel que nous l'avons restitué, mesure 4 m. 40. Si, comme nous devrons le faire souvent, nous supposons un schéma symétrique, la chaussée mesurerait 7 m. 20. Ce dispositif n'est pas nécessairement primitif, ni homogène. Toutefois au-delà du Parmenios, dans la tranchée de 16—P, si nous n'avons pas pu dégager toute la largeur de la chaussée, nous avons constaté qu'au moment de sa plus grande expansion, le trottoir mesurait aussi 4 m. 30. Il est permis de penser que les cotes étaient les mêmes.

Il y a toutefois deux limites à cette ressemblance. D'une part, avant l'aménagement du trottoir de 4 m. 30 — terminé par un muret, avec au-delà un caniveau et un dallage — il y a eu un trottoir plus étroit, qui semble avoir été seulement composé d'une belle série de dalles alignées le long de la façade, sur 1 m. 30 de largeur maximum.

D'autre part, et dès cette première période, au Nord du Parmenios, le trottoir était flanqué de boutiques. Même dans un sondage restreint, ce qui en a été retrouvé montre qu'elles répondaient à un rythme et avaient été construites dans une seule campagne de construction. Bref, elles font elles aussi partie du programme d'urbanisme. Elles ont 6 m. 80 de profondeur, plus 1 m. pour le mur du fond, gêné ici par une construction préexistante. En combinant nos renseignements, l'emprise de la rue sur le plan de la ville occupe cette fois 29 m. 40 de largeur. Remarquons-le, si nous avons reconnu trois périodes d'occupation de ces boutiques, sans que leur plan soit remanié, nous n'avons pas trouvé au-dessous de traces de constructions plus anciennes. La tour, ce mur courbe situé plus à l'Est et contre lequel les boutiques sont venues s'appuyer, m'est apparue comme une construction antérieure isolée, appartenant sans doute au système de défense de la ville primitive.

On peut en conclure que, dès l'aménagement de la route en rue, au Nord du Parmenios, cette rue a pris un caractère monumental. Cela n'est pas fait pour surprendre: les textes nous le disent: on construisait la rue «en dehors de la ville», de la ville primitive s'entend.[9] Dès lors l'adjonction de boutiques, au moment où le système urbain s'étendait sur un terrain encore peu construit, n'offrait pas de difficultés. Il n'y a pas de raison de croire que l'aménagement de la rue, au

[7] Weulersse, B.E.O., 4 (1934), p. 48, n° 1. D. Wilber, Antioch II, p. 49.

[8] Cf. pp. 38 et 78.

[9] Malalas, 232, 17, parlant de la rue construite par Tibère, Downey, History, p. 177.

delà du Parmenios, n'est pas contemporain de son aménagement au Sud, dans la ville unifiée. Nous avons déjà constaté l'esprit de prévision des souverains séleucides.

Il me semble en effet que c'est à Antiochus Epiphane (175–163) qu'il faut, d'après le témoignage de l'archéologie, attribuer ce mérite. Il a nécessairement aménagé la rue centrale de la ville dont il doublait la surface. Or nous n'avons pas trouvé de trace qui nous oblige à croire que la rue ait jamais eu une largeur totale inférieure à 16 m., de façade à façade, chaussée et trottoirs compris. Je retrouve ici, avec on le verra bien des différences, le raisonnement d'Otfried Müller.[10]

Cela ne veut pas dire, en effet, que c'est la rue «à colonnades» qu'Antiochus Epiphane a construite.[11] C'est la rue droite, aménagée sur la piste que Séleucus avait déjà rectifiée et organisée. Il ne s'agit en aucun cas de la rue à colonnades où se promenait Libanius.

C'est cette rue d'Antiochus Epiphane, pour prendre les textes au pied de la lettre, qu'Hérode a pavée, et que Tibère a flanquée de portiques. Nous avons en 16—P des traces modestes du pavement, qui n'était pas de marbre, et des traces incertaines du portique, à 1 m. 60 sous le portique romain monumental.[12]

Je crois vraiment que l'élargissement des trottoirs, portés de 1 m. 30 à 4 m. 30, correspond à l'aménagement d'un portique, dont nous avons retrouvé une dalle qui portait une colonne, portique dont les architraves devaient être en bois. Cette première colonnade a bien entendu été confondue par les chroniqueurs avec la colonnade monumentale qu'ils connaissaient et qui est nécessairement plus tardive.

Dès l'époque hellénistique, les urbanistes et les ingénieurs avaient apporté une première solution, d'une grande ampleur de conception et d'exécution, au problème des crues du Parmenios. La rue passait sur deux voûtes d'appareil, en plein cîntre, de vastes dimensions — 6 m. 60 de diamètre pour chacune et 4 m. 80 de hauteur. Pour leur faire jouer tout leur rôle de protection, on les avait placées assez haut, à la cote 90.40, alors que les trottoirs hellénistiques en

16—P sont entre 84.43 et 84.84, et, en 19—M entre 82.46 et 83.85. Evidemment, cela correspond à tout un profil de la route: en 16—0 la base des murs hellénistiques est à 89.54, alors que les couches antérieures sont entre 87.52 et 86.05. Il apparaît, me semble-t-il, que ces voûtes sont nécessairement contemporaines de la mise en place de la route, et doivent être attribuées à Antiochus Epiphane — comme le confirment les indications céramiques. Aux époques suivantes, les ingénieurs chercheront à réduire l'importance de cette montée: ils maintiendront le franchissement de ces voûtes aussi près que possible de leurs clefs, même après que le tremblement de terre de 528 aura consacré leur déchéance. Mais le caniveau de la chaussée romaine monumentale devra encore monter de 86.38 à 90.40, dans les 200 m. qui séparent 16—P de 16—O.

Ces voûtes, dont nous n'avons pu définir la longueur, ont porté à coup sûr la route et ses trottoirs. Ont-elles eu seulement le caractère d'un pont, à l'époque romaine, c'est possible; nous n'avons dégagé l'arche du Nord que sur 12 m. de sa profondeur.[13] La partie du trottoir reconnue, à l'Est du caniveau, n'atteignait pas 4 m. Nous n'étions en aucun cas à l'extrémité Est de la voûte. Elle portait assurément la totalité de la largeur de la voie hellénistique; peut-être aussi les boutiques, mais nous n'en savons rien; et les sondages entrepris à l'Est ne nous ont montré qu'une chose, c'est que les eaux du Parmenios, ne respectant pas le quadrillage hippodamien, n'arrivaient pas sous la voûte perpendiculairement à la rue.

Dans d'autres circonstances, il eût été possible de continuer cette fouille, de suivre la voûte vers l'Est et vers l'Ouest, de voir si c'était un tunnel ou un simple pont. Tout ce que je puis dire c'est qu'à 40 m. de la rue la direction que prenaient les eaux pour arriver à la voûte était déjà différente; elles avaient passé ailleurs, sans doute plus au Sud. Par contre, du fait de la présence d'écroulements que nous avons attribués aux carriers modernes récupérant les matériaux, nous avons cru que les voûtes se poursuivaient vers l'Ouest, en direction du fleuve.

Il est bien évident, à partir des données archéologiques, qu'il était impossible aux écrivains antiques, même aux historiens et aux chroniqueurs, de mesurer les conséquences des catastrophes, dont on avait pourtant gardé le souvenir, sur l'histoire des portiques. Ils étaient

---

[10] *Antiquitates Antiochenae*, Göttingen 1839, I.22, p. 56.

[11] Libanius n'hésitait pourtant pas à faire dater la rue de la construction même de la ville par Séleucus (XI.90): «Pour marquer le contour de la cité, il plaça des éléphants par intervalles, aux endroits où devaient être les tours, et pour marquer la longueur et la largeur des portiques et des rues latérales, il creusa des sillons et y planta du blé qui avait été amené par des navires sur le fleuve.»

[12] 16—P, pp. 79 et 80.

[13] Voir p. 112 et la note 17, p. 117.

là, visibles — ils avaient toujours été là. Libanius ne pouvait pas deviner qu'il se trouvait à 1 m. 60 au-dessus du portique dont Tibère avait fait dresser les colonnes, à 2 m. au-dessus du trottoir d'Antiochus IV. Et Malalas pouvait encore bien moins s'imaginer qu'il y avait eu une autre colonnade, avant celle dont il a sans doute vu la destruction en 526.[14] Procope devait s'en rendre compte, plus ou moins, mais ne l'a pas dit. J'ai rapporté comment il se représentait le processus de la reconstruction.[15] Aux architectes des villes antiques, la chose paraissait sans doute toute naturelle. Il ne serait pas difficile de montrer que les débats des historiens, de nos jours encore, lorsqu'ils discutent de textes relatifs aux monuments, sont dus pour une bonne part à un manque d'imagination archéologique.

On a vu qu'un usage constant des habitants d'Antioche, lorsqu'ils reconstruisent après une catastrophe, est de commencer par arracher complètement le dallage de la rue. Seuls, les arabes, après l'abandon de la chaussée de Justinien, maintiendront en place son pavement de lave pour s'en servir comme fondations pour leurs édifices. Aux autres époques, nous n'avons retrouvé de restes des dallages successifs que par accident — lorsque quelques pavés avaient immédiatement été recouverts et repris dans les fondations du nouveau système. Les sondages nous ont ainsi livré, en 19—M, en 17—N, des éléments d'un dallage polygonal assez peu soigné.[16] C'était sans doute le caractère qu'avait en 16—P le dallage d'Hérode; il n'en est rien resté que quelques blocs déplacés, mis en tas sur le béton de la fondation, prêts pour un transport auquel on avait renoncé. Mais il est possible aussi qu'ici ou là ce dallage corresponde à une réfection plus tardive, je pense à celle que Malalas signale, sous les règnes successifs de Caligula et de Claude.[17] On a d'ailleurs pu, plus d'une fois, remployer plus haut, au moins en partie, des blocs du dallage antérieur.

C'est en tout cas ce qui s'est produit en 16—P, où nous avons trouvé le portique et la chaussée d'Hérode-Tibère recouverts par un dallage robuste, quoique disparate, où sont remployés des éléments du pavement qu'il a remplacé: nous y avons même reconnu des fragments du caniveau qui bordait la chaussée antérieure.[18]

Il est évidemment difficile de dire que Claude a réparé les portiques, s'il les a en fait supprimés et recouverts par le dallage d'une chaussée élargie. Mais il faut éviter de généraliser; en 16—P, le sol retrouvé est fait surtout de blocs de lave, qui ne se rencontrent pas à ce niveau dans les autres sondages: il peut y avoir un cas particulier. Le dallage vient s'appuyer contre deux rangées de blocs de calcaire tendre, soigneusement disposés, qui recouvrent, eux, les blocs de calcaire dur qui, le long du mur des boutiques, correspondent au trottoir étroit d'Antiochus Epiphane: ils avaient été repris dans le béton du portique d'Hérode. Du coup, les boutiques ont connu une troisième transformation, manifestée en particulier par la pose de la mosaïque en *opus incertum*, à 50 cm. au-dessus du niveau du trottoir rehaussé.[19]

Mais la date du remaniement correspond bien à la première moitié du 1er siècle de notre ère. La conclusion de F. O. Waagé sur l'étude des tessons trouvés sous la mosaïque est caractéristique: ses fiches portent «date very probably not later than A.D. 1, not earlier than Augustus.» De même, le dépôt scellé sous la mosaïque qui entoure le four est on l'a vu, à assigner au premier quart du 1er siècle de notre ère:[20] c'est le niveau contemporain de la reconstruction de Tibère, qui a été endommagé sous Caligula et réparé sous Claude.

Cet ensemble, ainsi restauré, si je puis dire, sans changement de cadre — la seule différence grave étant la disparition du portique — est celui qui va être détruit par une nouvelle catastrophe, et qui va laisser place à l'entreprise nouvelle. Il est vraisemblable que cette destruction a été beaucoup plus brutale. Il n'est pas question cette fois de conserver l'ancien dispositif. Toutes les constructions situées à l'Est de la chaussée vont être ensevelies sous le nouveau portique; certes, l'implantation du rebord de la nouvelle chaussée, 0 m. 80 plus haut, se situe à peu de chose près au-dessus des blocs qui bordaient le dallage de Claude, et les bases de la colonnade au-dessus de la façade des boutiques, qui se trouvait immédiatement en arrière. Mais le nouvel alignement des boutiques romaines n'a rien à voir avec les murs sous-jacents. Là, l'implantation

---

[14] Malalas paraît avoir assisté à Antioche au tremblement de terre de 526, et avoir quitté la ville avant celui de 528. C'est ce que G. Downey conclut, très finement, de la différence entre ses descriptions des deux catastrophes, *History*, p. 528, n. 111.

[15] Ci-dessus, p. 135, n⁰ 15.

[16] Ci-dessus pp. 35, 67.

[17] Ci-dessus p. 132, n⁰ 8.

[18] Ci-dessus p. 68.

[19] Le dallage est à 85.39, le trottoir à 85.48, la mosaïque à 85.90. Celle qui entoure le four est à 85.52.

[20] F. O. Waagé, *Antioch* III, p. 69.

est arbitraire. Elle répond à un schéma général, le même en 19—M, en 16—O et 16—P, sur 1200 m. de longueur.

On voit comment nous sommes conduits à attribuer à Trajan la conception de la rue monumentale, et l'ouverture du chantier de construction: Malalas nous dit que Trajan éleva les portiques.[21] Glanville Downey établit naturellement un lien de cause à effet entre cette entreprise et le tremblement de terre de 115, pendant lequel l'empereur, légèrement blessé, avait dû sauter par la fenêtre, puis aller camper dans le cirque, en plein hiver, comme tous les habitants des villes sinistrées, et pourtant dans un lieu fermé où il était possible d'assurer sa sécurité. Il y avait beaucoup de victimes, dont l'un des consuls de l'année, M. Pedo Vergilianus.

Ce tremblement de terre avait tout renversé. En 19—M, à l'Ouest de la route, les maisons dont les murs avaient traversé les trois siècles précédents — avec, bien sûr, des relèvements de niveau lors des crises intermédiaires — avaient été en partie abattues et ont été sacrifiées. A l'Est, où la superposition des fondations est plus complexe, on n'a pas plus tenu compte de ce qui pouvait subsister qu'en 16—P, sous le portique ou sous les boutiques. En 17—N, en 16—O, il en a été de même: profitant des destructions, les architectes ont pu plus facilement exproprier, et lancer leur majestueux projet.

Il faut tenir compte des délais nécessaires à des travaux d'une telle ampleur. Pour déblayer une ville abattue par un tremblement de terre, on doit d'abord dégager et aménager des chemins de roulement: après avoir permis l'évacuation des matériaux écroulés, ils serviront au chantier de reconstruction. Le niveau auquel les ingénieurs doivent établir le nouveau dallage de la chaussée n'est pas donné d'avance; il n'a pas de relation précise avec celui de la rue encombrée de démolitions. C'est le résultat d'un calcul qui fixe l'exhaussement accepté du terrain dans les quartiers à reconstruire de part et d'autre de la rue, plutôt que dans la rue elle-même, nécessairement moins envahie. Ce niveau fixé, il faut commencer en un point déterminé — ou, si l'on veut, en plusieurs points de la longueur totale — et acheminer les matériaux nécessaires pour la construction du nouveau dispositif. Un tel programme représente des années. L'effort nécessaire

pour la préparation et la pose des dallages impressionnait déjà Libanius.[22] Que dire de la fabrication des centaines de colonnes nécessaires tant pour les portiques de la rue axiale, que pour celles de la transversale de la nouvelle ville? Ajoutons le voyage, si elles sont en granit d'Egypte. Tout cela demande du temps.

Dès lors, il ne faut pas s'étonner de la confusion introduite chez les historiens en ce qui concerne le nom des princes responsables. Il y avait eu une opération Hérode-Tibère. Il n'est pas nécessaire de supposer que Hérode et Tibère ont travaillé ensemble, au moment où Tibère était venu à Antioche, en 20 avant J.C., accompagnant Auguste dans une de ses visites.[23] Hérode est mort en 4 avant notre ère; Tibère a pris le pouvoir en 14. Il est naturel qu'une pareille entreprise commencée sous Hérode ait été achevée sous Tibère; et les expressions choisies par les chroniqueurs pour leur répartir la tâche — Hérode pour les dallages, Tibère pour les colonnades — ne sont que des explications qu'ils se donnent à eux-mêmes pour mettre leurs sources d'accord. Et Tibère n'a pas eu besoin de venir à Antioche pour qu'on inaugurât sous son règne les premiers portiques.[24]

Il en est de même pour la seconde opération, celle que Malalas évoque deux fois, artificiellement, en prêtant à Trajan la reconstruction des portiques, à Antonin la pose d'un somptueux dallage.

Que les historiens anciens et modernes, qui ne connaissaient qu'une rue à colonnades, aient été gênés par tant d'allusions à des reconstructions successives, on le comprend facilement.[25] En fait, je pense qu'on a sous Trajan procédé d'abord à une remise en état sommaire, tout de suite après 115, puis élaboré un projet grandiose, dont l'état de destruction de la ville permettait d'envisager la réalisation. Les travaux commencés sans doute vers 116, ont fort bien pu n'être achevés que sous Antonin le Pieux, c'est à dire après 138. On les avait poursuivis, sans que les chroniqueurs en aient pris acte, à travers tout le règne d'Hadrien, dont l'oeuvre à Antioche est par ailleurs considérable. L'histoire en a laissé la responsabilité à l'auteur du projet — Trajan — et à l'empereur régnant lors de l'achèvement des

---

[21] Downey, *History*, p. 215, Ci-dessus, p. 133, n° 9.

[22] Libanius, IX.197.

[23] Downey, *History*, p. 173.

[24] Comme Malalas a cru devoir l'inventer, (232–13), cf. Downey, *History*, p. 174, n. 50.

[25] Downey, «Imperial Building Records in Malalas,» *B.Z.*, 38 (1938).

travaux — Antonin.[26] Il n'y a rien d'étonnant à ce qu'une telle entreprise ait exigé plus de 25 ans: j'ai évoqué plus haut l'exemple parisien de la rue de Rivoli. Et il n'était pas nécessaire que, pour avoir l'honneur partiel de la reconstruction, Antonin fût venu à Antioche — pas plus que Tibère — même si Malalas avait cru leur présence nécessaire, quitte à inventer un voyage et même une campagne contre les Parthes.[27]

On a donc construit dans le deuxième quart du IIe siècle de notre ère, un ensemble majestueux. La chaussée a été maintenue à sa place antique, mais portée à 9 m. de large, en moyenne, au lieu de 7 m. 20, dans toute la partie de la ville située au Sud du Parmenios. Elle a pu être plus large au Nord: le rebord de la chaussée est à 3 m. en arrière du rebord de la chaussée d'Hérode. Si les cotes antiques sont les mêmes en 16—P qu'en 19—M, la voie monumentale aurait eu plus de 13 m. de largeur. Mais l'hypothèse est en ce moment invérifiable.

Le dallage de la rue était magnifique. Nous avons noté partout, malgré des différences dues peut-être à des réfections locales, la qualité du rebord, dans lequel était creusée une gorge formant caniveau. Dans le seul cas où nous en ayons trouvé quelques blocs en place, le pavement lui-même était de la même qualité — une pierre grise, légèrement bleutée, parfois lisse, parfois au contraire régulièrement rugueuse.

Selon Malalas, Antonin avait employé une pierre venue de Thébaïde, qu'il appelle μυλίτης λίθος, pierre de meule.[28] On en a conclu que c'était du granit. L'étude des blocs que j'avais conservés, et que je comptais soumettre à un géologue, n'a pas été faite. Leur origine égyptienne peut sembler douteuse, même si la pierre, pas plus que la lave d'autres dallages de la même rue, n'est pas attestée dans la région.

Le pavement était polygonal. L'exemple découvert est décisif, mais la présentation du rebord conservé imposait déjà cette solution. Il était certainement très robuste. En 19—M un égout courait sous la gorge du rebord à l'Ouest, pour évacuer l'eau de pluie, tombée sur la rue et sur la toiture des portiques. Ailleurs, on trouve à l'Est, plus profondément, une canalisation plus importante.

Les portiques étaient énormes, ils avaient 9 mètres de largeur, de la chaussée à la façade des boutiques. Ils étaient bordés, le long de la chaussée, par une colonnade, dont les fûts étaient sûrement, en 19—M, distants de 4 m. 80 d'axe en axe; en 17—N, semble-t-il de 3 m. 75 seulement.[29] Des colonnes, de granit rouge ou gris, nous n'avons retrouvé que quelques fragments; leur diamètre varie de 58 à 65 cm.; comme elles étaient galbées, cette différence est insignifiante; et leur hauteur totale devait dépasser 6 m. Ce n'est pas considérable: les colonnes de Palmyre ont 90 cm. de diamètre et 9 m. de hauteur. Sans doute sommes-nous ici devant une nécessité pratique: il y avait en principe, pour chaque portique, sur 3.400 mètres, 700 colonnes — soit en tout 1.400. Ce chiffre est sans doute trop fort, à cause des croisements de rue et des places; mais il donne un ordre de grandeur. Encore devrait-on ajouter les colonnes nécessaires aux portiques de la voie transversale, qui allait de la grande rue vers l'île, et à celles des deux rues perpendiculaires de l'île. La commande, l'exécution et le transport de cette extraordinaire livraison impliquent sans doute les dimensions relativement réduites des supports comme la longueur des délais de la construction. Nous n'avons trouvé, je le rappelle, ni une base, ni un chapiteau.[30]

Cette colonnade était, et c'est assez surprenant, posée sur des fondations d'importance très inégale. Nous n'avons nulle part retrouvé l'imposant dispositif qui la portait, à l'Ouest, dans notre tranchée de 19—M. Mais c'est que les fondations elles-mêmes avaient souvent été arrachées par les carriers, en particulier en 16—P, où nous n'en avons retrouvé que des traces.

Je ne crois pas néanmoins qu'il soit possible de restituer, comme O. Müller l'avait cru, sur la foi peut-être d'un historien antique dont il n'a pas indiqué la référence, qu'il y avait de part et d'autre deux rangées de colonnes: il parle de *porticus tetrastichus*.[31] La largeur des portiques — plus de 9 m. — permettrait certes une

[26] De ce fait, il n'est pas besoin non plus de croire à une erreur de Malalas, qui aurait attribué à Antonin le Pieux des travaux accomplis en fait par Caracalla. Downey, *History*, p. 225. «Malalas on the History of Antioch under Severus and Caracalla,» *T.A.P.A.*, 68 (1937), p. 141; «The work of Antoninus Pius at Antioch,» *C.P.*, 34 (1939), p. 369; «Imperial Building Records in Malalas,» *B.Z.*, 38 (1938), pp. 1 et 299.

[27] Downey, *History*, p. 225, n. 114. Hüttl, *Antoninus Pius*, Prague 1933–36, I.334.

[28] Downey, *History*, p. 224 et n. 111. Ci-dessus p. 133, n⁰ 10.

[29] Voir ci-dessus pp. 35 et 86. Pour 19—M, j'ai présenté l'hypothèse d'un édifice public, précédé d'une colonnade plus monumentale, alignée en ce point sur la colonnade normale de la rue.

[30] C'est Richard Stillwell qui m'a suggéré le rapport à établir entre la hauteur modeste des colonnes et les nécessités de leur fabrication et de leur transport.

[31] Müller, *Antiquitates*, p. 56.

Conclusion

147

telle reconstitution; mais nous n'avons nulle part retrouvé la moindre trace qui la puisse autoriser. En 16—P, en particulier, les fondations d'une colonnade dans l'axe du portique auraient atteint la mosaïque du niveau antérieur, celle qui entourait le four. Il nous faut donc resituer une charpente, avec des poutres de 9 m. de long, perpendiculaires aux architraves de pierre — disparues — qui devaient aller de colonne en colonne. A Antioche, à cause de la violence des pluies, je proposerais ensuite, plutôt qu'une terrasse, un toit à simple pente, allant du mur des boutiques à l'architrave. Les boutiques pouvaient être couvertes d'un toit symétrique, ou encore d'un toit à double pente. Nous ne savons pas si elles étaient surmontées d'un étage avec alors une rangée de fenêtres au-dessus du toit du portique. La surprenante robustesse de leur construction favorise cette hypothèse. Mais l'espace libre dans les boutiques est si restreint qu'on ne saurait y placer chaque fois un escalier. Laisser vivre les commerçants et les artisans dans les combles d'un édifice public — car l'ensemble des boutiques pouvait être resté propriété de la ville — présentait de tels risques d'incendie qu'on a pu vouloir l'éviter.

Voici donc la ville d'Antioche traversée dans toute sa longueur par deux voies, réservées aux piétons, dont chacune est aussi large que la chaussée centrale. On ne s'étonne pas dès lors que ce soient les portiques qui aient été célèbres, bien plus que la rue sur laquelle ils s'ouvraient, et dont l'importance pour le commerce international était pourtant capitale.[32] Ces portiques — Libanius nous le dit mieux que personne — étaient le centre vital de la cité. Le commerce des boutiquiers et des artisans, qui faisaient de chacun d'eux un immense souq, était accru par le nombre des petits commerçants, installés entre les colonnes sur des éventaires de fortune, qui devaient pourtant payer un loyer à la ville — assez important pour que le Comte d'Orient Proculus, en 382–84, ait voulu prélever sur ce loyer les frais d'entretien des troupes théâtrales.[33] A l'abri de la pluie et du soleil, les gens d'Antioche vivaient sous ces galeries, où la foule était si dense qu'on y pouvait difficilement

circuler.[34] Un de leurs avantages était de permettre aux habitants de chaque quartier de trouver, à quelques blocs de leur demeure, tous les commerçants dont ils pouvaient avoir besoin, sans avoir à gagner quelque place de marché. A l'agora entourée de boutiques et de portiques s'était substituée la rue axiale, bordée de portiques, qui multipliait les facilités. Et aussi pour la flânerie, que les gens d'Antioche aimaient tant; les textes, comme la mosaïque à bordure topographique, nous les montrent se promenant, fréquentant les tavernes, jouant aux dés, et discutant à perte de vue.

Les colonnades, nous dit-on, étaient entretenues par les petits gens, en corvées, comme les aqueducs, en épargnant ainsi des frais aux collèges chargés des *munera*.[35] C'est évidemment une solution pour les énormes problèmes de voirie que devaient poser des portiques de deux fois trois kilomètres, envahis par le petit commerce.

Il est regrettable que nos sondages trop restreints ne nous aient pas permis de savoir quelle était la relation des portiques avec les édifices privés et publics qu'ils précédaient. Il apparaît, à partir de la lecture de Libanius, que les portiques étaient continus, et nullement interrompus dans leur longueur.[36] Mais le panégyriste, qui ne parle qu'assez vaguement des boutiques — comme d'une rangée d'étalages alignés devant la façade des maisons — indique au contraire que sur les portiques donnaient des maisons privées et aussi de nombreux édifices publics, en particulier des temples et des thermes, répartis dans toute leur longueur.[37]

Même si les boutiques sont les mêmes en 19—M et en 16—P, à plus d'un kilomètre de distance, et du même côté, il est difficile d'en conclure qu'elles existaient de part et d'autre pendant toute la traversée de la ville. Je crois pourtant que les maisons privées étaient accessibles par des boutiques transformées en vestibules, dans le même esprit qu'à Pompéi. Il pouvait en être de même au moins pour certains temples et certains thermes; le visiteur pouvait accéder par un vestibule analogue à une cour précédant l'édifice. Il suffit de regarder le plan de Gerasa pour constater que ce parti a été employé ailleurs,[38] mais qu'il n'exclut pas la possibilité d'un aménagement spécial du portique,

[32] Il est à remarquer que, pour Libanius, le commerce se fait surtout par voie fluviale. L'Oronte relie la ville à Séleucie, son port et aussi au lac de l'Amouq, qui rassemble les denrées agricoles, XI.260–263.

[33] Libanius, XXVI.20; P. Petit, *Libanius et la vie municipale à Antioche*, Paris 1955, p. 96, n. 5. La présence de ce menu commerce, dont les baraques séparaient les passants de la chaussée, renforçait l'indépendance des portiques par rapport à la rue.

[34] Libanius XI.173, 251, 254; XXII,37; XXIX,30. Jean Lassus, «Dans les rues d'Antioche,» *B.E.O.*, 5 (1935), p. 121.

[35] Libanius, XLVI.21. Petit, *La vie municipale à Antioche*, p. 45.

[36] Libanius XI.254.

[37] Libanius XI.212, Ci-dessus p. 128.

[38] Carl H. Kraeling, *Gerasa*, New Haven 1938, plan I. Accès du temple de Zeus, du temple d'Artémis et de la cathédrale.

en avant des grands édifices publics, avec une façade monumentale, substituant des colonnes plus hautes portant sans doute un fronton, au rythme régulier et aux toits à simple pente du portique normal. Il n'est pas impossible qu'il en ait été ainsi, je l'ai dit, en 19—M, où les colonnes étaient séparées d'axe en axe par un intervalle de 4 m. 80, et que le gabarit du portique normal ait été de 3 m. 75, selon la mesure, malheureusement approximative, que nous avons relevée en 17—N.[39]

Nous ne savons rien non plus du dispositif de croisement des rues. Malgré Malalas, il n'y avait certainement pas de tétrapyles à chaque carrefour. Le seul que nous ayons repéré, près de la mosquée Habib en-Najjar, comportait une place circulaire, à l'époque de Justinien, dont on peut croire qu'elle reprenait le dispositif antérieur.[40]

Ce magnifique ensemble monumental, achevé sans doute avant 150, est resté vivant, sous la forme qu'on lui avait donnée, jusqu'au tremblement de terre de 526. Celui, si terrible, de 458, avait ravagé l'île, et, dans la ville propre bien des monuments, mais pas les portiques.[41] En 526 par contre, les destructions furent décisives. Et c'est ce que montrent bien, dans nos sondages, les phases successives et la forme définitive de la restauration justinienne. Le tremblement de terre, on le sait, après le grand choc du 29 mai 526, s'était poursuivi par des secousses de moindre importance, jusqu'à une nouvelle catastrophe extrêmement violente, qui secoua la ville le 29 novembre 528, détruisant ce qui était encore debout et abattant ce qu'on avait reconstruit. Douze ans après, les Perses s'étant emparés de la ville par surprise,

Chosroës l'incendia, après s'être livré à des destructions systématiques.[42]

La fouille a permis de suivre ces épisodes. En 526, la ville a été détruite, et les portiques ont été atteints assez complètement pour qu'il n'ait pas été question de les maintenir à leur niveau. Les boutiques pourtant, grâce à leur extraordinaire robustesse, n'avaient pas bougé, ni, bien sûr, les majestueuses fondations de la colonnade, en 19—M. Mais, partout où nous avons fouillé, le beau dallage du IIe siècle avait disparu. On l'avait arraché: c'est d'autant plus évident que le rebord monumental de la chaussée a été presque partout retrouvé en place, en particulier du côté Ouest où il a été remployé, au cours de la reconstruction, pour former le fond d'un égout longitudinal superposé au caniveau de l'époque antérieure. Le problème de la succession des opérations est intéressant: il apparaît en effet que cet égout était sinon construit, du moins partout en projet au moment où le pavement a été enlevé: on ne peut autrement comprendre le maintien du caniveau.

C'était là un travail énorme: l'arrachage de blocs polygonaux, taillés sur place et strictement ajustés, devait exiger une main d'oeuvre exceptionnellement robuste. D'autre part, il ne pouvait être question de remployer ce dallage au niveau où on avait décidé de rétablir la rue. L'entreprise de récupération a donc dû avoir un autre objet qui nous échappe: ces blocs ont disparu, sans que nous en ayons retrouvé, au hasard de nos sondages, remployés dans des murs tardifs. Ils ont dû être réduits à l'état de moellons.

Même si on avait pris le soin de pousser le plus loin possible l'évacuation des matériaux provenant des immeubles abattus, avant d'arracher le dallage, il apparaît qu'on fut amené néanmoins à poser tout de suite un dallage provisoire, qui ressemblait à celui qui avait succédé au tremblement de terre de 115. Ce pavement a dû traverser les évènements de 528, avant d'être, en 19—M comme en 16—P, remplacé par un autre, à un niveau un peu plus élevé, qui a duré sans doute, lui, jusqu'en 540.[43] C'est alors qu'on a posé le superbe pavement de lave, que nous avons trouvé partout, mais particulièrement imposant en 19—M et près de la mosquée Habib en-Najjar. Ce nouveau dallage était

[39] Ci-dessus, p. 86.
[40] *Antioch* I, p. 198. Cette importante découverte n'a pu être exploitée, à cause du peu d'espace dont nous disposions. Le diamètre de la place était néanmoins limité — environ 17 m. Elle est indiquée sur le Plan IV, p. 13, sans que l'échelle exprime autre chose qu'une approximation. Pour le débouché des rues latérales à Apamée, voir F. Mayence, dans *l'Antiquité classique*, 1 (1932), p. 234; 4 (1935) p. 199, et V. Verhoogen, *Apamée de Syrie aux Musées royaux d'Art et d'Histoire*, Bruxelles 1964, fig. 8. Le tétrapyle Nord de Gerasa reste inédit. Pour Palmyre, voir Wiegand, *Palmyra*, Textband, Berlin 1932, p. 24; pour Chaaba, (Philippopolis), H. C. Butler, *Princeton University Archaeological Expeditions to Syria*, Leyden 1919, Div. II, Sec. A, p. 359. Les tétrapyles de Laodicée sont discutés par J. Sauvaget, *B.E.O.*, 4 (1934), p. 86. Le tétrapyle de Palmyre vient d'être heureusement reconstruit par le Service des Antiquités de Syrie.
[41] Downey, *History*, p. 476. Evagrius, *Hist. Eccl.* 2-12, édition Bidez-Parmentier, p. 63.
[42] *History*, pp. 521–529, puis 533. Les survivants ne pouvaient reconnaître l'endroit où s'était élevée leur maison, Procope, De aedificiis, ed. Boor, p. 240.
[43] p. 30.

plus étroit que celui de la voie romaine de toute la largeur du nouvel égout, qui s'appuyait sur l'ancien rebord de la chaussée. Chose curieuse, je ne suis pas en mesure d'assurer qu'il y avait à l'Est un dispositif symétrique.

C'est la fouille de 16—O qui nous a donné les renseignements les plus précis sur l'aspect des portiques à cette époque:[44] un trottoir, fait de dalles de calcaire, recouvrait l'égout jusqu'à un stylobate continu, sur lequel on avait — sans doute, nous ne l'avons pas directement constaté — reposé les colonnes romaines, à plus de 1 m. 20, souvent, au-dessus de leur emplacement antérieur. En arrière de ce stylobate se trouvait une mosaïque, dont un seul carré a été retrouvé, mais dont l'existence est aussi attestée en 16—P. C'est assez curieux: nous ne savons comment les portiques étaient pavés à l'époque romaine — sans doute trop luxueusement pour que les reconstructions nous en aient laissé même la trace. En 16—O, au niveau de Justinien, le sol du portique était homogène, alors que très certainement des tuyaux de poterie avaient été posés dessous: on se demande comment on pouvait, une fois la mosaïque posée, en accroître le nombre, ou simplement les réparer.[45]

On peut dire que la rue de Justinien, celle qu'ont connue Evagrius et Procope, reproduisait sur place, à peu de chose près, le dispositif de la rue romaine arrachée. La chaussée était plus étroite, un espace dallé de pierre la séparait de la colonnade; les portiques avaient gardé leur dimension, et les boutiques, dont le sol avait été relevé, restaient à leur place. La vie pouvait reprendre, et elle a repris, à tout le moins dans toute la partie que nous avons explorée. Il est possible que la rue réparée ait été moins luxueuse, mais son décor était neuf, et l'autre avait dû vieillir. Nous n'avons pas constaté cette déchéance dont parle Glanville Downey,[46]

due aux pertes terribles subies par la population en 526 — 250.000 personnes tuées, cela représentait à coup sûr la plus grosse partie de la population; et il faut retrancher encore toutes les familles qui avaient quitté la ville, après l'une ou l'autre catastrophe, par crainte de la voir se renouveler. Les manifestations religieuses qui ont marqué ces épreuves, l'apparition de la croix sur la montagne appelée depuis Stauris, le changement de nom de la ville elle-même, consacrée à Dieu, Théoupolis, témoignent de l'angoisse des habitants.

Ils se sont pourtant repris à vivre. Les précautions prises par les architectes byzantins, dans la gorge de la montagne, les mettaient à l'abri des crues du torrent; l'enceinte refaite était assez robuste pour traverser les siècles; le fleuve lui même avait été réaménagé pour la défense. Et la terre s'était calmée. Il ne semble pas que le séisme de 587 ait été très redoutable pour les portiques.[47]

C'est de cette ville que les arabes s'empareront sans coup férir, après qu'Héraclius, battu sur le Yarmouq en 636, se fut retiré sur Constantinople.[48]

Il y a ici une curieuse divergence entre le témoignage des historiens, anciens et modernes, et celui de l'archéologie. Il est acquis qu'après la bataille du Yarmouq, Khalid, le général, que contrôlait un compagnon du prophète particulièrement diplomate, Abu 'Ubaida, occupa sans combat les villes et les places de la Syrie du Nord, à l'exception de la seule Kinnesrin (Chalcis). On explique l'attitude conciliante des populations par leur attachement au monophysisme, persécuté par Byzance; et, dès ce moment, la tolérance de l'Islam s'était paraît-il affirmée.[49]

Mais voici que, dans tous nos sondages, nous avons trouvé, directement posés sur le pavement de Justinien, des édifices construits avec des matériaux de remploi, parfois, comme en 16—O, de dimensions considérables: j'ai déjà montré comment nous assistions à l'évolution,

---

[44] p. 94 et Plan LII.

[45] Une mosaïque à animaux, conservée sur une centaine de mètres de longueur, a été trouvée sous le portique de la grand-rue d'Apamée. Elle a été en partie reprise dans la reconstitution présentée par les Musées Royaux de Bruxelles. Une inscription la date de 469, et indique que sa construction a été financée par souscription. Outre les notes sommaires de Mayence et Lacoste, *Bulletin des Musées Royaux*, 1933, 1935 et 1940, voir Levi, *Antioch Mosaic Pavements*, p. 334, Lavin, dans *Dumbarton Oaks Papers* XVII, 1963, p. 210 et fig. 37, et Douvière, *La mosaïque des Amazones*, Bruxelles 1968, p. 9 et note 4, qui doit publier aussi ce pavement.

[46] Downey, *History*, p. 547; «The straitened finances of both the government and the inhabitants at this time would undoubtedly have confined the work to the most necessary repairs.» La rue pa-

raît au contraire avoir été restaurée avec toute son ampleur — le dallage de lave était toutefois moins soigné que le précédent. Mon croquis, republié par Downey, fig. 10, est périmé — et avait d'ailleurs été inexactement interprété.

[47] Downey, *History*, p. 568. Il y eut pourtant d'importantes destructions.

[48] Th. Nöldeke, *Geschichte der Perser und Araber zur Zeit der Sasaniden*, Leipzig 1879, pp. 165 et 239.

[49] P. K. Hitti, *History of the Arabs*, London and New York 1956, p. 152. Sources dans: L. Caetani, *Annali dell'Islam*, 3 (Milan 1910), pp. 894, 800, 816. G. Downey, *History*, p. 577.

exposée par Jean Sauvaget, qui conduisait de la rue à colonnades de l'époque romaine aux dédales des souqs médiévaux.[50] Il est établi qu'à Antioche, dès l'abandon de la rue de Justinien, la circulation avait cessé sur le dallage de lave et s'était transportée, au-dessus du portique Ouest, selon l'axe que suit encore la route moderne. Quelquefois, une ruelle parallèle courait à l'Est entre les grands édifices élevés à même la chaussée et des constructions plus modestes, établies en avant des boutiques romaines. Sur les deux trajets passaient des canalisations de poterie, placées par conséquent directement au-dessus de celles qui se trouvaient déjà sous les portiques du VIe siècle. Ainsi, par exemple, en 16—P. En 16—O seulement, les constructions massives de cette époque, posées en partie sur le dallage, continuaient sur une partie au moins du portique Ouest. Evidemment, nous assistons au remploi, au titre de fondations et de matériaux récupérés, des ruines d'une ville grandiose encore une fois détruite.

A la vérité, l'occupation de la ville par les arabes et sa destruction peuvent n'être pas contemporaines. L'abandon de la rue justinienne pourrait être un peu plus tardif. Nous constatons en outre, en plusieurs endroits, l'existence d'un niveau postérieur, installé dans les édifices construits sur la rue, à cinquante ou soixante centimètres au-dessus du niveau du dallage. On aurait pu croire que ce second niveau avait seul été occupé, et que, pour construire leurs maisons les habitants auraient été chercher en profondeur le dallage qui leur assurait des fondations robustes. Je crois pouvoir dire qu'il y a eu vraiment deux niveaux successifs d'occupation — et donc deux catastrophes: la première série d'édifices a été suffisamment détruite pour qu'on dût en surélever le sol, pas assez pour qu'on fût tenu de l'abandonner. Sans doute pourrait-on retrouver, entre 635 et 969 — en trois cent trente quatre ans — trois tremblements de terre pour expliquer d'abord l'abandon de la rue Justinienne, puis le relèvement du sol à l'intérieur des édifices qu'on lui avait superposés, puis l'abandon de ces édifices, après une destruction plus complète.[51] Des malheurs de moindre envergure suffiraient ensuite pour recouvrir d'un mètre de terre les ruines abandonnées. Evagrius rapporte qu'un tremblement de terre, en 657 avait anéanti l'église de la

Théotokos,[52] ne laissant subsister qu'une partie du portique de façade: c'est là une des circonstances possibles. Mais on peut s'étonner que l'abandon de la rue monumentale n'ait pas suscité une allusion du chroniqueur. Lors de la décadence des Abbassides, la ville devait être annexée en 878, par Ahmad ibn Touloun et les Egyptiens, puis prise en 944 par le Hamdanide Saïf el Dawla, venu d'Irak. Nous sommes à coup sûr trop près, dès lors, de l'arrivée des troupes de Nicéphore Phocas, commandées par Michael Burtzès — 969 — pour expliquer le profil de nos stratifications.[53]

La reconquête byzantine du Xe siècle est partout attestée par un niveau organisé: ce peuvent être des maisons orientées selon le plan orthogonal primitif, avec des canalisations, mais aussi des puits, des éviers, des fourneaux, desservies par des rues droites et perpendiculaires; ce peuvent être des nécropoles, dont une groupée autour d'une église. Dans toute la partie de la ville où nous avons fait des sondages — c'est-à-dire plus que la moitié Sud — le bord de la route et l'intérieur de la ville ont été réaménagés.

Cette ville nouvelle, nous en connaissons mieux l'aspect que la présentation de cette série de sondages ne l'a révélé. En 1937, une fouille étendue a été entreprise en 17—O, à quelques deux cents mètres à l'Est de la route:[54] je ne me suis pas reconnu capable de tirer de mes notes une présentation suffisante. Mais il a été possible de constater que la ville du Xe siècle, sans contact continu pourtant avec la ville du VIIe siècle, n'avait pas un aspect très différent. Les fondations et les murs de moellons sont très analogues, bien droits, bien liés, très robustes. Une fois seulement en 17—P, nous avons constaté la reconstruction sur le même plan d'un édifice de la couche antérieure.[55] Ce n'était possible que lorsque la ville intermédiaire — celle qui avait envahi le dallage de la rue justinienne avec ses gourbis cyclopéens, ne s'était pas manifestée.

La ville du Xe siècle a vécu plusieurs siècles. Au-dessus du niveau de la reconquête byzantine, on trouve des traces de l'occupation turque intermédiaire, puis de l'installation des Croisés. Monnaies byzantines, musul-

---

[50] J. Sauvaget, *B.E.O.*, 4 (1934), p. 100, fig. 8.

[51] D'après les sources grecques, G. Downey en compte cinq entre 540 et l'arrivée des Arabes: 551, 557, 560, 577 et 588. *History*, pp. 558 et 568.

[52] Evagrius, *Histoire Ecclésiastique*, VI, 8.

[53] Gaudefroy-Demombynes et Platonov, *Le monde musulman et byzantin jusqu'aux croisades*, Paris 1931. A. Mez, *Die Renaissance des Islâms*, Heidelberg 1922.

[54] Sur cette fouille, voir R. Stillwell dans *Antioch* III, p. 17.

[55] Ci-dessus, p. 119.

manes et franques se trouvent mêlées ; mais on constate, par exemple en 19—M, une superposition des sols, qui correspond, comme les rempierrements de la rue et la série continue des canalisations, à la durée d'une existence parfois traversée de drames.

Elle a été détruite par les Mamlouks de Baïbars, en 1268.[56] Mais cette fois la destruction a été telle que d'après nos sondages rien n'a été reconstruit. C'est à peine si, en dehors de la ville moderne, nous avons rencontré, à différents niveaux, en général très superficiels, quelques pans de murs, quelques tuyaux de poterie qui montrent que l'ancien territoire urbain

---

[56] Sur l'histoire de cette période, les alliances entre les Francs, les Arméniens et les Mongols, et la réaction victorieuse des Mamlouks, voir : R. Grousset, *Histoire des Croisades et du royaume franc de Jérusalem*, Paris 1934–36, III, pp. 623–688. Claude Cahen. *La Syrie du Nord à l'époque des croisades*, Paris 1940, p. 716, Sources, n. 14. J. Sauvaget, *Alep*, Paris 1941, p. 156, n. 574.

n'était pas complètement abandonné. Mais les puits n'avaient pas été remontés : la superposition des margelles s'arrêtait au niveau de l'occupation franque. Il ne s'agissait plus que de quelques maisons paysannes dans les jardins, analogues à celles qui s'y trouvent encore.

Pendant ce temps, la rue droite était devenue route. Elle avait retrouvé, dans l'oliveraie, la rigidité qu'elle avait sans doute en partie perdue : si la ville du Xe–XIIIe siècle était strictement orthogonale, on peut penser que des écarts s'étaient commis, dans la première partie du moyen-âge : l'Antioche moderne, impressionnée encore par le quadrillage des profondeurs, qu'elle révèle à l'aviateur, le dissimule par contre si bien au promeneur que des visiteurs avertis, comme Rey ou comme Förster, n'ont pas reconnu, à travers la ville, la rigidité, conservée pourtant, de l'axe de ses portiques.

APPENDICE

LA COLONNADE D'APAMEE

A l'occasion du Congrès International d'Archéologie de Damas (Octobre 1969), j'ai pu passer quelques heures sur le site d'Apamée, et étudier rapidement le dispositif de la rue à colonnades. Grâce à la bienveillance de M. Dahman Rabi, architecte du Service des Antiquités de Syrie, chargé de la restauration, et avec l'aide de Mlle. Pauline Voûte, de la mission belge d'Apamée, j'ai pu prendre quelques mesures. Elles sont si remarquablement différentes de celles d'Antioche que je crois nécessaire de les indiquer ici (PLAN LXX).

A l'époque romaine comme lors d'une restauration justinienne, la largeur de la chaussée est de 20 m. 79, de colonne à colonne. Les colonnes reposent sur des bases carrées, de 1 m. 24 de côté pour 0 m. 47 de hauteur; la colonne, en bas, a 90 cm. de diamètre. L'entrecolonnement est de 1 m. 80.

Les bases reposent sur un stylobate dont la largeur varie entre 1 m. 52 et 1 m. 65. Il domine le rebord de la chaussée de 48 cm., le sol du portique de 14. Il est à 6 m. 15 du mur du fond. Ce mur, sous le toit, est percé d'une série de portes que surmonte une rangée de fenêtres. C'est l'aspect de la restitution présentée aux Musées royaux de Bruxelles.[1]

L'ampleur de ce dispositif est très supérieure à celle de la grand-rue d'Antioche, sauf pour la largeur des portiques. On considère que certaines parties de la colonnade datent de Trajan — avec des colonnes lisses — d'autres du règne d'Antonin le Pieux, avec des colonnes torsadées.

Le dallage de la chaussée romaine s'appuie au stylobate par un rebord creusé selon une courbe comparable à celle d'Antioche, dans des blocs de calcaire dur, de moins bonne qualité. La forme de ces éléments est irrégulière, et commande, toujours comme à Antioche, le départ d'un dallage polygonal irrégulier — en calcaire dur.[2]

Sur ce dallage se trouve conservé, en certaines parties de la chaussée, un second dallage plus récent, qui part tantôt du niveau supérieur du stylobate, tantôt du niveau supérieur des bases carrées des colonnes. Ce pavement forme d'abord un trottoir, dont la largeur est ici de 2 m. 74, là de 3 m. 60, pour une hauteur de 0 m. 33. Le dallage, assez fortement bombé, est fait de dalles de calcaire blanc, orthogonales. Il est disposé par assises à joints alternés, de part et d'autre d'une bande axiale de 0 m. 70 de largeur. C'est la technique du dallage de lave de Justinien, à Antioche (19M). Les pavés m'ont paru reposer directement sur le dallage romain, sauf pour le trottoir, sous lequel se trouve une couche de terre.

En ce qui concerne l'ordre de la colonnade, les cotes sont les mêmes à Palmyre, pour une chaussée beaucoup moins large. C'est très loin de ce que j'ai cru constater dans nos sondages.

On pourrait dès lors s'étonner du prestige qui a entouré, pendant des siècles, la colonnade d'Antioche. Même si elle était aussi richement décorée, elle n'avait pas l'ampleur que donnaient à celle d'Apamée, la largeur de sa chaussée — 22 m. contre 9 — la hauteur de ses colonnes, 9 m. contre 6. Sans doute était-elle de loin la plus longue, et celle dont les portiques étaient les plus spacieux. Peut-être aussi doit-elle une partie de sa gloire à Libanius et aux autres écrivains qui l'ont célébrée.

[1] On trouvera des photographies de la colonnade d'Apamée, reconstruite en partie à Bruxelles dans: V. Verhoogen, *Apamée, de Syrie aux Musées Royaux d'Art et d'Histoire*, Bruxelles, 1964, fig. 8 et 9 et plan II; J. Ch. Balty, dans: *Musées Royaux d'Art et d'Histoire. Les nouvelles salles greco-romaines*, Bruxelles 1967, p. 19. Par ailleurs, la mission belge a publié quelques photographies de la colonnade dans: *Colloque d'Apamée de Syrie*, édité par Janine Balty, Bruxelles 1969, pls. XI–XIII. Le plan de la ville, avec l'implantation de la colonnade, est à la figure I, p. 62. On trouvera quelques indications topographiques et historiques p. 33 (Janine et Jean Ch. Balty).

[2] Aspect des deux dallages dans: Colloque, pl. XII.

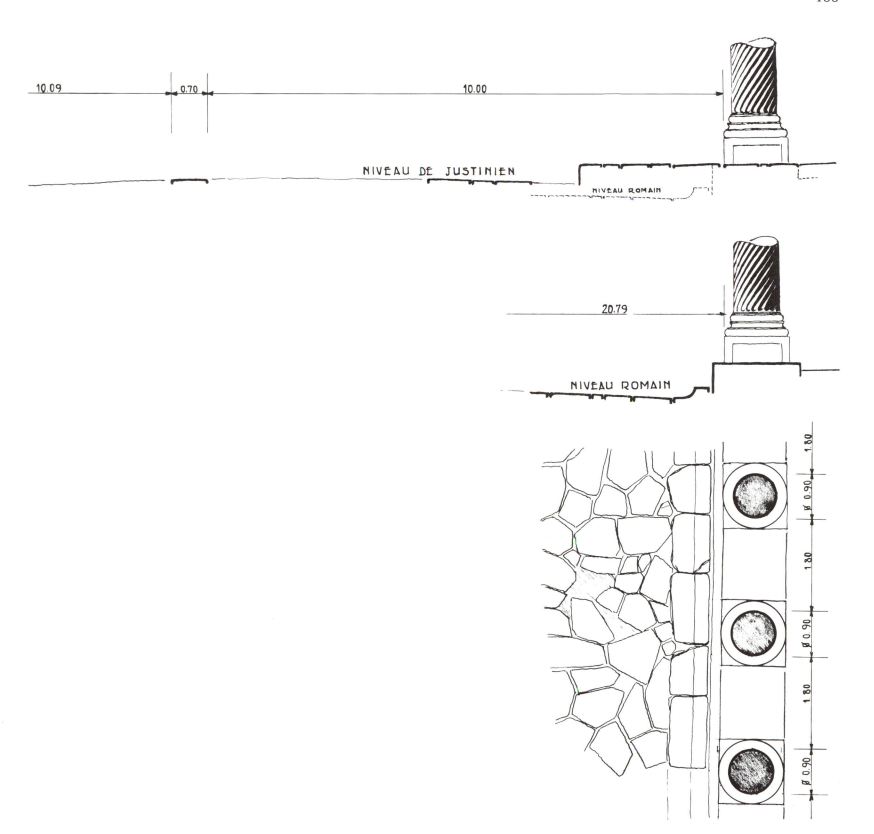

10.09   0.70   10.00

NIVEAU DE JUSTINIEN

NIVEAU ROMAIN

20.79

NIVEAU ROMAIN

1.80

⌀ 0.90

1.80

⌀ 0.90

1.80

⌀ 0.90

PLAN LXX. La colonnade d'Apamée. Croquis rapide

LEGENDES DES FIGURES[1]

Le plus grand nombre de ces images est dû à Fodeel Saba, photographe de l'expédition. Grâce à leurs qualités techniques et à la précision avec laquelle elles ont répondu aux intentions du fouilleur, elles ont joué un grand rôle dans la mise au point de ce travail.

1. [62] 1 Vue aérienne de l'Antioche Moderne. Photographie de la Régie du Cadastre, assemblée par C. K. Agle. Cette image est commentée par les Plans I et II, pp. 2 et 4, qui montrent les survivances du système orthogonal antique (cf. Downey, *History of Antioch*, pl. 6)

2. Plan proposé par Otfried Müller, *Antiquitates Antiochenae*, Göttingen 1839, pl. A. C'est une restitution à partir des textes antiques, qui fournit une base aux recherches topographiques (cf. Downey, *History*, pl. 9)

3. [4015] La plaine d'Antioche inondée après l'orage du 5 mai 1938. En dehors des tremblements de terre, ces orages, qui déclenchent les crues du torrent Parmenios, ont contribué à l'ensevelissement des couches antiques. Vue prise du Mt. Silpius. Au premier plan, la "rue droite"

4. [4010] La route d'Alep inondée et arrachée après l'orage

5. [1802] Tranchée de 19—M. L'escalier de remontée des terres, sous la rue moderne. Les ouvriers en haut sont sur le sol actuel. On voit à gauche les fondations de la colonnade monumentale romaine, à droite des maisons hellénistiques. Le reis est debout sur le sol hellénistique primitif, à onze mètres de profondeur. Remarquer dans la face Sud de la tranchée l'arrivée des tuyaux de poterie correspondant aux niveaux superposés de la chaussée

M.S.D. I   21—J.

6. M.S.D. I [173]. *Antioch* I, p. 93, fig. 1. L'emplacement du sondage et la mosquée Habib en-Najjar

7. M.S.D. I [280]. *Antioch* I, p. 97, fig. 14. Fontaine byzantine. Plan III

8. M.S.D. I [286]. *Antioch* I, p. 98, fig. 18. Place circulaire et dallage de Justinien. Plan IV

9. M.S.D. I [288]. *Antioch* I, p. 99, fig. 19. Gradins au bord du dallage

M.S.D. II   22—K.

10. 22—K [1370]. Vue du sondage, prise du Sud, niveau récent, sous les fondations enlevées des immeubles modernes (86.50). Plan VI

11. 22—K [1378]. Vue du sondage, prise de l'Ouest: édifice et canalisations (85.50). Plan VII

12. 22—K [1396]. Vue du sondage, prise de l'Ouest: au premier plan la rue; puis l'égout, puis édifices. On voit à droite en bas les témoins conservés des couches supérieures d'empierrement

13. 22—K [1422]. Les niveaux d'empierrement sur la rue principale, et, à gauche en haut, dans la partie Ouest de la fouille. On est au-dessous des fondations du mur le plus ancien

14. 22—K [1425]. La rue, la rangée de pierres qui borde les empierrements, au-delà, le trottoir empierré, percé de trous. Plan VIII

15. 22—K [1426]. Le fond de la fouille, vue du Nord-Ouest (81.50)

M.S.D. III   19—M.

16. 19—M [1680]. La cour de la savonnerie. La tranchée s'ouvrira à gauche, en abattant le mur et les figuiers. Voir plan IX. Niveau: 91 m.

17. 19—M [1687]. Restes tardifs: tuyau de poterie gaîné de ciment; canalisation construite avec élément de colonne polygonale; jarres prises dans la paroi. Voir plan X

18. 19—M [1688]. Fosse récente et sols successifs, sous la rue moderne. Niveau: 89 m. Vue prise du Nord

19. 19—M [1690]. La cuisine des Xe–XIIe siècles. Niveau du sol de tuiles; à gauche, sur le dallage, fourneau et puits; à droite, puits à margelle rectangulaire et colonnes de l'auvent. Voir plans XI et XII. Niveau: 87.17. De l'Est

20. 19—M [1705]. Sol et murs du dernier état de la cuisine médiévale. Niveau: 87.67

21. 19—M [1711]. La cuisine des Xe–XIIe siècles. Le fourneau de briques

22. 19—M [1723]. Système d'évacuation des eaux, pris dans le mur Ouest de la cuisine: tuyau vertical, jonction, répartiteur

23. 19—M [1692]. La margelle du puits est faite de briques courbes, cuites exprès

24. 19—M [1693]. Margelle monolithe de l'autre puits, alors que la fouille a descendu d'un mètre

[1] Les numéros entre crochets sont ceux de la photothèque de l'Expédition, conservée au Département d'Art et d'Archéologie de l'Université de Princeton

154

25. 19—M [1843]. Exploration du puits N⁰ 4. Ensemble des vases retrouvés (XIᵉ siècle)

26. 19—M [1747]. Puits N⁰ 4. Série de cruches à une anse

27. 19—M [1694]. Amphores de brique

28. 19—M [1748]. Fragment d'un plat arabe glacé marron et jaune. XIᵉ siècle

29. 19—M [1720]. Niveau premier de la cuisine, avec un sol de ciment, de fragments de briques et de dalles. Remarquer les puits et la colonne. En avant, la ruelle et ses canalisations. Le gros mur, au premier plan, repose sur le dallage de Justinien. Voir plan XIII. Niveau: 86.50. De l'Ouest

30. 19—M [1715]. Canalisation construite, entre la cuisine et la rue

31. 19—M [1713]. La colonne en place sur sa base. Elle a été remployée avec trois sols successifs

32. 19—M [1716]. Le mur Ouest de la cuisine, avec les tuyaux sous la ruelle. A gauche, le dallage de briques est déjà enlevé. Au fond, tuyau d'écoulement de l'évier

33. 19—M [1718]. Fragment de chapiteau corinthien remployé (diamètre 70). Voir la fig. 34.

34. 19—M [1722]. Le niveau de la cuisine, sous la rue moderne: on voit la fosse récente, ainsi que les tuyaux et quelques murs du moyen-âge (du Nord-Est). On voit le chapiteau remployé

35. 19—M [1714]. Vase intact dans la fouille

36. 19—M [1727]. Le dallage de Justinien, en blocs de lave. Il a servi de sol à des édifices postérieurs, de construction très disparate. Du Sud-Est. Plan XIV

37. 19—M [1729]. Sous la rue moderne, il n'y a pas de trace du revêtement du portique byzantin. On voit dans la face de la tranchée les tuyaux postérieurs. Ceux du VIᵉ siècle n'ont pas encore apparu. Niveau: 85.54

38. 19—M [1765]. A l'emplacement de la rue moderne, sous le niveau de Justinien: canalisation appareillée et tuyauteries de la même époque que le dallage. Plus bas, rebord de la chaussée et sol cimenté du portique romain. Du Sud. Plan XIV

39. 19—M [1741]. La canalisation byzantine appareillée sous le portique de Justinien, après enlèvement partiel des dalles de couverture. Face au Nord. Plan XVI

40. 19—M [1766]. Tuyaux de l'époque de Justinien sous le portique Est (du Sud). Niveau moyen: 84.50.

41. 19—M [1770]. Deuxième couche de tuyaux, sous le portique Est de Justinien. Niveau moyen: 83.90.

42. 19—M [1725]. Elément de mosaïque, sous la cuisine: il a peut-être appartenu au revêtement du portique de Justinien

43. 19—M [1742]. Sous le dallage de Justinien, qu'on voit au fond sous l'assise d'appareil, on distingue des éléments de dallages intermédiaires; par contre le pavé de la rue romaine monumentale a disparu (du Sud-Est). Plan XVII

44. 19—M [1767]. Le mur qui limitait à l'Est le dallage de Justinien. Face Est

45. 19—M [1738]. Du dallage de Justinien au rebord de la rue romaine monumentale. Un égout byzantin, construit le long du dallage, remployait le caniveau comme fond

46. 19—M [1786]. Le rebord de la chaussée monumentale, et l'égout romain sous-jacent, qui était recouvert par le dallage disparu

47. 19—M [1784]. Les fondations de la colonnade de la rue monumentale, à l'Ouest. On voit au fond les substructions d'une seconde base (du Sud). A gauche, murs hellénistiques. Plan XVIII

48. 19—M [1785]. Les fondations de la rue monumentale, du Nord-Est. Niveau: 84.03. A droite fondations de la base Sud

49. 19—M [1787]. Vue d'ensemble de la fouille, prise de l'Est. On retrouve, de part et d'autre de la chaussée arrachée, les fondations des colonnades; tous les autres restes sont antérieurs à la rue monumentale. Plan XVIII

50. 19—M [1782]. L'emplacement de la chaussée monumentale. Au fond rebord et égout; au premier plan, fondations en béton de la colonnade Est. Les éléments de dallage polygonal, au delà, sont antérieurs: ils étaient pris sous le mur limite du dallage justinien. Dessous, sol empierré hellénistique

51. 19—M [1743]. Les boutiques du côté Est de la rue monumentale, vues du Sud. Niveau: 84.61. Plan XVIII

52. 19—M [1744]. Les boutiques romaines, vues du Nord. Au fond, le four

53. 19—M [1789]. Le dallage romain antérieur à la rue monumentale n'est attesté que par quelques blocs. Niveau: 83.92. Plan XX

54. 19—M [1790]. Murs romains primitifs et hellénistiques sous les boutiques de la rue monumentale (face à l'Est)

55. 19—M [1794]. Les murs hellénistiques de l'Est, après arrachement du mur de façade et du mur transversal des boutiques romaines: ils sont implantés à divers niveaux, et témoignent de remaniements successifs (du Sud)

56. 19—M [1792]. Constructions hellénistiques, sous la rue moderne. L'égout byzantin était posé sur les murs transversaux, coupés lors de l'établissement du portique romain. A gauche, sol intermédiaire. Face au Nord-Ouest. Plan XXI

57. 19—M [1795]. Les murs hellénistiques de l'Est, vus du Sud, après enlèvement des plus récents

58. 19—M [1791]. La chaussée hellénistique et ses ornières. Du Nord-Est

59. 19—M [1808]. Les niveaux d'empierrement de la rue hellénistique, sous la rue romaine monumentale, après enlèvement partiel des substructions de la colonnade. Niveaux: de 82.46 à la terre vierge

60. 19—M [1797]. Aspect primitif du site: murs et sols hellénistiques primitifs (de l'Est). Remarquer les témoins laissés des substructions romaines monumentales. Plan XXI

M.S.D. V   16—P.

61. 16—P [6×6]. De la montagne à la route, la vallée du Parmenios. A gauche, la piste des Portes de Fer

62. 16—P [2619]. On voit au fond la piste qui monte vers la grotte de Saint-Pierre; au-dessous, la mosaïque quadrillée, puis la citerne, enfin la rue médiévale, bordée de blocs d'appareil. Face au Nord-Est. Plans XXIV et XXV

63. 16—P [2624]. Citerne, sous le niveau de la rue médiévale — qu'on voit au fond, non dégagée encore. Plan XXVI

64. 16—P [2621]. Le nymphée, partiellement dégagé. Au fond, la piste; à droite la mosaïque. Les blocs à gauche et à droite dépendent du niveau médiéval. Face au Nord-Ouest

65. 16—P [2622]. Le nymphée, face à l'Est. Plan XXVII

66. 16—P [2623]. Le nymphée, extrémité Est. On voit le tuyau, pris dans le ciment tardif qui enveloppe la construction jusqu'au bassin

67. 16—P [3245]. Le nymphée, extrémité Ouest, en partie recouverte d'un mur tardif

68. 16—P [3346]. Le nymphée, extrémité Ouest, après destruction du mur tardif. On voit le système d'arrivée d'eau de la deuxième période: arrivée du tuyau en bas à gauche; après traversée du mur, gaine enveloppant la montée, puis gaine du tuyau horizontal au-dessus du bassin. De l'Ouest. Plan XXVII

69. 16—P [3344]. Le mur de soutènement, derrière la partie Est du bassin, vu du Nord. On voit derrière le mur à niches l'emplacement du tuyau primitif d'adduction d'eau. A gauche, orifice carré du système d'écoulement, contre le mur Est de la salle au nymphée. Plus à gauche, mosaïque de la salle Est

70. 16—P [3342]. Restes antérieurs à la construction du mur de soutènement

71. 16—P [3345]. Mur de soutènement, détail. Au fond, fondations du mur du nymphée

72. 16—P [2654]. L'angle Sud-Est de la cour du nymphée, et la rue contemporaine. Le trottoir a disparu

73. 16—P [3340]. Sondage plus à l'Ouest, avec autre section du mur du nymphée, à droite, avec dalles de trottoir reposant sur le dallage de la rue. Sous le dallage, mur de briques antérieur, bordé d'un égout. Au fond, restes de substructures. Face à l'Ouest. Plan XXIV

74. 16—P [2690]. La rue justinienne: on aperçoit au fond l'angle de la cour du nymphée. Au premier plan égout et tuyauteries antérieurs

75. 16—P [2745]. Elément de corniche, provenant du tunnel des carriers

76. 16—P [2744]. Fragment de frise moulurée, en marbre blanc, retrouvé dans le tunnel des carriers

77. 16—P [2715]. Cuve de ciment, dallage, égouts et tuyaux antérieurs à la rue du VIe siècle. Au fond, mosaïque et mur de la cour du nymphée. Face au Nord-Est

78. 16—P [6×6]. Sondage au-delà de la piste, vu du Nord. A gauche, sommet du mur du XIe siècle; au fond, blocs et sol d'époque justinienne; à droite, revêtement de briques, ajouté en arrière du mur des boutiques de la rue romaine monumentale

79. 16—P [2681]. La nécropole du XIe siècle, partie Est, vue de l'Ouest. Au fond, le mur qui limitait le cimetière à l'Est. Elément de sol, à gauche, au-dessous du niveau des fondations. Dans la façade de la tranchée, dallage du porche Est de l'Eglise et fût de colonne de la rue monumentale. Plan XXXIII

80. 16—P [2684]. La nécropole et l'Eglise. Vue de la tranchée d'Est en Ouest. Quelques tombes de la première couche sont déjà explorées. Plan XXXIII

81. 16—P [2677]. La nécropole du XIe siècle, partie Est, vue du Nord. Les deux dalles recouvrant des tombes marquent le niveau du cimetière, analogue à celui du dallage de l'église, à droite. En bas à gauche, sol du VIe siècle, à l'Est des boutiques romaines

82. 16—P [2691]. Les tombes de l'Est, première et deuxième couche. Plan XXXIV

83. 16—P [2711]. La nécropole, partie Ouest, vue du Nord, après nettoyage des tombes. Remarquer les jambes repliées du squelette de la couche supérieure, et, à gauche, dans une tombe de la couche profonde, deux crânes. Plan XXXIII

84. 16—P [2962]. Stèle d'Eustratios

85. 16—P [2703]. Fragment d'inscription coufique, au revers de l'épitaphe de Iakobos

86. 16—P [2704]. Inscription funéraire du moine Iakobos, retrouvée sur le puits dans l'église

87. 16—P [2707]. L'église, vue du Nord-Ouest. A gauche, deux piliers, et au premier plan dans l'angle, les marches du chœur. Plan XXXIII

88. 16—P [2706]. L'église vue du Sud-Ouest. On voit le collatéral Est et le chœur, au-delà des marches détruites

89. 16—P [2700]. Le dallage du chœur avec le puits. L'inscription de Iakobos est visible

90. 16—P [2701]. L'inscription de Iakobos retournée sur le puits. Le texte coufique apparaît

91. 16—P [2719]. Après enlèvement du dallage de l'église, partie Sud. On voit le pilier Sud-Est, et, en haut à droite, les fondations du pilier Sud-Ouest; entre, traces de sols antérieurs, tombes introduites sous le dallage, et, plus bas, tuyaux de poterie. En haut, en contrebas, égout de Justinien posé sur le caniveau romain

92. 16—P [2716]. Sous le sol de l'église: fondations des piliers et du dallage, tombes et, plus profondément, canalisations antérieures avec distributeur. Au premier plan, le dallage de Justinien, avec tuyau tardif, et rebord de l'égout posé sur le caniveau de la chaussée romaine. En arrière de ce rebord, à droite, sous une pierre venue des déblais, fondations d'une colonne de la rue monumentale. Au fond, les boutiques Est, dans leur remploi du VIe siècle. Plan XXXIV

93. 16—P [2676]. Sol du porche Est de l'église et fût de colonne romaine

94. 16—P [2748]. Sous l'église, vue du Sud, après enlèvement des fondations du dallage. Murs et canalisations de la période située entre le VIIe et le IXe siècles. A droite, façade des boutiques romaines; à gauche, caniveau du portique romain. Plan XXXV

95. 16—P [2752]. La même vue, après enlèvement des restes médiévaux. On aperçoit, entre les tuyaux une mosaïque antérieure à la rue monumentale. A gauche, le rebord de la chaussée, à droite les boutiques, avec dessous des murs plus anciens. Noter le puits qui date du niveau primitif de l'église. Plan XXXV

96. 16—P [2709]. Boutiques de la rue romaine monumentale. Au fond porte, obturée au VIe siècle, donnant sur la ruelle Est. A droite, dispositif de la latrine du VIe siècle. Dessous, murs antérieurs. Face au Nord-Est

97. 16—P [2717]. La rue de Justinien. Sous des tuyaux et des murs postérieurs, restes du dallage de la rue posé sur le rebord de la chaussée romaine (vu du Nord). Plan XXXVI

98. 16—P [2971]. A droite un mur de briques médiéval, puis le pavement de Justinien et, plus à gauche, une première réparation de la chaussée romaine, à partir de son rebord monumental. Dessous, dallage romain antérieur et niveaux hellénistiques. Au fond, la mosaïque est du Ier siècle de notre ère (de l'Ouest). Plan XXXVI

99. 16—P [2972]. Un tuyau postérieur traverse le rebord de la chaussée romaine. A droite, pavé de la chaussée justinienne. Au-dessous, pavement romain antérieur et trottoir hellénistique

100. 16—P [3074]. Le niveau romain primitif dégagé sous la rue monumentale. A droite, la boutique se présente sous une forme plus ancienne (du Sud). Plan XXXVIII et XXXIX

101. 16—P [3256]. Restes du pavement polygonal de la rue romaine monumentale. Au-dessous, dallage romain antérieur, puis dispositif de la première rue monumentale (du Nord). Plan XXXVII

102. 16—P [3295]. En haut, fondations d'une colonne et rebord de la chaussée monumentale. Puis niveau romain antérieur, avec son trottoir. Plus bas, en particulier dans la lacune, premier dispositif monumental. Vu du Nord

103. 16—P (3072). Le dallage romain antérieur, son trottoir, et les boutiques, sous leur forme primitive. A droite, témoins des niveaux plus récents (de l'Ouest). Comparer Fig. 100

104. 16—P [3926]. Même vue que 102, prise du Sud. On voit à gauche le rebord de la chaussée monumentale primitive, et quelques pavés conservés. Plan XXXIX. Le dallage postérieur est encore en place

105. 16—P [3254]. Alors que les niveaux romains antérieurs et hellénistique sont déjà en partie dégagés, la fouille a été agrandie vers le Nord — à droite de la photo. On voit comment deux rangées de blocs transforment en égout, pour les architectes de Justinien, le rebord de la chaussée romaine monumentale

106. 16—P [3325]. La première rue monumentale. De droite à gauche: façade de boutiques, rebord de grand appareil, trottoir de béton avec dalle sur fondations, muret formant arrêt, rebord à caniveau et chaussée, avec restes d'un dallage. Vu du Sud. Plan XXXIX

107. 16—P [3324]. Même vue, prise du Nord, avec la base (de colonne?) complètement dégagée

108. 16—P [3322]. Ensemble, vu de l'Ouest. On voit au fond le mur courbe, en arrière des boutiques hellénistiques. Les boutiques romaines, derriere, sont en partie comblées. Plan XXXIX

109. 16—P [3347]. Sondage sous la première rue monumentale: aspect primitif de la rue hellénistique et niveaux d'empierrement antérieurs. Plan XLII

110. 16—P [2751]. Le mur courbe, à l'Ouest du seuil des boutiques romaines. Tuyaux du VIe siècle

111. 16—P [2975]. Les boutiques de l'Est, après enlèvement du mur de façade. Remarquer le parement de briques du VIe siècle, en avant du mur du fond, la mosaïque de la latrine, à gauche, coupée par un mur tardif, le mur rond, et la mosaïque blanche du Ier siècle de notre ère. Plan XXXVI

112. 16—P [2976]. Le mur courbe; à droite assise rectifiée. A gauche, murs plus récents, sous le seuil des boutiques romaines. Plan XL

113. 16—P [6×6 C]. Raccord du mur courbe et des murs romains postérieurs

114. 16—P [3039]. Les boutiques antérieures sous le portique Est de la rue romaine. Au fond, le four, coupé par un puits. En avant l'auge, coupée par un autre puits (après enlèvement de la mosaïque blanche). Le mur courbe a été rectifié et prolongé, pour entrer dans le système orthogonal. Vue du Sud. Plans XLI et XLII

115. 16—P [3706]. Mosaïque de la boutique du Ier siècle de notre ère. On distingue les cubes de marbre coloré, dans l'axe du pavement blanc

116. 16—P [2974]. Le four et ses dépendances, vus de l'Est, avant l'élargissement de la tranchée. A gauche, la mosaïque blanche est en place

117. 16—P [2994]. Dépôt de statuettes dans l'argile du four — têtes N° 255, 256, 257

118. 16—P [2996]. Dépôt de statuettes dans l'argile du four — torse N° 265

119. 16—P [2995]. Dépôt de statuettes dans l'argile du four — têtes. N° 259 et 260

120. 16—P [2997]. Dépôt de statuettes dans l'argile du four — tête. N° 254

121. 16—P [3073]. La face Ouest du mur courbe rectifié; les fondations sont postérieures au mur et antérieures à la correction. L'auge a été détruite par le puits médiéval

122. 16—P [3071]. Etat des boutiques sous le four et sous la mosaïque blanche — niveau antérieur à notre ère. A gauche, rebord calcaire du dallage romain intermédiaire. Plan XLI

123. 16—P [3323]. Aspect primitif des boutiques, en liaison avec la première rue monumentale (face à l'Ouest). Le sol dégagé passe sous tout le dispositif. Plan XLII

124. 16—P [3183]. Dépôt de céramique sous la mosaïque du four, Ier siècle de notre ère. *Antioch* III, fig. 89

125. 16—P [3178]. Dépôt de céramique sous la mosaïque du four, Ier siècle de notre ère. *Antioch* III, fig. 89, N° 9, 6, 8, 7

M.S.D. VI   17—N

126. 17—N [2992]. Restes de quatre niveaux d'occupation médiévale; élément d'un mur double face, dallage de pierre, ciment avec empreinte d'un dallage de marbre, tuyau (— 3.50). De l'angle Sud-Ouest. Plan XLV

127. 17—N [3023]. Second niveau. Sol de ciment, éléments de murs et de dallages (— 4.50). De l'Est. Plan XLVI

128. 17—N [3063]. Restes d'un dallage en lave — sans doute la chaussée du VIe siècle. Plan XLVII

129. 17—N [3202]. Détail de 130. On voit à gauche une masse de béton, qui correspond sans doute aux fondations d'une colonne, et un mur de briques du VIe siècle

130. 17—N [3201]. — 6 m. 50) Pavement romain antérieur à la rue monumentale disparue, avec deux systèmes d'égouts successifs. A droite, dans la face du sondage, fragment de colonne. Au fond empierrement hellénistique. (Du Nord). Plan XLVII

M.S.D. VII   16—O Sud

131. 16—O Sud [3230]. A gauche, fossé de la route moderne. Premiers niveaux. Le tuyau horizontal dans une gaine de ciment et de pierres, au fond, les tuyaux verticaux et la fosse voûtée, à droite, sont modernes. A gauche, les murs monumentaux reposent sur le dallage du VIe siècle. Un niveau d'occupation est attesté par les jarres, à gauche au fond. De l'angle Sud-Ouest, Plan XLIX

132. 16—O Sud [3232]. Les murs de remploi. On voit à gauche l'égout du VIe siècle, et des dalles en place du portique. Le fond de l'égout est le rebord de la chaussée romaine. Vue du Sud

133. 16—O Sud [3233]. Vue du Nord. Les jarres, au premier plan, un mur dans le fond marquent la réoccupation du site à une date plus récente

134. 16—O Sud [3237]. Vue d'ensemble, de l'Ouest. A gauche, sous le tuyau, puits et dallage

135. 16—O Sud [3235]. Vue du Sud-Est. A gauche, les fosses voûtées. Au fond, niveau d'occupation récent et tuyau moderne. A droite, les tuyaux verticaux descendent vers l'égout romain

136. 16—O Sud [3249]. Vue d'ensemble, prise de l'Est, après enlèvement des restes les plus récents. On voit la route au fond. Au centre le rebord Est de la chaussée romaine, le tuyau de pierre du VIe siècle, en biais, et au premier plan, les restes du sol du portique Justinien. Plan L

137. 16—O Sud [3250]. Du Sud. On distingue des pavés en place du dallage du VIe siècle, au-dessus du tuyau de pierre et du rebord de la chaussée romaine. Au centre, constructions de protection de tuyaux verticaux modernes qui descendaient vers l'égout romain

138. 16—O Sud [3234]. Coin Sud-Est du sondage. Eléments de dallage recouvrant la mosaïque du portique de Justinien. Certains des fûts de colonne paraissent provenir de la colonnade monumentale

139. 16—O Sud [3259]. Le dallage de Justinien, au fond, recouvrait des tuyaux, dont la canalisation de pierre. A droite, le caniveau romain. Du Sud-Est. Plans L et LIII

140. 16—O Sud [3251]. Le long de la route, partie Nord. On voit à gauche le dallage de la rue du VIe siècle, et, sous les murs transversaux en particulier, le dallage du portique contemporain, de part et d'autre de l'égout. Ce dallage s'appuie à droite, sous la route, aux restes du stylobate. On reconnaît au fond de l'égout le caniveau romain Ouest. Plan LIII

141. 16—O Sud [3297]. A gauche en haut, le dallage du VIe siècle; à droite, le caniveau romain Est. Au centre, égout romain qui est resté employé jusqu'à une époque récente. Face au Nord. Plan LIII

142. 16—O Sud [3258]. La mosaïque du portique du VIe siècle. Cf. Plan LI.

143. 16—O Sud [3257]. De l'Est. La mosaïque, les tuyaux de poterie et de pierre, le dallage de la reconstruction justinienne. Au premier plan, sous la mosaïque, fondations du sol du portique romain

144. 16—O Sud [3327]. Vue prise du même endroit que 141, après enlèvement du caniveau romain et des dalles de couverture de l'égout

145. 16—O Sud [3330]. Egout romain, face Est

146. 16—O Sud [3328]. Du Nord. Murs antérieurs au portique monumental. A droite, chaussée hellénistique. Plan LIV

147. 16—O Sud [3337]. Sondage sous la chaussée hellénistique. Empierrements successifs. La poterie des niveaux inférieurs était "préclassique." Plan LV

M.S.D. IV et VIII   16—O Nord

148. 16—O Nord [3855]. Le sondage au bord de la route. Au fond, sol du XIIe siècle, recouvrant les tombes de la nécropole. Du Nord

149. 16—O Nord [3844]. Niveau tardif, le long de la paroi Sud du sondage. Premier état. Plan LVII

150. 16—O Nord [3856]. Niveau tardif, deuxième état. Certaines des dalles du pavement sont en fait la face supérieure d'énormes blocs. Les tombes sont sur plusieurs couches. Plan LVIII

151. 16—O Nord [3859]. La Nécropole vue de l'Ouest. Plan LIX. Ici les deux couches de tombes sont figurées

152. 16—O Nord [3861]. Stèle funéraire de Bardas (1063)

153. 16—O Nord [3857]. La nécropole au-dessus du dallage du VIe siècle, sous lequel passent les tuyaux. Vue du Nord

154. 16—O Nord [3887]. Vue de l'Est; les niveaux tardifs, le dallage de Justinien, les tuyaux byzantins et la voûte hellénistique. Plans LXI et LXII

155. 16—O Nord [3932]. Partie Sud de la fouille: le dallage de Justinien. Au premier plan à gauche, sous le tuyau, élément du caniveau romain

156. 16—O Nord [3917]. Murs de remploi du Haut Moyen-âge, posés sur les dallages du VIe siècle. A gauche évier: le tuyau arrive à un égout dont on voit les dalles. En haut, au fond, sol contemporain de la nécropole du XIe siècle

157. 16—O Nord [3918]. Deuxième niveau de l'édifice arabe médiéval. Angle Sud-Ouest

158. 16—O Nord [3921]. Le niveau de Justinien est encore au Sud encombré de constructions tardives. On voit au premier plan la partie Nord du sondage, avec quelques pavés et des tuyaux du VIe siècle, au-dessus de la pile Nord des voûtes. Sur la face Ouest de la tranchée, entonnoir et descente des terres dus é l'arrachement moderne de la voûte. Au fond, sous la voûte, limon déposé par le torrent. Plan LXI

159. 16—O Nord [3927]. Les tuyaux du VIe siècle s'encastrent dans les claveaux de la voûte hellénistique

160. 16—O Nord [3928]. Face Nord de la voûte, vue du Sud, sous le dallage byzantin: les tuyaux traversent une masse de terre qui s'est substituée à la voûte partiellement écroulée

161. 16—O Nord [3935]. Partie Sud-Ouest de la fouille. Au fond de l'égout du VIe siècle, surélevé par des murettes jusqu'au-dessus du dallage de la chaussée, on voit le rebord Ouest de la chaussée romaine. Au fond, la face Nord de la pile qui portait la voûte

162. 16—O Nord [3915]. Après déblaiement des constructions du Haut-Moyen-Age, sur le dallage de Justinien. Evier et puits. On voit à droite l'extrados de la voûte hellénistique Nord. Comparer: Fig. 155 et Plan LXIII

163. 16—O Nord [3979]. Après arrachage du dallage du VIe siècle, les tuyaux sont déjà en partie enlevés. A droite, l'égout qui bordait la chaussée du VIe siècle. Du Nord. Plan LXII

164. 16—O Nord [3923]. Partie Nord du sondage. Construction massive en arrière de la voûte Nord — dallage et tuyaux du VIe siècle

165. 16—O Nord [3934]. Partie Nord. Les tuyaux et la pile après enlèvement du dallage du VIe siècle

166. 16—O Nord [3929]. La voûte Nord, conservée sur la face Est du sondage. En bas, à gauche et à droite, tuyaux du VIe siècle. Au centre, élément du caniveau romain et trou d'écoulement. A gauche, au-dessus de la voûte, sous le sol du portique de Justinien, limon apporté par les eaux après le comblement de la voûte (après 526 et avant 540)

167. 16—O Nord [3931]. Le dépôt du limon, au-dessus de la voûte, sous le sol du portique du VIe siècle

168. 16—O Nord [3936]. La voûte Nord dégagée, vue de l'Est. A gauche, contreforts de liaison avec la voûte Sud

169. 16—O Nord [3919]. Dans l'axe de la voûte Nord. Sous le mètre, élément du rebord de la chaussée romaine, puis trou d'évacuation, ouvert dans la voûte, avec rebord postérieur: la voûte a servi encore après l'abandon du caniveau romain

170. 16—O Nord [3930]. La voûte, détail d'appareil. Les claveaux visibles appartiennent à différents arcs. Derrière l'extrados, les blocs de la pile sont concaves de profil mais horizontaux

171. 16—O Nord [3937]. Aspect d'ensemble de la voûte dégagée, vue de l'Ouest. L'ouvrier est debout sur le fond, fait de larges blocs calcaires, entaillés par les eaux

172. 16—O Nord [4162]. Dégagement de la voûte Sud, déjà détruite lors de la pose de certains des tuyaux du VIᵉ siècle. Remarquer le mur de liaison, adossé aux deux voûtes. Sous ce mur, toute la poterie était hellénistique. Plan LXIV

173. 16—O Nord [4161]. La voûte Sud. La clef avait disparu avant les aménagements romains

M.S.D. IX   17—P

174. 17—P [4103]. Vue générale du sondage; le sommet du gros mur est à 4.50. Du Nord-Ouest. Plan LXV.

175. 17—P [4108]. Salle Est, vue du Nord; fourneau et égouts dégagés sous le niveau correspondant

176. 17—P [4111]. Salle centrale. Dallage, à 60 cm. sous le sol de ciment. Plan LXVI

177. 17—P [4113]. Salle centrale. Mosaïque géométrique et caniveau, sous le dallage. Plan LXVII

178. 17—P [X.38]. Salle centrale. Candélabre d'argent trouvé sous la mosaïque (Dumbarton Oaks)

179. 17—P [S.282]. Candélabre d'argent. Monogramme de l'empereur Phocas (Dumbarton Oaks)

180. 17—P [4114]. Bijoux d'or incrustés de nacre

181. 17—P [4106]. Salle Ouest — dernier état

182. 17—P [4110]. Salle Ouest. Niveau du VIᵉ siècle. Plan LXVII

183. 17—P [4122]. Niveaux inférieurs, vus du Sud-Ouest. Plan LXVIII

184. 17—P [4124]. Niveaux inférieurs, vus du Sud-Est. Plan LXVIII

185. 17—P [4123]. Vue générale du sondage, prise de l'angle Nord-Est, à la fin de la fouille

186. 17—P [4121]. Le niveau inférieur dans la salle Ouest, vu du Nord

Documents

187. Bordure topographique de la mosaïque de Yakto. 187b: Rue à colonnade (Levi, *Antioch Mosaic Pavements*, II, pl. LXXXIX a, b, c)

PLATE 1

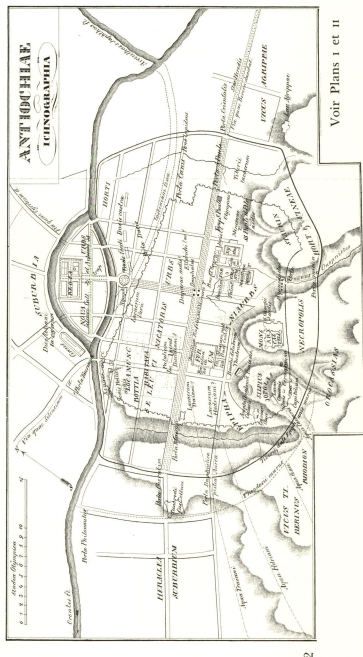

PLATE 2   Introduction

3

4

5

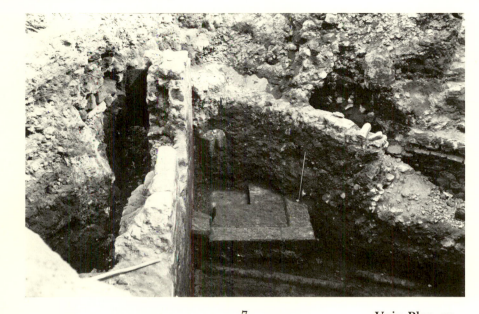

7 Voir Plan III

6

8 Voir Plan IV 9

PLATE 4   Main Street Dig II   22-K

Voir Plan VII

11

13

Voir Plan VI

10

12

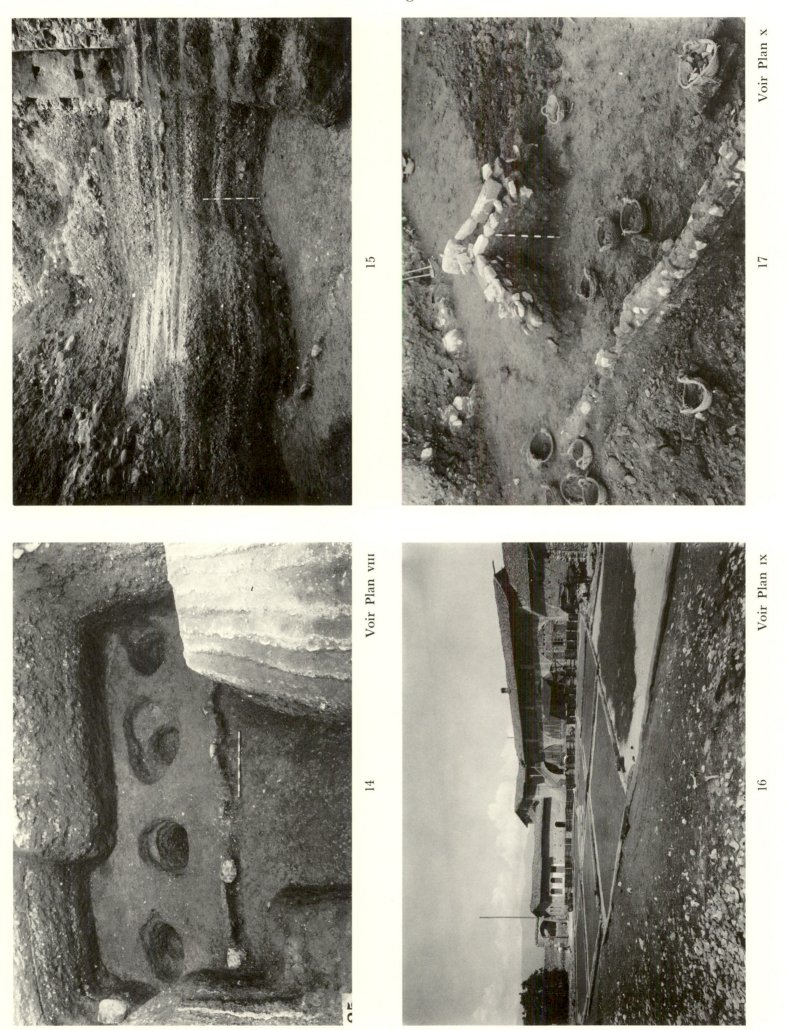

15

17

Voir Plan x

14

16

Voir Plan VIII

Voir Plan IX

Voir Plan x

18

19   Voir Plans XI et XII

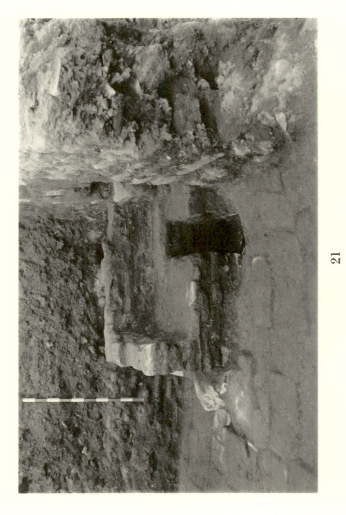

21

20

24

23

22

PLATE 8   Main Street Dig III   19-M

25

26

27

28

PLATE 10   Main Street Dig III   19-M

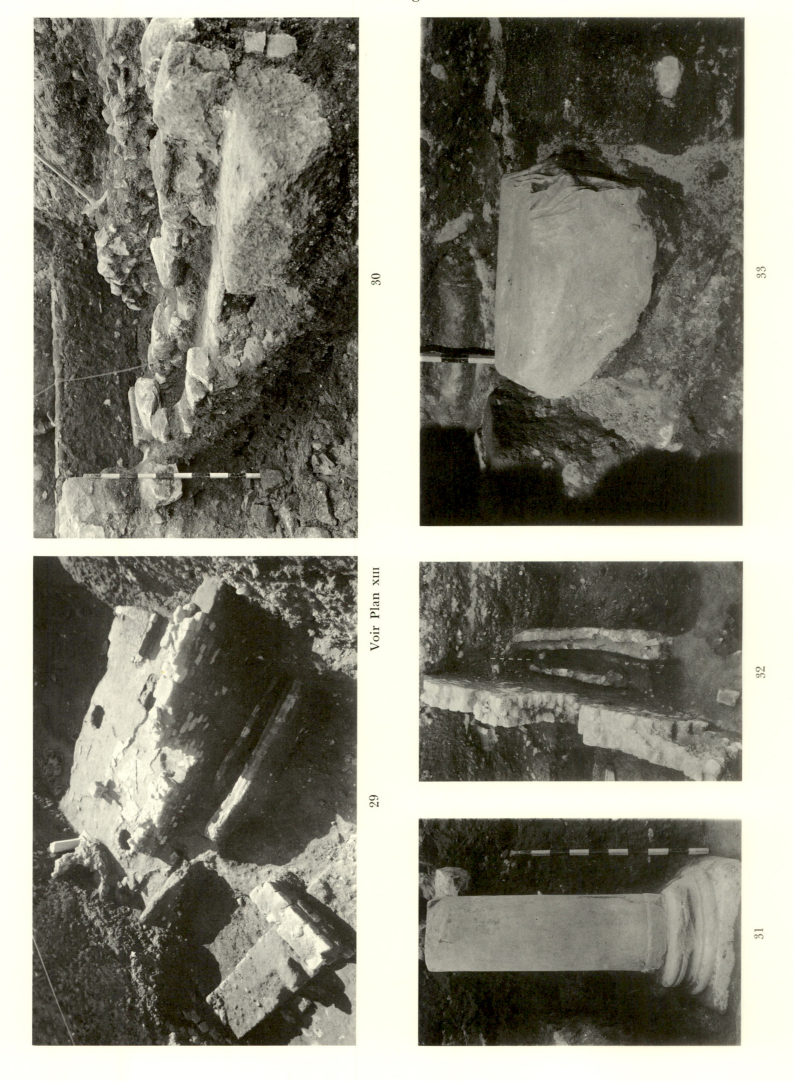

Voir Plan XIII

30

33

29

32

31

35

37

34

36

Voir Plan xiv

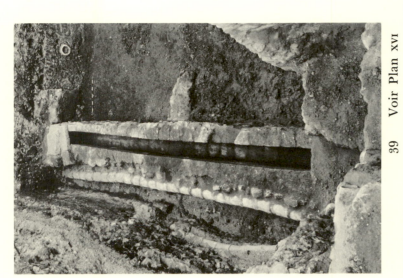

39   Voir Plan xvɪ

41

Voir Plan xɪv

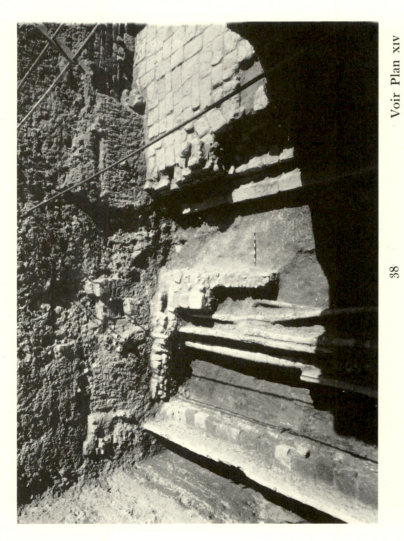

38

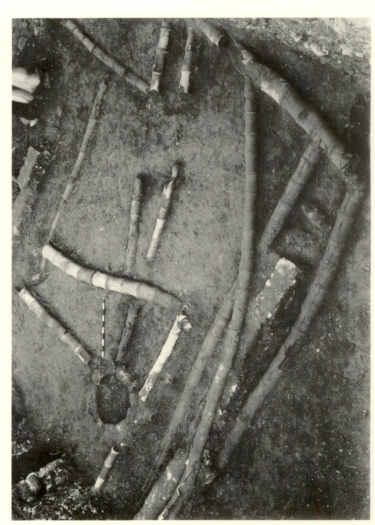

40

Voir Plan XVII

43

45

42

44

Voir Plan XVIII

47

49

Voir Plan XVIII

46

48

Voir Plan xviii

51

Voir Plan xx

53

50

52

55

57

54

56

Voir Plan XXI

59

58

60

Voir Plan XXI

PLATE 18   Main Street Dig V   16-P

61

62   Voir Plans xxiv et xxv

63   Voir Plan xxvi

64

PLATE 20   Main Street Dig V   16-P

66

65   Voir Plan XXVII

67

68   Voir Plan XXVII

69

70

71

72

73   Voir Plan xxiv

74

75

76

77

PLATE 24

78

79 Voir Plan xxxiii

81

Voir Plan XXXIII

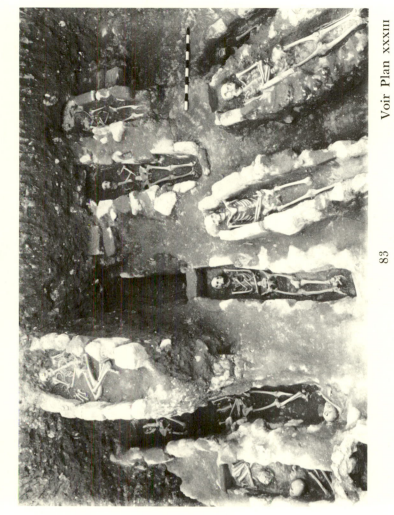

83

Voir Plan XXXIII

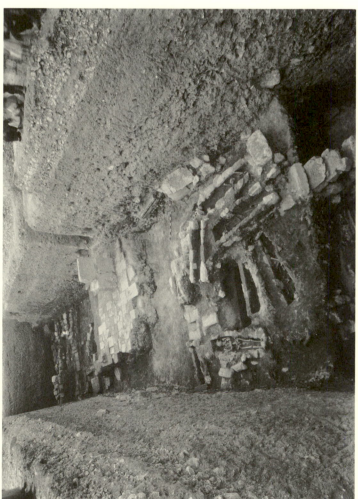

80

Voir Plan XXXIV

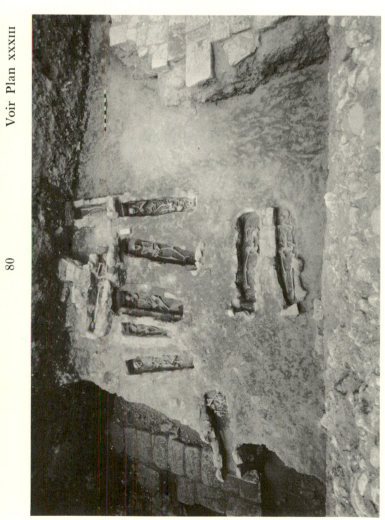

82

PLATE 26   Main Street Dig V   16-P

85

86

84

88

90

Voir Plan xxxiii

87

89

PLATE 28　　　　　　　　Main Street Dig V　16-P

Voir Plan xxxiv

92

16

93

Voir Plan xxxv

Voir Plan xxxvi

95

97

94

96

98   Voir Plan xxxvi   99

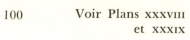

100   Voir Plans xxxviii   101   Voir Plan xxxvii
          et xxxix

102

103

104   Voir Plan xxxix

PLATE 32   Main Street Dig V   16-P

Voir Plan xxxix

106

Voir Plan xxxix

108

105

107

Voir Plan xxxix

110

112 Voir Plan XL

109 Voir Plan XLII

111 Voir Plan XXXVI

PLATE 34　　　　　　　　Main Street Dig V　16-P

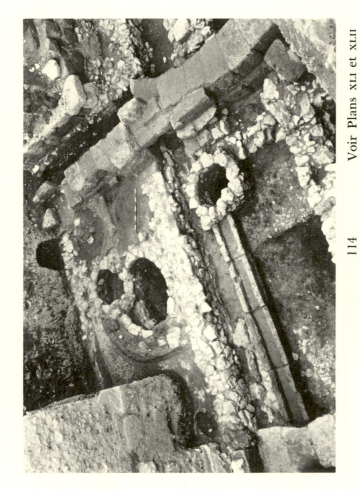

Voir Plans XLI et XLII

114

116

113

115

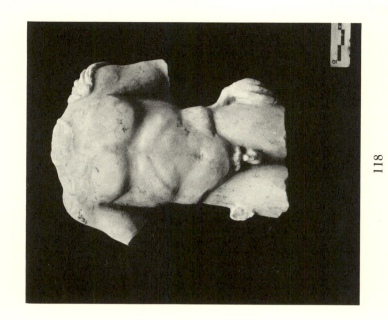

118

120

117

119

PLATE 36   Main Street Dig V   16-P

Voir Plan XLI

122

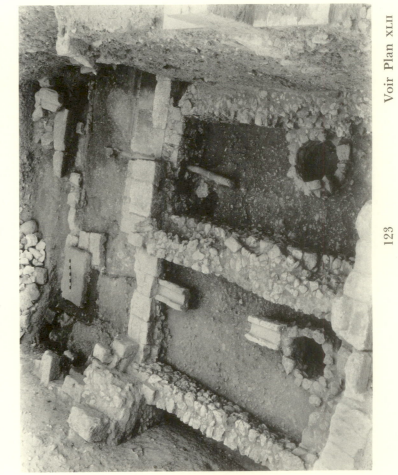

Voir Plan XLII

123

Voir Plan XLII

121

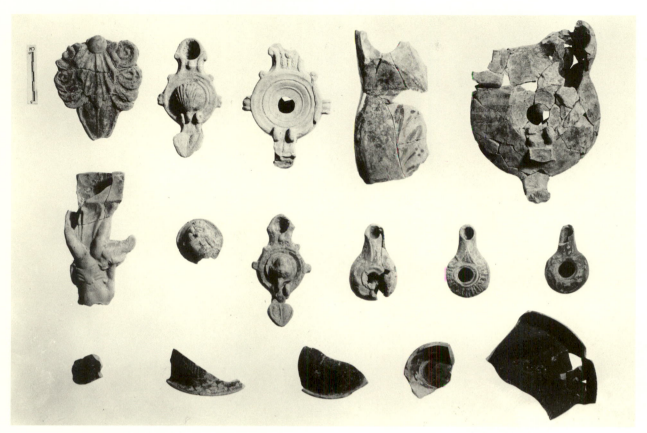

124

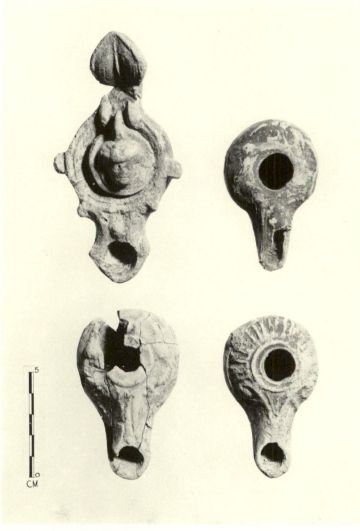

125

PLATE 38   Main Street Dig VI   17-N

126   Voir Plan XLV

127   Voir Plan XLVI

128   Voir Plan XLVII

129

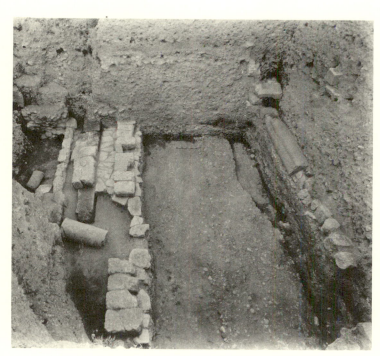

130   Voir Plan XLVII

PLATE 40   Main Street Dig VII   16-0 Sud

133

Voir Plan XLIX

131

132

135

137

134

Voir Plan L

136

PLATE 42   Main Street Dig VII   16-0 Sud

138

139   Voir Plans L et LIII

140   Voir Plan LIII

141   Voir Plan LIII

142   Voir Plan LI

143

PLATE 44   Main Street Dig VII   16-0 Sud

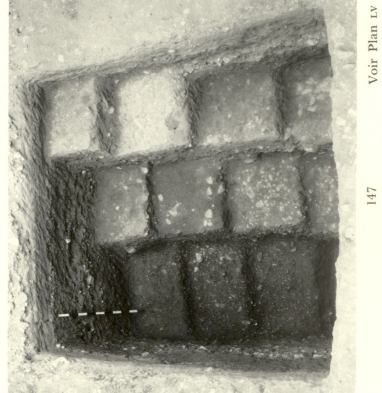

Voir Plan LV

147

145

Voir Plan LIV

146

144

Voir Plan LVII

149

Voir Plan LIX

151

Voir Plan LVIII

148

Voir Plan LXVIII

150

153

155

152

154

Voir Plans LXI et LXII

157

159

156

158

Voir Plan LXI

PLATE 48   Main Street Digs IV et VIII   16-0 Nord

161

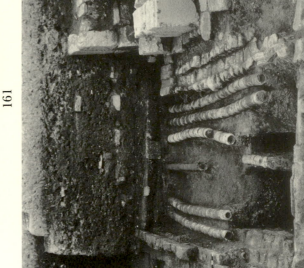

163

160

162

165

167

164

166

PLATE 50   Main Street Digs IV et VIII   16-0 Nord

170

168

169

173

171

172

Voir Plan LXIV

PLATE 52   Main Street Dig IX   17-P

175

177

Voir Plan LXVII

Voir Plan LXV

174

176

Voir Plan LXVI

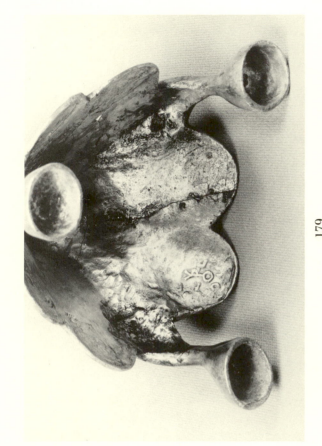

179

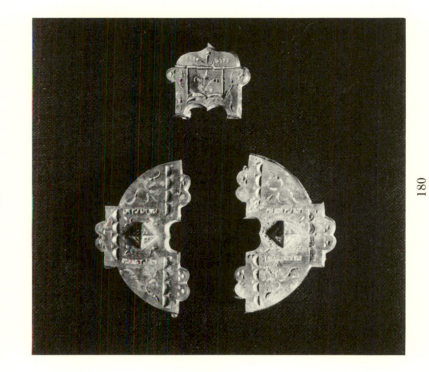

180

178

PLATE 54   Main Street Dig IX   17-P

Voir Plan LXVII

182

Voir Plan LXVIII

183

181

185

186

184

Voir Plan LXVIII

9   5   3

187a

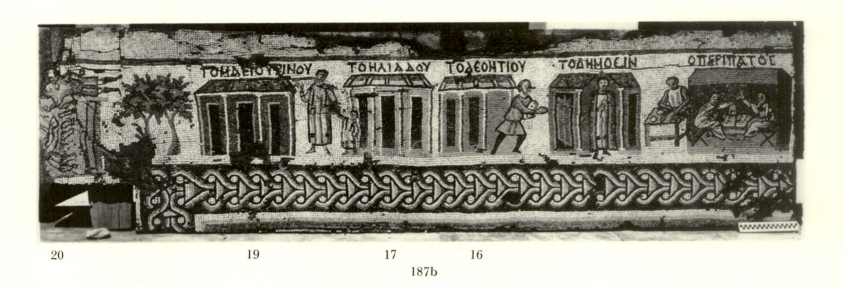

20   19   17   16

187b

29   25   22   21

187c